POR UMA TEOLOGIA
FICCIONAL

Dados Internacionais de Catalogação na Publicação (CIP)
(Câmara Brasileira do Livro, SP, Brasil)

Lopes, Marcio Cappelli Aló
  Por uma teologia ficcional : a reescritura bíblica de José Saramago / Marcio Cappelli Aló Lopes ; sob a coordenação de Waldecir Gonzaga. – Petrópolis, RJ : Vozes; Rio de Janeiro : Editora PUC, 2020. – (Série Teologia PUC-Rio)

Bibliografia.
ISBN 978-65-5713-064-3 (Vozes)
ISBN 978-65-990194-5-6 (PUC-Rio)

1. Cristianismo 2. Religião e literatura 3. Saramago, José, 1922-2010 4. Teologia ficcional 5. Teologia na literatura I. Gonzaga, Waldecir. II. Título III. Série.

20-39437   CDD-210.14

Índices para catálogo sistemático:
1. Teologia e literatura 210.14

Maria Alice Ferreira – Bibliotecária – CRB-8/7964

Marcio Cappelli Aló Lopes

POR UMA TEOLOGIA FICCIONAL
A reescritura bíblica de José Saramago

SÉRIE **TEOLOGIA PUC-RIO**

© 2020, Editora Vozes Ltda.
Rua Frei Luís, 100
25689-900 Petrópolis, RJ
www.vozes.com.br
Brasil

Todos os direitos reservados. Nenhuma parte desta obra poderá ser reproduzida ou transmitida por qualquer forma e/ou quaisquer meios (eletrônico ou mecânico, incluindo fotocópia e gravação) ou arquivada em qualquer sistema ou banco de dados sem permissão escrita das editoras.

CONSELHO EDITORIAL
Diretor
Gilberto Gonçalves Garcia

Editores
Aline dos Santos Carneiro
Edrian Josué Pasini
Marilac Loraine Oleniki
Welder Lancieri Marchini

Conselheiros
Francisco Morás
Ludovico Garmus
Teobaldo Heidemann
Volney J. Berkenbrock

Secretário executivo
João Batista Kreuch

© Editora PUC-Rio
Rua Marquês de S. Vicente, 225
Casa da Editora PUC-Rio
Gávea – Rio de Janeiro – RJ
CEP 22451-900
T 55 21 3527-1760/1838
edpucrio@puc-rio.br
www.editorapuc-rio.br

Reitor
Pe. Josafá Carlos de Siqueira SJ

Vice-reitor
Pe. Anderson Antonio Pedroso SJ

Vice-reitor para Assuntos Acadêmicos
Prof. José Ricardo Bergmann

Vice-reitor para Assuntos Administrativos
Prof. Ricardo Tanscheit

Vice-reitor para Assuntos Comunitários
Prof. Augusto Luiz Duarte Lopes Sampaio

Vice-reitor para Assuntos de Desenvolvimento
Prof. Sergio Bruni

Decanos
Prof. Júlio Cesar Valladão Diniz (CTCH)
Prof. Luiz Roberto A. Cunha (CCS)
Prof. Luiz Alencar Reis da Silva Mello (CTC)
Prof. Hilton Augusto Koch (CCBS)

Conselho Gestor da Editora PUC-Rio
Augusto Sampaio, Danilo Marcondes, Felipe Gomberg, Hilton Augusto Koch, José Ricardo Bergmann, Júlio Cesar Valladão Diniz, Luiz Alencar Reis da Silva Mello, Luiz Roberto Cunha e Sergio Bruni.

Coordenação da série: Waldecir Gonzaga
Editoração: Programa de pós-graduação em Teologia (PUC-Rio)
Diagramação: Raquel Nascimento
Cotejamento: Alessandra Karl
Capa: WM design

ISBN 978-65-5713-064-3 (Vozes)
ISBN 978-65-990194-5-6 (PUC-Rio)

Editado conforme o novo acordo ortográfico.

Este livro foi composto e impresso pela Editora Vozes Ltda.

Sumário

Prefácio | Maria Clara Lucchetti Bingemer, **9**

Introdução, 11

Capítulo 1 | Teologia e literatura: encontros e desencontros, 17

A íntima relação entre dois saberes, 17

O caráter literário da Bíblia, 22

A teologia como literatura na Patrística, 32

Teologia e literatura no Medievo, 39

A tensão entre teologia e literatura na Modernidade, 45

A possibilidade de reaproximação, 51

Capítulo 2 | Caminhos para a aproximação entre teologia e literatura, 59

Os teólogos de mãos dadas com a literatura, 59

Uma classificação quase impossível, 69

Capítulo 3 | A possibilidade de uma "teologia ficcional", 92

A literatura como intérprete recriadora: o caso do romance, 93

Aportes teológicos para uma "teologia ficcional", 117

O poder teológico da ficção romanesca, 127

Capítulo 4 | A metodologia teológico-ficcional de José Saramago, 147

Breve perfil biográfico-literário de José Saramago, 147

O ateísmo como *locus theologicus*, 156

A reescritura de José Saramago, 177

Vestígios teológicos na tessitura saramaguiana, 190

Levantado do chão e *A jangada de pedra*: cristianismo e as vítimas da história, 194

Capítulo 5 | A "teologia ficcional" nos romances bíblicos de José Saramago, 222

Questões teológicas no *ESJC*, 226

Questões teológicas em *Caim*, 252

Conclusão, 277

Posfácio | Pilar del Río**, 281**

Entrevista | Pilar del Río**, 283**

Referências bibliográficas, 287

Se podes olhar, vê. Se podes ver, repara.
José Saramago, *Ensaio sobre a cegueira*

Ainda acabo teólogo. Ou já sou?
José Saramago, *Cadernos de Lanzarote*

Prefácio

É uma alegria para alguém que como eu se dedica à docência e à pesquisa teológica há tantos anos prefaciar a pesquisa doutoral de um estudante como Marcio Cappelli. Há estudantes que são desafios para os orientadores. Alguns pela pouca vontade de trabalhar e produzir ou pelas dificuldades pessoais que transparecem no trabalho. Outros pela imensa capacidade e maior dedicação que os faz chegar a um momento de síntese e originalidade que faz o orientador calar-se porque tem mais a aprender do que a ensinar. Este último é o caso de Marcio Cappelli.

A originalidade começa pelas características mesmas do trabalho. Trata-se de uma pesquisa em teologia feita sobre a obra literária de um autor ateu. O autor desta obra é protestante, a orientadora católica e a instituição onde a mesma se realizou é uma Universidade Pontifícia. Todos esses elementos tão diferentes – ateísmo, catolicismo, protestantismo, teologia, literatura – para fazer do livro que ora o leitor tem nas mãos uma obra singular e mesmo única.

Ao iniciar o percurso que teve como ponto de chegada o texto aqui publicado foi necessário um ato de fé. Tanto de minha parte como da do estudante que se apresentava com seu projeto de trabalho. Fé em que era possível fazer teologia a partir de um texto a-teológico ou a-teu. Aliás, José Saramago jamais teve problemas em autocompreender-se e autodefinir-se como tal. E suas obras deixaram patente essa sua posição extremamente crítica da religião institucionalizada e da Igreja e de não crente na existência de Deus.

Trata-se, no entanto, igualmente de alguém atormentado pela questão de Deus. O autor que constitui o objeto de estudo deste livro lutou em suas obras com essa questão que não lhe dava sossego e instigava seu espírito. E o que se viu foram textos de uma força impressionante que obrigaram os ateus a aprofundar seu ateísmo e os crentes a rever sua fé. Do texto saramaguiano emerge, além de genialidade literária, uma teologia, ou seja, uma inteligência da fé.

A isso Marcio Cappelli chama de teologia ficcional, conectada com o diálogo entre teologia e literatura e com o que o autor chama de teologia literária.

Sem defender que o escritor é um teólogo *strictu sensu* o autor desta obra defende que é possível encontrar e refletir sobre o caráter teológico – seja ele implícito ou explícito dos textos literários e, no caso saramaguiano, – da ficção romanesca. Apoia ele sua argumentação na convicção de que hoje só é possível fazer ou pensar em fazer teologia no plural. Não há consensos unívocos quando se trata de refletir sobre a experiência tão humana da fé. Diversa ela é assim como diversa é a condição humana.

No caso da teologia cristã, que mergulha suas raízes em escritos fontais que são igualmente literários, como a Bíblia e a obra dos Padres da Igreja dos quatro primeiros séculos isso ainda é mais evidente. Pertencendo a uma área interdisciplinar que cresce sempre mais nos dias atuais – a do diálogo entre teologia e literatura – Marcio Cappelli não cessa de, a partir do texto do Nobel português, estimular e encontrar novas contribuições para este diálogo.

Após a defesa da tese, autor e orientadora foram agradavelmente surpreendidos quando comunicados ter esta pesquisa sido contemplada com o maior prêmio do país na área de Ciências da Religião e Teologia: o prêmio CAPES de tese 2018. A recepção deste prêmio confirma o valor do trabalho e a grande contribuição que o mesmo traz para a pesquisa na interseção entre Teologia e Literatura.

Esperamos que os leitores possam mergulhar com gosto e entusiasmo nesta teologia ficcional e que esta última seja uma chave sempre mais fecunda para conhecer sempre melhor e mais profundamente a escrita deste grande pensador e autor que é José Saramago.

Profa.-Dra. Maria Clara Lucchetti Bingemer

Introdução

Em frente ao Tejo, a pouca distância da entrada da casa dos Bicos, sede da Fundação José Saramago em Lisboa, junto a uma oliveira transplantada de Azinhaga, foram depositadas as cinzas do escritor, ladeadas por duas placas de pedra embutidas no chão, sendo uma delas inscrita com a última frase do romance *Memorial do convento*: "Mas não subiu para as estrelas, se à terra pertencia". Esta imagem que reúne os restos mortais de Saramago e a bela e forte oliveira da aldeia em que passou a infância com seus avós é uma boa metáfora para traduzir o significado de sua obra, capaz de recolher paisagens existenciais belíssimas e, simultaneamente, sem subterfúgios, retratar as angústias fundamentais que compõem o complexo tecido da vida humana.

A grandeza de sua literatura é inegável. Assim como é difícil passar pela Rua dos Bacalhoeiros àquela altura e não notar a árvore que se ergue do fragmentado chão de cimento, as páginas nascidas da pena de Saramago saltam aos olhos por atravessarem a nossa despedaçada realidade, captando-a com todos os contornos de seus absurdos e projetando-a para além de si mesma com contundência e sensibilidade. Certamente, José Saramago está entre os escritores mais importantes da língua portuguesa, dos que forjaram uma nova maneira de fazer literatura.

A atração por sua obra foi, desde cedo, elemento fundamental na construção deste trabalho. Num primeiro contato fomos seduzidos pela habilidade saramaguiana ao organizar as palavras e pela beleza, complexidade e inventividade com que constroem seu universo romanesco. Sua maneira de escrever, preocupada com a reprodução da oralidade, sua ironia, liberdade, contundência e sensibilidade poética no tratamento de temas consagrados fez, aos poucos, saltar aos olhos uma capacidade singular de penetrar nos mistérios humanos. No entanto, depois da leitura do *Evangelho segundo Jesus Cristo*[1] e *Caim* ficou claro que sua literatura

---

1. Doravante ESJC.

era teológica e que sua pena era uma ferramenta iconoclasta apontada para as imagens ideológicas e históricas de Deus.

Entretanto, era preciso buscar uma metodologia que permitisse evidenciar, de maneira mais segura o tom teológico dos romances do escritor português. Neste sentido, a partir das discussões que envolvem o valor da literatura para a teologia, nossa pesquisa procura desvelar as tensões teológicas dos romances bíblicos de José Saramago, *ESJC* e *Caim*, e relacioná-las com temas da reflexão teológica. Busca inscrever-se no vasto campo do diálogo entre teologia e literatura e também se alocar no horizonte dos trabalhos que comentam a obra saramaguiana com novas contribuições dadas a partir do viés teológico.

Desde já, é preciso dizer que há um extenso palco de relações descortinado, não somente sobre o enlace entre teologia e literatura, mas também a respeito do diálogo com o universo literário saramaguiano. O número de estudos sobre Saramago tornou-se inabarcável. Em torno da problemática teológica e religiosa dos textos saramaguianos há alguns trabalhos que não podemos deixar de nos referir e que, embora alguns tenham pontos em comum, como o reconhecimento da intertextualidade com a Bíblia e de sua carnavalização, se diferenciam entre si.

Houve tentativas para perceber a estrutura bíblica de alguns romances[2] e, sobretudo, como fez Salma Ferraz, para identificar os perfis de Deus que Saramago vai delineando num projeto literário que se revela como uma antiteodiceia, como uma tentativa de ser uma espécie de testemunho contra a possibilidade de justificar a ideia de Deus.[3] Acreditamos ser valiosa tal contribuição, mas carente de um passo a mais, que é a afirmação da relação dialética da construção desconstrutiva saramaguiana que faz aparecer uma teologia aberta à associação com temas trabalhados pela reflexão teológica.

Pretendemos afirmar que, especialmente nos romances em que reescreve episódios bíblicos, nosso autor toca a teologia de maneira crítico-criativa e elabora, a partir do ferramental teórico, o que chamaremos de "teologia ficcional", e que se relaciona dialogalmente com outras expressões teológicas.

Outras pesquisas veem o autor português como um adversário a ser vencido a partir de um ponto de vista apologético.[4] Nesses casos, os textos de Saramago são vistos apenas como uma crítica que deve ser respondida. Este tipo de abordagem da literatura de Saramago invisibiliza o seu potencial teológico.

---

2. CERDEIRA, T. C., José Saramago – entre a história e a ficção; BERRINI, B., Ler Saramago.

3. FERRAZ, S., As faces de Deus na obra de um ateu.

4. COPAN, P., O Deus da Bíblia é cruel?; MENDITTI, C. H. Deus e o ser humano.

Uma tendência diferente nos estudos sobre o autor lusófono é aquela que acaba procurando uma reconciliação com o escritor, a partir da ideia de que a crítica presente em seus romances deve ser vista em alinhamento com a do profetismo bíblico. Até aí concordamos. De fato, Saramago possui muito do inconformismo dos profetas. Entretanto, esta leitura terminou apelando para a ideia de que esse acento crítico em relação à religião é, na verdade, uma espécie de confissão de uma conversão religiosa reprimida.[5] Esta não parece ser a postura de Saramago que, segundo nos relatou Pilar, seguiu irrevogavelmente consciente do seu ateísmo até os últimos momentos de sua vida.

Também há estudos que procuram pensar a obra saramaguiana pelo viés das Ciências das Religiões como intérprete legítima da religião cristã, como é o caso da tese de Santos Junior,[6] que mesmo assim chega a formular a ideia de que no *ESJC* o escritor português elabora uma a-teologia. Ou seja, uma teologia que constrói e desconstrói Deus ao mesmo tempo. Todavia, na pesquisa de Santos Junior o *ESJC* aparece apenas como exemplo de uma proposta hermenêutica, fruto do entrecruzamento das teorias bakhtiniana e ricoeuriana o que até permite ver a (des)construção saramaguiana, mas impede de relacioná-la com os temas da teologia.

Além dessas maneiras de tratar a literatura de Saramago, no cenário das pesquisas existe o livro de Manuel Frias Martins, *A espiritualidade clandestina de José Saramago*,[7] e assim como a obra de Salma Ferraz, pertence ao universo da crítica literária. Nesta publicação da Fundação José Saramago, Martins afirma que há um "subtexto espiritual clandestinamente operativo" que atravessa a literatura saramaguiana, e que seu ateísmo funciona como uma "ocultação tática de um segredo autoral". O livro de Martins fica ressaltado como um sintoma de que a obra de Saramago não deve ser interpretada somente como a expressão raivosa de um homem contra a religião. Ele complexifica o quadro interpretativo da obra saramaguiana, na medida em que fornece outra chave de leitura, a espiritualidade, para a compreensão dos romances do nosso autor. Contudo, destacamos que a tematização, quanto à espiritualidade, feita por Martins, carece de aprofundamentos e sublinhamos que talvez, por falta de uma

---

5. TENÓRIO, W., A confissão da nostalgia. Jaime Sant'anna reafirma a tese de Tenório – que no seu comentário aos textos saramaguianos procurou pensá-los a partir da ideia de um ateísmo ético – e vai além. Para ele, por mais que Saramago se aproxime das críticas dos profetas, possui semelhanças com a posição spinoziana e da presença dos elementos sagrados na composição dos romances (SANT'ANNA, J., Em que creem os que não creem).

6. SANTOS JUNIOR, R., A plausibilidade da interpretação da religião pela literatura.

7. MARTINS, M. F., A espiritualidade clandestina de José Saramago.

aproximação, à teologia tenha lhe faltado ferramental para enxergar uma teologia saramaguiana em o *ESJC* e em *Caim*.

No entanto, destacamos ainda, um tipo de recepção que insere o romance de Saramago na temática do "regresso de Deus" ocasionado pela ambiguidade da secularização, e que encontra uma leitura importante num ensaio de Eduardo Lourenço e na tese de doutorado de Marcos Lopes.[8] Mesmo reconhecendo que Saramago é um teólogo, ainda que "no fio da navalha",[9] essas obras se fixam no que poderíamos chamar de procedimentos de ficcionalização do escritor. Essa abordagem é valiosa para a nossa perspectiva porque ousa colocar Saramago no lugar de teólogo, mas entendemos que ainda há uma lacuna que precisa ser preenchida no que diz respeito à teoria teológica, isto é, no campo da epistemologia teológica, para que os romances saramaguianos possam ser percebidos como autêntica expressão teológica.

Nossa abordagem, portanto, procura reconhecer as contribuições desses estudos que auxiliam na interpretação dos temas religiosos da obra saramaguiana. Mas busca traçar a visão teológica de mundo do autor português e indo além, afirmando que, não somente há uma imagem de Deus que subjaz ao universo romanesco saramaguiano, ou uma crítica de Deus que precisa ser respondida, ou ainda uma dialética sacralização-dessacralização possibilitada pela dinâmica da secularização, mas, sem querer "converter" Saramago, se propõe a afirmar que na desconstrução realizada na reescritura dos episódios bíblicos, que leva certa consciência religiosa ao esgarçamento, é possível entrever uma teologia ficcional, que pode ser associada a alguns temas presentes na reflexão teológica.

Com esta finalidade, o presente trabalho organiza-se em cinco capítulos, além desta introdução e da conclusão. Em cada um, procura-se estruturar e apoiar a hipótese de trabalho defendida pela tese: em Saramago, principalmente nos romances chamados bíblicos, encontramos uma "reescritura" que dá forma à sua teologia ficcional. Contudo, para chegar até lá será preciso percorrer caminhos que conectarão a obra saramaguiana à teologia.

No primeiro capítulo, procuraremos compreender como a teologia e a literatura se entrecruzam, e como desde cedo eram próximas e íntimas. Buscaremos lançar luz nesta relação através da história para perceber que pontos de contato elas têm e porque se distanciaram. Verificaremos que há diversas interpretações que aproximam a inspiração poética ao profetismo e ao próprio discurso de Jesus, mas salientaremos a Bíblia e, sobretudo, o seu caráter literário como um ponto

---

8. LOURENÇO, E., Sobre Saramago, p. 180-188; LOPES, M. A., Rosário Profano.

9. Expressão usada por Eduardo Lourenço e retomada por Marcos Lopes.

capital desta relação. Voltando o nosso olhar para a história, perceberemos que a reflexão teológica dos Padres da Igreja, em parte, forma uma expressão teoliterária fundamental consoante à imagética bíblica. Contudo, salientaremos o esgarçamento desta relação entre os saberes, primeiro na Idade Média, no âmbito da linguagem teológica com a preocupação lógica e conceitualista escolástica e na Modernidade, como consequência dos efeitos do processo de secularização. Destacaremos também que as críticas gestadas no período oitocentista, significaram para a teologia uma oportunidade de rever-se e abrir-se para o diálogo com outros sabres o que construiu o caminho para uma reaproximação, mas que ainda carece hoje de esforços que a façam avançar.

No capítulo seguinte mostraremos como alguns teólogos e teólogas contemporâneos têm se esforçado para aproximar teologia e literatura. Lembraremos de nomes importantes que, desde meados do século XX, a partir de perspectivas e metodologias diversas, buscaram intensificar a relação entre o saber literário e o teológico. Esses autores, com todas as diferenças entre eles, têm reconhecido a importância da literatura para a teologia. Estas reflexões nos abrirão a possibilidade de enxergar, mesmo na literatura de um autor que problematiza e critica elementos da fé cristã, uma autêntica teologia.

Isto nos conduz a outras questões que procuraremos aprofundar ao pensar especificamente o caso da ficção romanesca e o seu poder teológico, já que nosso objetivo é evidenciar a teologia dos romances saramaguianos. Caminhando nesta direção discutiremos no terceiro capítulo as peculiaridades do gênero romanesco, sua origem, desenvolvimento e seu potencial interpretativo-imaginativo-utópico. Mas, isto não basta. Para dar apoio a hipótese de uma teologia ficcional a partir do romance, percorreremos as contribuições da teologia narrativa acerca do valor da narração como veículo teológico frente à linguagem conceitual e a função hermenêutica da teologia, necessária para resignificar a fé dentro de novos horizontes. Todavia, ainda faltará evidenciar como a teologia ficcional se realiza na escrita romanesca.

Tendo construído todo este pano de fundo, adentraremos o universo de José Saramago no quarto capítulo, na intenção de clarificar a metodologia que ele usa na escrita dos seus romances. Daremos destaque a alguns episódios significativos da vida do escritor para a composição do seu *corpus* literário e sublinharemos o seu ateísmo como uma plataforma, de onde problematiza ficcionalmente questões relacionadas à religião e à teologia. Tentaremos mostrar que ele faz, do seu ateísmo, um *locus theologicus*. Além disso, evidenciaremos a maneira como Saramago tece seu texto elegendo a intertextualidade e a carnavalização como elementos metodológicos fundamentais para deslocar as afirmações do sentido tradicional, uma verdadeira reescritura onde opera uma construção teológica desconstrutiva, e que pode ser vista em diversas de suas obras.

No último capítulo, perpassaremos de maneira mais detida o *ESJC* e *Caim*, mostrando os pontos e assuntos da teologia ficcional saramaguiana. Procuraremos ver essas obras não como textos que contêm opiniões que precisam ser vencidas, mas como críticas que podem ser vistas como uma espécie de "profecia de fora", e que se corresponde com pontos da reflexão teológica contemporânea. No caso do primeiro romance, veremos que, é através do reconto ficcional da vida de Jesus por meio da reescritura bíblica, que Saramago problematiza assuntos pertinentes à fé cristã. Ao re-imaginar a biografia de Jesus, o literato português lança luz sobre o enigma do ser humano e critica a imagem de um Deus que impõe sua vontade através de uma onipotência arbitrária.

Com a análise do demasiado humano Jesus, do romance *ESJC*, descortinar-se-á um universo de questões teológicas. Contudo, no romance que se tornaria o último publicado enquanto estava vivo, *Caim*, o escritor retoma o seu projeto de uma reescritura bíblica voltando-se agora para a Bíblia Hebraica, testamento comum entre judeus e cristãos, e apontando mais uma vez o perfil de um Deus cruel e sedento de sangue que se opõe à realização humana, à autonomia e justifica todo tipo de atrocidade. Neste último romance, portanto, percorrendo o itinerário proposto por Saramago para o personagem que dá nome a obra, passando por diversos episódios bíblicos, chegaremos aos temas que compõem a teologia ficcional ateia de José Saramago.

Não ignoramos que o escritor parece, por vezes, propor uma crítica ingênua contra um cristianismo pouco crítico de si mesmo. No entanto, acreditamos que esse diálogo é fundamental para entender como a literatura pode contribuir para fazer a teologia rever as suas formas discursivas e seus conteúdos. Mais do que prévias ou apressadas respostas são as perguntas que os romances colocam, e que fazem da literatura de Saramago uma fonte para o trabalho teológico.

Embora, por vezes seja inevitável utilizar o substantivo teologia sem adjetivá-lo, a teologia sem adjetivos, no fim das contas não é possível. Não há teologia, mas teologias. De qualquer forma, permanece o desafio fundamental posto à reflexão teológica que é o de ela continuar a se repensar.

Portanto, esta obra revela a possibilidade de uma teologia ficcional na literatura saramaguiana. A expectativa é de que o resultado da pesquisa aqui apresentado contribua para o aprofundamento do horizonte interpretativo da obra saramaguiana e para o trabalho teológico, no sentido de proporcionar uma abertura maior para que numa escuta generosa da literatura a teologia continue a se re-imaginar.

Capítulo 1 | Teologia e literatura: encontros e desencontros

A partir dos desafios de aproximar a teologia da literatura é que se impõem as tarefas deste capítulo. O que propomos, portanto, é assinalar a questão da relação entre teologia e literatura. Ou seja, onde elas se entrelaçam e onde elas se separam, quais caminhos tomaram a literatura e a teologia e o que foi decisivo para que tomassem tais caminhos. Assim, num primeiro momento, procuraremos mostrar as origens dessa relação, as raízes literárias da própria teologia para, posteriormente, detectar alguns fatores que causaram o aparente estranhamento entre os dois saberes. Em seguida, destacaremos em que sentido o cenário atual parece favorecer uma reaproximação entre o saber literário e o teológico.

A íntima relação entre dois saberes

"No princípio era a palavra!", afirma o prólogo poético joanino. Isto não quer dizer pouco. Se visto como uma espécie de recurso metalinguístico, que fala da palavra de Deus na palavra literária, a poesia sobre o "Deus-palavra" aponta para a indissociabilidade que marca a construção da teologia e da literatura. Ambas são irmãs, têm a mesma idade, e a imaginação transfigurada em poesia; por exemplo, foi fundamental para a formação dos ritos religiosos. No entanto, com o passar do tempo, a teologia foi cristalizando-se e tornando-se "sisuda", enquanto que a literatura pareceu sempre mais irreverente, o que acabou criando certa desconfiança e conflito entre as duas.[10]

É possível ver uma extensa afinidade entre os dois saberes, começando pela Antiguidade, com a doutrina do "entusiasmo"– *em-théos*, que denota literalmente: ter a Deus ou deuses dentro de si – e a "inspiração" – *in-spirar*, que significa ter dentro o Espírito –, associadas tanto ao fazer poético quanto ao vocabulário

---

10. TENÓRIO, W., "Meu Deus e meu conflito".

teológico para descrever a atividade que fez nascer, por exemplo, os escritos bíblicos. Podemos nos referir à aproximação da poesia à profecia e, até mesmo, alargar tal ideia para aplicá-la à figura de Jesus de Nazaré, como destacou Pagola, ao nomeá-lo como "poeta da compaixão"[11] ou, como Espinel, "um mestre que ensina poeticamente"[12] e ainda ir mais longe e percebê-lo como o grande ficcionista cujo tema central é o Reino de Deus.

Alonso Schökel, ao comentar o texto de Jeremias (Jr 20,7-9), compara o sentimento do profeta ao do autor: "o profeta sente a palavra do Senhor vitalmente dentro de si: como um fogo nos ossos, como lava ardente de um vulcão (...). Não se assemelha isso à compulsão criativa atestada por alguns escritores?"[13] Se considerarmos a concepção sobre os profetas, segundo a qual, estes são portadores do *pathos* divino, expressão da vontade de um Deus que não permanece neutro frente às injustiças. Ou seja, se avaliarmos o profeta como alguém a quem é comunicado o entendimento de um mistério que é experimentado como vivo no mais íntimo do seu ser,[14] nos aproximamos da comparação de Schökel. Deste modo, concordamos com Alex Villas Boas quando faz uma aproximação entre a poesia e a profecia ao afirmar que o profeta é como um poeta que sofre um *raptus mentis* de onde surgem suas imagens poéticas decorrentes da comunicação do *pathos* divino. Ou seja, a empatia divina expressa-se em imagens poéticas da literatura bíblica. Nesse sentido, o *furor poeticus* não é totalmente diferente da inspiração profética em que, à semelhança do poeta, o profeta é dotado de sensibilidade, entusiasmo, ternura e um pensamento imaginativo de modo que a profecia é o produto da sua "imaginação poética".[15]

Deste modo, é admissível afirmar que a poesia e, por extensão, outras linguagens artísticas[16] são epifânicas, pois trazem no seu bojo a experiência da realidade e desvelam o real de uma maneira tão diferente, que linguagens como a

---

11. PAGOLA, J. A., Jesus: Aproximação histórica, p. 145-186.

12. ESPINEL, J. L., La poesía de Jesús, p. 16.

13. SCHÖKEL, A., A palavra inspirada, p. 62.

14. "The prophets had no theory or 'idea' of God. What they have was a understanding" (HESCHEL, A. J., The prophets II, p. 3).

15. MARIANO, A. V. B., Teologia e literatura como Teopatodiceia, p. 275-276.

16. Recorremos ao que diz a poetisa Adélia Prado: "A poesia, a poesia verdadeira é sempre 'epifânica'; ela revela e a beleza dela é isto. A beleza não é o assunto. Eu posso falar pessimamente sobre pores-do-sol e madrugadas e fazer um texto insuportável. Em arte, a beleza não é do tema, é da forma. E se a beleza está na forma qualquer assunto me serve, qualquer coisa é a casa da poesia. Ela não recusa absolutamente nada que diz respeito à experiência humana, porque ela guarda, na sua forma, exatamente esta revelação – é só 'olhos de ver' (...). É uma linguagem divina. A linguagem da arte é divina. Isto não é uma força de expressão" (PRADO, A., In: COSTA, C., Oráculos de um coração disparado, p. 14-15).

filosófica e a científica não alcançam. A experiência poética possui uma semelhança fenomenológica com a experiência religiosa, mística, profética: surge de um *pathos* e é expressa pela imagem, pela metáfora que traduz o indizível.

A profecia e a poesia extrapolam o sentido corriqueiro da palavra e nascem de uma experiência com o real que na tradição judaico-cristã é chamado de Deus. A inclinação do poeta é semelhante à do profeta. Este se sente convocado a dizer uma palavra divina, comunicando o querer desse Deus. Aquele experimenta algo que o impele a anunciar a beleza que roça as franjas do cotidiano metamorfoseando-o. Assim como a poesia se torna para a vida do poeta, irresistível, o profeta sente-se irremediavelmente ligado à sua vocação: "Tu me seduziste, Senhor, e eu me deixei seduzir!" (Jr 20,7).

Esta relação pode ser estendida até Jesus de Nazaré. Em continuidade com a tradição poético-profética, porém num modo próprio e criativo de apresentar as *mashal*,[17] ele assume a linguagem poética[18] e apresenta à sua audiência um Deus acessível e amoroso (Lc 15,11-32). Segundo Espinel, a apresentação poética de sua mensagem, sobretudo como percebida nas parábolas, não deve ser vista só como um recurso meramente pedagógico, usado apenas como adorno para facilitar o aprendizado dos ouvintes, mas uma característica intrínseca à sua mensagem particular, que o caracteriza como alguém que fala "como profeta, como quem bebe diretamente de uma profunda experiência".[19] A parábola é, portanto, uma ficção que, em princípio, começa por estabelecer uma relação muito próxima com o cotidiano, mas, a um dado momento, deixa de fazer sentido à luz dos conceitos e da lógica estabelecida. O cenário de um pai que tem dois filhos com um problema familiar, um conflito poderia até fazer parte da vida das famílias. Contudo, quando o filho volta, o pai toma uma atitude absolutamente inédita, que não é normal acontecer. Há aí uma parte que é a vida normal do quotidiano, a existência, e depois há sempre uma parte na parábola de Jesus que descola da realidade e do mundo tal como está construído, precisamente para nos mostrar que o Reino de Deus é diferente, e pede uma atitude de vida diferente dos que o acolhem. Nas parábolas Jesus quer abrir o coração a uma novidade, quer introduzir sua audiência numa nova experiência. As parábolas são, neste sentido e ao mesmo tempo, um

---

17. Joachim Jeremias fala das mashal como o gênero peculiar da parábola no universo hebreu distinto, por exemplo, da alegoria grega (JEREMIAS, J., As parábolas de Jesus, p. 7-15).

18. HEDRICKS, C., Parable as poetic ficcions. Moltmann afirma que a linguagem poética é a forma artística da linguagem metafórica e posteriormente fala, seguindo E. Jüngel, que as parábolas podem ser entendidas como "metáfora ampliada", já que esta usa uma imagem na comparação enquanto que aquelas se utilizam de uma sequência de imagens ou uma história curta. Neste sentido, elas têm em comum a linguagem metafórica (MOLTMANN, J., Experiências de reflexão teológica, p. 140-142).

19. ESPINEL, J. L., La poesía de Jesús, p. 15.

ponto de contato e de distanciamento da realidade para que os ouvintes possam olhar para o mundo, para a vida, para si mesmos, não apenas com os próprios olhos, mas a partir do "olhar do Reino de Deus".

A utilização particular das parábolas feita por Jesus tem a ver com um "viver parabólico". Conforme ressalta Leander Keck: "Jesus concentrou-se em um discurso parabólico porque ele próprio era um evento parabólico do Reino de Deus".[20] Sallie McFague, ao elaborar os pressupostos para uma teologia metafórica, salienta que uma teologia metafórica começa com as parábolas de Jesus e com Jesus mesmo como uma parábola de Deus.[21] Se podemos afirmar que Jesus encontrou nas parábolas a força discursiva para despertar os corações até o mistério do Deus vivo e compassivo, já que ele as utilizava não somente como um mestre em compor belos relatos para entreter os ouvidos e o coração daqueles camponeses, ou ainda, tampouco, apenas como ilustração para a sua doutrina a fim de que estas pessoas simples pudessem captar elevados ensinamentos, devemos também afirmar que este recurso estava intimamente ligado à maneira como vivia em abertura radical ao seu *Abba*.

A partir da perspectiva da relação trinitária vivida na história por meio da *kenosis* como comunhão essencial entre Jesus e o Pai, este ânimo poético-ficcional nos leva a afirmar ser o próprio Jesus a "parábola de Deus". Neste sentido, portanto, se aceitarmos a parábola como ficção poética, de certo modo, podemos falar que Jesus se manifesta não só como "poesia de Deus" (*Theopoiésis*),[22] mas como o grande ficcioninsta de Deus, aquele que por meio das ficções-poético--parabólicas desvela a própria ficção como lugar da experiência de Deus sempre de uma maneira desconcertante e que desinstala a audiência dos lugares comuns. A linguagem poético-ficcional de Jesus não diz algo sobre a essência de Deus em sentido conceitual. Ele não estava ilustrando a doutrina da Trindade ao falar de Deus como Pai. Inclusive, as próprias conclusões acerca de Jesus são posterio-

---

20. KECK, L., A future for a historical Jesus, p. 244.

21. McFAGUE, S., Metaphorical Theology, p. 18. Esta nomenclatura pode ser interpretada em outra direção. Segundo Moltmann, a relação de Jesus com Deus é mais que uma parábola, é caracterizada pela filiação divina. Dizer que Jesus é parábola de Deus não é a mesma coisa que dizer que Jesus é Filho de Deus e, neste sentido, o pensamento trinitário estaria prejudicado porque a parábola pressupõe apenas uma semelhança, enquanto que, na trindade, o Filho é consubstancial (homoousios) ao Pai (MOLTMANN, J., Experiências de reflexão teológica, p. 143-144). Todavia, ao falarmos de Jesus como parábola não temos a intenção de descaracterizar a relação Pai-Filho.

22. MARIANO, A. V. B., Teologia e literatura como Teopatodiceia, p. 278. Vale mencionar que o primeiro teólogo a fazer uso mais sistemático da expressão Theopoiésis não no sentido a que nos referimos foi Clemente de Alexandria (150 – 215 d.C.). Influenciado pelo estoicismo e por Fílon de Alexandria, Clemente afirmava ser o "teopoeta" aquele que cresceu na amizade com Deus e alcançou a apatia como liberdade afetiva (MARIANO, A. V. B., Teologia e literatura como Teopatodiceia, p. 292).

res. Eberhard Jüngel destaca bem que Jesus escolheu contar parábolas e somente posteriormente foi anunciado, ele próprio, como "parábola de Deus".[23] Portanto, é preciso lembrar que, ao utilizar imagens do cotidiano de pescadores e campesinos, seu objetivo era, sobretudo, convidar a uma experiência de abertura ao Reino de Deus. Conforme sublinha Espinel:

> Jesus não trata de definir a essência do reino de Deus. Diz o que se parece nossa situação ante a ele. Mas, por trás de cada metáfora sua está a experiência do divino, uma teofania, a mais alta vivência do mistério. Jesus transmite um conhecimento e uma vida cada vez que fala com linguagem poética. Não quis se calar embora tenha conhecido o inefável, tampouco optou por buscar uma conceptualização lógica.[24]

Jesus não elabora conceitos, mas conta, nas parábolas, algo acerca de Deus.[25] "Ao que parece, não lhe era fácil contar por meio de conceitos o que ele vivia em íntimo",[26] ressalta Pagola. Isto segue na linha do que alguns estudiosos vêm dizendo sobre a insuficiência do que podemos chamar de paradigma teológico especulativo, conceitual ou teórico e a necessidade de voltar à literatura, não somente para tornar a sua linguagem mais atraente, mas para penetrar as entranhas do mistério através de uma experiência estética que exige considerar a beleza mesma como verdade e não apenas como ornamento, isto é, a própria imaginação como linguagem de fé. O teólogo irlandês Michael Paul Gallagher enfatizou que é vital refletirmos sobre as possibilidades de usarmos a imaginação para recuperarmos alguma frescura e potencialidade da reflexão teológica. Para ele, "o campo de batalha de uma cultura viva desenrola-se mais na imaginação humana do que no mundo das ideias ou nas filosofias"[27] e, por isso mesmo, é fundamental resgatar como pedagogia estética da fé esta linguagem criativa para tornar real a surpresa do amor de Deus hoje. Neste sentido, é possível afirmar que já vemos isso em Jesus pela maneira como conta as parábolas e, porque não dizer, elabora uma teologia ficcional.

Além desses apontamentos, também é possível continuar o mesmo caminho de aproximações entre o cristianismo e a literatura citando os diversos salmos e hinos como o *Magnificat* (Lc 1,46-56ss.), o *Benedictus* (Lc 1,68-79ss.),

---

23. JÜNGEL, E., Dios como misterio del mundo, p. 389
24. ESPINEL, J. L., La poesía de Jesús, p. 268.
25. JÜNGEL, E., Dios como misterio del mundo, p. 389.
26. PAGOLA, J. A., Jesus: Aproximação histórica, p. 145.
27. GALLAGHER, M. P., Ricupero dell'immaginazione e guarigione delle ferite culturali, p. 617.

Gloria in excelsis (Lc 2,14) e o *Nunc dimittis* (Lc 2,29-32ss) que fazem parte da Bíblia, e notar, por exemplo, a utilização dos poetas gregos no Novo Testamento. Entre outras situações, podemos mencionar que o autor de *Atos dos apóstolos*, no capítulo 17, versículo 28, ao se referir a um discurso de Paulo, faz uma citação da *Crética* de Epimênides (600 a.C.).[28] Além disso, é claro, podemos falar dos textos de ficção que temos na Escritura, e que continuam, mesmo sendo ficção, tendo caráter de revelação. Neste sentido, a própria Bíblia pode ser vista como construção literária.

O caráter literário da Bíblia

Ao afirmarmos a Bíblia como fonte privilegiada para o trabalho teológico, não podemos esquecer o seu caráter literário. Antes de tudo a Bíblia é uma biblioteca extraordinária, construída como um drama polifônico onde as vozes, a humana e a divina, se cruzam criando um tecido multicolorido com enorme vivacidade e cheio de surpresas. A própria expressão "texto sagrado" remete a têxtil, a tessitura, tecido que por obrigação não é composto por um fio só, mas por um emaranhado. Isto diz algo sobre a natureza mesma da Bíblia e sifnifica que, embora seja considerada "sagrada", é também composta por um conjunto de escritos elaborados em épocas históricas concretas por pessoas reais que usaram suas línguas e as formas literárias disponíveis para expressarem-se. Por mais que seja percebida como um livro de fé, a Bíblia deve ser pensada também como literatura por seu valor estético, pela complexidade e refinamento de suas narrativas, sua riqueza de imagens, metáforas, dispositivos de linguagem e personagens.[29] A expressão do poeta William Blake traduz de forma emblemática o papel fundamental que a Bíblia possui no imaginário ocidental: "A Bíblia é o grande código". Mais recentemente, Northrop Frye enfatizou isto em um livro que tem por título a expressão de Blake. O crítico canadense percebeu que a Bíblia era elemento essencial para a compreensão da literatura inglesa.[30]

---

28. MARIANO, A. V. B., Teologia e literatura como Teopatodiceia, p. 279.

29. SALMANN, E., Letteratura e teologia, p. 5.; MENDONÇA, J. T., Poética da Escrit(ur)a, p. 296.; ALTER, R.; KERMODE, F. (Orgs.)., Guia literário da Bíblia, p. 12.; GABEL, J. B.; WHEELER, C. B., A Bíblia como literatura, p. 17. Antônio Magalhães cita o inglês Johann David Michaelis e o alemão Gottfried Herder como os descobridores da Bíblia como literatura, no século XVIII (MAGALHÃES, A. C., Deus no espelho das palavras, p. 138). Contudo, mesmo antes desta expressão aparecer, outros pensadores destacaram o caráter literário da Bíblia.

30. FRYE, N., O código dos códigos. p. 10.

George Steiner chama a Bíblia de "livro dos livros" e seguindo no mesmo sentido, afirma que todos os outros livros, por mais distintos que sejam entre si no tema ou no método, se relacionam, ainda que indiretamente, com ela.[31]

> Como estariam despidas as paredes dos nossos museus, despojadas das obras de arte que ilustram, interpretam ou se referem a temas bíblicos. Quanto silêncio haveria na nossa música ocidental, desde o canto gregoriano, a Bach, de Handel a Stravinski e Britten, se eliminássemos trechos de textos bíblicos, dramatizações e motivos. O mesmo se pode dizer da literatura ocidental. A nossa poesia, o nosso drama, e a nossa ficção seriam irreconhecíveis se omitíssemos a presença contínua da Bíblia.[32]

A Bíblia é um grande clássico[33] que influenciou a arte em diversos âmbitos. É possível mencionar, portanto, uma persistente relação que perpassa boa parte da literatura ocidental. Se pensarmos em textos como os de Faulkner, Melville, Proust, Kafka, Goethe, Henry James, Joyce, Mann entre tantos outros esta afinidade fica evidente. Além disso, também é perceptível como as traduções da Bíblia, por exemplo, dos reformadores Lutero e Tyndale influenciaram, respectivamente, a língua alemã e a inglesa.

Como ressalta Schökel, desde a Patrística, quando o campo literário estava ocupado pelos autores greco-latinos, embora a Bíblia tenha sido lida mais como um livro sagrado,[34] isto não impediu que os pensadores cristãos vissem os textos bíblicos como portadores de uma arte literária com aspectos diferentes, como salienta Agostinho, ao entender que a Escritura pode ser lida como obra de um autor a fim de se assimilar seu estilo e sua maneira de se expressar. As citações nos escritos cristãos que não são apenas recursos teológicos, mas estéticos, e as traduções que plasmaram a imaginação dos escritores, a sua língua e o seu estilo,[35] como afirma José Tolentino Mendonça, "tornaram claro que a verdade bíblica é solidária com o seu meio expressivo, já que fé e linguagem intrinsecamente se reclamam".[36] Cassiodoro, no século V, esforçou-se para identificar "os recursos

---

31. STEINER, G., A Bíblia Hebraica e a divisão entre judeus e cristãos, p. 9.

32. STEINER, G., A Bíblia Hebraica e a divisão entre judeus e cristãos, p. 65.

33. Italo Calvino descreve os clássicos como os livros que trazem com eles mesmos as pegadas das leituras que antecederam a nossa assim como as pegadas que deixaram atrás de si na cultura ou nas culturas que atravessaram. CALVINO, I., Perché leggere i classici, p. 7-8.

34. SCHÖKEL, A. Hermeneutica de la palavra II, p. 19-20.

35. SCHÖKEL, A., Estudios de poética hebrea, p. 5.; SCHÖKEL, A., El estudio literario de la Biblia, p. 467.; LABRIOLLE, P., Histoire de la littérature latine chrétienne, p. 73.

36. MENDONÇA, J. T., A construção de Jesus, p. 20.

estilísticos dos clássicos" na Bíblia; Isidoro de Sevilha, no século VII, viu a literatura como uma invenção propriamente hebreia baseando-se nos textos bíblicos; Beda, entre os séculos VII e VIII, pensou a Bíblia como livro sagrado, mas que contém uma "iminência estilística", e o judeu espanhol Moisés Ibn Ezra, já no XI, partindo dos tratados árabes, tentou provar que o texto bíblico pode ser lido como obra literária. Mais tarde, no Renascimento, na polêmica contra a escolástica, os humanistas retomam a Bíblia para valorizar a sua poesia frente a especulação. Posteriormente, no século XVIII, o bispo anglicano Robert Lowth inaugura um estudo sistemático sobre a poesia hebraica, *De sacra poesi Hebraorum*, no qual destaca o valor teológico do estudo literário em contraste com o trabalho dos "teólogos metafísicos".[37]

Portanto, é possível dizer que o caráter literário da Bíblia vem sendo observado desde cedo e nas últimas décadas, com a virada metodológica que se verificou nas ciências bíblicas[38] esta ênfase tem sido recuperada. Alguns críticos literários, inclusive, têm voltado a sua atenção para a Bíblia e resgatado o seu valor literário. Dentre os que empreendem tal abordagem, destacamos Erich Auerbach,[39] Northrop Frye,[40] Robert Alter[41] e Frank Kermode,[42] Jack Miles,[43] Harold Bloom,[44] Geraldo Holanda de Cavalcanti[45] e Haroldo de Campos[46] no Brasil, entre outros.[47] De fato, esta perspectiva que ressalta o poder da Bíblia enquanto obra basilar da literatura ocidental tem ajudado a alterar certa mentalidade intelectual que a remetia somente para o específico campo religioso.

Pensando nesta condição literária e tentando fazer jus a todo o universo rico da Bíblia, Robert Alter ilustrou assim esta aproximação aos textos bíblicos:

---

37. SCHÖKEL, A., Estudios de poética hebrea, p. 9. SCHÖKEL, A., Hermeneutica de la palavra II, p. 20.

38. Metodologias de outros setores das ciências humanas foram transferidas para o campo bíblico e com isso novas leituras surgiram (MARGUERAT, D., Entrare nel mondo del racconto, p. 196).

39. AUERBACH, E., Mimesis.

40. FRYE, N., O código dos códigos.

41. ALTER, R., A Arte da Narrativa Bíblica.

42. ALTER, R.; KERMODE, F. (Orgs.), Guia literário da Bíblia.

43. MILES, J., Deus: Uma Biografia.

44. BLOOM, H., Abaixo as verdades sagradas; BLOOM, H., O cânone Ocidental; BLOOM, H., O livro de Jó.

45. CAVALCANTI, G., O cântico dos cânticos.

46. CAMPOS, H., Bere'shit; CAMPOS, H., Éden; CAMPOS, H., Qohelet.

47. Outros autores têm enfatizado a Bíblia como literatura. Ver: MALANGA, E. B., A Bíblia Hebraica como obra aberta; ZABATIERO, J.; LEONEL, J., Bíblia, literatura e linguagem; ABADÍA, J. P. T., A Bíblia como literatura.

Quando falo em análise literária, refiro-me às numerosas modalidades de exame do uso engenhoso da linguagem, das variações no jogo de ideias, das convenções, dicções e sonoridades, do repertório de imagens, da sintaxe, dos pontos de vista narrativos, das unidades de composição e de muito mais; em suma, refiro-me ao exercício daquela mesma atenção disciplinada que, por diversas abordagens críticas, tem iluminado, por exemplo, a poesia de Dante, as peças de Shakespeare, os romances de Tolstói.[48]

Conforme destaca João Leonel Ferreira, esta abordagem se dá através da percepção do emprego de "estratégias literárias que definem o caráter estético e retórico junto aos leitores".[49] Ou seja, no caso das narrativas bíblicas, dizer que são "literatura" implica o reconhecimento que elas guardam certa proximidade e distância com a realidade, nunca sendo o "puro" relato desta, mas, representando-a e buscando transformá-la por intermédio das histórias.[50]

Esta abordagem tem revelado o imenso potencial da Bíblia enquanto literatura que pode ser destacado, inclusive, em comparação com os textos de Homero, por exemplo, como fez Auerbach, ao aprofundar-se nos procedimentos do realismo na literatura ocidental. Na perspectiva do crítico alemão, os textos bíblicos, muitas vezes sucintos, quando comparados a outros que fundamentaram a literatura ocidental, revelam uma capacidade extraordinária de captar as questões humanas em sua complexidade. Para ele, a fortuna da Bíblia como obra literária, reside mais no enredamento e intensidade do que na descrição detalhista. Passagens bíblicas como as que narram a relação de Esaú e Jacó, de José e seus irmãos, de Caim e Abel, são de forma curtas, mas ao mesmo tempo densas. As narrativas da Bíblia, aparentemente ingênuas, carregam uma espantosa capacidade de capturar os dramas humanos por meio dos personagens, no modo de composição e nas imagens.[51] Ao comentar um episódio bíblico sobre Davi e Absalão Auerbach sublinha que a multiplicidade de planos nas situações psicológicas que configuram as múltiplas camadas dentro de cada personagem é dificilmente encontrada em Homero, por exemplo.[52]

---

48. ALTER, R. A Arte da Narrativa Bíblica, p. 28-29.

49. FERREIRA, J. C. L., A Bíblia como literatura, p. 10.

50. FERREIRA, J. C. L., A Bíblia como literatura, p. 10.

51. Sobre o potencial da obra de ficção: "(...) qualquer narrativa de ficção é necessariamente e fatalmente rápida porque, ao construir um mundo que inclui uma multiplicidade de acontecimentos e de personagens, não pode dizer tudo sobre esse mundo. Alude a ele e pede ao leitor que preencha toda uma série de lacunas. (...) Que problema seria se um texto tivesse de dizer tudo que o receptor deve compreender – não terminaria nunca" (ECO, U., Seis passeios pelos bosques da ficção, p. 9).

52. AUERBACH, E., Mimesis, p. 10. Auerbach distingue dois paradigmas fundamentais na representação do real na literatura do Ocidente: o da Odisseia e o da Bíblia (AUERBACH, E., Mimesis, p. 7-30).

Portanto, por mais sucintas e abruptas que algumas passagens aparentem ser, ainda assim, elas guardam uma capacidade de penetração profunda nos dramas humanos. De igual modo, Steiner, se referindo ao episódio em que o rei Saul, ao ser invadido por seus temores decide consultar o profeta Samuel já morto por meio de uma pitonisa, ressalta que a história completa ocupa apenas dezoito versículos; no entanto, "a elegância e a riqueza de cambiantes psicológicas (...) estão ao mesmo nível de um episódio comparável de Macbeth. A economia da Bíblia desafia e talvez ultrapasse mesmo a prodigalidade de Shakespeare".[53] Steiner lembra outro exemplo, o livro de Jonas, e sublinha que se pensarmos nos seus quatro curtos capítulos, não é possível descartar a "riqueza de sua fabulosa concisão" e sua "delicadeza psicológica".[54]

Eliana Malanga, apoiada em Umberto Eco, justifica o caráter literário-artístico da Bíblia, sublinhando que, no caso da obra literária, ela será arte quando for aberta, quando permitir uma multiplicidade indefinida de leituras devido a sua composição estrutural linguística inovadora. A Bíblia destaca-se enquanto peça literária a partir da função estética da linguagem, que provoca no receptor um "estranhamento" em relação ao cotidiano. Deste modo, a autora exalta a condição artística dos textos bíblicos e salienta que por meio deste potencial de promover rupturas no habitual, assim como a tragédia grega, o teatro de Shakespeare ou a música de Mozart, eles formam um tipo de literatura que lida de modo especial com aspectos essenciais do conflito humano.[55]

Contudo, ainda assim, alguém poderia objetar que há textos bíblicos que não podem ser considerados como literatura[56] e que seus autores e redatores não

---

53. STEINER, G., A Bíblia Hebraica e a divisão entre judeus e cristãos, p. 29.

54. STEINER, G., A Bíblia Hebraica e a divisão entre judeus e cristãos, p. 63.

55. MALANGA, E. B., A Bíblia Hebraica como obra aberta, p. 24-33.

56. ABADÍA, J. P. T., A Bíblia como literatura, p. 18-19. Toda a problemática que envolve a definição de "literatura" é ampla e complexa. A literatura já foi descrita como categoria de uma produção escrita necessariamente de ficção dotada de uma substância qualitativa diferente formalizada pelos estilos e dividida em gêneros, mas também já foi entendida a partir da ideia do "estranhamento" como efeito estético que provoca necessariamente uma ruptura no cotidiano (TODOROV, T., La notion de littérature, p. 12-16; PORCIANI, E., Letteratura, p. 1273-1276). Terry Eagleton amplia a noção de literatura dizendo que há obras que antes foram consideradas como história e que agora são ficção e que nem todas as pessoas que leem livros considerados literatura conseguem fazer uma crítica do cotidiano: "O que importa pode não ser a origem do texto, mas o modo pelo qual as pessoas o consideram. Se elas decidirem que se trata de literatura, então, ao que parece, o texto será literatura, a despeito do que o seu autor tenha pensado" (EAGLETON, T., Teoria da literatura, p. 13). Qualquer registro implícito encontrado em textos considerados literários é insuficiente para que a definição seja abrangente o bastante. Ele explica que a caracterização de uma obra como Literatura depende principalmente das instituições que a reconhecem e justificam (EAGLETON, T., Teoria da literatura, p. 13-18). Já Barthes fala que somos todos "escravos da língua", atados as suas estruturas. Não é possível pensar, falar e escrever sem remeter-nos à ela (BARTHES, R., Aula, p. 14). Dessa forma, para reencontrar a liberdade do discurso só resta uma "trapaça salutar" linguística a que ele chama de literatura

pensavam em produzir suas obras sob tal emblema. Quanto a isso, a resposta está baseada: a) na ideia de uma redefinição da literatura adequada à pluralidade de gêneros que caracteriza a polifonia da Bíblia,[57] bem como; b) na desconstrução do argumento da intencionalidade literária.

Ao tratar da primeira questão, Alter defende que a noção de literatura é geralmente concentrada sobre a prosa e a poesia, que despreza modalidades de discursos como as genealogias e as leis devem ser reconsideradas à luz dessa diversidade. Por isso, afirma que a Bíblia Hebraica nos lembra que a literatura não está inteiramente limitada à história e ao poema, e que o mais frio catálogo e a mais árida etiologia podem ser um instrumento subsidiário eficaz de expressão literária.[58]

José Pedro Tosaus Abadía parece ir na mesma direção ao ressaltar que a condição da Bíblia como literatura, bem como a de qualquer outro escrito, não está à mercê do discernimento do momento. A Bíblia, portanto, não é literatura porque uma cultura ou um grupo diz que é, mas porque se mostra como um modo peculiar de comunicação linguística.

Vale lembrar que na Antiguidade não havia uma palavra que designasse a atividade de um escritor como um todo. Aquilo que um escritor produzia não era considerado literatura. Havia apenas nomes de gêneros como "poesia", "comédia" etc. A palavra "literatura" passa a ser usada no sentido que comumente utilizamos no final do século XVIII em oposição à utilização da palavra ciência para designar aquilo que dizia respeito aos conhecimentos científicos.

Quanto à ideia da intencionalidade, Tolentino Mendonça, apoiado em Jean-Noël Aletti e Michel Foucault, destaca que "importa menos o modo como a Bíblia chegou à literatura do que o reconhecimento de que os seus autores trabalharam a língua escolhendo ou criando formas literárias nas mesmas condições aplicáveis à literatura em geral".[59] Se, por um lado, de acordo com Aletti, é certo que não há nos autores sagrados uma aspiração consciente de

---

(BARTHES, R., Aula, p. 16). Todas estas discussões apontam para a noção de "literatura" como algo aberto, mutável e dinâmico. Há inclusive, atualmente, como sublinha João Leonel Ferreira, "a tendência, cada vez maior, de derrubar barreiras divisórias, em uma perspectiva pragmática, considerando que o próprio cânon é estabelecido acima de tudo pela sociedade. A diluição cada vez maior dos gêneros literários clássicos igualmente contribui para esse estado de coisas. Qualquer produção cultural: um romance, um texto histórico, um diário, sermões, ou mesmo a letra de uma música funk, é considerada literatura" (FERREIRA, J. C. L., A Bíblia como literatura, p. 9).

57. RICOEUR, P., Entre filosofia e teologia II, p. 189-195.

58. ALTER, R. Introdução ao Antigo Testamento. In: ALTER, R.; KERMODE, F. (Orgs.), Guia literário da Bíblia, p. 29.

59. MENDONÇA, J. T., Poética da Escrit(ur)a, p. 298-299.

criar literatura porque sua intenção inscreve-se no domínio querigmático, por outro, a Bíblia possui uma dimensão literária pela capacidade e originalidade com que os textos utilizam artifícios característicos do universo literário.[60] Neste sentido, a ideia de Foucault sobre a relação não autoevidente de uma obra com o título de "literatura" é determinante. Mesmo que Eurípedes ou Dante sejam parte de nossa literatura, não eram literatura no próprio tempo deles, já que esta noção não se aplicava nos seus respectivos contextos. Portanto, pouco importa se o profeta Isaías ou o evangelista João não pensavam no ato da escrita em etiquetar o seu trabalho com a nomenclatura profissionalizante que a comunicação literária aplica hoje porque, afinal, Hesíodo, Sófocles e outros também não.[61] Ou seja, o pensamento da Bíblia como obra literária se dá na transposição das fronteiras tradicionais que serviram para delimitar o espaço literário.

Nesta perspectiva, inclusive, o caráter muitas vezes fragmentário dos textos, que tantos problemas de coesão e coerência parecem causar, na verdade, é uma característica enriquecedora se o observamos de maneira geral. De fato, como sublinha Auerbach, o Velho Testamento é admiravelmente menos unitário na sua composição do que os poemas homéricos. No entanto, ele acrescenta: "ainda que tenham recebido alguns elementos, dificilmente encaixáveis, ainda assim estes são apreendidos pela interpretação (...)".[62] Northrop Frye, consciente de que a Bíblia é "mais uma pequena biblioteca do que um livro de fato" e reconhecendo que muitas vezes ela foi vista como um livro tão somente porque para fins práticos, fica entre duas capas; ressalta que isso não importa, ainda que seja verdadeiro. O que vale é que se leu 'a Bíblia' comumente como uma unidade e, foi assim, como uma unidade, que ela influenciou a formação da imaginação do Ocidente.[63]

Desta forma, mesmo sendo conhecedor da história complexa da formação dos textos e das hipóteses desenvolvidas pela crítica bíblica a esse respeito, Frye esforçou-se para perceber por meio de uma razão interna que a Bíblia se caracteriza por uma "estrutura imaginativa" formada por diversas imagens que funcionam como um princípio unificador por se repetirem em diversas ocasiões, criando assim uma tipologia e também por conter um sistema de composições narrativas

---

60. ALETTI, J.-N., Le Christ raconté, p. 53.
61. FOUCAULT, M., De lenguaje y literatura, p. 298.
62. AUERBACH, E., Mimesis, p. 13-14.
63. FRYE, N., O código dos códigos, p. 11.

que fazem com que ela possa ser vista como uma narração estendendo-se pelo tempo, da criação ao Apocalipse.[64]

Ou seja, esta característica de uma coletividade autoral que forma a Bíblia ao longo do tempo não pode ser ignorada; contudo, de acordo com o crítico canadense, é frívola a experiência de marcar o que na Bíblia é "original", as vozes dos gênios proféticos e poéticos daquilo que seria, supostamente, acréscimo. Para ele, os editores "pulverizaram a Bíblia a tal ponto que a noção de individualidade, seja qual for o seu sentido, ali não tem lugar (...)".[65] Por isso, nós, presos a compreensão moderna de que as qualidades de certa literatura provêm da individualidade de um autor, temos dificuldade de assimilar que essa espécie de esmagamento constante da individualidade que compõe o complexo tecido dos textos bíblicos tenha produzido mais originalidade, ao invés de menos.

Também, Alter, sem ignorar o que a pesquisa histórica ensinou acerca das condições específicas em que se desenvolveu o texto bíblico e sua heterogêneidade, isto é, sem deixar de perceber que a Bíblia não é inteiramente concebida por um único escritor, que supervisiona sua obra original do rascunho à última vesão, lembra que também não podemos tratar os textos como "colchas de retalhos", como se os seus redatores fossem "tomados por uma espécie de pulsão tribal maníaca, sempre compelidos a incluir unidades de material que não faziam sentido algum, por razões que eles próprios não saberiam explicar".[66]

Alter descarta a hipótese de que a justaposição de narrativas, aparentemente incompatíveis, deve-se à ingenuidade ou à incompetência dos autores e redatores. Para ele, a deliberação de exibir em conjunto relatos contraditórios do mesmo evento é um análogo narrativo da técnica da pintura pós-cubista de justapor ou sobrepor um perfil e um anglo frontal da mesma imagem. Assim como o pintor que ao representar lado a lado duas perspectivas sobre um objeto quer explorar as relações entre dois pontos de vista que normalmente não seriam possíveis ao

---

64. FRYE, N., O código dos códigos, p. 170-173.

65. FRYE, N., O código dos códigos, p. 241-242.

66. ALTER, R., A Arte da Narrativa Bíblica, p. 40. Na explicação de Alter para o texto de Gênesis 42, em que um mesmo evento é narrado duas vezes, ocorrem contradições redacionais: "A contradição entre os vv. 27-28 e o v. 35 é tão patente que parece ingênuo supor que o autor hebreu antigo fosse tão tolo ou incapaz a ponto de não perceber o conflito. (...) o autor estava perfeitamente consciente da contradição, mas considerou-a superficial. (...) pela lógica narrativa, com a qual ele trabalhava, fazia sentido incorporar as duas versões que tinha à mão, porque juntas elas revelavam implicações mutuamente complementares do evento narrado e lhe permitiam fazer um relato ficcional completo. (...) me parece pelo menos plausível que ele se tenha disposto a incluir na narrativa o mal menor da duplicação e da aparente contradição em prol de conferir visibilidade aos dois eixos principais de sua história num momento crítico do enredo" (ALTER, R., A arte da narrativa bíblica, p. 207-208, 210).

observador comum, o escritor bíblico a partir do caráter compósito de sua arte revela uma tensão de pontos de vista.[67]

Esta abordagem se distancia da crítica histórica que sempre perseguiu os significados únicos, os contextos originais, e assim transformou a erudição bíblica numa espécie de historiografia teológica em que os textos se tornaram apenas um meio, um objeto a ser manipulado a partir de certa metodologia. Isto nos leva a outra considerar a relação que a Bíblia mantém, enquanto literatura, com a história. Auerbach ressalta que, diferentemente dos poemas homéricos que mantêm todo o seu assunto no lendário, a Bíblia Hebraica aproxima-se mais do histórico. Embora, em narrativas como aquelas sobre Davi ainda haja muito de lendário, como por exemplo, nos relatos sobre a luta com Golias, também é possível perceber um caráter histórico nas cenas sobre os últimos dias de Davi.[68]

Contudo, ainda que as narrativas, por vezes, tenham uma relação com episódios históricos, segundo Alter, isto não quer dizer que elas devam ser lidas como história no sentido moderno do termo, mas que elas criam enredos originais atrelados a acontecimentos que eram culturalmente aceitos como história e por isso podem ser vistas como "ficções historicizadas".[69] Ao comentar o conjunto de narrativas que compõe o "ciclo das histórias de Davi", sublinha que essas histórias não são historiografia, mas uma "recriação imaginativa da história feita por um escritor talentoso que organizou os materiais disponíveis segundo determinados eixos temáticos, de acordo com sua notável intuição da psicologia dos personagens".[70]

Frye, ao pensar a mesma questão, distingue três modalidades de histórias na Bíblia: a) aquelas que não podem ter acontecido (como os relatos da criação ou do dilúvio); b) outras que até podem ter uma base histórica (como as narrativas sobre Abraão ou o Êxodo), mas tal base não pode ser definida; e c) narrativas com indícios históricos mais evidentes, até examináveis, entretanto, sempre manuseados para alcançar certos interesses.[71]

Ora, é importante sublinhar isto porque um dos problemas das abordagens religiosas fundamentalistas e histórico-críticas da Bíblia é justamente o interesse exacerbado pelas questões de historicidade. Tolentino Mendonça, ao destacar o esquecimento da característica literária da Bíblia, por parte, tanto dos herdeiros

---

67. ALTER, R., A arte da narrativa bíblica, p. 219.
68. AUERBACH, E., Mimesis, p. 15, 17.
69. ALTER, R., A arte da narrativa bíblica, p. 71-72.
70. ALTER, R., A arte da narrativa bíblica, p. 62.
71. FRYE, N., O código dos códigos, p. 66-67.

das leituras surgidas a partir do Iluminismo quanto de "fiéis fervorosos", afirma que, para os primeiros, a chave para a compreensão do texto bíblico passou a ser buscada no exterior dele próprio num agir de acento racional sobre o texto, o que permitia a sua fragmentação.[72] Já no caso da perspectiva fideísta, os crentes, no panorama mental oposto,

> empenhavam-se em demonstrar, a todo custo, a historicidade das narrações bíblicas e afirmar a veracidade de sua revelação. Mas, pelos meios a que recorreram, caíram na armadilha de efeito contrário. Tomaram a historicidade (e um redutor entendimento de historicidade) como critério fundamental, fazendo depender dele a verdade das narrações. E passaram, quase imediatamente, a sujeitar o sentido da Bíblia a categoria não bíblicas: um vasto acervo de fórmulas teológicas, dogmáticas ou discursos de pendor espiritualista, aprisionou a questão do sentido a um subjectivismo devoto. Ambas as hermenêuticas aplicadas à Bíblia estavam reféns de um sistema prévio e exterior.[73]

Aqui uma última palavra é necessária. Não queremos, ao afirmar o carácter literário da Bíblia, descartar que ela é um livro de fé. É claro que não podemos lê-la como um "documento único, completo e integral, não modificado e imutável, que transcende as condições da vida na Terra",[74] mas isso tampouco nos impede de ver a intencionalidade da fé e artística de seus autores e redatores. Ou seja, defendemos que a Bíblia deve ser apreciada como obra literária sem que isso diminua a sua dimensão religiosa, e mais: que as duas perspectivas podem valorizar os textos no seu entrecruzamento. Aparentemente, para alguns, há uma contradição entre pensar a Bíblia como literatura e a afirmação de que ela é, para os crentes, sagrada. Muitos ainda continuam pensando na Bíblia

---

72. MENDONÇA, J. T., A construção de Jesus, p. 22.

73. MENDONÇA, J. T., A construção de Jesus, p. 22-23. Gabel e Wheeler alertam para os riscos de ler a Bíblia com os olhos voltados para o passado histórico e para as realidades objetivas destacando que na perspectiva literária é necessário pensá-la como "expressão de um tema". Um tema não é uma coisa "lá fora", mas algo "aqui dentro". Ele existe na consciência do autor (...) como concepção daquilo que o autor deseja exprimir. Pode ser um impulso ou fantasia particulares sem referência à realidade objetiva ou referir-se a uma coisa sólida, tangível e consensual como o Templo de Salomão. Isso não importa; toda comunicação acerca do Templo requer que esse objeto antes de tudo entre na mente do autor como um conjunto de percepções. Essas percepções são modificadas pelo ponto de vista e pela experiência passada individuais do autor, e, quando se manifestam, passaram por uma transformação adicional, visto terem agora a forma de palavras, e não de pedras de cimento. Que nos dizem essas palavras? Elas não contam necessariamente o que o Templo de fato foi, embora esse possa ser o seu propósito aparente, mas dizem, em vez disso, o que o autor pensava sobre o Templo e desejava que os leitores pensassem sobre ele (GABEL, J. B.; WHEELER, C. B., A Bíblia como literatura, p. 19).

74. GABEL, J. B.; WHEELER, C. B., A Bíblia como literatura, p. 73.

como um conjunto de textos em que cada palavra ou quase toda palavra é diretamente ditada por Deus. Outros, no lado oposto, consideram-na apenas como um registro literário sem qualquer relação necessária com a revelação de Deus. Grifamos que é possível pensar que o desenvolvimento da crença judaico-cristã possui uma estrutura literária basilar, isto é, que antes de tudo, os textos bíblicos contêm em forma de literatura as experiências de pessoas que professavam a fé em Deus. Por outras palavras, a forma de expressar a fé é também literária e que, por isso, o fato de ser escritura sagrada não anula o fato de se tratar de um livro, ou melhor, de uma biblioteca e vice-versa. Contudo, embora não possamos aceitar essa ideia simplista de uma inspiração no sentido fundamentalista da expressão, fazemos coro com Steiner quando, ao se referir à Bíblia, afirma que não há uma "analogia satisfatória em parte alguma, ou qualquer explicação completamente naturalista"[75] para a ordem de inspiração e domínio das palavras presentes no trabalho dos autores e redatores bíblicos.

Pensar a Bíblia como literatura é importante para recuperar o seu lugar entre os clássicos mundiais e até mesmo perceber a sua influência em muitos deles, ressaltando-a como elemento fundamental para entender a cultura. Também para perceber que, enquanto testemunho sobre a fé de pessoas e grupos, expressada por meio de orações, crônicas históricas, livros de reis, cantigas de amor, textos proféticos, obras de sabedoria, apocalipses, cartas, entre outras formas, ela se constitui como uma declaração teológica literária. Longe de constituir um afastamento da experiência fiducial, a linguagem literária enlaça-se com a fé. Como salienta Paul Beauchamp, sem a grandeza da escritura não existiriam as Sagradas Escrituras.[76] Em suma, ao destacarmos a profunda intencionalidade artística da Bíblia, sua riqueza de imagens, a complexidade de suas estruturas narrativas, sua influência na literatura e na formação da cultura ocidental, lembramos a possibilidade do texto bíblico ser visto como obra literária e Deus ser representado estética e literariamente, antes de ser pensado por meio de conceitos.

A teologia como literatura na Patrística

Na Patrística, há, ao mesmo tempo, uma continuidade e uma descontinuidade com esta identidade literária da teologia. Se por um lado ocorre um enrijecimento da linguagem que se dá na esteira do processo de apropriação da filosofia grega pelo cristianismo com finalidades apologéticas, por outro, sobre-

---

75. STEINER, G., A Bíblia hebraica e a divisão entre judeus e cristãos, p. 72.
76. BEAUCHAMP, P., L'un et l'autre Testament, II, p. 97.

vive uma teologia sob forma literária.[77] Estas formas teológicas se justapõem, ora caminhando paralelamente, ora agregando-se.[78] Ou seja, a teologia cristã, nesse período está em diálogo com a linguagem filosófica corrente, mas guarda uma característica simbólica. Foi construída por meio do recurso das imagens da Bíblia e da participação litúrgica. Basta lembrar os diversos sentidos atribuídos ao texto bíblico,[79] os múltiplos gêneros[80] divididos entre cartas, comentários, hinos, sermões, entre outros. Naquele período, a arte e a arquitetura, a música e a poesia cristãs se desenvolveram a serviço da liturgia. Obviamente, a construção dessas expressões aconteceu em diálogo com as formas da cultura greco-romana e com o espírito semítico, já que o cristianismo deriva do judaísmo. Christopher Dawson destaca, por exemplo, que há uma ligação entre a liturgia da sinagoga e a da Igreja, que pode ser percebida pela utilização da linguagem e imagens da Bíblia que separou a nova cultura cristã do mundo romano-helenístico e deu à Igreja um novo conjunto de "arquétipos sagrados" e "imagens simbólicas". Aos poucos foi substituindo a antiga mitologia que compunha o pano de fundo da literatura clássica.[81] Um aspecto que torna evidente esse processo é o nascimento da poesia cristã. Desde os primórdios a Igreja cristã recebe a influência da poesia judaica,

---

77. A linguagem teológica surgida na Patrística nasce do encontro da mensagem profético-evangélica com o mundo da cultura grega, especialmente com a filosofia do platonismo. É a filosofia grega clássica somada a outras práticas filosóficas e religiosas que serve de suporte ao discurso teológico cristão (PASTOR, F., A lógica do inefável, p. 11-12.; ROCHA, A., Teologia sistemática no horizonte pós-moderno, p. 42). Para González Fauss, há uma progressiva helenização do cristianismo que já pode ser antevista na interpretação do termo *logos*, presente na abertura do quarto evangelho. Segundo este teólogo, no evangelho de João, o vocábulo tem um significado semita, mas com o decorrer do tempo passa a uma conotação plenamente grega: "*logos* e *dabar* podem significar "palavra". Porém, no mundo grego se trata da palavra que explica, que dá razão e sentido. Enquanto que, no mundo semita, se trata de uma palavra que é ação e, deste modo, manifesta a uma pessoa e não meramente ideias" (GONZÁLEZ FAUSS, J., Des-helenizar el Cristianismo, p. 235). De acordo com esta hipótese, o Prólogo quer mostrar que Jesus é a Palavra de comunicação, de autocomunicação de Deus. É, então, uma Palavra de revelação, mas também de comunhão. No entanto, é preciso perceber esse processo de apropriação da filosofia, também como uma etapa do esforço inculturador na tentativa de salvaguardar a experiência salvífica cristã dentro de um quadro interpretativo mais amplo (MIRANDA, M., Inculturação da fé, p. 122). Diante do desafio de ressignificar a mensagem evangélica para outro contexto os Padres destacaram a existência de um *intellectus fidei* que consistia em traduzir na linguagem da afirmação metafísica a realidade bíblica do mistério de Deus.

78. MARIANO, A. V. B., Teologia e literatura como Teopatodicei, p. 280.

79. "A exegese antiga (...) atribuía a todo texto da Escritura sentidos de vários níveis. A distinção mais corrente se fazia entre sentido literal e sentido espiritual" (PONTIFÍCIA COMISSÃO BÍBLICA., A interpretação da Bíblia na Igreja, p. 94). Para uma abordagem detalhada ver: DE LUBAC, H., Exégèse Médievale. Vol 1.

80. Para uma classificação dos gêneros ver: KURIAN, G. T.; SMITH, J. D., The encyclopedia of christian literature. Vol. 1.

81. DAWSON, C., A formação da Cristandade, p. 232.

sobretudo dos Salmos, e a utiliza para anunciar outra visão de mundo numa linguagem renovada e novo ritmo em contraste com a poesia clássica.[82]

Podemos falar da existência de uma poesia cristã desde muito cedo. J. Quasten ressalta os hinos inspirados na Bíblia datados do século II como o *Phos Hilaron*, que subsiste na liturgia vespertina da Igreja grega; também menciona o fragmento do hino cristão encontrado em *Oxyrhynchos*, no Egito, em 1922, provavelmente do final do século III; e ainda ressalta as *Odes de Salomão*, compostas por 42 poemas como um dos descobrimentos mais importantes da literatura cristã primitiva.[83] Na segunda metade do século III, encontram-se as *Instruciones* e *Carmen apologeticum* de Comodiano de datação e marcados por uma preocupação escatológica. Com o início do período de Constantino é possível falar de uma "poesia parafrástica", que se caracterizava pela releitura da Bíblia e pela reescritura hagiográfica e representava uma espécie de cultura oficial do cristianismo imperial.

A Síria destacou-se como o lugar em que a nova poesia cristã floresceu e evoluiu. Os sírios utilizavam a poesia não somente para propósitos litúrgicos, mas também para o ensino teológico. Sem dúvida, Efrém foi o maior doutor e poeta da Igreja siríaca no século IV.[84] Sua paixão pela música o levou a compor hinos e instruções espirituais divididas em estrofes e refrãos. Desenvolveu também o diálogo poético dramatizado entre duas pessoas ou grupos com uma introdução, além das homilias métricas, sobretudo em defesa da fé.[85] Os escritos de Efrém se difundiram por todo o Oriente e mesmo por todo o mundo cristão. Já na Antiguidade, eles foram traduzidos para o grego, o armênio, o copta, o árabe, o latim, o georgiano, o etíope e o paleoeslavo. A atividade literária de Efrém estava ligada a seu ministério de regente, atividades de instrutor, diácono, compositor de hinos catequéticos. A esse ministério específico à frente de um coro se referem a *Vita* siríaca e o testemunho de Jacó de Sarug. É verdade que essa informação não aparece nas biografias gregas de Efrém, mas, de acordo com Salvesen, ela se confirma por alguns estratos nas obras do próprio padre siríaco. Salvesen refere-se mais explicitamente à *Homilia sobre*

---

82. DAWSON, C., A formação da Cristandade, p. 233.

83. QUASTEN, J., Patrologia, p. 163.

84. A questão da autoria deve ser tratada com cuidado, dado que muitas obras foram postas sob a autoria de Efrém. No início do século XX, F. C. Burkitt estabeleceu critérios para esta definição. Ele defendeu como critério principal a antiguidade do manuscrito no qual tal obra foi preservada. São consideradas autênticas aquelas obras atestadas por ao menos um manuscrito anterior ao século VII (BURKITT, F. C., Evangelion da-Mepharreshe, p. 112-114; LELOIR, L., L'évangile d'Éphrem, p. iv-v).

85. DELL'OSSO, C., Poesia e teologia nei Padri, p. 267-278.

o Êxodo.[86] Esses testemunhos atestam que Efrém era regente de um coro de mulheres e ensinava-as a cantar os hinos que ele compunha. Tiago de Sarug descreve assim essa atividade:

> Em ti, também as irmãs encontraram força para falar: Teu ensinamento abriu a boca fechada das filhas de Eva. As vozes de grupos compactos de mulheres ressoou, e elas eram chamadas de mulheres instrutoras na congregação. Que visão inovadora: mulheres pregando o Evangelho! Um sinal de teu ensinamento é um mundo inteiramente novo, onde homens e mulheres são iguais no Reino: teus labores modelaram duas harpas para duas corporações.[87]

Enfim, cabe destacar a poesia como gênero literário principal das obras de Efrém. Ou seja, para este padre, a linguagem poética também era um meio apropriado para se transmitir a interpretação da Sagrada Escritura.

A poesia siríaca, provavelmente, influenciou o surgimento da nova poesia cristã tanto no mundo grego como no mundo latino. Dawson destaca que é possível ver semelhanças, por exemplo, entre as homilias metrificadas siríacas e o abecedário composto por Agostinho contra os donatistas – *Psalmus abecedarius contra partem Donati* – que também tomou a métrica acentual, em lugar do sistema quantitativo com o refrão recorrente. Contudo, também ressalta que a origem da poesia cristã no Ocidente deve ser buscada na tradição latina, pois une a poesia clássica e a tradição de salmodia judaica fazendo surgir assim uma nova hinódia.[88]

No âmbito latino, a poesia lírica é representada por Prudêncio (348-405 d.C.). Contudo, é possível falar ainda da hinografia ligada à liturgia e com acento antiariano, como a *Adae carnis* de Hilário de Poitiers. Entretanto, o nome responsável por popularizar a poesia litúrgica foi Ambrósio de Milão. Ele, sem dúvida, pode ser considerado o grande hinógrafo do Ocidente cristão, pois soube congregar o gênio latino e o espírito do cristianismo. Isto fica evidente em hinos como *Aeterne rerum conditor*, *Deus creatur omnibum*, *Iam surgit hora tertia* e *Intende qui regis Israel*.[89]

Na tradição cristã grega, podemos mencionar Romano, o Melodista, chamado de "Píndaro cristão", como um daqueles teólogos que, pela profunda inspiração e alto lirismo da sua composição, transformaram a teologia em poesia.

---

86. SALVESEN, A., The Exodus Commentary of St. Ephrem, p. 332-338.

87. Tradução de Tiago de Sarug a partir do texto inglês citado por Salvesen (SALVESEN, A., The Exodus Commentary of St. Ephrem, p. 336).

88. DAWSON, C., A formação da Cristandade, p. 234-235.

89. DELL'OSSO, C., Poesia e teologia nei Padri, p. 269-271.

Outro nome que representa de maneira icônica uma teologia literária é o de Gregório de Nazianzo. Conhecido como "O Teólogo", Gregório dedicou os últimos anos da sua vida à composição da *Carmina*, dividida por ele em dois livros, a *poemata theologica*, subdividida em *poemata dogmatica* (Princípios, Trindade, Espírito Santo, Inteligências celestes, O mundo, A providência, A alma) e *moralia* (Iluminação e Purificação da alma), e a *poemata histórica* (Os Patriarcas, As pragas do Egito, Moisés e a Lei, A vinda de Cristo, Sua genealogia, Seus milagres, Suas parábolas, Os doze apóstolos), encerrando com um *Hino a Deus*.[90] Com sua poesia Gregório desejava oferecer aos jovens e aos amantes da literatura uma espécie de prazer dileto que os conduzisse à contemplação das realidades superiores e divinas; também almejava elevar a poesia cristã frente a poesia pagã. A *Carmina* pode ser concebida como uma lição moral e doutrinal que espelhava certa ortodoxia. É possível perceber isso por meio do acento antiariano e antiapolinarista. O intuito do nazianzeno era provocar com a sua métrica uma espécie de facilitação da memorização. Entretanto, não fazia isto sem recorrer constantemente à filosofia e ao texto bíblico.

Pierre Hadot destaca que a Patrística possui belezas literárias, muitas vezes a partir do encontro inesperado entre a tradição clássica e o hebraico da herança bíblica, e ressalta que, em Gregório de Nazianzo, é possível perceber uma nova consciência que está surgindo, que marca fortemente a piedade medieval e prevê as efusões do romantismo moderno.[91] Como destaca Villas Boas Mariano, o gênio poético de Gregório convida a uma poesia íntima da natureza humana como pergunta por sua própria identidade fazendo acordar para uma descoberta íntima.[92]

O nazianzeno também se destaca pela força poética dos epitáfios (para a sua mãe e para o amigo Basílio de Cesareia) e epigramas que escreveu, além de uma possível tragédia chamada *A Paixão de Cristo* que ganhou notoriedade especialmente na era bizantina.[93] Em suma, a maestria literária de Gregório, revelada mais em alguns versos do que em outros no conjunto dos dezoito mil que ele compôs, leva-nos a afirmar, sem exagero, que ele foi um dos literatos mais importantes do século IV e talvez de toda cristandade grega tardo-antiga.[94] De fato, a sua poesia marcou época na história da manifestação literária, tornando-se objeto de

---

90. DELL'OSSO, C., Poesia e teologia nei Padri, p. 272-273.

91. HADOT, P., Patristique.

92. MARIANO, A. V. B., Teologia e literatura como Teopatodiceia, p. 296.

93. Embora a autoria de Gregório relacionada à tal tragédia seja controversa, a temática e a espiritualidade da obra poderiam muito bem inserir-se na personalidade do autor (MORESCHINI, C.; NORELLI, E., História da literatura antiga grega e latina, II, p. 158-159).

94. MORESCHINI, C.; NORELLI, E., História da literatura antiga grega e latina, II, p. 159.

admiração e imitação na literatura bizantina, servindo, inclusive, como artifício de estudo e educação retórica.[95]

Voltando à latinidade, outro padre que não poderíamos deixar de mencionar é Agostinho. Embora não tenha escrito uma obra poética *stricto sensu*, Grenier destaca que é possível perceber a influência da retórica nazianzena na retórica agostiniana se considerarmos os paralelos entre a *Carmina* de Gregório e as *Confissões* do bispo de Hipona. Sem dúvida, Agostinho foi um teólogo de "alma poética" que contribuiu também de maneira significativa para o laço entre a fé e a linguagem filosófica, e construiu uma prosa poética. Elaborou, sobretudo nas *Confissões*, diversas "metáforas poético filosóficas".[96] Ao esforçar-se para compreender o anúncio da Palavra, no intuito de explicar a Escritura, considerada depositária da verdade de fé, utilizou todos os recursos disponíveis como a gramática e a retórica, aliadas, sobretudo, ao esquema de pensamento neoplatônico. Entretanto, na concepção agostiniana do *intellectus fidei* há uma inseparabilidade da verdade e da caridade, do conhecimento e do amor. Por outras palavras, o teólogo africano reafirmou que a inteligência prepara para a fé, depois o conhecimento verdadeiro do intelecto é iluminado pela fé na união com Deus por meio da graça. Movimento este sintetizado na expressão: "*Intellige ut credas. Crede ut intelligas*". A fé, orientada e preparada pela razão converge concentrando-se na caridade. Fé e razão estão intrinsecamente combinadas, não se anulam nem se excluem, mas objetivam o amor.[97]

Assim, destacamos que em Agostinho é possível ver uma relação visceral com a linguagem filosófica, mas também com certa preservação da teologia como um *habitus* de vida e estudo que visa entender, crer e viver o amor. Neste sentido, Jean Guitton, ao sublinhar a influência do pensamento do bispo de Hipona em algumas filosofias modernas e contemporâneas, faz-nos refletir no que seria a teologia ocidental se não fosse a influência agostiniana. Segundo ele, correria o risco de estar reduzida a proferir fórmulas dogmáticas e conjunto de doutrinas e deveres.[98]

É verdade que não podemos negar que Agostinho parece se incomodar com o prestígio na formação educativa de que a literatura gozava na sua época e de igual modo com seu estilo atraente e inclinação à diversão. Nas *Confissões*, o padre latino ressente-se do prazer que os jovens experimentam ao serem obrigados a decorar os versos de Virgílio e parece mencionar com constrangimento o

---

95. JAEGER, W., Cristianismo primitivo e paideia grega, p. 95.
96. GRENIER, A., La vie et les poésies de Saint Grégoire de Nazianze, p. 236-243.
97. FRAILE, G., Historia de la filosofia. v. II., p. 199-203.
98. GUITTON, J., Actualité de Saint Agustin, p. 140.

fato de ele próprio ter se emocionado mais com o sofrimento de Dido pelo abandono de Eneias do que com sua própria condição de pecador. Contudo, como observa Brian Stock, Agostinho se apropria dos mesmos meios literários contra os quais parece ter argumentado.[99] No uso dos artifícios da retórica, que transformam as *Confissões* em dispositivos narratológicos que arrastam o leitor para dentro do texto, dá concretude à certeza de que a verdade merece sempre ser dita com eloquência e beleza, ou seja, de que o belo e o verdadeiro não devem ser duas realidades divorciadas. Conforme salienta Silva Rosa, a profunda cultura literária de Agostinho e o papel que a filosofia neoplatônica tiveram na sua aproximação ao cristianismo fizeram-no compreender que a *fides* não está dissociada do *intellectus*, mas que há uma inteligência dentro da própria fé – *intellectus fidei* –, "na qual as palavras são, acima de tudo, indicativos ou deícticos vitais, diríamos hoje: linguagem performativa que, justamente, encontra um espaço solidário na confissão de fé e no trabalho pastoral".[100]

De fato, a materialização dessa linguagem performativa pode ser visualizada na força poética com que a pena agostiniana transcreve suas experiências, por exemplo, nas *Confissões*. Isto fica claro se tomamos passagens como aquela em que narra o êxtase experimentado em Óstia com sua mãe[101] ou quando escreve:

> Tarde te amei, ó beleza tão antiga e tão nova! Tarde demais eu te amei! E eis que habitavas dentro de mim e eu te procurava do lado de fora! Eu, disforme, lançava-me sobre as belas formas das tuas criaturas. Estavas comigo, mas eu não estava contigo. Retinham-me longe de ti as tuas criaturas, que não existiriam se em ti não existissem. Tu me chamaste, e teu grito rompeu a minha surdez. Fulguraste e brilhaste e tua luz afugentou minha cegueira. Espargiste tua fragrância e, respirando-a, suspirei por ti. Eu te saboreei, e agora tenho fome e sede de ti. Tu me tocaste, e agora estou ardendo no desejo de tua paz.[102]

Em suma, é possível falar de uma teologia poética ou de uma teologia literária que perpassou a Patrística, tanto no Oriente quanto no Ocidente. Essa teologia preservou um caráter simbólico, metafórico. Caracterizou-se, sobretudo, pelo forte apelo às imagens e expressões bíblicas e materializou-se em forma de poesia, epístolas, sermões, hinos etc.

---

99. STOCK, B., Ethics through Literature, p. 2-3.
100. ROSA, J. M. S., As Confissões de Sto. Agostinho, p. 105.
101. AGOSTINHO, Confissões, p. 251-253.
102. AGOSTINHO, Confissões, p. 295.

Teologia e literatura no Medievo

Mesmo com todo o acento simbólico da teologia dos Padres, de um modo geral, a razão teorética acabou sobrepondo-se a razão literária. Por exemplo, Etienne Gilson destaca que Boécio (470-525), pelo influxo que exerceu por meio de seus tratados até a tradução para o latim, no século XIII do *Organon* completo de Aristóteles, pode ser considerado o "professor de lógica da Idade Média".[103] Cassiodoro (481-570) com seu *Institutiones*, uma espécie de enciclopédia das artes liberais – já preconizadas por Agostinho no *De doctrina christiana* e sistematizadas por Marciano Capella[104] –, se tornou referência nas escolas monásticas para o ensino das Escrituras. Com efeito, foi a pedagogia das artes liberais, no século IX, revisada pelo renascimento carolíngio[105] – sobretudo com o trabalho de Alcuíno (730-804) – que constituiu a base da organização escolar até o século XII e também estabeleceu o aporte ao texto bíblico. A Escritura, portanto, deveria sofrer o tratamento dado por meio de tal pedagogia, para que se captasse o seu sentido e inteligibilidade. Daí a redução das imagens e a circunscrição da intenção das alegorias no sentido de extrair delas a exata significação pela aplicação da gramática. De certa forma, podemos dizer que nesta passagem para a Idade Média há o agravamento da preocupação com as categorias conceituais.

Com a chegada do século XI, especialmente com as contribuições de Anselmo de Canterbury (1033-1109) é possível perceber mais fortemente esta ênfase, ainda que de maneira mais branda do que nos pensadores que se seguiram a ele.[106] Anselmo, mediante o desenvolvimento do célebre argumento ontológico que demonstra a existência de Deus pelo próprio conceito de Deus e pelo método da *fides quaerens intellectus*, reforça a dimensão cognitiva da fé. Ou seja, destaca o fato de a fé buscar compreender-se, compreender e fazer compreender.[107] Suas

---

103. GILSON, E., A filosofia na Idade Média, p. 160.

104. Marciano Capella (410-470), retórico africano que compilando os materiais de Varrão, Plínio e Euclides, teve, sobretudo, a partir de São Gregório, sua obra adotada como a enciclopédia da Idade Média e o manual que consagrou o cânon septenário das artes liberais (Trivium: gramática, retórica e dialética; Quadrivium: aritmética, geometria, astronomia e harmonia ou música) (FRAILE, G., Historia de la filosofía, v. I, p. 797).

105. GILSON, E., A filosofia na Idade Média, p. 175-176. "As origens do movimento filosófico medieval estão ligadas ao esforço de Carlos Magno no sentido de melhorar o estado intelectual e moral dos povos que ele governava. O Império Carolíngio gostava de se conceber como um prolongamento no tempo do antigo Império Romano. Era outra coisa, mas a descontinuidade que então se observa na história política é compensada por uma notável continuidade na história da cultura. O Império Romano morreu mas a Igreja Católica vai salvar sua cultura do desastre, impondo-a aos povos do Ocidente" (GILSON, E., A filosofia na Idade Média, p. 213).

106. GIBELLINI, R., Breve história da teologia do século XX, p. 14-15.

107. GIBELLINI, R., Breve história da teologia do século XX, p. 14.

teses contêm um diálogo entre a lógica e a revelação cristã e podem ser vistas como um primeiro exemplo da "exploração racional do dogma que as teologias ditas escolásticas logo iriam desenvolver".[108] Entretanto, embora Anselmo tenha sido um nome importante, essa época testemunhou um intenso trabalho de reflexão teológica:

> No mesmo momento em que o prior de Bec define o espírito e marca as posições essenciais das sínteses futuras, outros pensadores concebem o marco teológico no interior do qual essas sínteses virão se inserir. Anselmo de Laon (falecido em 1117) inaugura a série dos *Livros de sentenças*, isto é, das coletâneas de textos de Padres da Igreja classificado por ordem de matéria, e proporciona modelo que Pedro Abelardo, Roberto de Melun, Pedro Lombardo (o mestre das sentenças) e muitos outros vão reproduzir e melhorar. A partir de então, o objeto proposto à reflexão filosófica dos teólogos abraçará a natureza divina e a existência de Deus, a criação e, em particular, o homem considerado com sua atividade intelectual e moral.[109]

É possível notar a diferença do método de Santo Anselmo em relação ao de Abelardo (1079-1142). Enquanto aquele, apesar do rigor intelectual, deixava transparecer o conteúdo sociológico de uma escola monástica ligada à economia agrária essencialmente feudal, este revela novas exigências sociais de cunho mais individual baseadas nas práticas comerciais. Ou seja, a meditação do claustro cede lugar à discussão da cidade. A teologia dos monges dá lugar à teologia dos professores.[110] Por outras palavras, passa-se a uma teologia de intenção científica. Ao reconhecer a aplicabilidade do *sic et non*, já utilizado no domínio das ciências jurídicas no campo teológico, mesmo apelando aos padres como autoridade interpretativa, Abelardo insiste na preocupação da conversão à inteligibilidade de tais comentários pelo recurso à lógica.[111] De fato, a produção teológica que se segue deve a Abelardo o seu gosto pelo "rigor técnico" e "pela explicação exaustiva" que encontrará sua expressão mais alta nas sínteses doutrinais do século XIII.[112]

---

108. GILSON, E. A filosofia na Idade Média, p. 303.

109. GILSON, E. A filosofia na Idade Média, p. 303-304.

110. CHENU, M.-D., Scholastique, p. 205-218.

111. CHENU, M.-D., La théologie comme science au XIIIe siècle, p. 18-26. Algumas vezes a obra de Abelardo, *Sic et non*, que reúne aparentemente testemunhos contraditórios das Escrituras e dos Padres sobre um grande número de questões, foi equivocadamente interpretada como algo que visava arruinar o princípio de autoridade. Abelardo quis mostrar que não se deve usar arbitrariamente o princípio de autoridade (GILSON, E., A filosofia na Idade Média, p. 342).

112. GILSON, E., A filosofia na Idade Média, p. 357.

Com efeito, o que dá forma e justifica epistemologicamente este tipo de reflexão é o acabamento das traduções das obras de Aristóteles. Com o preenchimento do *corpus aristotelicum* no século XIII, a teologia, além de absorver a aparelhagem da lógica aristotélica, desenvolve diversas questões utilizando conceitos retirados da obra de Aristóteles. Foi por meio do trabalho de tradução ainda no século XII, sobretudo na Península Ibérica, a partir da língua árabe que os textos de Aristóteles ganharam proeminência. Além disso, na primeira metade do século XIII, tal trabalho foi continuado e melhorado por eruditos como Roberto Grosseteste e Guilherme de Moerbeke, que traduziram Aristóteles diretamente do grego para o latim.[113]

A partir da filosofia aristotélica, portanto, a teologia caminha progressivamente para conclusões "científicas" alicerçadas em fundamentos lógicos.[114] Neste sentido, distancia-se progressivamente do texto escriturístico e passa a ser mais o conjunto de determinações (*determinatio*) por meio das resoluções dadas na *disputatio*[115] pelos professores que gozavam canonicamente da *licentia docendi*.[116] Estava assim estabelecido certo conflito entre duas modalidades da teologia que podem ser designadas como monástica e escolástica, aquela recebida sobretudo via Agostinho, que constituiu uma cosmovisão pelo intenso diálogo da Escritura com o platonismo e neoplatonismo, e a outra, alicerçada no pensamento aristotélico.

O que se viu, portanto, foi o "triunfo" de Aristóteles, sobretudo por meio das leituras de Avicena e Averrois, mesmo que de maneira não unânime e pouco pacífica, já que muitos teólogos não aceitavam o uso dessa filosofia.

Assim, a Universidade de Paris – que era o centro da vida intelectual europeia e, desde o início do *Ducento*, no contexto das Faculdades de Artes e de Teologia, se viu desafiada pelo pensamento do filósofo Estagirita que revolucionava a cosmovisão neoplatônico-cristã predominante – foi alvo das intervenções da autoridade eclesiástica. Já em 1210, o Sínodo da província de Sens proibiu a leitura e o ensino dos *libri naturales* de Aristóteles e de seus comentadores em público ou em particular. Somente as obras lógicas foram permitidas. Em 1215, Robert

---

113. DE BONI, L. A., A entrada de Aristóteles no ocidente medieval, p. 131-148.

114. CHENU, M.-D., La théologie comme science au XIIIe siècle, p. 26-32.

115. A *disputatio* é um modo de ensino direcionado pelo mestre, que se caracteriza por um procedimento dialético que consiste em expor e analisar argumentos de razão e de autoridade contrapostos no contexto de uma questão teórica ou prática proposta pelos participantes, a qual o mestre dá uma solução doutrinal de determinação (*determinatio*) autorizada pela sua função magisterial (BARZÁN, B., Les questions disputées, principalement dans les facultes de théologie, p. 40).

116. CHENU, M.-D., La théologie comme science au XIIIe siècle, p. 25-27.

de Courçon outorgou os novos estatutos da Universidade, em que a interdição de Aristóteles foi reiterada e ampliada aos livros metafísicos. Em 1231, o papa Gregório IX decidiu manter a proibição quanto aos *libri naturales*. Proibições do mesmo teor foram expedidas em 1245 e 1263, mas nunca seguidas.[117]

A chamada teoria da *duplex veritas*, que caracterizou o aristotelismo heterodoxo averroísta, embora, formalmente, nesses termos essa teoria não se encontre em nenhum escrito dos chamados averroístas, foi uma das questões importantes que motivou diversas disputas. Segundo esta compreensão, uma mesma afirmação poderia ser provada como verdadeira por argumentos racionais e falsa pelos argumentos da Revelação, e vice-versa. Contra esta tese surgiram também diversas condenações, sendo a mais taxativa a de 1277 do arcebispo Étienne Tempier.[118]

Foi, portanto, neste contexto de efervescência e de disputas entre os adeptos de Aristóteles e os que não aceitavam seus ensinos e o embate contra as teses averroístas que a pergunta: "*Utrum sacra doctrina sit scientia?*"[119] foi colocada. E, em resposta, Tomás de Aquino desenvolveu uma teologia "obediente" à revelação e que atende, ao mesmo tempo, às exigências da epistemologia aristotélica. Segundo Gilson, o triunfo tomista se deveu justamente à harmonização das tendências que dividiam a Universidade de Paris àquela altura, a saber, aquela defendia a utilização de Aristóteles e a outra, ligada ao agostinianismo, que não aceitava a validade do pensamento do filósofo grego para a teologia.[120] Aquino fez questão de afirmar o valor da filosofia aristotélica e combater os equívocos averroístas. Defendeu que a autonomia de cada tipo de conhecimento não invalidava a sua dependência em relação aos princípios pertencentes a outros conhecimentos, como no caso da física com a matemática. A verdade (filosofia aristotélica) não poderia se opor à verdade (artigos da fé), portanto, o edifício conceitual das artes liberais via Aristóteles não deveria estar em contradição com a teologia.

Assim, ao ilustrar o regimento epistemológico da teologia como questão introdutória na *Suma Teológica*, ele retorna à concepção aristotélica segundo a qual a ciência procede dedutivamente de princípios evidentes.[121] Conforme destaca Geffré, a genialidade tomista está em "ter identificado as verdades fundamentais

---

117. DE BONI, L. A., A entrada de Aristóteles no ocidente medieval, p. 148-154.

118. Esta condenação promulgada na Universidade de Paris pelo arcebispo Étienne Tempier, poucos anos após a morte de Tomás de Aquino não se limitou a banir teorias averroístas, mas também se estendeu a alguns princípios do Aquinate, de Egídio Romano, Roger de Bacon e outros pensadores mais obscuros (DAWSON, C., A formação da Cristandade, p. 351).

119. CHENU, M.-D., La théologie comme science au XIIIe siécle, p. 32.

120. GILSON, E., A filosofia na Idade Média, p. 487.

121. BOFF, C., Teoria do método teológico, p. 21-23.

da mensagem cristã, a saber, os artigos da fé com aquilo que chamamos primeiros princípios no sentido aristotélico. Por aí Santo Tomás conseguiu mostrar como a teologia verifica os critérios da ciência aristotélica".[122] Ele acreditava que essas verdades fundamentais se constituíam como princípios primeiros na ordem do seu conhecimento a partir dos quais se deduzem as respectivas conclusões. Contudo, cria também que eram verdades reveladas cuja legitimidade se sustentava não na evidência humana, mas na autoridade divina. Epistemologicamente equipado com a terminologia aristotélica o teólogo dominicano tencionou conciliar a filosofia e a teologia. Esse esforço marcou profundamente o saber teológico que passou a ser desenvolvido ainda mais a partir de um registro de linguagem conceitual e especulativo cada vez mais distanciado da característica literária da Patrística.

Não ignoramos aqui o fato de que há passagens da obra de Tomás de Aquino que abordam a afinidade entre a revelação de Deus e as realidades poéticas das Escrituras Sagradas[123] e que outros autores desenvolveram um pensamento sobre a estética de Tomás que o aproximaram de uma experiência poética[124], ou ainda que da sua própria pena saíram as poesias *Adoro te devote* e *Lauda Sion*. Entretanto, ressaltamos que o referencial conceitual da obra do Doutor Angélico, representado pela *Suma Teológica*[125] e de certa forma, distante da linguagem simbólica da literatura, influenciou sobremaneira o discurso teológico que ganha força por uma ênfase no método racional, argumentativo e sistemático. Esse processo de passagem da linguagem teológica de um registro mais simbólico para outro mais conceitual também influenciou o distanciamento entre teologia e literatura. Apesar disso, não ignoramos a riqueza que existiu nas obras produzidas nesse período,[126] afinal, como salienta Gilson "a imagem de uma Idade Média, de duração aliás indeterminada, preenchida por

---

122. GEFFRÉ, C., Crer e interpretar, p. 32.

123. "As realidades poéticas não podem ser apreendidas pela razão por causa de um efeito de verdade que há nelas (*propter defectum veritatis qui est in eis*); as realidades divinas não podem ser apreendidas por causa de seu excesso de verdade (*propter excedentem ipsorum veritatem*). Assim as realidades poéticas e as divinas, por razões opostas, estão obrigadas a apoiar-se na representação por meio das figuras sensíveis" (TOMÁS DE AQUINO, ST, Ia IIae, q. 101, art. 2. ad 2. Apud DUPLOYÉ, P. La religión de Péguy, p. X).

124. GILBY, T. Poetic experience; VENARD, O-T. Littérature et Théologie; MARITAIN, J. A intuição criadora, p. 11-17.; MARIANO, A. V. B. Teologia e literatura como Teopatodiceia, p. 313-318.

125. Cada artigo da Suma é composto de cinco partes: (1) a questão dialética; (2) os argumentos iniciais ou objeções; (3) o argumento *sed contra*; (4) a resposta à questão dialética; (5) as respostas às objeções e eventualmente ao argumento *sed contra* (NASCIMENTO, C. A. Um mestre no ofício, p. 65-68; BIRD, O. Como ler um artigo da Suma, p. 13-19).

126. Poderíamos destacar pensadores como Raimundo Lull (1232-1316), Mestre Eckhart (1260-1328) e Guilherme de Ockham (1287-1349), sem falar do movimento de mulheres, que partiu da Holanda que defendiam uma vida simples e sustentavam-se com trabalhos manuais, representado por Marguerite Porete (1250-1260 a 1310) que escreveu o Espelho das almas simples, condenada e queimada em 1310 em Paris.

uma escolástica cujos representantes repetiam a mesma coisa durante séculos é um fantasma histórico de que convém desconfiar".[127] Contudo, ressaltamos que a produção teológica nos séculos XIII e XIV seguiu, no Ocidente, em diversos contextos, o modelo especulativo.[128]

Outra ressalva precisa ser feita: mesmo que a entrada de Aristóteles na cristandade esteja relacionada a certo esgarçamento na relação entre teologia e literatura,[129] já que os teólogos, na utilização de sua filosofia, deram preferência à "clareza" da linguagem conceitual que acarretou numa diminuição do uso das imagens poéticas, no processo de apropriação do seu pensamento houve também uma redescoberta da concepção do filósofo estagirita do teólogo como poeta.[130] Mesmo no contexto da escolástica encontramos referências que valorizam a poesia. Albertino Mussato, na passagem do XIII para o XIV, destaca em correspondência para o dominicano Giovannino de Mantua a poesia como divina. Como explica Villas Boas Mariano, esta ideia se baseia nos seguintes argumentos:

> 1) desde suas primeiras manifestações a poesia era chamada de divina; 2) a poesia trata de questões teológicas; 3) poetas são chamados de profetas; 4) a poesia foi dada por Deus; 5) a poesia nos causa maravilhas e deleites ao ouvi-la; 6) Moisés usou poesia para agradecer a Deus pela libertação de Israel da escravidão; 7) a poesia está em consonância com a Bíblia; 8) a beleza da poesia é eterna e; 9) a fé cristã foi anunciada através da poesia.[131]

No entanto, é preciso ressaltar que essa compreensão se dá num ambiente em que teologia e cultura estão umbilicalmente ligadas, em que o discurso literário expressa ideias da ortodoxia. A partir do século XV, mesmo que lentamente, este paradigma passa a mudar na literatura e começa a surgir uma problematização da visão religiosa de mundo tradicionalmente aceita. Se na Idade Média ocorre um distanciamento da linguagem teológica do modo discursivo da literatura, nos anos seguintes é possível ver uma literatura que não corresponde às concepções teológicas tradicionais.

Obras místicas, de semelhante teor, escreveram a holandesa Hadewijch (1230-1260) e Mechthild Magdeburgo (1208-1297) (ZILLES, U. Teologia no Renascimento e na Reforma, p. 332-334).

127. GILSON, E. A filosofia na Idade Média, p. 735.

128. GILSON, E. A filosofia na Idade Média, p. 735.

129. DUPLOYÉ, P. La religión de Péguy, p. VI.

130. MARIANO, A. V. B. Teologia e literatura como Teopatodiceia, p. 47.

131. MARIANO, A. V. B. Teologia e literatura como Teopatodiceia, p. 48.

A tensão entre teologia e literatura na Modernidade

É necessário, igualmente, entender o debate entre teologia e literatura dentro do processo de emancipação da cultura burguesa do autoritarismo eclesiástico[132] iniciado na transição da Idade Média para a Idade Moderna. Sabemos que diversas características da arte medieval ajudaram, inclusive, a formar os contornos da produção artística da Modernidade, no entanto, ressaltamos também que algumas problematizações que não existiam antes passam a estar presentes a partir de novos elementos que foram introduzidos na cultura. Em princípio, isto se deve ao fato de que durante muitos séculos, os artistas se viram obrigados a produzir sob os ditames das autoridades eclesiásticas e agora com o alvorecer do humanismo renascentista,[133] da Reforma Protestante[134] e depois do Iluminismo,[135] gradualmente vislumbrava-se a possibilidade de uma produção artística mais livre.

De fato, o humanismo com toda a sua ênfase no retorno às fontes, na centralidade do humano e na busca de seu pleno desenvolvimento provocou uma efervescência no campo das artes e lançou o germe da dissociação entre fé e cultura. Embora diversos autores tenham apresentado a teologia escolástica na tentativa de manter a unidade entre fé e cultura por meio de sua literatura, como podemos ver na recepção da teologia de Tomás de Aquino por Dante,[136] gradativamente os artistas passaram a rejeitar a subserviência da literatura à verdade dos teólogos.

---

132. MAGALHÃES, A. Deus no espelho das palavras, p. 22.

133. "Por humanismo, no sentido histórico-cultural, aqui entendemos o período do século XV e XVI, no qual houve uma retomada do estudo de autores clássicos greco-latinos. O homem julgava tornar-se mais humano e mais plenamente homem, desenvolvendo as suas capacidades físicas, intelectuais e morais à imagem e semelhança dos grandes modelos de sabedoria e de ciência, de arte e de virtude que a Hélade e Roma tinham revelado em suas *litterae humaniores*. No sentido ideal, humanismo designa uma concepção do mundo e da existência que tem por centro o homem, visto numa variedade de perspectivas. Por renascimento, no sentido temporal, designa-se, na sua primeira fase histórica, o culto das *humaniores litterae* que se identifica, *lato sensu*, com o movimento do Humanismo. Caracteriza-se pela canonização histórico-cultural do reino do homem" (ZILLES, U. Teologia no Renascimento e na Reforma, p. 326).

134. Estamos cientes da pluralidade que o termo Reforma Protestante abriga e de como alguns ideais dos reformadores podem ser vistos em pensadores anteriores como Pedro Valdo, John Wycliffe e Jan Huss. Ver: LINDBERG, C., As reformas na Europa.

135. Entendemos o Iluminismo como um movimento cultural, social e religioso que se desenvolveu na Europa no período entre a Revolução Inglesa (1688) e a Revolução Francesa (1789) – embora de modo geral, o século XVIII possa ser chamado de O Século das Luzes – e que lançou as bases da busca de uma saída do pensamento que estavam sob a tutela de autoridades externas, tais como a Igreja e o Estado. O objetivo do movimento era "iluminar" o povo, segundo a razão, contra aquilo entendido como o obscurantismo da tradição e da sociedade política e religiosa (PADOVANI, H.; CASTAGNOLA, L. História da Filosofia, p. 349).

136. Dante não foi subserviente à teologia de Tomás, mas é possível perceber uma recepção dialógica das ideias tomistas (MANDONNET, P. Dante; GILSON, E. Dante y la filosofia).

A Reforma Protestante, impulsionada por todo este ambiente, representou uma mudança significativa na maneira de se relacionar com a autoridade religiosa e com a arte. Se tomarmos o exemplo de Lutero, perceberemos que o reformador alemão pensava a teologia em conexão com a realidade existencial e assim desenvolveu uma noção de que todas as esferas da vida precisavam ser valorizadas, mesmo aquelas atividades consideradas não religiosas.[137]

Até mesmo como compositor de hinos o reformador inspirou uma tradição inteira da hinologia evangélica. Para o teólogo protestante Richard Niebuhr, esta destinação de uma consagração de todas as esferas da vida a Deus também pode ser vista em Calvino, até mais do que no reformador de Wittenberg.[138] Contudo, a Reforma, como um fenômeno plural e complexo, ao mesmo tempo em que introduziu uma nova maneira de pensar a teologia e uma distinta relação com a arte em seus diversos ramos, revelou-se iconoclasta e gerou posições extremadas, como a de Karlstadt,[139] que reforçaram a ruptura entre a arte e a religião.

Se com Lutero foi possível vislumbrar uma espécie de recuperação da dimensão experiencial pelo contato com a Escritura, e que influenciou a materialidade do discurso teológico, ainda no século XVI também surgiram dentro da tradição católica, figuras como Teresa d'Ávila e Inácio de Loyola. As expressões discursivas teológicas destes dois grandes personagens como, por exemplo, a narrativa das *Moradas* no caso de Teresa e a *Autobiografia* de Inácio representam, de fato, um modelo alternativo à escolástica que havia cristalizado a teologia em um conjunto de fórmulas. Não foi à toa que à semelhança do reformador alemão os dois tenham sofrido com os mecanismos inquisitoriais.

A reação católica à Reforma Protestante, conhecida como Contrarreforma se caracterizou por uma atitude apologética e defensiva que marcou bastante o desenvolvimento posterior do catolicismo, inclusive o Vaticano I. Latourelle define assim o espírito apologético que permeou o catolicismo:

> A chamada apologética tradicional ou apologética clássica (...) não é o resultado de uma reflexão crítica sobre o seu objeto, sua finalidade e seu método, senão o resultado de uma necessidade histórica, a saber a luta contra

---

137. "Para purificar a teologia e a Igreja de uma alienação filosófica, Lutero aponta para o Cristo crucificado da teologia paulina. Nisso, certamente, tinha razão, pois a escolástica decadente muito se distanciara da Bíblia e do mundo real" (ZILLES, U., Teologia no Renascimento e na Reforma, p. 350).

138. NIEBUHR. R., Cristo e cultura, p. 252-253. Alguns autores se esforçaram para mostrar como a tradição calvinista deve ser encarada como uma proposta de sistema de vida com consequências para a religião, a política, a ciência e a arte (KUYPER, A. Lectures on Calvinism; ROOKMAAKER, H. R., Art and the death of a culture.

139. DREHER. M., Palavra e imagem, p. 27-41.

os protestantes no século XVI, contra os libertinos e os ateus práticos do século XVII e contra os deístas enciclopedistas do século XVIII.[140]

E complementa:

> Contra os protestantes necessitava demonstrar que entre as diversas confissões cristãs, a Igreja Católica era a única e verdadeira Igreja. Enquanto o protestantismo colocava o acento na fé, nos elementos de subjetividade, especialmente na ação do Espírito que nos faz aderir à Palavra de Deus e nos dá a certeza de sua origem, a apologética católica insistia nos critérios objetivos. Estes critérios, no contexto do Vaticano I, são antes de tudo os milagres e as profecias.[141]

Até mesmo os movimentos inaciano e teresiano, nas suas tradições subsequentes, foram reformulados numa chave escolástica. No caso teresiano isto pode ser visto com a escolástica carmelita de Salamanca e Alcalá cujos principais representantes foram Diego de Jesus (1570-1621), Miguel da Santíssima Trindade (1588-1661), Antônio da Mãe de Deus (1588-1640), Juan da Anunciação (1633-1694) e Francisco de Jesus Maria (1665-1677). Já a escolástica jesuíta desenvolveu-se com figuras como Roberto Belarmino (1542-1621), Gabriel Vásquez (1549-1604) e Francisco Suárez (1548-1617).

No caso do protestantismo de corte Luterano e Reformado que se seguiu no século XVII, no que diz respeito à teologia, desdobrou-se também a chamada "Escolástica Protestante", que caracterizou-se pela sistematização das doutrinas da Reforma. Sob a influência do espírito do racionalismo cartesiano, dispostos a examinarem as implicações decorrentes das doutrinas, procurando manter um sistema coerente que pudesse ser compreendido e ensinado, os teólogos cederam às exigências pormenorizadas dos esquemas conceituais. Esta ênfase acentuada na sistematização trouxe, à reboque, um divórcio entre a doutrina e a vida concreta o que levou à compreensão de que a fé cristã era assentimento intelectual a determinadas verdades em detrimento de uma atitude com implicações existenciais.[142] Neste sentido, o protestantismo manteve uma linguagem pouco simbóli-

---

140. LATOURELLE, R., Nueva imagen de la teología fundamental, p. 65.

141. LATOURELLE, R., Nueva imagen de la teología fundamental, p. 65.

142. A Ortodoxia Luterana é colocada a partir do Livro da Concórdia (1580), livro em que estão os símbolos aceitos pela Igreja Luterana e a Ortodoxia Reformada, formulada, sobretudo por Teodoro de Beza (1519-1605), e H. Zanchi (1516-1590) (TILLICH, P. História do pensamento cristão, p. 251). Neste movimento, a ênfase na razão foi tanta, que os pietistas alemães se levantaram contra o abuso desta supervalorização, foi a "reação do lado subjetivo da religião contra o lado objetivo" (TILLICH, P. História do pensamento cristão, p. 209). "No pietismo, a fé formalmente correta, fria e cerebral da ortodoxia deu lugar a uma união cálida e devota com Cristo. Conceitos como arrependimento, conversão, renascimento e santificação receberam

ca e, no afã de certificar-se que as produções culturais deveriam corresponder à sã doutrina, acabou por matar o espírito livre dos artistas que anteriormente no âmbito protestante, pelo menos em parte, experimentavam a criação como uma esfera legítima em si mesma que não necessitava de justificativas, já que todas as atividades, inclusive as não explicitamente religiosas, eram vistas com a finalidade de glorificar a Deus. Isto não só manteve a linha da linguagem conceitual árida no campo da teologia como, culturalmente, contribuiu para a perspectiva que se tornaria ainda mais forte posteriormente, no século XVIII, de que era preciso livrar-se das amarras religiosas para produzir uma arte que fosse autêntica.

De acordo com Kuschel, "o fim da identidade entre cultura burguesa e cristandade"[143] foi determinante para estabelecer uma tensão entre teologia e literatura. Oreste Aime ressalta que o romance moderno, na sua perspectiva, iniciado com *Dom Quixote* terminado por Cervantes no século XVII, já mostra certa ruptura e ajuda a compreender a relação de estranheza que se construiu entre teologia e literatura. Um dos motivos deste estranhamento é a secularização vista na violação da consciência íntima do indivíduo. Os segredos dos personagens, sua intimidade, seus segredos inconfessáveis se tornam de domínio público.[144] Se com *Pantagruel* e *Gargantua* de François Rabelais, por meio do recurso do humor e do grotesco, a literatura se revela como *locus* de problematização dos discursos institucionais produtores de sentido, sobretudo o religioso, com a obra de Cervantes isto se confirma. Nesse período, sem os instrumentos conceituais e aportes teóricos próprios necessários, não havia a possibilidade de os teólogos pensarem a tematização dos aspectos religiosos a não ser no âmbito bem definido dos escritos teológicos que representavam o que era aceito como ortodoxia.

Neste processo de afastamento, o Iluminismo também teve um papel preponderante. Como movimento cultural que pretendia a superação de toda heteronomia, especialmente aquela imposta a partir do aparato das instituições eclesiásticas, acabou provocando uma busca intensa da autonomia da obra dos artistas[145] possibilitando formas autônomas de pensamento e de ação por meio da crítica da tradição. Villas Boas Mariano, pensando o contexto do século XVIII, ressalta que o "distanciamento entre literatura e fé incide, *a priori*, não sobre a rejeição de Deus, mas sobre a rejeição da teodiceia que enfoca a apatia de Deus diante do

---

significados novos. Uma vida disciplinada, e não a doutrina correta, a experiência subjetiva do indivíduo, e não a autoridade eclesiástica, a prática, e não a teoria – essas eram as marcas distintivas do novo movimento" (BOSCH, D. J., Missão, p. 309).

143. KUSCHEL, K., Os escritores e as escrituras, p. 13.

144. AIME, O., Il curato di Don Chisciotte, p. 86-87.

145. MAGALHÃES, A. Deus no espelho das palavras, p. 22.

problema do mal no mundo, e justifica ingerências da cristandade".[146] Isto pode ser visto com clareza nos escritos de Voltaire. Na obra *Cândido ou o otimismo*, Voltaire procura mostrar a fragilidade do otimismo leibniziano que justificava as práticas cristãs. O pensamento de Leibniz se desenvolveu por meio de uma adequação entre *fides* e *ratio*, entre a tradição teológica cristã, quanto ao essencial de sua dogmática e o ferramental racionalista moderno. Leibniz aplicou a linguagem matemática à metafísica quando elaborou a sua teodiceia. Sua resposta à pergunta "se Deus é bom, por que tantos males têm lugar neste mundo?" é: Ora, porque este é o melhor dos possíveis mundos.

A partir dessa confiança, Leibniz procurou fornecer conforto aos espíritos religiosos fazendo-os aceitar alegre e esperançosamente o seu fardo. Por outras palavras, dada a necessidade de ser este o melhor dos mundos possíveis, o mal é representado como um meio para a realização do plano maior do Criador segundo o qual "tudo deve resultar no maior bem".[147]

Esta argumentação leibniziana foi utilizada para justificar o terremoto que devastou Lisboa em 1755. Foi neste contexto que, em 1758, Voltaire utilizou sua ficção para contar as aventuras do jovem cuja candura dá nome à obra e cujas ações procuram comprovar a verdade das teorias de seu mestre Pangloss. A doutrina de Pangloss representa bem o otimismo radical leibniziano, segundo o qual tudo o que acontece tem lugar por ser o melhor dentre os horizontes de possíveis acontecimentos. Mas, a série de infortúnios que se abate sobre Pangloss e seu discípulo parece contradizê-lo, de tal modo que seus ensinamentos, ao longo da ficção, perdem o *status* de certeza. Assim, a intenção voltaireana se revela como rejeição da ideia teológica de uma pré-ordenação finalística e positivamente planejada pelo desígnio de Deus.[148] Para ele o terremoto de Portugal emergia como um fato superior em contraposição à teodiceia que defendia a ordem do mundo pela explicação de que outros males piores poderiam ser pensados, o que levaria à conclusão de que tamanha catástrofe pode ter sido, numa escala, um mal menor responsável até mesmo por um bem maior que sequer temos atualmente a capacidade de discernir. Em suma, a ficção voltaireana se opôs à teodiceia leibniziana porque esta sustentava um ordenamento social em que a apatia diante do sofrimento e a maldade estavam justificadas teologicamente.

---

146. MARIANO, A. V. B., Teologia e literatura como Teopatodiceia, p. 51.
147. AQUINO, J. A., Leibiniz a teodiceia, p. 49-66.
148. Em determinado momento Cândido mostra certo desânimo com o otimismo de seu mestre: "Ó Pangloss! – exclamou Cândido. – Não tinhas imaginado esta abominação; não há remédio, acabo renegando o teu otimismo. – Que otimismo? – perguntou Cacambo. – É a maneira de sustentar que tudo está bem quando tudo está mal – suspirou Cândido" (VOLTAIRE., Cândido ou o otimismo, p. 191).

Mesmo que seja possível visualizar esta separação entre teologia e cultura de maneira icônica em Voltaire, este processo de afastamento segue seu curso, mesmo com a reação dos românticos que defenderam a "razão do coração" ou o "sentimento" contra a razão pura do esclarecimento iluminista. "A diferença da reação literária entre esse movimento e o Iluminismo é que este rejeitava a religião, e aquele tão somente os limites impostos pela religião à verdade, isto é, a verdade dos teólogos".[149] Se na perspectiva iluminista era a razão que revelava a verdade – compreensão esta que inclusive fez teólogos reorientarem a apresentação das verdades da fé consonantemente com o Racionalismo –, o Romantismo julga insuficientes os intelectualismos filosóficos e teológicos e procura reelaborar a questão de "Deus" a partir de uma mística poética contra a teodiceia.[150] Aqui o exemplo maior é Goethe. O "Deus-natureza" goethiano não é o "Deus" impassível dos teólogos, mas antes convida os indivíduos a ouvirem interiormente o clamor do mundo.[151] Por outras palavras, há uma rejeição do Deus impassível, imóvel, perfeito e distante que ganha forma por meio da pena dos teólogos. Esta rejeição é simbolizada pela poesia goethiana na medida em que esta expressa uma teologia literária que foge à linguagem conceitual e que revela um Deus que, mais do que colocando a vida em movimento, está dentro do movimento da vida, se relacionando com sua criação, "escondido para ser achado pelo amor".[152]

Portanto, no século XVIII aparecem obras literárias que se distanciam da chamada teologia ortodoxa nas suas versões católica e protestante. A literatura, mesmo aquela que mantém "Deus" como *topos* literário, fica cada vez mais marcada por um processo de revisão dos modelos e padrões eclesiais e teológicos dominantes. Esta reconfiguração do tecido cultural continua no XIX e ganha novos contornos decorrentes do olhar desconfiado por parte da teologia para as expressões artísticas que não se adequam a algumas formulações teológicas e às exigências das instituições que as defendiam. No caso da teologia católica, esta desconfiança se tornou visível no *Index librorum prohibitorum* que teve sua primeira versão em 1559 e só foi abolido em 1966. Desaprovava obras de autores como Victor Hugo, Stendhal, Flaubert, Balzac, Dumas, Zola e muitos outros por conterem aspectos teológicos e morais que dissentiam da "teologia normativa". Já no protestantismo, conforme a literatura ia exigindo autonomia, a teologia entrincheirava-se e descredibilizava aquelas expressões que, segundo sua visão, não correspondiam exa-

---

149. MARIANO, A. V. B., Teologia e literatura como Teopatodiceia, p. 51.

150. MARIANO, A. V. B., Teologia e literatura como Teopatodiceia, p. 51.

151. COELHO, R. S., A religião de Goethe, p. 47-83.

152. MARIANO, A. V. B., Teologia e literatura como Teopatodiceia, p. 52.

tamente àquilo que em suas diversas vertentes era entendido como essencial. Isto se torna visível em Kierkegaard que descreveu três modos de existência: estético, ético e religioso. Segundo sua perspectiva, um está para o outro sucessivamente, como etapa a ser superada. Ou seja, etapas propedêuticas nas quais as diferenças de determinados modos de vida podem ser notadas. Para o filósofo dinamarquês o modo de existência ético que confere sentido à existência se alcança na superação do modo estético. O modo de existência estético é ilustrativo de uma consciência insegura, volátil, incompleta, imediatista e incapaz. A ausência de confiança e estima suficiente é consequente da percepção, conquanto não consciente, da incoerência desse modo de existência. Por outras palavras, o ético é dissociado do estético e aquele é colocado prioritariamente em relação a este.[153]

Isto gerou, em longo prazo, uma compreensão da estética moderna como emancipação cultural da teologia. Kuschel, inclusive, ressalta que esta separação entre cultura e teologia se agrava a ponto de provocar, no início do século XX, falas como a do escritor Gottfried Benn, que considerava Deus um péssimo princípio estilístico e a convicção religiosa como domesticadora da expressividade, portanto incompatível com a arte autêntica.[154] Em suma, a teologia foi se fechando em si mesma à medida que a literatura reivindicava autonomia. O saber teológico se constrói numa lógica de desconfiança das expressões culturais que não correspondem à estética da fé. Considera, portanto, que o belo distante da fé é ledo engano.[155]

A possibilidade da reaproximação

Mesmo que a Modernidade tenha progressivamente estabelecido uma dissociação entre cultura e teologia e tenha contribuído para dar outros contornos à preocupação com o modelo discursivo conceitual, não podemos tratá-la unilateralmente como motivo de separação entre a teologia e a literatura. É imperioso percebê-la como fenômeno complexo e ambíguo e realçar que, de certa forma, mesmo que tenha aprofundado a fratura entre teologia e literatura com a introdução das ideias de uma produção literária laica e de um enaltecimento do método e da linguagem científica, as intensas críticas de pensadores como Feuerbach,

---

153. KIERKEGAARD, S., Estética y ética en la formación de la personalidad, p. 90.
154. KUSCHEL, K., Os escritores e as escrituras. p. 13-14. Destacamos que o ateísmo enquanto negação de Deus pode ser visto em outras épocas na história, mas que foi na Modernidade, através de um longo processo de exclusão de Deus de diversas atividades e aspectos da vida humana, que se caracterizou como fenômeno cultural de massa, sobretudo no continente europeu. MONDIN, B., Quem é Deus?, p. 129.
155. MARIANO, A. V. B., Teologia e literatura como Teopatodiceia, p. 55.

Marx, Freud e Nietzsche gestadas nesse período, também contribuíram para a abertura de um diálogo entre teologia e literatura; afinal, representaram, no campo da teologia um forte golpe no alicerce metafísico sobre o qual esta se apoiava. Sem poder recorrer ao discurso ontológico-metafísico das grandes tradições que haviam sido estremecidas pelas marteladas dos pensadores supracitados e para não se perder num mundo em que o céu havia sido interditado, a teologia viu-se obrigada a recorrer a outras linguagens sem, entretanto, perder a sua especificidade. O saber teológico foi desafiado a deixar certa autorreferencialidade, e para não cair num ostracismo desenvolveu um ferramental que o permitiu enxergar, mesmo numa cultura secularizada, conteúdos teológicos, obviamente não fechados e prontos, mas em constante revisão.

Embora em *Crítica da razão pura* Kant já tivesse desqualificado a metafísica evidenciando a impossibilidade de falar objetivamente de Deus, a questão surgida a partir da modernidade que agudiza esse processo é a que se pode chamar de "morte de Deus". Como sublinha Claude Geffré, "nós somos todos marcados pela suspeita nietzscheana em relação à verdade".[156] No dizer de Alves, a "morte de Deus passou a ser um símbolo para exprimir aquela experiência humana que em outros tempos fazia uso do símbolo "Deus" para articular-se".[157] Assim, essa questão, tradicionalmente atribuída a Nietzsche, golpeou fortemente a teologia. A partir daí, não é possível "teologizar impunemente segundo o modo de pensar metafísico".[158] Portanto, quando se fala na morte de Deus não se pode evitar a emersão de traços que delineiem o colapso de uma tradição cultural outrora fundada em argumentos metafísicos.

A morte de Deus em Nietzsche é um diagnóstico de um mundo em que a compreensão de Deus tornou-se cada vez mais dispensável em favor da autonomia humana. No aforismo 125 da sua obra *A Gaia Ciência* está posto o anúncio da morte de Deus:

> Não ouviram falar daquele homem louco que em plena manhã acendeu uma lanterna e correu ao mercado, e pôs-se a gritar incessantemente: "Procuro Deus! Procuro Deus!"? – E como lá se encontrassem muitos daqueles que não criam em Deus, ele despertou com isso uma grande gargalhada. Então ele está perdido? Perguntou um deles. Ele se perdeu como uma criança? Disse outro. Está se escondendo? Ele tem medo de nós? Embarcou num navio? Emigrou? – Gritavam e riam uns para os outros.

---

156. GEFFRÉ, C. Como fazer teologia hoje, p. 21.
157. ALVES, R., O enigma da religião, p. 59.
158. GEFFRÉ, C., Como fazer teologia hoje, p. 21.

O homem louco se lançou para o meio deles e trespassou-os com seu olhar. "Para onde foi Deus?", gritou ele, "já lhes direi! Nós o matamos – vocês e eu. Somos todos seus assassinos! Mas como fizemos isso? Como conseguimos beber inteiramente o mar? Quem nos deu a esponja para apagar o horizonte? (...) Não ouvimos o barulho dos coveiros a enterrar Deus? Não sentimos o cheiro da putrefação divina? – também os deuses apodrecem! Deus está morto! Deus continua morto! E nós o matamos! Como nos consolar, a nós, assassinos entre os assassinos? O mais forte e mais sagrado que o mundo até então possuíra sangrou inteiro sob nossos punhais – quem nos limpará este sangue?[159]

O homem chamado de louco não entende como os outros homens não sabem o que aconteceu a Deus e logo chega à mesma conclusão deles: Deus está morto! Mas será esse anúncio o obituário de um ser eterno? Antes disso, o que está em jogo é a constatação de que as estruturas de pensamento e de linguagem oferecidas pelo teísmo entraram em colapso.[160] Ou seja, com o anúncio da morte de Deus, desmorona, pelo menos em parte, certa cosmovisão. Segundo Rocha, "o Deus que morreu e que teve sua morte anunciada na aurora do século XX é aquele que nasceu do coito entre a religião cristã e a cultura helênica, sobretudo platônica".[161] Neste sentido, a morte anunciada é de um alicerce último no qual se escoravam valores morais e religiosos. A morte de Deus é a morte de um paradigma metafísico. Isto indica que a declaração nietzscheana se voltou contra um discurso teológico que acomodou Deus a uma representação cultural. Como sublinha Penzo, para o "homem metafísico", "a morte de Deus é vivida de modo dramático, justamente porque marca o fim de um longo desejo que é necessário ao homem para viver com uma consciência de segurança".[162]

Ou seja, o projeto nietzscheano pode ser caracterizado como a constatação da ausência do divino na cultura de seu tempo, acusando a própria metafísica como causa dessa morte.[163] Essa é uma questão que a teologia precisou levar a sério. Afinal, a partir da ideia nietzscheana, a teologia não pode mais pretender ser aquela sistematização universal e perfeita sem a devida dialética com a complexidade histórica, ou seja, sem reconhecer seu caráter provisório.[164] Neste senti-

---

159. NIETZSCHE, F., A gaia ciência, p. 147-148.
160. ALVES, R., O enigma da religião, p. 60.
161. ROCHA, A., Teologia sistemática no horizonte pós-moderno, p. 123.
162. GIBELLINI, R; PENZO, G., Deus na filosofia do século XX, p. 31.
163. GIBELLINI, R; PENZO, G., Deus na filosofia do século XX, p. 32.
164. GEFFRÉ, C., Como fazer teologia hoje, p. 22.

do, Rocha destaca que "para a teologia a contribuição fundamental do ataque de Nietzsche à metafísica em sua representação deificada, sobretudo em seu corte sistemático, consiste na descredibilização de toda abordagem essencialista".[165] E complementa afirmando que "dessa forma o discurso humano sobre qualquer realidade, mesmo a divina, deverá assumir uma irredutível condição existencial".[166]

As afirmações nietzscheanas provocam na teologia uma espécie de reconhecimento de seu caráter provisório e circunstancial. Contudo, não somente as ideias de Nietzsche foram importantes para desencadear este movimento de revisão, mas, as declarações de outros pensadores posteriores também continuam a desafiar a teologia cristã a se deslocar rumo a um processo de desmontagem de estruturas epistemológicas estáticas em direção a outros modelos que aludem a um caráter relativo. No campo epistemológico, sobretudo, a ênfase recai sobre a necessidade de abandonar a pretensão metafísica das relações da razão humana com a natureza das coisas.[167] Essa crítica implica a negação da possibilidade da compreensão da realidade, entendida como a relação idêntica entre as ideias e as palavras. Neste sentido, se instalou um questionamento radical em relação às grandes narrativas, entendidas como explicações totais e unívocas, seja esta narrativa proposta pela teologia ou pelas ciências naturais. É necessário suspeitar desses relatos com pretensões universais, inclusive, porque foram usados como fonte de poder. Portanto, cabe valorizar as narrativas menores como meio de transmissão da fé. Postula-se assim um conhecimento "contextual".

A teologia, como a conhecemos no Ocidente, poderá continuar firmada em seus fundamentos teóricos que, com frequência, foram tomados da filosofia platônica, aristotélica etc. Contudo, não mais sem estar sob pena de não ser ouvida. Este novo momento desafia os teólogos e teólogas a enxergarem Deus não mais pelo viés dogmatista, que o coloca numa "camisa de força", mas como uma demanda aberta, sempre nova. A teologia deve estar pautada pela Escritura e pela tradição, mas também deve ser direcionada pela experiência contemporânea. É desafiada a reconhecer a limitação de toda e qualquer possibilidade de apreender

---

165. ROCHA, A., Teologia sistemática no horizonte pós-moderno, p. 130.

166. ROCHA, A., Teologia sistemática no horizonte pós-moderno, p. 130.

167. Não ignoramos toda a crítica que Heidegger faz à metafísica como ontoteologia (HEIDEGGER, M., A Constituição Onto-Teo-Lógica da Metafísica). Mas também destacamos o intenso diálogo com Nietzsche que ele teve, embora tenha feito críticas ao seu pensamento (HEIDEGGER, M., Nietzsche. Vol. II; SICHÈRE, B., Seul Un Dieu Peut Encore Nous Sauver). Também podemos mencionar aqui propostas de superação da metafísica, abordando questões específicas do cristianismo: DERRIDA, J., (Org.). A religião: O Seminário de Capri; DERRIDA, J., Margins of philosophy; VATTIMO, G., Acreditar em acreditar; VATTIMO, G., Depois da Cristandade.; NANCY, J-L., La declosión.; NANCY, J-L., L'adoration.

Deus e de pretensão de respostas definitivas. Ou seja, a teologia deve caminhar para uma reflexão tanto do ponto de vista do seu objeto quanto do seu método.

A reboque da noção empírica e histórica do conhecimento, o objeto da teologia, com efeito não é mais a verdade metafísica, mas a história e o conjunto dos fenômenos. Nas palavras de Claude Geffré, "a teologia tende a ser compreendida não simplesmente como um discurso sobre Deus, mas como um discurso que reflete sobre a linguagem sobre Deus, um discurso sobre uma linguagem humana que fala humanamente".[168]

Evidentemente isso não significa que o mundo atual e o ser humano não devem ser interpretados à luz da fé cristã e, tampouco, que a teologia ocupa um lugar inferior em relação a outros saberes. Obviamente, não se trata de colocar a questão de Deus entre parênteses.[169] Mas, antes de tudo, para Geffré, deve-se perceber que se a teologia não se encaixa tanto aos critérios de uma ciência no modelo aristotélico, pode-se dizer que confirma os critérios de uma ciência hermenêutica.[170] Dito de outra maneira, nos casos das ciências humanas e, porque não dizer das naturais, o conhecimento científico é interpretativo e não há acesso imediato da realidade fora da linguagem, e a linguagem já é, de certo modo, uma interpretação. Com isso, o que se tem na verdade, segundo Geffré, são novas formas de compreensão do trabalho que a teologia deve realizar, no sentido de estar cada vez mais comprometida com uma tarefa crítico-interpretativa da tradição cristã.[171] Isto não se faz sem o reconhecimento de que o fenômeno humano se presta a múltiplas óticas e que nenhuma delas isoladas detém a palavra última sobre eles. Portanto, ao interpretar a realidade, é necessário levar em conta as perspectivas dos outros saberes humanos.

Com certeza, nesta tarefa, a literatura, pela sua característica em lidar com o universo simbólico do humano, emerge como uma protagonista que pode propiciar novas aberturas de interpretação. Como bem destaca o pronunciamento da Constituição Pastoral *Gaudium et Spes* do Concílio Vaticano II:

> A literatura e as artes são também segundo a maneira que lhes é própria, de grande importância para a vida da Igreja. Procuram elas dar expressão à natureza do homem, aos seus problemas e à experiência de suas tenta-

---

168. GEFFRÉ, C., Crer e interpretar, p. 32.

169. "A teologia é exatamente um discurso que tem por objeto um discurso sobre Deus, mas evidentemente ela não deve praticar um completo "colocar entre parênteses" a questão de Deus" (GEFFRÉ, C., Crer e interpretar, p. 34).

170. GEFFRÉ, C., Crer e interpretar, p. 33.

171. GEFFRÉ, C., Como fazer teologia hoje, p. 7.

tivas para conhecer-se e aperfeiçoar-se a si mesmo e ao mundo; e tentam identificar a sua situação na história e no universo, dar a conhecer as suas misérias e alegrias, e necessidades e energias, e desvendar um futuro melhor. Conseguem assim elevar a vida humana sob muitas diferentes formas, segundo os tempos e lugares. Por conseguinte, deve trabalhar-se para que os artistas se sintam compreendidos, na sua atividade pela Igreja e que, gozando de uma conveniente liberdade, tenham mais facilidade de contatos com a comunidade cristã.[172]

Essas poucas linhas sobre o valor da literatura que aparecem na ocasião do concílio, na verdade, são também respostas à necessidade de abandonar tempos outros em que a literatura ocupou apenas um lugar obscuro e vergonhoso em que os teólogos diziam: "Não é mais que literatura!".[173] É, sobretudo, o apontamento de uma necessidade urgente de se recuperar, na teologia, um diálogo intenso com a literatura.

Embora nas últimas décadas, trabalhos que abordem a questão do diálogo entre teologia e literatura tenham surgido, como discutiremos no próximo capítulo, o divórcio entre estes saberes ainda pode ser sentido, especialmente em parte das obras de introdução e naquelas sobre as metodologias teológicas. Até mesmo em textos que enfatizam a necessidade de o teólogo pensar em diálogo com outros saberes a literatura não é mencionada. Por exemplo, na obra em que elabora um projeto de teologia fundamental contextual, Hans Waldenfels fala da importância do diálogo com a filosofia, com a ciência histórica e com as ciências sociais, mas não cita a literatura. Mencionamos como exemplo este autor porque, mesmo ao apontar para o diálogo com outros saberes de maneira interessante ao caracterizar o teólogo fundamental como aquele que, metaforicamente falando, deve estar debaixo do umbral, numa posição fronteiriça, ainda assim não alude a literatura.[174] Nas suas palavras:

> Pode-se comparar o fazer do teólogo fundamental com a espera em um umbral de uma casa. Ele que espera no portal se encontra tanto, em certo modo, fora e dentro. Ouve os argumentos dos que estão à porta e dos que estão na casa (...). Assimila, por um lado, o que as pessoas conhecem e veem fora – em filosofia e nas ciências históricas e sociais –, o que pensam de Deus, de Jesus de Nazaré e da Igreja, mas também o que pensam de si

---

172. GS (62), p. 618.
173. LATOURELLE, R., Literatura, p. 831.
174. WALDENFELS, H., Teologia fundamental contextual, p. 104-105.

mesmos, do mundo e da sociedade na qual vivem. Por outro lado, seu conhecimento do interior lhe permite fazer um convite a todos os que estão dentro e fora.[175]

O que percebemos, portanto, é que apesar de uma valorosa ampliação da relação com outros campos do saber humano, mesmo no âmbito do contexto pós-conciliar, a literatura ainda é pouco percebida como interlocutora.[176] Talvez, no caso supracitado, isto tenha a ver também com o esforço do autor para situar a Teologia Fundamental no quadro das disciplinas teológicas no sentido de responder as demandas do paradigma da racionalidade moderna.

No Brasil, esta ausência da literatura pode ser sentida, por exemplo, no livro de Clodovis Boff[177] sobre o método teológico, geralmente usado em cursos de graduação. Reconhecemos que há, nessa obra, um esforço para recolocar a teologia frente aos desafios contemporâneos, mas também destacamos que não há menção sobre um método teológico que leve em consideração a literatura.

José Carlos Barcellos chama a atenção para o silêncio quanto à literatura na obra de Boff, ao lembrar que, quando o autor apresenta o processo teológico em três etapas – 1) positiva (*auditus fidei*), que corresponde à recepção e interpretação da mensagem da fé por meio da Escritura e da Tradição; 2) construtiva (*intellectus fidei*), que corresponde à teorização e explicação dos dados hauridos; 3) prática (*applicatio fidei*), quando a fé é aplicada à vida – ele a desconsidera.[178] Ainda, ao descrever os lugares teológicos alheios[179], Boff exclui a literatura e as artes em geral.

Ou seja, mesmo as obras mais recentes continuam a guardar certo distanciamento quanto ao poder teológico da literatura. Neste sentido, parece que o diagnóstico de Juan Luís Segundo sobre a pouca importância que boa parte dos teólogos dá à literatura parece estar parcialmente correto. Segundo ele, ainda são poucos os "que levam em conta, como argumentação válida para suas elaborações especulativas, a maneira com que muitas vezes os literatos tratam temas teoló-

---

175. WALDENFELS, H., Teologia fundamental contextual, p. 104-105.

176. A primeira vez que a literatura aparece em um dicionário de teologia como verbete é na obra sob a direção de René Latourelle e Rino Fisichella de publicação de 1990 (LATOURELLE, R., Literatura, p. 830-832).

177. BOFF, C., Teoria do método teológico.

178. BARCELLOS, J. C., O Drama da Salvação, p. 91-93. Ressaltamos o mérito do trabalho de C. Boff, na medida em que enfatiza também a dimensão prática do processo teológico, não deixando que este fique preso apenas a etapa positiva e especulativa.

179. Religiões não Cristãs, Ciências naturais e humanas, História, Sinais dos tempos (BOFF, C., Teoria do método teológico, p. 201).

gicos. Parecem que não os consideram como dignos da mesma atenção que se presta às teorias filosóficas".[180]

*****

Percorrendo o trajeto da relação entre teologia e literatura, percebemos que suas afinidades são muitas: que as raízes do trabalho teológico remetem ao texto literário mesmo. Mas, também vimos que algumas tensões causaram um divórcio entre as duas. Entretanto, entendemos que algo começou a mudar, que o muro que passou a separar a inteligência teológica da literatura vem sendo derrubado, embora tenha deixado consequências. Portanto, reconhecemos que esta reaproximação tem sido empreendida, mas que ainda há muito a se fazer no sentido de abandonar as desconfianças que ambos os lados nutrem.

Com certeza, a teologia pode beneficiar-se do potencial da literatura, graças a sua maneira narrativa, experiencial e sensível, para superar a crise que atravessam as suas formas discursivas e certa separação da vida. Portanto, não se deve pensar a literatura como interlocutora que a desafia somente a encontrar novas formas expressivas, mas a rever seus conteúdos. A literatura pode descortinar caminhos inéditos para pensar as pegadas da ação de Deus e também a experiência humana.[181] Buscando ir além de uma teologia centrada na especulação que já não é capaz de "responder" à situação moderna e contemporânea e procurando superar a separação entre teologia e a vida busca-se, na literatura, uma parceira de diálogo.

Neste sentido, pretendemos aproximar os dois saberes, procurando na literatura o seu caráter teológico,[182] não pensando ser a literatura uma espécie de lugar onde se encontram as respostas já dadas pela tradição teológica. Mas, sobretudo, no caso saramaguiano, uma problematização dos temas da fé. Para tanto, é necessário perscrutar questões que dizem respeito às perspectivas teórico-metodológicas que possam nos servir de portas para encontrarmos um caminho de aproximação, assim como pensar sobre o valor do texto literário como intérprete da realidade.

---

180. SEGUNDO, J. L., O inferno como absoluto menos, p. 124.

181. "Entre as causas da atual crise do cristianismo, podemos mencionar certo divórcio entre teologia e experiência de fé da comunidade cristã, divórcio cujas origens longínquas remontam à instauração da teologia científica, construída como técnica especializada, culminando na dialética escolástica. O uso do latim como língua técnica transformou desde longa data a teologia num 'domínio' reservado aos iniciados. Neste caso, a teologia se alimenta de si própria, repete-se indefinidamente, em vez de nutrir-se da vida" (ROUSSEAU, H., A literatura, p. 7).

182. JOSSUA, J; METZ, J., Teologia e literatura, p. 3.

Capítulo 2 | Caminhos para a aproximação entre teologia e literatura

Ilustrar a história do diálogo entre teologia e literatura é, de fato, algo complexo. Portanto, aqui destacaremos alguns aportes teórico-metodológicos que constituem este campo de inter-relação. Isto é, enfatizaremos como têm sido apresentadas as principais pesquisas em tal área e com quais perspectivas e métodos elas se efetuam. Também pensaremos as demandas específicas relacionadas à reflexão teológica que possibilite a compreensão da literatura, sobretudo a ficção romanesca, como uma forma não conceitual de teologia. Não se trata de esgotar todas as possibilidades nesse campo, o que não seria possível nesse estudo, mas, de apontar caminhos que validam epistemologicamente um trabalho em tal ramo.

Os teólogos de mãos dadas com a literatura

Não obstante os distanciamentos impostos ao longo da história dos dois saberes e, embora permaneça certo silêncio quanto à literatura, surgiram, sobretudo a partir da segunda metade do século XX, diversos estudos que visaram o estabelecimento de um diálogo entre teologia e literatura. Devido à profusão de tais trabalhos – o que, evidentemente, torna impossível perscrutar todas as veredas abertas pelos muitos pesquisadores nas últimas décadas – é de grande importância para a continuidade de nossa proposta abordar a questão dos aportes teórico-metodológicos. Assim, as pesquisas podem ser dividas a partir de seus resultados e da coerência metodológica, respeitadas as respectivas epistemologias de cada área. Não há um único método, mas sim a ideia de que, uma vez definido o objeto de análise, o passo seguinte é selecionar a metodologia mais adequada. A metodologia, portanto, tem o papel de proporcionar um princípio, uma espécie de "fio de Ariadne" que conduz o trabalho para não cair em contradição, que ajuda a explicar como a literatura pode refletir a questão de Deus e como a teologia pode ajudar a pensar a literatura.

Manzatto aponta para o fato de a literatura ser variada e possuir diversas formas de ser estudada. Por isso, em sua opinião, diversos são também os procedimentos e métodos teológicos compreendidos dentro de uma sadia pluralidade.[183] Um exemplo dessa variedade é a colocação feita por Latourelle ao destacar que é possível ver em autores como Chesterton, Bloy, Mauriac, Claudel, Bernanos, Péguy uma inteligência da fé superior a de muitos "teólogos de ofício".[184] Ou seja, é possível ver mais explicitamente nesses autores as questões teológicas. Contudo, também há o caso da literatura que pode ser vista como não expressamente teológica, mas que por ser um testemunho profundo sobre o mistério do ser humano, interessa a teologia. De certa forma, na medida em que muda o objeto, muda também a metodologia. Por isso, é possível ver tanta pluralidade nesse campo de pesquisa.

Algumas destas abordagens merecem destaque. Pensadores como Romano Guardini, Henri de Lubac, Hans Urs Von Balthasar e Karl Rahner, de origem católica, podem ser considerados precursores desse diálogo com a literatura, afinal, antes mesmo de toda a abertura promovida pelo Vaticano II, já deram passos significativos nessa direção. Já na tradição protestante, o nome que contribuiu decisivamente para alavancar as discussões em torno do tema foi o de Paul Tillich. A seguir serão ressaltadas algumas contribuições desses e outros teólogos.

Gibellini, ao comentar a obra do teólogo católico Romano Guardini, afirma que a contribuição que este deu à teologia do século XX foi a de seus comentários de textos da literatura mundial do ponto de vista teológico que colaboraram para que a reflexão teológica superasse em parte o espaço eclesial restrito.[185] Prova disso é o comentário que faz na sua obra sobre o universo religioso de Dostoiévski, a propósito da passagem do "O grande inquisidor" presente em *Os irmãos Karamazov*, afirmando que a Igreja Romana põe suas mãos sobre Jesus Cristo e, portanto, este ficou preso à própria hierarquia que ela criou, não tendo assim mais liberdade de vir aos homens.[186] Ou seja, já assinalava por intermédio da leitura do autor russo para a questão de como a literatura pode contribuir para a compreensão dos temas da fé. Guardini, no projeto da formulação de uma *Weltanschauung* – que para ele consistia em "uma tomada de posição para olhar de frente o mundo, como ele vem ao encontro"[187] – interpelou com frequência o saber literário e assim escre-

---

183. MANZATTO, A., Pequeno panorama da teologia e literatura, p. 87-98.
184. LATOURELLE, R., Literatura, p. 831.
185. GIBELINNI, R., A teologia do século XX, p. 223.
186. GUARDINI, R., El Universo religioso de Dostoiévski, p. 126.
187. GUARDINI, R., La visione cattolica del mondo, p. 20.

veu ainda trabalhos sobre Dante, Goethe, Shakespeare, Hölderlin e Rilke.[188] Sua aproximação à literatura tem a ver com a crítica que faz ao pensamento racionalista-tecnológico que levou a duas guerras mundiais. Esta crítica à modernidade pode ser vista em outros textos e explicitamente no seu ensaio *O fim dos tempos modernos*.[189] De certa maneira, a aproximação do teólogo ao texto literário é sempre orientada para o conteúdo enquanto testemunho da verdade do homem, do mundo e de Deus. Portanto, aborda os autores com as lentes da fé cristã. Como ele mesmo afirma, as suas obras sobre Agostinho, Dante, Pascal, Hölderlin e Dostoiévski cosntituem, em certo sentido, exercícios para delinear a figura "daquele que é o Filho de Deus e, em conjunto, o filho do homem".[190] Conforme grifa Langenhorst, para Guardini os escritores analisados partilham a capacidade de serem profetas visionários e seus escritos podem ser tidos como testemunhos religiosos à medida que possuem a capacidade de ver e nomear a verdade de forma mais profunda e clara.

Contudo, as análises de Guardini, embora sigam sendo valiosas, por serem caracterizadas como direcionadas a uma interpretação espiritual de obras literárias, são pouco consideradas para a crítica literária.[191]

Henri de Lubac também se destacou por trazer para a reflexão teológica grandes autores da literatura. A atenção que dá ao dado literário se deve, sobretudo, ao acento antropológico e humanístico que a sua obra possui, conforme observa Etienne Gilson.[192] Seu projeto se volta principalmente a uma crítica ao humanismo ocidental moderno que, segundo sua análise, construiu-se por meio de um ressentimento em relação a sua origem cristã e assim converteu-se em humanismo ateu.[193]

Assim, a partir de autores como Claudel, Péguy e Dostoiévski propõe recuperar a visão de mundo cristã que responde aos anseios dos tempos modernos. Ou seja, procura nas palavras desses escritores o substrato de um pensamento que não recoloca a questão de Deus como crítica ao antropocentrismo, ao niilismo, ao materialismo e ao positivismo. Isto pode ser visto na comparação que faz entre Nietzsche e Péguy, que segundo sua visão são "dois profetas" que, embora se destaquem pelo trabalho de crítica ao "mundo moderno" e coincidam em alguns de seus diagnósticos, possuem mensagens diferentes. Ainda que bebendo de um

---

188. GUARDINI, R., Hölderlin.; GUARDINI, R., Dante.; GUARDINI, R., Rainer Maria Rilke.; GUARDINI, R., La divina commedia di Dante.

189. GUARDINI, R., O fim dos tempos modernos.

190. GUARDINI, R., Gesù Cristo, p. 14-15.

191. LANGENHORST, G., Teología y Literatura, p. 175.

192. GILSON, E., *apud* BALTHASAR, H. U. V. Il padre Henri de Lubac, p. 16.

193. DE LUBAC, H., O drama do humanismo ateu, p. 21.

passado que vem do "fundo dos tempos" e anunciando tempos novos, eles não os urdem com o "mesmo metal". Nietzsche se mostra, no dizer de De Lubac, o "profeta da ruptura", enquanto Péguy revela-se o "profeta da fidelidade". "Enquanto Nietzsche, a fim de nos jungir ao carro titubeante do seu Dionísos, cada vez mais amaldiçoa a cruz de Cristo, Péguy evidencia em Jesus Aquele que recolhe todo o trágico antigo a fim de o refigurar".

Além de Péguy, De Lubac recorre a Paul Claudel para elaborar as suas análises do humanismo ateu. Recupera a ideia do literato, de que a verdade nada tem a ver com a quantidade de pessoas que consegue persuadir, para reforçar a tese de que, ao invés de provocar o abandono da fé cristã, as críticas deveriam ajudar o cristianismo a revisitar suas raízes.[194]

De Lubac escreveu ainda outros textos interpretando Claudel e Péguy[195] e sobre Dostoiévski, e elaborou uma longa parte do seu livro *O drama do humanismo ateu*. Nessa obra refere-se ao autor russo como um profeta que oferece uma saída do humanismo ateu utilizando-se de perguntas que formam o quadro complexo dos seus romances onde conseguiu atingir os "confins do homem".[196] Ressalta que é possível tomar as críticas dostoievskianas contra o ideal espiritual do indivíduo que se eleva acima de toda a lei, o ideal social revolucionário, que pretende assegurar, sem Deus, a felicidade dos homens, e o ideal racional do filósofo que repele todo o mistério.[197]

Em suma, a aproximação de De Lubac ao texto literário é certamente importante no panorama do diálogo entre teologia e literatura. Sua exposição de Dostoiévski recorre abundantemente às citações do autor e tenta penetrar na psicologia dos personagens, mas interpreta-o a partir de um sistema já dado, em que a literatura ainda parece ocupar um lugar de confirmação dentro da estrutura conceitual teológica.

No universo católico, Karl Rahner, também contribuiu para o diálogo. No intuito de elaborar uma teologia aberta aos símbolos e à cultura, encontrou a arte e, particularmente, a literatura.[198]

> Grande poesia só existe quando o homem se enfrenta radicalmente com o que ele mesmo é. Ao fazê-lo pode estar envolto em culpa, perversão, ódio de si mesmo e soberba satânica; pode ter a si mesmo por pecador e iden-

---

194. DE LUBAC, H., O drama do humanismo ateu, p. 89-90 e 124.
195. BASTAIRE, J.; DE LUBAC, H., Claudel e Péguy.
196. DE LUBAC, H., O drama do humanismo ateu, p. 284-291.
197. DE LUBAC, H., O drama do humanismo ateu, p. 318.
198. SPADARO, A., La grazia della parola. Karl Rahner e la poesia, 2006, p. 20.

tificar-se com seu pecado. Mas inclusive aí está mais no bendito risco de esbarrar em Deus do que o burguês achatado e débil que medrosamente evita de antemão os abismos existenciais, indo dar na superficialidade onde não se esbarra na dúvida, mas tampouco em Deus.[199]

Assim, a literatura pode ser vista, não só como intérprete privilegiada das grandes questões humanas, mas como responsável por trazer em si algo específico sobre elas. Sobre esta compreensão rahneriana, Alex Villas Boas sublinha que, para aquele teólogo, "poesia e humanidade são sinônimos, uma vez que a poesia é radicalmente humana e o ser humano potencialmente, ou ainda aprioristicamente poético, como alguém em busca de sentido ou ainda como ouvinte da Palavra".[200] Ou seja, como afirma o próprio Rahner, a palavra poética ajuda a viver autenticamente a vocação de abertura ao transcendente que foi dada ao ser humano como graça incriada, mas também a desenvolver posteriormente a gramática e o estilo das expressões cristãs para a salvação.[201]

Para ele a ação da graça é verdadeira para cada ser humano e, assim, também na vida do escritor como inspiração. É a graça que, difundindo-se de diversas maneiras desde o fundo do coração, torna o ser humano inquieto, levando-o a angustiar-se ao máximo e a desesperar de finitude da existência, enchendo-o de uma desmedida pretensão que só pode ser atendida pela infinidade de Deus, e tornando equívocas as experiências que faz de si mesmo, abertas ao imprevisível e ao indizível.[202]

Desta maneira, enfatiza que a palavra poética deve ser escutada com seriedade, pois se trata de tentar captar o mistério por meio da palavra dos poetas, perceber a voz dos literatos como eco da voz de Deus que interpela o ser humano desde o seu mais profundo interior. Deste modo, estar amorosamente atento à palavra da poesia é, para o teólogo, uma questão verdadeiramente cristã porque esbarra na questão da salvação do homem. Embora Rahner não tenha proposto uma leitura sistemática e crítica de um grande nome da literatura, desenvolve como extensão das suas teses teológicas um princípio de valorização da literatura.

Balthasar também fez da literatura a sua parceira na reflexão teológica. Em sua obra sobre Bernanos, reconhece logo nas primeiras linhas, que entre os grandes escritores católicos há mais de pensamento vivo do que na teologia

---

199. RAHNER, K., La palabra poética y el Cristiano, p. 463.
200. MARIANO, V. B., A. Teologia e literatura entre Karl Rahner e Hans Urs von Balthasar, p. 5.
201. RAHNER, K., Sacerdote e poeta, p. 173.
202. RAHNER, K., La missione del letterato e l'esistenza cristiana, p. 489.

de sua época que carecia de ar fresco.²⁰³ Contudo, seu grande contributo para a aproximação entre teologia e literatura se dá por intermédio de sua estética teológica. A sua obra se desenvolve a partir da noção teológica de revelação, de que Deus manifestou-se ao mundo na história e por isso mesmo esta manifestação é experienciável e estética.²⁰⁴ Esse Deus cuja dicção está na verdade de uma palavra feita carne, por isso bela, está em relação vital com o ser humano. Neste sentido, a experiência estética que solicita o ser humano mantém uma relação com o verdadeiro e com o bom e, deste modo, é também divina.²⁰⁵ Essas teses sobre as quais não poderíamos nos aprofundar aqui estão nos grossos volumes de sua *Trilogia* (1961-1987), dividida em *Herrlichkeit* (Glória), *Theodramatik* (Teodramática) e *Theologik* (Teológica). Essas obras, que contêm o desenvolvimento do argumento da experiência da beleza com a experiência divina que solicita ao ser humano uma análise da estrutura do drama em todos os seus desenvolvimentos e alternativas históricas, desde a Antiguidade até o presente, fornecem ao teólogo categorias para um olhar da história desde a salvação cristã. Como sublinha Langenhorst, o marco inicial de todas as considerações de von Balthasar é sua cosmovisão teológico-cristã. Aí se insere a literatura à medida que tematiza problemas essenciais da relação entre Deus e o homem.²⁰⁶

No âmbito do protestantismo, aspectos semelhantes, porém específicos desse diálogo, nascem no contexto das reflexões sobre a Teologia da Cultura. Uma grande contribuição, neste sentido, foi a de Paul Tillich que, do ponto de vista metodológico, lançou postulados fundamentais como o método da correlação, que estabeleceu referências entre a revelação e a realidade humana plasmada na cultura.²⁰⁷ Em outras palavras, Paul Tillich mostra, em suas obras, que a cultura

---

203. BALTHASAR, H. U. V., Le Chrétien Bernanos, p. 9.

204. Um trabalho que se desenvolveu a partir da perspectiva estético-teológica balthasariana foi o de Cecilia Inés Avenatti Palumbo. PALUMBO, C. I. A., Lenguajes de Dios para el siglo XXI; PALUMBO, C. I. A., La literatura en la estética de Hans Urs von Balthasar.

205. BALTHASAR, H. U. V., Gloria, Vol. 1, p. 10.

206. LANGENHORST, G., Teología y Literatura, p. 175-176.

207. Quando Tillich elabora a sua palestra programática sobre a ideia da Teologia da Cultura em 1919, o conceito de "cultura" possuía uma interpretação herdada da etimologia latina, significando o "cultivo" de um ponto de vista do universo agrícola. Também dizia respeito ao "cultivo" do pensamento. Na língua alemã, Cultur, posteriormente, Kultur. Os franceses utilizavam também a palavra Civilisation para falar do processo que acreditavam ser de refinamento da humanidade que incluía a gastronomia e as regras de etiqueta. Na Alemanha, devido ao processo de estratificação social o termo Zivilisation ganha uma conotação negativa e o termo Kultur acaba por ser mais utilizado e ganha força entre um grupo de intelectuais que não pertenciam às classes superiores e por isso não acessavam a alta sociedade. Esse termo, que inicialmente trazia em si um ressentimento e uma crítica em relação à aristocracia, passa a conter o significado daquilo que era descrito como Zivilisation. Na época do escrito inicial sobre a teologia da cultura estava consolidado um movimento chamado de Kulturprotestantismus, que representava uma acomodação aos

pode ser vista como lugar privilegiado de observação das expressões religiosas. Assim, ele ressignifica a religião como aquilo que é a "preocupação última" (*ultimate concern*) do ser humano como substância da cultura e que se expressa nos elementos mais básicos de todas as culturas, na linguagem basilar, e perpassa a sociedade e a vida.[208]

Desse modo, via a possibilidade de a teologia trabalhar com as expressões culturais. Na descrição do método da correlação podemos ver esta mútua relação:

> O termo "correlação" pode ser usado de três maneiras. Pode designar a correspondência de diferentes séries de dados, como nos gráficos estatísticos; pode designar a interdependência lógica de conceitos, como nas relações polares; e pode designar a interdependência real de coisas ou eventos em conjuntos estruturais. Se o termo é usado em teologia, todos os três significados têm aplicações importantes. Há uma correlação no sentido da correspondência entre símbolos religiosos e o que é simbolizado por eles. Há uma correlação no sentido lógico entre os conceitos que denotam o humano e os que denotam o divino. Há uma correlação no sentido factual entre a preocupação última do homem e aquela sobre a qual ele está em última análise preocupado.[209]

Embora Tillich nunca tenha formulado uma teoria estética sistemática, suas contribuições sobre a relação entre teologia e arte merecem ser sublinhadas. Portanto, não se busca uma leitura objetiva, sistemática, racionalista da arte. Sua concepção estética depende inteiramente da teologia, sobretudo no que diz respeito a sua compreensão de Deus como Incondicional e fonte de sentido. Calvani destaca que em uma palestra ministrada pelo teólogo alemão no museu de Arte Moderna de Nova Iorque, ele prefere usar a expressão "Realidade Última" em vez de "Deus", indicando sua opção de tratar Deus como fundamento último ou ser-em-si. O que tem como consequência a ideia de que tudo que expressa a "Realidade Última", também expressa Deus intencionalmente ou não.[210] Essa concepção de religião não apenas como conjunto de símbolos, devoções e ritos, mas também como preocupação com a Realidade Última que captura o humano e reclama

---

valores morais da burguesia protestante, incluía o refinamento dos costumes, apoio ao sistema político e rejeição das teologias da experiência. Ao falar de uma Teologia da Cultura, Tillich utilizou o termo Theologie der Kultur (teologia da cultura) em lugar de Kultur Theologie (algo próximo a "teologia cultural"), para evitar associações com o Kulturprotestantismus. Sua elaboração teológica também possuía um acento crítico à aristocracia (CALVANI, C., Teologia e MPB, p. 41-46).

208. TILLICH, P., Teologia da cultura, p. 232.

209. TILLICH, P., Systematic Theology, Vol. 1, p. 60.

210. CALVANI, C. E., Teologia e MPB. p. 77.

uma resposta definitiva é que concede potencial à arte. Ou seja, ele não analisa a obra de arte para ser um comentador estético, muito menos como um artista, mas como teólogo atenta para a potencialidade artística concernente ao ser humano.

Um exemplo de como interpretou as relações entre arte e teologia está em um texto intitulado de *Aspectos existencialistas da Arte Moderna*[211] em que Tillich cria quatro categorias, ou níveis, para descrever a relação entre o que chama de religião e arte, a saber: a) estilo não religioso e tema não religioso; b) estilo religioso e tema não religioso; c) tema religioso em estilo não religioso; d) estilo religioso e tema religioso.

O primeiro nível diz respeito ao que o teólogo chama de indiretamente religioso, ou seja, a preocupação com a realidade última está presente indiretamente. No segundo nível, o tema não se refere a nenhuma cena bíblica ou algo parecido, permanecem as cenas do cotidiano; no entanto, aqui há a preocupação com a realidade última e obras de arte são vistas como tentativas de olhar as profundezas da realidade. O fato de não haver referências diretas a Deus não anula o conteúdo teológico pulsante dessas obras. O terceiro nível trata daquelas obras que Tillich descreve como superficiais porque apesar de possuírem temas religiosos não tocam nas indagações mais profundas do ser sobre a realidade última. E, por último, aquele nível em que temas religiosos são tratados de maneira expressiva e profundamente espirituais, à medida que são testemunhos da preocupação última.[212] Ao demonstrar essas formas de obra de arte possíveis, pode-se notar quão importante é o quesito estilo para as mesmas. É a preocupação com as questões de ordem última que determinam a pertinência religiosa da obra de arte, bem como das expressões culturais em geral.

Embora as limitações do método tillichiano tenham sido apontadas por um teórico do campo interdisciplinar como Kucshel, sua proposta constituiu um passo fundamental para o progresso do diálogo, porque gerou uma mudança no olhar da teologia em relação às manifestações culturais diversas, entre elas a literatura como testemunho desta "preocupação última".

Além desses passos precursores, outros esforços merecem evidência, no que diz respeito ao processo de desenvolvimento dos estudos entre teologia e literatura. Por exemplo, a tese de doutoramento de Pie Duployé, defendida em Estrasburgo em 1965, intitulada de *La religion de Péguy*,[213] é deveras importante

---

211. TILLICH, P., Aspectos existencialistas da Arte Moderna, p. 31-46.

212. TILLICH, P., Aspectos existencialistas da Arte Moderna. p. 38-46.

213. Alguns aspectos da metodologia desta obra serão salientados mais adiante. DUPLOYÉ, P., La religion de Péguy.

do ponto de vista metodológico, por lançar luz sobre o estatuto epistemológico da literatura no campo teológico. Também merece destaque o artigo de Marie-Dominique Chenu de 1969, que, ao tecer comentários sobre o texto de Duployé, referiu-se à literatura como "lugar teológico".[214] Juntamente com estes trabalhos, o estudo de Charles Moeller[215] no fim da década de 60, também foi importante porque destacou a necessidade de o teólogo entrar na visão do mundo própria do texto analisado. Moeller propôs uma tríplice aproximação que deve conter: a análise do tema explícito presente no texto, a motivação fundamental e a busca dos símbolos presentes e também aqueles ausentes do texto.[216] Dorothe Sölle também escreveu sobre a relação entre teologia e literatura. Recuperando a intuição de Tillich, afirma a presença do "incondicional" na literatura. Para ela a linguagem literária, ao contrário da teologia – devedora do dogma-, inscreve-se numa chave não metafísica. A linguagem teológica deve voltar-se à literatura para falar ao mundo contemporâneo por meio de uma "mundanização" entendida, não como empobrecimento ou traição, mas como realização (*realisation*) comunicativa, cumprimento do seu verdadeiro fim. A linguagem teológica deve submergir na linguagem dos poetas e escritores que, ao contrário daquela, é real contingente e efetiva. O interesse da teologia pela literatura deve se voltar principalmente para a estrutura, o estilo, a forma e não para os argumentos da obra de arte. O que interessa está oculto na profanidade da configuração artística.[217]

Já, a partir da década de 70, enfatizou-se o reconhecimento da especificidade da literatura e da necessidade de sua não instrumentalização, ou seja, da importância de sua não cooptação como um lugar de reverberação de conteúdos prontos. Isto pode ser visto no número 115 da revista *Concilium* cujo editorial é assinado por Jean-Pierre Jossua e Johann Baptist Metz em 1976, dedicado ao tema do diálogo entre teologia e literatura. Nesse número, estes autores e outros como Jean-Claude Renard, Hervé Rousseau, Bernard Quelquejeu, Klaus Netzer e Jean-Pierre Manigne se propõem a contribuir para uma maior abertura do diálogo entre teologia e literatura dez anos depois do encerramento do Vaticano II, que por intermédio *Gaudium et spes* já havia acenado para o tema. Jossua e Metz assinalam categoricamente, no editorial que encabeça a publicação, a insuficiência de ver na literatura um lugar no

---

214. CHENU, M.-D., La littérature comme "lieu" de la théologie, p. 70-80.

215. O principal trabalho de Moeller está nos seis volumes sobre a literatura do século XX (MOELLER, C., Literatura del siglo XX y cristianismo).

216. MOELLER, C., Mansions of the Spirit, p. 59-64.

217. SÖLLE, D., Tesi sui criterio dell'interesse teologico verso la letteratura, p. 81-82.

qual a teologia imutável buscasse apenas ilustrações para ratificar seus postulados,[218] afirmando a literatura como uma forma singular e específica de compreensão da realidade.

Na contribuição que dá a este volume da *Concilium* sobre a relação entre teologia e literatura, Hervé Rousseau faz uma diferenciação importante entre "poder teológico implícito", que é o caráter teológico que pode ser desenvolvido em qualquer obra, e "poder teológico explícito", que seria característica das obras que tematizam questões teológicas claramente, ajudando a perceber que, mesmo aqueles textos que não parecem ter uma relação com a teologia, a partir da metodologia adequada, podem revelar conteúdos teológicos.[219]

Alberto Toutin ressalta que este número da revista representou um empenho dentro de um quadro de crise de linguagem referente ao saber teológico com intuito de buscar novas formas para pensar o discurso e para pensar a fé como um compromisso que abarca toda a existência.[220] Contudo, apesar disso, os próprios autores reconheceram que apenas haviam começado a desbravar o terreno.[221]

Na década de 80, destacamos o esforço de Hans Küng em diálogo com o especialista em literatura Walter Jens[222] na tentativa de reconstruir a história da religião na Modernidade por intermédio dos grandes autores. Para ele os literatos ajudam a concentrar, de um ponto de vista histórico cultural, as grandes questões dessa época singular. Neste sentido, mesmo consciente do risco de reduzir o texto a um simples pretexto para a especulação teológica, Küng procura elaborar um percurso que pode ser chamado de história da religiosidade por meio da literatura a partir de uma visão crítica.

A partir da década de 90, muitos outros estudos como os de Jean-Pierre Jossua[223] e Karl-Joseph Kuschel,[224] que serão analisados mais à frente, foram importantes para a materialização deste campo de pesquisa que busca relacionar teologia e literatura.

---

218. JOSSUA, J-P.; METZ, J-B., Teologia e Literatura (Editorial), p. 3-6.

219. ROUSSEAU, H., A Literatura, p. 7-15.

220. TOUTIN, A., Teologia y literatura: Hitos para um diálogo, p. 33.

221. JOSSUA, J-P.; METZ, J-B., Teologia e literatura (Editorial), p. 3-6.

222. KÜNG, H.; JENS, W., Poesia e religione.

223. JOSSUA, J-P., Pour une histoire religieuse de l'expérience littéraire. 4 vol. Jossua tem escrito diversas recensões sobre obras desta área na Revue des sciences philosophiques et théologiques sob o título de Bulletin de théologie littéraire.

224. KUSCHEL, K-J., Os escritores e as escrituras.

Vale sublinhar que esta abordagem não é exaustiva e que muitos outros autores, é claro, com diversas nuances em suas abordagens, também empreenderam uma aproximação entre teologia e literatura.[225]

Na América-Latina, um fato significativo foi o nascimento da ALALITE (Associação Latino Americana de Literatura e Teologia), que tem gerado um vasto espaço de pesquisa com diversos objetos e metodologias. No Brasil, este campo tem crescido e contado com diversos pesquisadores. Só no ano de 2012, no Brasil, havia mais de seiscentos trabalhos e cem pesquisadores nessa área.[226]

Em suma, estas são algumas das principais pesquisas que consolidaram esta área de estudos e espraiaram-se por outros continentes, gerando importantes debates.

Uma classificação quase impossível

Como se proliferaram os livros, dissertações, teses e artigos que visam a aproximação entre o saber literário e a teologia quanto à metodologia e o conteúdo da classificação desses trabalhos, tem se tornado cada vez mais difícil. No entanto, isto não impediu que algumas tentativas de traçar os perfis das pesquisas que buscam aproximar teologia e literatura fossem produzidas. Manzatto, por exemplo, classifica em grandes linhas metodológicas as obras que compõem o campo interdisciplinar dos estudos literários e teológicos: a) teopoética; b) corre-

---

225. Podemos citar no contexto europeu os seguintes trabalhos: SIMON, P. H., La letteratura del peccato e della grazia.; MATTEUCCI, B., Per una teologia dele lettere.; CASTELLI, F., I volti di Gesù nella letteratura moderna.; CASTELLI, F., Mediterai il Natale.; MAZZARIOL, F., I capelli di Sansone.; POZZOLI, L., Vincerà la parola?.; GESCHÉ, A., La théologie dans le temps de l'homme.; SPADARO, A., A che cosa "serve" la letteratura?.; FILIPPI, N., Le voci del popolo di Dio tra teologia e letteratura.; LANGENHORST, G., Theologie und Literatur, (página?); COLOMBO, G., Letteratura e cristianesimo nel primo novecento.; FONTE, F., Per una teologia della letteratura.

226. O processo de aproximação entre teologia e literatura no continente latino-americano culminou na formação da Associação Latino-Americana de Literatura e Teologia, criada efetivamente em abril de 2007 por ocasião do 1º Colóquio Latino-Americano de Literatura e Teologia, de 26 a 28 de abril de 2007, na PUC-Rio, Rio de Janeiro. MARIANO, A. V. B., O sentido da vida na trajetória poética de Carlos Drumond de Andrade, p. 14. A Alalite completou 10 nos em 2016 e representa a consolidação do movimento do diálogo entre teologia e literatura na América – Latina e a possibilidade de valorização de novas pesquisas na área. A página da Alalite pode ser acessada em: <http://www.alalite.org/>. No Brasil, o campo já conta com inúmeros grupos de pesquisa. Há pesquisadores em pelo menos dez estados da federação com alguma forma de aproximação do tema (AM, GO, MG, MS, PA, PE, PR, RJ, SC, SP). Além disso, há os grupos de trabalho formados no âmbito das sociedades e associações como o Grupo de Trabalho de Religião, Arte e Literatura da Sociedade Brasileira de Teologia e Ciências da Religião (SOTER) e a Sessão de Trabalho de Diálogo entre Religião, Arte e Literatura no contexto da Associação Nacional de Pós-Graduação e Pesquisa em Teologia e Ciências da Religião (ANPTECRE), além da participação de pesquisadores na ABRALIC – Associação Brasileira de Literatura Comparada. CANTARELA, A. G., A Pesquisa em Teopoética no Brasil, p. 1228-1251; MARIANO, A. V. B., A. Teologia em diálogo com a literatura, p. 11-12.

lação; c) estudos comparados; d) perspectiva mística; e) método antropológico e outros que, na sua concepção, são maneiras de estudar a relação entre teologia e literatura, segundo aquilo que se busca ressaltar.[227]

Eduardo Gross, de modo mais sintético e pensando na comparação da literatura com os textos sagrados das religiões, caracteriza assim as posturas geralmente mais assumidas nos trabalhos desta área: a) aceitação dogmática da sacralidade do texto; b) negação dogmática da sacralidade do texto. Contudo, segundo ele, este campo de investigações ainda permanece aberto.[228] Antonio Magalhães também descreve três metodologias possíveis para o diálogo: a) o caminho da realização; b) o caminho da teopoética e; c) caminho da correspondência.[229] Ainda, em um artigo em que trata da questão dos diversos métodos para o diálogo, Barcellos distingue-os da seguinte maneira: a) paradigma hermenêutico (a literatura como forma não teórica de teologia: prioridade à metodologia dos estudos literários); b) paradigma heurístico (a literatura como lugar teológico: prioridade à metodologia teológica) e; c) paradigma interdisciplinar (a literatura e a teologia como polos de um diálogo intercultural: método da analogia estrutural).[230]

Estas descrições têm pontos em comum. Por exemplo, a *teopoética* aparece nas exposições de Manzatto, de Magalhães e de Barcellos (este utiliza a nomenclatura de analogia estrutural referindo-se especificamente ao trabalho de Kuschel), embora tenham uma ligeira diferença.[231] O que Magalhães chama de *caminho da realização* parece conter o que Manzatto chama de *método antropológico* (que para Barcellos é o *paradigma heurístico*, onde se dá prioridade à metodologia teológica) e também ao modelo que Barcellos distingue como *paradigma hermenêutico*.

O fato é que essas sínteses, embora tenham valor didático e pedagógico, na verdade, são sempre parciais, na medida em que oferecem um recorte a partir de um determinado horizonte hermenêutico que agrupa certas propostas, ignora as diferenças existentes entre elas e despreza outras. Flaminio Fonte chega a fa-

---

227. MANZATTO, A., Pequeno panorama da teologia e literatura, p. 87-98.

228. GROSS, E., Introdução. In: GROSS, E, (Org.)., Manifestações literárias do sagrado, p. 10.

229. MAGALHÃES, A. C. M., Deus no espelho das palavras, p. 149. O método da correspondência é caracterizado a partir da teoria matemática da associação dos elementos dos conjuntos, em que, a um elemento de um conjunto A podem ser associados um ou mais do conjunto B. Portanto, "a cada elemento considerado da revelação na Bíblia e na tradição teológica podem ser associados um ou mais na literatura mundial" (MAGALHÃES, A. C. M., Deus no espelho das palavras, p. 205).

230. BARCELLOS, J. C., Literatura e teologia, p. 10.

231. Magalhães inclui na perspectiva teopoética o pensamento estético teológico de Rubem Alves, devido também ao seu estilo. Portanto, Rubem Alves seria aquele que exemplificaria o casamento entre o estilo e o conteúdo intencionalmente poéticos e teológicos (MAGALHÃES, A. C. M., Deus no espelho das palavras. p. 144-152).

lar desse multiverso dos trabalhos desenvolvidos em torno do tema do diálogo entre teologia e literatura como uma "selva hermenêutica" e, pensando o contexto europeu, propõe algumas linhas possíveis de distinção incluindo autores que têm trabalhado o tema atualmente. Segundo ele, um direcionamento que pode distinguir os trabalhos é aquele que separa os autores que se dedicaram mais à teoria, ou seja, em pensar mais o estatuto hermenêutico da leitura do texto dos outros que se detiveram preponderantemente nos objetos específicos do campo literário. Estas dimensões não se apresentaram sempre separadas, já que muitos autores que se dedicaram ao trabalho teórico também empreenderam abordagens particulares de textos literários; afinal, teoria e prática estão numa relação retroalimentar constante. Contudo, podemos dizer que autores como Rahner, Sölle e Jossua se aplicaram, de certa forma, a pensar a questão metodológica, sistemática da relação crítica entre teologia e literatura, enquanto que, Guardini, Balthasar, De Lubac, Küng, Moeller, Duployé e mais recentemente Sommavilla e Spadaro, embora não deixando a dimensão metodológica de lado e com diferenças substanciais, ofereceram uma materialização deste diálogo.

Outra distinção possível é aquela que divide as propostas entre as que deram primazia a teologia e as que atribuíram certa preponderância ao texto literário. Evidentemente, não podemos negar também que Guardini, De Lubac, Balthasar, Rahner se caracterizaram por certo primado da teologia em relação à razão literária, que seria uma peça da grande construção do real sobre a qual a teologia dá a sua palavra. Outros teólogos como Sölle, Spadaro e Salmann já se diferem por dar certa primazia ao texto e a sua capacidade de abertura e acolhimento da polissemia do real para libertar o fazer teológico de uma série de "conceitos mortos". Além disso, outra demarcação admissível é aquela que, mesmo repleta de uma sorte de opções hermenêuticas distintas, sublinha a atenção que os autores dão ao conteúdo, como fez Moeller esboçando como que um catálogo a partir dos temas centrais presentes nas obras, e os outros, como Sölle, que, ao invés disso, se concentram na forma literária, na linguagem e sobre isso exercem sua releitura crítica. Por fim, ainda é possível dizer que Rahner e Jossua, por exemplo, grifaram a centralidade teológica absoluta da palavra e também do instrumento da linguagem, enquanto que Guardini e Balthasar ressaltaram a dimensão formal do texto, estilo gênero e métrica.[232]

Em suma, é preciso enfatizar que essas classificações não são rígidas, mas funcionam apenas como norteadoras para diferenciar as diversas abordagens que visam o diálogo entre os dois saberes. Ou seja, são um guia para pensarmos o

---

232. FONTE, F. Per una teologia della letteratura. p. 76-77.

amplo cenário da articulação entre teologia e literatura. Adiante, serão analisados mais detidamente alguns trabalhos importantes que marcaram o diálogo entre teologia e literatura e que aos nossos olhos podem contribuir para a abordagem da obra saramaguiana. Para fins didáticos, lembramos que há diferenças específicas em cada obra literária que acabam por exigir olhares distintos. Optamos por nomear assim as três grandes linhas que, de acordo com as suas ênfases, distinguem-se entre si e podem fornecer balizas diretivas que se enriquecem mutuamente: a) a perspectiva da reflexão teológica a partir da antropologia literária; b) a perspectiva da teopoética; c) a perspectiva da literatura como expressão teológica não teórica.

A reflexão teológica a partir da antropologia literária

Escolhemos a obra de Antonio Manzatto para representar esta perspectiva por sua importância e por entendermos ter sido ela a responsável por elucidar sobre como o humano é o ponto de contato entre teologia e literatura, além de ser pioneira na abertura de caminhos para a relação entre os dois saberes no Brasil. Antes, porém, alguns autores latino-americanos que dialogaram com a literatura, tendo como base a Teologia da Libertação, assim como Manzatto, merecem realce. Destacamos, portanto, os esforços de Pedro Trigo e Gustavo Gutiérrez.[233]

Pedro Trigo deixa transparecer um modelo de análise que procura estabelecer a forma como conceitos cristãos são trabalhados por diferentes autores da literatura latino-americana. Ele explicita a questão da ausência de temas considerados cristãos nos primeiros romances latino-americanos e sublinha que posteriormente, já em uma fase chamada de ciclo indigenista do romance, é que o elemento religioso cristão assume um papel importante e a religião é vista a partir da perspectiva alienante, sobretudo quando lança mão da esperança de outra vida e do temor do inferno.[234]

Aproveitando o projeto de Trigo, o trabalho de Gustavo Gutiérrez, *Entre as calandras: Algumas reflexões sobre a obra J. M. Arguedas* empreende uma reflexão a partir dos personagens criados por Arguedas que, de alguma maneira, interpelam o leitor e falam de sua realidade marcada pela dor e pela esperança.[235] Um ponto marcante nesse trabalho, segundo Magalhães, e que converge com a preocupação da Teologia da Libertação na América Latina, é o tema da idolatria.

---

233. GUTIERREZ, G., Entre as calandras.; TRIGO, P., Teologia narrativa no romance latino-americano.; MAGALHÃES, A., Deus no espelho das palavras. p. 73-82.

234. MAGALHÃES, A., Deus no espelho das palavras, p. 75-77.

235. MAGALHÃES, A., Deus no espelho das palavras, p. 79.

Esse assunto não é identificado como uma ameaça de fora, mas na forma como a tradição cristã se instaura no continente latino-americano por meios de seus pactos com os poderes econômicos e políticos. No entanto, no que diz respeito ao diálogo entre teologia e literatura, as obras supracitadas receberam críticas. Segundo Magalhães, o romance é lido para ratificar uma crítica social construída pela Teologia da Libertação, no entanto, sem implicações, para o método dessa teologia. Dessa forma, não se pensa que na literatura há interpretações particulares sobre temas ligados à tradição teológica, mas se utiliza a literatura como denúncia que corrobora um projeto já definido.[236]

Todos esses esforços, de grande riqueza teológica, cada um com suas limitações, marcaram significativamente o horizonte teológico. Reconheceram a importância da mediação cultural para o fazer teológico, por meio de um de seus elementos específicos, a literatura. Também é imperioso dizer que esses renderam frutos, pois abriram perspectivas para todo um projeto teológico que manteve o diálogo com a literatura e foi desenvolvido por outros teólogos.

No entanto, no escopo desta interface, merece destaque Antonio Manzatto. Sua contribuição em *Teologia e literatura: Reflexão teológica a partir da antropologia contida nos romances de Jorge Amado* é de suma importância no horizonte da aproximação entre teologia e literatura.

Nesse empreendimento sistemático, Manzatto move-se em direção à literatura no intuito de descobrir vantagens que enriqueçam o método teológico. Para isso, aponta um lugar comum e central entre teologia e literatura, a saber, o antropocentrismo radical, presente na arte literária e no labor teológico.[237]

Manzatto elabora esta compreensão em consonância com as afirmações de Adolphe Gesché. A premissa de Gesché ao pensar a especificidade do discurso teológico é que Deus não se "prova" (*prove*), no sentido das ciências naturais, mas "se prova" (*eprouve*), ou "se experimenta" na vida, e é aí que a teologia é verificada, à medida que torna a vida humana verdadeira, autêntica e repleta de sentido. Contudo, não se faz teologia com teologia. A teologia, embora possua sua especificidade, não pode alimentar-se apenas de si mesma. Assim, sem desprezar outros saberes, Gesché dá um lugar de destaque à antropologia, pois a teologia

---

236. Esses dois autores tratam a literatura na perspectiva da Teologia da Libertação ao afirmarem o interesse pelas imagens de Deus oriundas do processo de colonização, destacando as reações a essas imagens. É dada extrema importância aos conflitos sociais, que são amenizados e escondidos pela religião institucional, que, de certa forma, foi uma alavanca nesse processo de dominação, bem como as experiências religiosas alternativas e libertadoras (MAGALHÃES, A., Deus no espelho das palavras, p. 82-83).

237. MANZATTO, A., Teologia e literatura, p. 69.

é "ciência humana",[238] que ao falar de Deus destina-se ao ser humano. De acordo com Gesché, a teologia deve apelar à antropologia para asseverar e averiguar a competência de sua fala sobre o ser humano, e assim sugerir, entre outros, o seu discurso específico; porque a fé, sem apoio antropológico, pode ser ininteligível ou mesmo superficial.[239]

Para Manzatto este ponto é a intersecção, ou seja, lugar de origem em que se aproximam teologia e literatura. É por ser um testemunho sobre o ser humano que a literatura deve interessar a teologia. Nas suas palavras:

> Se tudo o que é humano interessa à literatura, o mesmo acontece com relação ao domínio religioso do homem. A teologia, o crente e a religião, enquanto realidades humanas, interessam ao escritor e figuram assim em obras literárias. Mas mesmo conceitos mais especificamente teológicos como pecado, sacramento, graça, mística, e outros ainda, também são encontrados em romances ou em poesias (...) o que a teologia mais oferece à literatura são temas teológicos, tais como fé, Igreja, relações entre o homem e Deus, que são também as questões fundamentais da teologia. O escritor pode tratar esses temas positiva ou negativamente, ou ainda como um absurdo, mas eles estarão presentes em sua obra.[240]

A partir disso, Manzatto empreende seu exame da literatura aprofundando principalmente o romance: *Tenda dos milagres*, de Jorge Amado, para depois retirar as consequências teológicas. Manzatto parte da antropologia literária contida nos romances amadianos para chegar à teologia. Essa hipótese se justifica, segundo ele, por ser um esforço para não se fazer uma espécie de teologia abstrata, ou seja, uma espécie de teologia desconectada das experiências humanas.[241]

Assim, o autor busca, na Teologia da Libertação, esta forma de teologia conectada à vida, por considerá-la uma reflexão teológica contextualizada e ligada às dimensões reais do humano, buscando dar respostas às questões apresentadas à fé pela realidade do continente latino-americano. Manzatto procura na Teologia da Libertação as respostas às questões formuladas pelo homem apresentado no universo romanesco amadiano. Para o teólogo brasileiro, a antropologia amadiana é uma compreensão situada do brasileiro simples e pobre em busca de libertação e de felicidade. Desse modo, a teologia, que fala quem é Deus para o ser hu-

---

238. A teologia, para Gesché, possui uma racionalidade e um discurso específicos para o homem entre os discursos das ciências. GESCHÉ, A., O ser humano, p. 29-52.
239. GESCHÉ, A., La théologie dans le temps de l'homme, p. 114.
240. GESCHÉ, A., La théologie dans le temps de l'homme, p. 65.
241. GESCHÉ, A., La théologie dans le temps de l'homme, p. 69.

mano, deve ser a de anunciar a Boa-nova do Evangelho de salvação e de libertação para este ser que se compreende e compreende o mundo a partir do seu contexto, sem, com isso, descaracterizá-lo. Por outras palavras, "trata-se de levar a sério o homem apresentado por Amado e de ver, então, como a teologia pode responder as questões sobre Deus que são mencionadas por esse homem".[242]

A partir deste substrato antropológico da obra de Jorge Amado, ele reflete sobre o Deus da Revelação que vem ao encontro dessa condição humana, e se autocomunica realizando as potencialidades humanas e potencializando outras possibilidades, impulsionando o ser humano a ser mais em seu devir histórico.

Evidentemente, não se pode negar a contribuição específica de Manzatto para o diálogo entre teologia e literatura como pioneiro no desenvolvimento do tema em terras latino-americanas. No entanto, algumas questões foram abordadas de forma crítica. De acordo com Magalhães, Manzatto parte de um "princípio teológico já definido e que se faz acessível pela tradição da Igreja".[243] Magalhães ressalta que, para Manzatto, a questão do divino parece já ter sua resposta, e o problema humano pode ter na literatura uma mediação importante. Esta atitude relegaria à literatura uma função de acessório que seria a de mediar melhor as verdades já prontas, o que acabaria lesando, de certa forma, a interlocução recíproca dos saberes que configuraria um diálogo.[244] Barcellos concorda com Magalhães e ressalta que, para Manzatto, a teologia pode e deve apelar à literatura como mediação que pode substituir as ciências humanas e sociais.[245]

Segundo esses autores, a leitura que Manzatto faz é a partir de um ponto de vista teológico pré-determinado, que não abre espaço para a interpelação da literatura à teologia. Entretanto, ressaltamos que, de acordo com o próprio Manzatto, esta caracterização do seu trabalho como "leitura teológica de uma obra literária" é imprópria.

> Várias das formas de apresentação de tal método não me permitem reconhecer-me nele; o nome "leitura teológica de uma obra literária" parece-me não caracterizá-lo, pois o que foi realizado foi "uma reflexão teológica a partir da antropologia contida nos romances de Jorge Amado", e não "uma leitura teológica das obras de Jorge Amado"; por fim não me reconheço em muitas das críticas apresentadas ao método; foram úteis, no entanto, para precisar sua compreensão e alcance. No fundo, a questão parece ser

---

242. GESCHÉ, A., La théologie dans le temps de l'homme, p. 10.
243. MAGALHÃES, A., Notas introdutórias sobre teologia e literatura, p. 37.
244. MAGALHÃES, A., Deus no espelho das palavras, p. 92.
245. BARCELLOS, J. C., O Drama da Salvação, p. 121.

da compreensão do que seja a teologia e de qual a sua função no interior da comunidade eclesial, e não de seu relacionamento com a literatura.[246]

Alex Villas Boas também defende que a crítica não se sustenta, e que a abordagem de Manzatto se efetiva como método de asseveração do antropológico como ponto de convergência entre teologia e literatura.[247]

Não queremos, ao ressaltar as críticas e as respostas, cair num jogo empobrecedor de disputas, visto que a pluralidade de objetos requer caminhos de aproximação distintos. Destacamos, portanto, que no trabalho de busca por aprimorar o diálogo e afirmar as potencialidades, tanto da literatura quanto da teologia e da elaboração de métodos que façam justiça a ambas, as perspectivas se interpelam com honestidade intelectual sem que isso se degenere em pontos de vista preconceituosos. Ressaltamos, portanto, que à perspectiva de Manzatto se aplica a ideia da literatura como potencial voz das questões humanas, e por isso se relaciona com a teologia desde o ponto de vista da encarnação do Verbo. Ou seja, da ideia fundamental cristã da revelação a partir de seu centro cristológico. A metodologia de Manzatto, parte da compreensão de que em Jesus a condição humana é iluminada, habilitada para revelar Deus, seu falar, seu sentir, e seu atuar. Isto se sustenta na lógica do discurso antropológico próprio da teologia em que a fala sobre Deus não está dissociada da fala sobre o ser humano, visto *sub specie Christi*. Por isso, destacamos assim, como Alberto Toutin, o esforço do teólogo brasileiro para elaborar o estatuto da literatura na teologia a partir do caráter antropológico. De fato, Manzatto faz da literatura um "lugar teológico" legítimo, na medida em que faz dela um espaço de verificação do discurso sobre o ser humano em sua dimensão comunicacional, soteriológica e revelacional.[248]

Desta forma, reconhecemos o valor da abordagem de Manzatto, por ter pensado os conteúdos da fé a partir de uma literatura que pode ser vista como não teológica. Esta perspectiva que toma a antropologia como ponto de contato entre a literatura e a teologia abre portas para o diálogo com obras de diversos autores que não têm preocupação teológica direta.

A teopoética

O termo "teopoética" para se referir a uma necessidade de aproximação entre teologia e literatura vem sendo usado pelo menos desde a década de 70.[249] Em

---

246. MANZATTO, A., Pequeno panorama da teologia e literatura, p. 95.

247. MARIANO, A. V. B., Teologia em diálogo com a literatura, p. 23.

248. TOUTIN, A., La realidad crucial de los pobres da que pensar a la teología latinoamericana, p. 123.

249. KEEFE-PERRY L. B. C., Theopoetics, p. 579-583.

1971, Stanley Hopper utiliza a expressão para advertir que a reiteração das formas expressivas teológicas tradicionais conceituais estava resultando numa progressiva reificação da doutrina, em redução do simbólico e do mistério do conhecimento.[250] Assim, propõe um resgate da imaginação poética no fazer teológico. A teologia, na sua perspectiva, deveria ser "não teo-lógica, mas teo-poiesis".[251]

Trabalhando com a concepção de Hopper de uma "teopoiesis" como uma nova linguagem que reconfigura nossa experiência de Deus, Amos Wilder amplia a ideia em 1976 no seu livro *Theopoetic: Theology and the Religious Imagination*. Nessa obra, Wilder fala da maioria das teologias modernas como abstrações pálidas e sem sangue, e salienta que este estado em que se encontra o discurso cristão é um dos fatores que gera certo desinteresse pela fé cristã. Portanto, apontando para a necessidade de uma revisão no discurso, destaca que a própria linguagem bíblica ao falar daquilo que nos é dado livremente por Deus faz parte do que isto significa.[252] Ou seja, falar sobre essa realidade inefável requer uma linguagem adequada, que na sua perspectiva passa pela revalorização do mito e da imaginação. E mais, Wilder argumenta que uma autêntica renovação do discurso cristão por meio da recuperação da imaginação pode engendrar um movimento social que evitaria uma ética complacente. Para ele, a falta de uma teopoética está diretamente ligada à falha na capacidade de transformação da realidade.[253] A tese de Wilder não é apenas uma súplica que visa a reformulação das teologias. No cerne de sua afirmação reside a ideia de que sem linguagem religiosa que integre totalmente o mundo moderno como ele o é, será cada vez mais difícil transformar esse mundo, ainda que parcialmente, nos moldes do Reino de Deus. Em suma, a criação de uma teopoética seria, neste sentido, a criação de uma linguagem que honra a profunda tradição do cristianismo ao mesmo tempo em que consegue expressar atualmente a experiência do divino.[254]

Outros exemplos de uma teopoética intencional são os trabalhos de Rubem Alves e Melanie May. Alves escreve numa linguagem que se mistura com a poesia em si, enquanto May tende para uma expressão mais narrativa da experiência. Contudo, conforme destaca Keefe-Perry, independentemente disso, escreveram obras que certamente podem ser categorizadas como teopoética no sentido em

---

250. HOPPER, S. R., The Literary Imagination and the Doing of Theology, p. 208.
251. HOPPER, S. R., The Literary Imagination and the Doing of Theology, p. 205.
252. WILDER, A. N., Theopoetic, p. 8.
253. WILDER, A. N., Theopoetic, p. 27.
254. KEEFE-PERRY L. B. C. Theopoetics, p. 583.

que Hopper e Wilder empregaram o termo.[255] Se tomarmos como exemplos os livros *O poeta, o guerreiro, o profeta* de Alves e *A Body Knows: A Theopoetics of Death and Resurrection* de May percebemos claramente a intenção dos autores de escrever em uma modalidade teologicamente não tradicional. Ou seja, ambos os livros se caracterizam pela tentativa de fugir das fórmulas e das arquiteturas conceituais dos sistemas fechados. May, por exemplo, escreve:

> Experiências de vida me prepararam para escrever dessa maneira. No entanto, continua sendo um desafio abandonar as implacáveis exigências da navalha do raciocínio que caracterizaram meu treinamento teológico formal. Ainda sinto dor enquanto luto para unir sensibilidade de carne e sangue à aparente autossuficiência da erudição. Eu ainda estou remendando a minha própria escolha alienada para dissociar a lógica da vida que eu pensei que era o bilhete para a realização acadêmica.[256]

Alves, da mesma maneira, num primeiro momento da sua produção teológica, em obras como *Da esperança* (tese doutoral) e *O enigma da religião*, faz uso de todo instrumental analítico crítico para mostrar que a imaginação é a potência criativa do corpo oprimido, capaz de impulsionar a vida adiante e, posteriormente, se entrega à linguagem simbólico-poética. Construiu assim, uma linguagem teológica que, justificada por seus trabalhos sistemáticos no campo da teologia, foi capaz de ultrapassar estilos, superando as formas discursivas tradicionais de falar de Deus. Tal estilo pode ser chamado de teopoético. Rubem Alves apontou para tal linguagem nos seus escritos que vão do final dos anos 60 até o começo dos anos 70 e a partir da década de 80 ele a construiu e a experimentou.[257]

Atualmente, um dos pensadores com grande produção na área de teologia e literatura e que procurou desenvolver um método para pensar a teopoética, ou seja, a expressão de Deus na literatura é Karl-Josef Kuschel. Ele não faz uma teopoética como a de Rubem Alves e Melanie May, como Hopper e Wilder, com diferenças, procura justificar a necessidade da aproximação da teologia com a literatura traçando um caminho metodológico que torne possível tal diálogo.

---

255. KEEFE-PERRY L. B. C. Theopoetics, p. 589.

256. MAY, M. A., A Body Knows, p. 9

257. Estudiosos da obra de Rubem Alves, como Leopoldo Cervantes-Ortiz e Antônio Vidal Nunes, desenvolveram modelos de periodização para descrever a evolução do seu pensamento desde a sua juventude até a maturidade. Mesmo com diferenças, ambos os pesquisadores falam de uma passagem que Alves faz de uma linguagem teológica formal para uma fase poética. CERVANTEZ-ORTIZ, L., A teologia de Rubem Alves.; VIDAL NUNES, A., Corpo, linguagem e educação dos sentidos no pensamento de Rubem Alves.

Nascido na Alemanha em 1948, Kuschel iniciou sua produção na esteira de Hans Küng e Walter Jens[258] e ainda atua como professor de Teologia da Cultura e de Teologia do diálogo inter-religioso na Universidade de Tübingen.[259] Foi um dos principais responsáveis por formalizar a entrada da matéria Teologia e Literatura no cenário acadêmico alemão. Concentra seus esforços sobre uma cristopoética e uma teopoética na obra de grandes autores da literatura como Franz Kafka, Rainer Maria Rilke, Thomas Mann e Herman Hesse.[260] Na sua obra *Os escritores e as escrituras*, descreve, no último capítulo, intitulado *A caminho de uma teopoética*,[261] um método para o diálogo entre o saber literário e o saber teológico.

Entretanto, antes de descrever o seu método, Kuschel aponta para aspectos importantes da relação entre os dois saberes utilizando a frase de Kurt Marti que tomou para epígrafe, a saber: "Talvez Deus mantenha alguns poetas à sua disposição (vejam que digo poetas!), para que o falar sobre Ele preserve a sacra irredutibilidade que sacerdotes e teólogos deixaram escapar de suas mãos".[262]

Primeiro, ao tomar a tal expressão "sacra irredutibilidade" da sentença, o teólogo aponta para o perigo de se confundir Deus com uma grandeza redutível e calculável.

> Afirma-se aí a que a sacra irredutibilidade (e não se deve confundi-la com a irredutibilidade arbitrária do sagrado) – ora, que a "indisponibilidade" e a imprevisibilidade do próprio Deus teriam sido transformadas em destinação e em prevenção não sagradas. O discurso sobre o "Deus Santo" teria sido transformado em sedativo para a tranquilização de crises existenciais, calmante para as nostalgias religiosas, narcótico para o arquitetamento de experiências dolorosas de sofrimento em meio a um mundo que ainda espera por sua salvação definitiva.[263]

---

258. Kuschel foi orientado por Küng no seu doutoramento. Desenvolveram algumas atividades conjuntas e em 1984 organizaram um simpósio em Tübingen que, segundo Söethe, pode ser considerado como o evento de fundação dos Estudos de Teologia e Literatura na Alemanha. SOETHE, P., Teologia e literatura.

259. Outra característica da obra de Kuschel é o cruzamento entre as suas duas principais áreas de atuação, o diálogo inter-religioso e o diálogo entre teologia e literatura, que se pode constatar no artigo publicado no periódico da Pontifícia Universidade de São Paulo em 2004, que teve como título: "Sentir Deus a partir de Mohammed": a experiência islâmica de Rilke e seu significado para o discurso da teologia das religiões do futuro. KUSCHEL, K., Sentir Deus a partir de Mohammed, p. 17-29.

260. Escreveu obras como: KUSCHEL, K.-J., Jesus in der deutschsprachigen Gegenwartsliteratur; KUSCHEL, K.-J., Im Spiegel der Dichter.

261. KUSCHEL, K.-J., Os escritores e as escrituras, p. 209-230.

262. KUSCHEL, K.-J., Os escritores e as escrituras, p. 209.

263. KUSCHEL, K.-J., Os escritores e as escrituras, p. 209-210.

Ao se referir à expressão "Deus mantém à disposição alguns poetas", Kuschel marca o interesse da teologia pela literatura ou o interesse de Deus pelos poetas. Dessa maneira, destaca-se que o próprio Deus se empenha para escapar dos sistemas teológicos impostos acerca dele e para que haja pessoas sensíveis à sua insondabilidade, e que, ao expressá-la, o façam de um modo que os outros se deparem abismos insondáveis em que o ser humano entra, por não ter a posse de Deus, mas por tão somente estar numa passagem em direção a ele. Além disso, toma a palavra "poetas" também como chave para sua teorização acerca do que é literatura. Segundo a sua concepção, só as obras que estão além de uma representação superficial e por isso penetram no fundo da realidade arrancando a vida da banalidade é que merecem a designação honorífica de literatura.[264]

Dessa forma, Kuschel reforça a tese de que o discurso acerca de Deus também decorre da experiência de crise. Ou seja, o discurso sobre Deus saído das penas dos escritores provém das experiências de crise e critica os traços ilusórios da religião. Contudo, esse discurso reflete a complexidade das formas próprias de ser religioso gestadas na contradição indissolúvel do mundo, das quais categorias clássicas não conseguem dar conta. Essas novas formas de ser religioso são no dizer Kuscheliano "novos amálgamas espirituais".[265]

O discurso acerca de Deus é fruto desses novos amálgamas espirituais que apontam para a ruptura com base na crítica ideológica que sofreu a religião. No entanto, apontam também para o fato de que a preocupação religiosa não foi totalmente suprimida. Em outras palavras, "o discurso sobre Deus no âmbito da literatura contemporânea vem expressar uma crise espiritual da consciência moderna, na medida em que esta percebe as fantasias de autoendeusamento".[266]

A maneira própria aos escritores de falarem sobre Deus tornou-se mais resistente à "hermenêutica da suspeita" da crítica moderna à religião; ela não pode mais ser esgotada pelas categorias da crítica clássica à religião. O argumento de que a fé dos escritores é fruto de irracionalidade ou projeção, e a acusação de que tem a ver com repressão ou regressão também não se sustenta. Como pergunta Kuschel: quem distinguiu os irracionalismos da modernidade com maior argúcia e ao mesmo tempo ajudou a desmascarar as projeções alienantes no âmbito religioso? O discurso sobre Deus na literatura se tornou mais resistente contra as apropriações eclesiásticas previamente fixadas e concomitantemente descreveu as mazelas dos tempos modernos de maneira minuciosa. O falar sobre Deus teve,

---

264. KUSCHEL, K.-J., Os escritores e as escrituras, p. 210.

265. KUSCHEL, K.-J., Os escritores e as escrituras, p. 211 e 215.

266. KUSCHEL, K.-J., Os escritores e as escrituras, p. 217.

nos escritores e escritoras a função de um desvelamento das possibilidades e esperanças do ser humano e também do seu autoengano.[267]

Depois de situar o discurso sobre Deus na literatura, Kuschel analisa os métodos "confrontativo" e "correlativo". O primeiro, na linha de Sören Kierkegaard e Karl Barth, opõe radicalmente as imperfeições da literatura à Escritura Sagrada. Perspicazmente, o teólogo alemão mostra que esse método só faz valer a literatura se ela se prestar a constituir um negativo da teologia. Assim, ao utilizar o "método confrontativo" a teologia tende a distanciar-se da religiosidade dos escritores, por considerar a crítica feita por eles ao cristianismo como algo deturpado. Seu esforço é para refutar todas estas coisas. "Na melhor das hipóteses, permitirá que a religião dos escritores tenha alguma validade como um "negativo", em contraste com o qual pode surgir de maneira ainda mais cabal a verdade da revelação divina em Jesus Cristo".[268]

A teologia cristã pode proceder segundo o método correlativo, que foi ricamente desenvolvido por Tillich. Tal método entende que as respostas alocadas no evento da revelação só podem ter sentido pleno, à medida que também estão em correlação com perguntas pertencentes ao todo da existência humana.[269] A teologia diante da correlação ofereceria uma análise da situação humana decorrente das perguntas existenciais do próprio humano, como também teria a tarefa de apontar que os símbolos da fé cristã são as respostas para tais perguntas.[270] A debilidade que este método carrega, na visão de Kuschel, é que ele não se dá conta que as perguntas últimas da existência humana não são suspensas pela revelação, mas formuladas por ela.[271] Ou seja, a revelação não seria um conjunto de verdades, mas conteria as próprias perguntas fundamentais ou últimas da existência humana. A própria autocomunicação de Deus é vista como um espaço de sentido que leva o ser humano ao limite do questionamento existencial.

Após constatar as limitações de ambos os procedimentos, o teólogo alemão passa a propor o método da analogia estrutural. Desta maneira, Kuschel busca apontar as correspondências e as diferenças entre os dois discursos, o teológico e o literário, que na sua visão são fundamentais para construir uma relação de diálogo e tensão em torno da verdade. Com a analogia estrutural,

---

267. KUSCHEL, K.-J., Os escritores e as escrituras, p. 217.

268. KUSCHEL, K.-J., Os escritores e as escrituras, p. 218-219.

269. KUSCHEL, K.-J., Os escritores e as escrituras, p. 219.

270. CONCEIÇÃO, D. Para uma poética da vitalidade, p. 61.

271. KUSCHEL, K. Os escritores e as escrituras, p. 221.

> Torna-se possível considerar seriamente também a experiência e a interpretação literária em suas correspondências com a interpretação da realidade, mesmo quando a literatura não tem caráter cristão ou eclesiástico. (...) Pensar em termos de analogias estruturais significa justamente evitar que a interpretação literária da realidade seja cooptada como cristã, semicristã ou anonimamente cristã. Quem pensa estrutural-analogicamente é capaz de encontrar correspondências entre o que lhe é próprio e o que lhe é estranho. Quem pensa segundo esse método constata também o que é contraditório nas obras literárias em relação à interpretação cristã da realidade, ou seja, o que é estranho à experiência cristã de Deus.[272]

Kuschel tenta preservar as características próprias tanto da teologia quanto da literatura. Embora ele pareça supor que o movimento de correção da literatura por parte da teologia seja unilateral. Quando diz que quem opera segundo o método está apto a detectar o que é contraditório nas obras literárias em relação à interpretação cristã da realidade, destacamos que seria importante também dizer que a própria literatura pode corrigir a teologia no sentido de aprimorar a sua interpretação da realidade, mesmo que essa literatura não seja cristã. Entendemos o valor desse método justamente porque há, a partir dele, a possibilidade da manutenção de certa autonomia das partes no diálogo. Assim, a literatura pode discordar da teologia e a teologia pode discordar da literatura numa relação dialética em que ambas têm a possibilidade de corrigir as respectivas interpretações da realidade.

A literatura como expressão teológica não teórica

Esta perspectiva se dá na esteira dos esforços de Duployé. Em 1965, este teólogo dominicano defende a sua tese de doutorado em letras, *La religión de Péguy*, na Faculdade de letras da Universidade de Estrasburgo. Nesta investigação, Duployé empreende um trabalho que visa a legitimação do recurso à literatura no labor teológico. Procura distinguir, numa longa introdução, o que chama de *ratio humaniorum litterarum theologica*, isto é, o valor epistemológico da literatura como testemunho teológico.[273] Na avaliação de Jean-Pierre Jossua, estas páginas se constituem como "uma introdução de método a todo trabalho teológico sobre a literatura".[274] Nelas, ao procurar retificar as fronteiras que, na mentalidade con-

---

272. KUSCHEL, K.-J., Os escritores e as escrituras, p. 222.

273. DUPLOYÉ, P., La religion de Péguy, p. I.

274. JOSSUA, J.-P., Pour une histoire religieuse de l'expérience littéraire, p. 42.

temporânea, separam o âmbito do saber teológico da literatura,[275] Duployé faz uma análise do estado atual em que se encontra o discurso teológico, apontando para o déficit simbólico e literário que amputa e empobrece a teologia.[276] Este empreendimento significou, de fato, uma mudança no panorama teológico representado pela visão de teólogos acostumados a abordar as obras literárias apenas a partir de um interesse doutrinal e moral previamente determinados. Nas palavras do próprio autor: "O estatuto que a teologia clássica concede em seu próprio campo a uma obra como a de Charles Péguy está perfeitamente definido: Se trata desses estatutos que a teologia não leva em conta, é inexistente para ela".[277]

Desta maneira, para poder dar cabo de sua tarefa, procura recuperar o lugar central que ocupam as imagens poéticas na Bíblia e também no modelo teológico patrístico. No entanto, como está inserido na tradição tomista, pensando em validar seu trabalho diante dos teólogos devedores da escolástica, busca reler Tomás de Aquino e recuperar o valor que este dá às formas poéticas e sensíveis como pedagogia de Deus para que o homem possa reconhecer e acolher a sua revelação.[278]

Apoiado em Chenu, defende que a própria teologia possui uma parcela de culpa na separação entre ela e a literatura, já que, ao assumir uma pretensão científica, perde o seu caráter simbólico, sobretudo a partir do século XIII.[279] Isto acontece porque a relação com a Bíblia, que na Patrística era fonte de conteúdo, mas de certa maneira determinava a forma da expressão teológica, passa a ser mediada pela lógica. Dentro desse paradigma científico, estabelecida a separação entre uma teologia meramente conceitual e a literatura, esta pode até propiciar ilustrações e citações para aquela, mas, sempre como um acessório.

Contudo, Duployé esforça-se para assinalar, a partir de uma passagem da *Suma Teológica* uma comparação entre as realidades divinas e as realidades poéticas. Estas estariam aquém da razão enquanto que as realidades divinas estariam

---

275. DUPLOYÉ, P., La religion de Péguy, p. I.

276. JOSSUA, J.-P., La littérature et l'inquiétude de l'absolu, p. 25

277. DUPLOYÉ, P., La religion de Péguy, p. I.

278. Alberto Toutin grifa que "Duployé foi formado no pensamento de Tomás de Aquino, atualizado e renovado, graças aos trabalhos de dominicanos da escola de Saulchoir. Entre eles se encontram Ambroise Gardeil, Emmanuel-Louis Lemonnyer, Pierre Mandonnet e Marie-Dominique Chenu. Este último (1895-1990) foi um dos mestres de Duployé, primeiro durante sua formação em Le Saulchoir (1934-1936) e logo na École Pratique des Hautes Études (1949-1952) em Paris. Os trabalhos históricos e teológicos de Chenu acerca da gênesis e contexto de elaboração do pensamento de Tomás proporcionam a Duployé o marco teológico e os utensílios metodológicos que lhe permitem pensar de maneira nova a contribuição teológica da literatura" (TOUTIN, A., Teologia y literatura, p. 59).

279. DUPLOYÉ, P., La religion de Péguy, p. II.

além. Neste sentido, o mundo das imagens e das representações sensíveis é o espaço que, compartilhado entre a literatura e a Revelação, esse mundo proporciona um meio misterioso de conexão entre as realidades poéticas e as realidades religiosas.[280] Há um ponto comum entre as realidades poéticas e as realidades divinas que é a necessidade de uma representação. Duployé sublinha então que o pensamento simbólico, característico da Bíblia e da patrística por seu estreito relacionamento com esta, é o que há de comum entre o pensamento literário e o pensamento teológico.

Para dar um passo além e mostrar que a literatura pode ser vista como portadora de um conhecimento legítimo mesmo que não conceitual, recorre à tese de Ernest Cassirer.[281] Assim, destaca que a Bíblia enquanto literatura expressa uma natureza de pensamento que se caracteriza pelas formas simbólico-míticas que contêm um potencial gnosiológico. Ou seja, as formas míticas da Bíblia possuem uma aspiração à verdade. Desta forma, salienta que o mito não está associado a um conhecimento falso, mas é antes portador de uma *ratio* que só pode ser compreendida se, ao acessá-lo, obedecermos a inteligibilidade específica que rege a sua forma. Por isso, para ele, a Bíblia é um "mito verdadeiro",[282] ou seja, portador de um conhecimento que se desvela a partir da chave de compreensão adequada. Assim, Duployé procura recuperar a importância da literatura como portadora de um conhecimento legítimo e reconduzir a teologia ao diálogo com a cultura, afinal, uma teologia sem imagens é uma teologia sem contato com a cultura[283], e esse afastamento se deu em primeiro lugar pelo distanciamento em relação à cultura bíblica.

> No dia em que a teologia deixou de ser simbólica, a era das grandes dissociações abriu-se para a cultura cristã. Não tendo mais contato com a cultura que a havia irrigado – a cultura bíblica – a teologia de maneira muito radical perde sua capacidade de viver em simbiose com toda a cultura, qualquer que seja, e em particular com a cultura antiga. (...) O dia em que a teologia pretende viver sem seus símbolos bíblicos originários, e sem os símbolos suplementares das diferentes culturas que a sustentam, esta teologia se converte em uma alma que pretende viver independentemente de seu corpo.[284]

---

280. DUPLOYÉ, P., La religion de Péguy, p. X.

281. CASSIRER, E., La philosophie des formes symboliques.; CASSIRER, E., La philosophie des formes symboliques, Vol. III.

282. DUPLOYÉ, P., La religion de Péguy, p. IX.

283. DUPLOYÉ, P., La religion de Péguy, p. XI-XII.

284. DUPLOYÉ, P., La religion de Péguy, p. XI-XII.

Portanto, o caminho que ele propõe reconhece a importância da Bíblia enquanto elo com a cultura e concede um lugar de destaque à literatura, na medida em que esta representa por meio de suas peculiaridades a visão de uma época. Assim sendo, o que Duployé valoriza em Péguy é precisamente o casamento da teologia com a cultura contemporânea por meio da literatura. Para este teólogo, a obra de Péguy é uma teologia literária. No entanto, para não haver uma cooptação do objeto, Duployé grifa a necessidade de se respeitar o modo designadamente literário em que está colocado o pensamento teológico do autor. Deste modo, enfatiza a não redução do discurso literário ao reafirmar que o pensamento religioso de Péguy é uma teologia revelada por uma literatura e deve ser tratada antes de tudo como uma literatura dentro do contexto da obra em que aparece.[285] Duployé mergulha assim na bibliografia e na biografia de Péguy e procura salientar o pensamento religioso do literato mediante uma meticulosa análise dessas duas fontes principais.

Em suma, para ressaltar o estatuto teológico do texto literário e assim abordar a literatura de Péguy, Duployé: a) aponta a perda da linguagem simbólica da teologia "científica" e assim se volta para a Teologia Patrística e sobressai seu caráter literário e figurativo que ganha forma pelas categorias de expressão e pensamento das Escrituras; b) procura reexaminar a obra tomista em busca de elementos que ajudem a destacar o valor das representações poéticas dentro da economia da revelação e; c) recorre a Cassirer para fundamentar o poder gnosiológico das formas simbólicas. Duployé abre um caminho interessante onde algumas obras literárias podem ser vistas como teológicas. Mesmo num primeiro momento ao serem submetidas à uma hermenêutica literária revelam conteúdos teológicos.

Outro trabalho importante nessa direção foi o de Jean-Pierre Jossua. Este teólogo parte de dois pontos: a) a constatação da ignorância recíproca que existe entre pensamento teológico e criação literária, apesar dos avanços no diálogo da teologia com as ciências humanas e; b) a indiferença contemporânea em relação ao discurso teológico. Põe-se a pensar se eles não estão relacionados, se o discurso teológico não está indiferente e distante das perguntas vitais das pessoas porque perdeu seu contato com a cultura. Enquanto professor de teologia de dogmática, Jossua sente este divórcio na pele a ponto de diagnosticar a magistratura teológica e o gosto pela literatura como "uma esquizofrenia completa".[286] O caminho mais comum seguido pela teologia dogmática, por mais aberto que seja, não privilegia

---

285. DUPLOYÉ, P., La religion de Péguy, p. XX.

286. JOSSUA, J.-P., La littérature et l'inquiétude de l'absolu. p. 28

a experiência a partir dos dados da Revelação e está dissociado das questões vitais do ser humano. Assim, seu interesse pela literatura lhe permite trilhar um caminho inverso que parte da experiência e a confronta com os dados da Revelação. Sobre esta mudança de perspectiva ele escreve:

> Cheguei então a convencer-me da incapacidade em que se encontrava a teologia dogmática – entendida como desenvolvimento da confissão de fé em um espaço conceitual – para assumir a existência e a experiência cristãs e iluminá-las. Busquei outro caminho, inverso ao anterior de alguma maneira, que partisse de uma expressão e de um inventário crítico da existência e da experiência cristãs para tentar compreendê-las graças a categorias adequadas e a uma confrontação com as fontes da fé.[287]

Para trilhar este caminho, parte de uma definição hermenêutica da experiência que aponta para a implicação do sujeito e para a interpretação que ela suscita. Afirma que o sujeito, à medida que tem a experiência, também é tomado por ela. Entretanto, ressalta que esta experiência que primeiro é percebida, possui por extensão uma dimensão hermenêutica, já que o sujeito ali implicado desenvolve um trabalho de decodificação a partir dos utensílios da linguagem que lhe estão disponíveis em relação direta com a cultura.[288] O autor procura, na literatura, a expressão das formas experienciais que podem ser adotadas como meio de expressão e de reflexão teológica. Ao fazer isto desenvolve a ideia de uma teologia literária no campo dos estudos literários e teológicos.

Esta defesa de uma reflexão teológica por meio da escritura literária, leva consigo uma preocupação com as formas discursivas da teologia, que não são apenas uma roupagem ou um ornamento para um conteúdo pré-fixado, mas se configuram como mediações pelas quais é possível expressar a experiência de Deus. Neste sentido, Jossua defende que é preciso não ter medo de afastar o fantasma da "cientificidade" especulativa que serve à comunidade de teólogos para justificar o seu lugar na universidade[289] e para perceber a insuficiência da posição que vê na literatura um "lugar" onde uma teologia pré-fixada procura ilustrações de elementos que já saberia descobrir por seus méritos.[290] Esta atenção à literatura além de obrigar o teólogo a rever os seus modos discursivos para colocá-los

---

287. JOSSUA, J.-P., Pour une histoire religieuse de l'expérience littéraire, Vol. IV, p. 40.
288. JOSSUA, J.-P., Note sur l'expérience chrétienne, p. 41-46.; TOUTIN, A., Teologia y literatura, p. 41-42.
289. JOSSUA, J.-P., Pour une histoire religieuse de l'expérience littéraire, Vol. I, p. 17.
290. JOSSUA, J.-P.; METZ, J.-B., Teologia e literatura, p. 5.

dentro de um paradigma distinto do que até agora tem sido hegemônico, de tipo conceitual e abstrato, facilita o diálogo com pessoas de convicções diferentes, à medida que se apoia num terreno comum que é a linguagem experiencial com apelo existencial.[291]

O autor se dedica a ler diversas obras da literatura, mesmo aquelas de autores não crentes, e percebê-las como testemunhos capazes de dizer explícita ou implicitamente o absoluto. Procura valorizar os sinais de transcendência nos textos, não necessariamente cristãos ou religiosos, mesmo que sejam de cunho crítico e antidogmático. Ou seja, não lê os autores a partir das lentes apologéticas. Não se trata, portanto, de confrontar criticamente o texto com a doutrina, mas de escutá-lo com honestidade e deixar-se interrogar por ele desde a linguagem da experiência da fé e assim discernir as afinidades e diferenças. Diante do texto o teólogo deve abrir-se ao fluir teológico e também às implicações antropológicas. Deve trabalhar o texto pensando em seu conteúdo e em sua linguagem, perguntando o que ele diz sobre Deus e também sobre o homem, interrogando-se acerca de sua teologia explícita ou implícita.[292]

Também merece realce aqui o empreendimento de José Carlos Barcellos na sua tese de doutorado intitulada *O drama da salvação: espaço autobiográfico e experiência cristã em Julien Green*. Recolhendo todo esse pano de fundo, Barcellos norteia o seu trabalho afirmando que a literatura de Green se constitui como teologia sob forma não conceitual. Ou seja, ressalta que a obra de Green, lida por meio de mecanismos da análise literária, se configura como teológica.

Na primeira parte, delineia toda a metodologia que permite tratar a obra literária do autor em questão como "testemunho teológico da salvação cristã apreendida segundo um modelo dramático".[293] Depois, segue em busca da construção teórica que permite a visualização de tal hipótese. Isto se dá, sobretudo, com a noção de espaço autobiográfico e com a categoria de drama da salvação admitida como expressão máxima na literatura de Green que permite a identificação com a mensagem evangélica de salvação.

O pesquisador brasileiro reconheceu o caráter dramático e trágico da frustração existencial e religiosa na obra de Green. Segundo Barcellos, essa "teologia dramática" possui uma consciência profunda da indisponibilidade de Deus em relação a todas as previsões humanas, mesmo aquelas baseadas na fé: "é uma teo-

---

291. TOUTIN, A., Teologia y literatura, p. 43.
292. JOSSUA, J.-P., Pour une histoire religieuse de l'expérience littéraire, vol. IV. p. 42-43.
293. BARCELLOS, J. C., O drama da salvação, p. 46.

logia cujo centro será sempre o grito de Cristo na cruz: Meu Deus, Meu Deus, por que me abandonastes?".[294]

Segundo Barcellos o pecado é visto na literatura de Green como elemento à serviço da graça, porque é o pecado mesmo que situa o ser humano na sua verdade existencial e evoca a nostalgia da comunhão com Deus. No espaço literário de Green, que também é o seu espaço teológico, a salvação se torna dramática à medida que as ilusões dos personagens acerca da felicidade ou da possibilidade de reconciliação ainda se esvaem neste mundo. Ou seja, "o que há de frustrado e inacabado na esmagadora maioria das vidas humanas pode ser subtraído à lógica mundana do fracasso existencial e histórico para ser projetado no mundo invisível em que esse mesmo fracasso pode se converter afinal em ocasião de encontro com o dom da graça".[295] As personagens de Green demonstram a luta diária contra a banalização da existência. Para Barcellos, essa luta se configura como experiência cristã de salvação dramática da Paixão de Cristo revivida.

Barcellos apontou para a literatura de Green como expressão teológica que possui acento menos racionalista e mais consoante com os dilemas da existência humana na relação com o mundo e com Deus, quando diz: "a visão dramática de Green valoriza a singularidade da pessoa humana em irredutibilidade à massa e ao número".[296] Ou seja, a afirmação da dramaticidade da salvação redescobre a dignidade humana no percurso pessoal e singular do encontro com Deus.

*****

Ao nos alinharmos com a ideia de que a literatura pode ser uma legítima expressão teológica em formato não teórico, não significa que desprezamos o que outros pensadores disseram, mas reconhecemos que algumas percepções e desenvolvimentos são também de grande importância para nós enquanto pressupostos para a condução do diálogo.

Além dos nomes citados, destacamos que Adolphe Gesché, Antonio Spadaro, Guido Sommavilla, Elmar Salmann, Oreste Aime, Gerog Langenhorst, pertencentes ao contexto europeu e Alberto Toutin, Cecilia Avenatti Palumbo, Waldecy Tenório, Antônio Magalhães e Maria Clara Bingemer, na América-Latina, entre outros, mesmo não sendo abordados especificamente, estão presentes neste estudo de alguma forma pelas contribuições importantes que deram a este campo

---

294. BARCELLOS, J. C., O drama da salvação, p. 121.
295. BARCELLOS, J. C., O drama da salvação, p. 142.
296. BARCELLOS, J. C., O drama da salvação, p. 303.

interdisciplinar, no sentido de ajudar a superar as desconfianças que obstaculizam o caminho para a aproximação entre teologia e literatura.

A perspectiva descrita à luz das contribuições de Duployé, Jossua e Barcellos é valorosa para a abordagem que pretendemos fazer da obra saramaguiana por tocar em questões referentes à epistemologia e metodologia teológicas que sustentam a hipótese de que a literatura pode ser vista como teologia não teórica. Afinal, postulamos que os romances *ESJC* e *Caim* podem ser compreendidos como obras que contêm temas teológicos expressos sob o formato não conceitual. Entretanto, considerando a realidade complexa do tema e o grande número de contribuições dadas pelos diversos teólogos e teólogas que têm pensado a relação entre o saber literário e o saber teológico, concluímos que um método unívoco é impossível. Respeitando o princípio da não contradição, é preciso falar de uma aproximação múltipla onde os diversos métodos enriquecem nossa abordagem. Por isso, recuperamos aqui algumas questões que nos ajudam a colocar as diretrizes e motivações teológicas que norteiam nossa abordagem.

Primeiro, ressaltamos como pressuposto fundamental, a necessidade de repensar o fazer teológico, a importância de trazer para o trabalho teológico a literatura como interlocutora digna. Nosso intuito é interrogar sobre como a teologia pode aprender com a literatura, caminhos inéditos para reconhecer a ação de Deus e, por meio de sua sensibilidade e linguagem, pronunciar algo sobre ela. Destacamos a contribuição específica que a literatura tem na tarefa reflexiva própria da teologia. Desejamos evitar uma aproximação à literatura a partir de uma divisão segundo a qual a teologia pense os conteúdos e a literatura apenas elabore as formas de expressão.

Depois, sobressaímos que a literatura é capaz de assumir o mundo concreto e de repensá-lo. Ela é uma experiência de visão da realidade, é espaço de desvelamento do humano e de suas possibilidades. Conforme salienta Langenhorst:

> Os escritores se percebem a si mesmos, ao seu tempo e sociedade, e permitem que estas experiências se plasmem nas suas criações literárias. Os leitores nunca têm um acesso direto às situações, acontecimentos e ideias de outros, pois se trata sempre de uma experiência formada, filtrada e interpretada. Porém, mediante o filtro duplo da criação literária por um lado, e a interpretação individual do leitor por outro, é possível um acesso indireto às experiências de outros.[297]

Os escritores podem ser vistos como exploradores sensíveis da realidade, buscadores da verdade poética, da apreensão do mistério abscôndito da vida e,

---

297. LANGENHORST, G., Teología y literatura, p. 182.

por conseguinte, a sua literatura se torna um espelho das experiências humanas que vão daquelas mais corriqueiras até as mais densas. Manzatto afirma, por exemplo, o "caráter antropológico da literatura" e Toutin se refere a "capacidade antropofânica da literatura".[298]

Os textos literários não só representam as experiências como as ampliam e indagam a própria realidade. São "vozes", que podem ser percebidas como incomuns e desafiantes "num sentido positivo, e nas quais possivelmente muitos contemporâneos podem reencontrar-se consigo mesmos de forma mais fácil que nos projetos de realidade tradicionais da teologia, da catequese e da liturgia".[299]

Lembramos também que é possível que a teologia se aproxime de textos literários que não partam necessariamente de uma visão cristã a partir de um respeito mútuo e que no diálogo crítico possam fornecer novos espectros da realidade do homem e da compreensão sobre Deus. Ou seja, teologia e literatura podem buscar uma "correção crítica". Com isto salientamos que dialogar com a literatura significa um não apoderar-se. É desenvolver uma capacidade de perceber correspondências no que é comum e no que é alheio e também reconhecer e nomear o que é contraditório à "interpretação cristã da realidade". E, mais: de ver-se desafiado pelo contraditório a refazer uma meditação sobre os próprios conteúdos. Em suma, significa perceber a autonomia da obra de arte e da teologia. Portanto, não significa cooptar a literatura a fim de forçá-la a dizer o que já está dito, mas de torná-la uma parceira na elaboração teológica, permitindo que ela interpele criticamente a teologia.

Reconhecemos que os diversos objetos e linguagens da teologia e da literatura, no fim das contas, não são tão diversos. É possível dizer que certas obras literárias são autêntica teologia não teórica e que determinadas teologias são literatura. O que nos leva a perguntar pela distinção entre os dois saberes.

Sommavilla descreve uma diferença que diz respeito à graduação e à dosagem. Para ele, "a linguagem literária é obviamente mais extensa, rica, viva, integrada, mas menos rigorosa do que a teológica e filosófica".[300] Ressalta que é justamente isto que aponta para a necessidade de união entre os dois saberes numa espécie de "binômio correlativo". Concordamos que, de fato, o trabalho teológico não deve prescindir de toda a riqueza da literatura. No entanto, ressaltamos que essa "precisão discursiva" advogada por esse teólogo para a teologia conceitual

---

298. TOUTIN, A., Teología y literatura, p. 174.

299. LANGENHORST, G., Teología y literatura, p. 182.

300. SOMMAVILLA, G., Il belo e il vero, p. 113; SOMMAVILLA, G., Icognite religiose della letteratura contemporânea, p. 12.

ignora que, embora a linguagem literária seja mais aberta, não podemos dizer que não seja precisa. Esse tipo de abordagem se dá por meio de uma chave dicotômica e conteudista, segundo a qual a literatura precisaria da teologia conceitual para exorcizar o risco de um irracionalismo. Obviamente, quando falamos, apontando para a próxima etapa do trabalho, em uma teologia ficcional que está conectada com a teologia literária, mas que tem as suas especificidades, sobretudo por recuperar a imaginação como léxico da fé, não defendemos a ideia de que um literato é intencionalmente um teólogo. Não se trata de dizer que o propósito original dos escritores foi fazer teologia, mas, a partir de certo instrumental, clarificar o caráter teológico – implícito ou explícito – dos textos literários e mais, em nosso caso atestar o estatuto teológico da ficção a partir do romance. No fundo, o que desejamos salientar é que não é possível falar em uma teologia como se isso fosse consensual, mas em teologias no plural. Até porque, quando fazemos isso usando o singular, atribuímos a esse substantivo o conteúdo da teologia conceitual que, diga-se de passagem, também tem as suas múltiplas distinções. Além disso, não retirando a importância que a teologia de caráter conceitual possui, lembramos que ela mesma tem raízes literárias (Bíblia e Padres da Igreja) e que a partir disso pode rever suas formas discursivas. Desse modo, relembramos que mesmo sem ter caráter conceitual um romance, por exemplo, possui uma *ratio* que só se revela a partir de uma chave que respeite sua especificidade, como destaca Duployé apoiado em Cassirer. Isto é, as características específicas da linguagem literária garantem também a sua, mesmo que de maneira aberta à sua precisão. Ainda que por meio de dispositivos discursivos distintos daquels utilizados na teologia conceitual a literatura é capaz de dizer algo profundo sobre o ser humano e sobre Deus.

    Partindo desses pressupostos, pretendemos ler criticamente os romances bíblicos de José Saramago, evidenciando e decifrando os temas teológicos de maneira clara, não no sentido de torná-los "fáceis", mas no sentido de tornar ainda mais profunda e questionadora a sua literatura.

Capítulo 3 | A possibilidade de uma "teologia ficcional"

Depois de percorrer o itinerário de como tem se desenvolvido a aproximação entre teologia e literatura, nos concentraremos neste momento do trabalho na fundamentação de uma contribuição para o que chamamos de "teologia ficcional", a partir do romance. Utilizamos aqui a expressão "teologia ficcional" procurando apontar para o substrato teológico que o romance possui por meio de sua capacidade interpretativa da vida e poder imaginativo. O romance é um tipo de ficção. Muito do que é literatura pode não ser ficção: a poesia não é ficção e nem não ficção. E, nem tudo que é ficção é literatura: como os filmes.[301] A ficção é, pois, de maneira mais ampla, a característica de certos gêneros literários dentre os quais figura o romance que, em geral, pode ser caracterizado como uma narração longa em prosa que, mesmo se baseando numa conexão com fatos reais, também é fruto da imaginação do autor.[302] Os romancistas, por mais que busquem a verossimilhança, como é possível perceber especialmente no século XIX ou a descrição e exposição dos fatos, como por exemplo, no caso de Truman Capote,[303] estão também fundamentados na imaginação. Ou seja, como ressalta Manzatto:

---

301. TODOROV. T., Les genres du dicours, p. 16-17; MANZATTO, A., Teologia e literatura, p. 17-18.

302. MANZATTO, A., Teologia e literatura, p. 17.

303. Truman Capote, em seu livro *In Cold Blood* (A sangue frio), procura reconstruir a história de um cruel assassinato ocorrido em 1959 no interior dos Estados Unidos. Capote não se satisfez em enquadrar a própria obra no *new journalism* – subgênero do jornalismo surgido nas décadas de 50 e 60 nos Estados Unidos que procurava aproximar relato jornalístico e literatura. Assim, fez alusão a um novo gênero, o "romance de não ficção". Trata-se de um livro que é baseado em uma história real, mas que é literatura. Conquanto as narrativas desse movimento se baseiem em fatos reais, elas se tornam ficção quando o autor passa para o papel o que observou. Ele cria personagens, enredos, narradores etc. Por mais que tenha sido chamado de "não ficção" é um gênero híbrido (CAPOTE, T., A sangue frio; WOLFE, T. Radical chique e o novo jornalismo).

Mesmo se o romancista quer ser realista, no sentido de ser fiel à realidade, ele produz uma obra coberta pela ficção. O romance não é uma reportagem jornalística nem um estudo sociológico; ele é arte e, enquanto tal, está revestido pela ficção e pelo simbolismo. Um relato de ficção é uma criação literária que não tem a mesma ambição do relato histórico de constituir uma história verdadeira.[304]

Portanto, quando nos referimos à "teologia ficcional" queremos enfatizar a substância teológica que há na ficção a partir da força imaginativa que compõe o gênero romanesco frente à teologia de caráter conceitual. Desse modo, é necessário dizer que a tarefa de falar sobre Deus e sobre a fé não é exclusividade da teologia. Nossa proposta não trata de tentar estabelecer se a ficção é mais adequada que a teologia, ou seja, se a palavra dos escritores é superior ou inferior a dos teólogos e teólogas. Destacamos, apenas, que a literatura, especificamente o romance, pode, na sua legitimidade e liberdade, se revelar como um discurso que expressa certa teologia, sem que tenha necessariamente que confirmar o conteúdo já produzido e aceito pela história. Desta forma, o que nos interessa é desenvolver um olhar interdisciplinar que, ao entrecruzar as visões, acene para uma nova compreensão de questões teológicas. Para tanto, procuraremos destacar as características da ficção romanesca e, posteriormente, seu caráter teológico.

A literatura como intérprete recriadora: o caso do romance

Neste momento do trabalho é necessário dar uma palavra sobre o texto literário e seu potencial e, no nosso caso, especificamente sobre o romance. Já dizia Ernst Cassirer em sua antropologia filosófica que o ser humano é um animal simbólico.[305] Na construção dinâmica de sua identidade, a linguagem, incluindo os textos literários, possui um papel importante. Antonio Blanch destacou, em sua obra *El hombre imaginário,* que a compreensão que a literatura fornece do ser humano e do mundo não deve ser desprezada, mas deve ser considerada como uma forma legítima de conhecimento acerca da realidade.[306] Segundo este autor, já passaram os tempos em que a reflexão sobre o ser humano se realizava exclusivamente nas altas esferas da abstração metafísica, mas ainda hoje as ciências e a filosofia precisam ser lembradas de que há outro caminho de acesso ao conheci-

---

304. MANZATTO, A., Teologia e literatura, p. 19.
305. CASSIRER, E., Antropología filosófica, p. 49.
306. BLANCH, A., El hombre imaginario, p. 14.

mento do universo humano, que não é lógico nem físico, mas é simbólico e nem por isso é menos válido.[307]

Essa posição é reforçada pelo crítico literário e pensador francês, Roland Barthes que afirmou, em aula inaugural na Universidade de Sorbonne, que a literatura é o "fulgor do real". Ao fazer tal afirmação, Barthes ressaltou a importância da literatura frente outros modos de ver a realidade. Segundo ele, a ciência é grosseira, deixa escapar a sutileza com que a vida se apresenta e a literatura corrige esta diferença. Se por um lado ela permite designar saberes possíveis, trabalhando nos interstícios da ciência, por outro lado, "o saber que ela mobiliza nunca é inteiro nem derradeiro: a literatura não diz que sabe alguma coisa, mas que sabe de alguma coisa; ou melhor: que ela sabe algo das coisas – que sabe muito sobre os homens".[308]

Neste sentido, destacamos o verdadeiro potencial da literatura. Apontamos para a tese de que ela, mesmo que considerada invencionice, carrega em si o poder de dizer algo verdadeiro sobre a realidade.[309] Antonio Spadaro destaca que cada poesia e cada romance é um ato crítico na confrontação da vida. A escrita faz o escritor tomar seu lugar no universo e a partir desta posição, de maneira fantástica, satírica ou realística, elaborar o próprio mundo, reinterpretando, amando e contradizendo a realidade na qual se assenta.[310]

O crítico literário Charles du Bos, ao se perguntar sobre o que é a literatura, ressalta a relação desta com a vida:

> Sem a vida, a literatura careceria de conteúdo, mas sem a literatura, a vida não seria mais que uma queda ininterrupta de água na qual tantos de nós se encontram submersos... À respeito desta queda d'água, a literatura cumpre funções hidráulicas, de captar, recolher, conduzir e elevar às águas... Se a literatura deve à vida os seus conteúdos, a vida deve à literatura sua sobrevivência, lhe deve essa imortalidade que não termina senão no limiar do eterno... A vida deve então mais à literatura que esta à vida.[311]

A literatura, portanto, não surge de um olhar descompromissado com a vida, mas nasce de uma relação umbilical com ela. Os escritores sorvem da própria vida o material para a sua criação literária. Por meio de sua arte, intervêm

---

307. BLANCH, A., El hombre imaginario, p. 14.
308. BARTHES, R., Aula, p. 18-19.
309. MANZATTO, A., Teologia e literatura, p. 21.
310. SPADARO, A., A che cosa "serve" la letteratura?, p. 6.
311. BO, C., Qu'est-ce que littérature?, p. 10-11.

nela, levando-a à frente, não como uma sucessão de repetições enfadonhas, mas como alvissareira e fecunda novidade mediada pelas formas literárias que a expressam. No processo de criação os escritores extraem do mundo o material e promovem uma subversão por meio da sua imaginação. Desta maneira, oferecem uma visão da realidade ao mesmo tempo condensada e transfigurada. Na criação literária há a semente da recriação da vida. Os textos literários carregam o poder de transformar o mundo.[312] O escritor exige dos leitores uma duplicidade, pela qual torna-se possível ver que o seu mundo é, ao mesmo tempo, não tão real e muito real. Afinal, a ficção sabe que é "uma mentira verdadeira".[313] A literatura não é uma escapatória alienante da realidade, mas estabelece-se como uma espécie de aparelho ótico, que dá ao leitor a possibilidade de desenvolver o que talvez sem o livro não observaria.[314]

Duas imagens sugeridas por Spadaro são significativas para pensar o sentido da literatura e seu potencial. A primeira delas é a da literatura como "um laboratório fotográfico" retirada de uma citação de Marcel Proust na qual afirma que somos incapazes de vermos nossa própria vida e que por isso ela fica saturada de chapas fotográficas diante de uma inteligência que não desenvolveu a capacidade de revelá-las. Spadaro grifa que uma das virtudes da literatura é a sua aptidão para revelar as imagens da vida, de fazer a experiência da própria vida. Outra metáfora que ajuda a explicitar o papel da literatura é a "digestiva". Com isto aponta para a função de "assimilação" dos textos literários. Nesta perspectiva, a literatura serve para a "digerir" e captar o que vai além do dado superficial do vivido. Serve para interpretar a vida, distinguir nela tensões fundamentais e significados, serve para "decifrar o mundo".[315]

Utilizando as palavras de Henry James podemos dizer que:

> A casa da ficção não tem uma, mas um milhão de janelas – ou melhor, um número incalculável de janelas. Cada uma foi aberta ou pode ser aberta na vasta fachada, pela urgência de uma visão individual ou pela pressão de uma vontade própria. Como essas aberturas de tamanhos e formatos variáveis, debruçam-se todas juntas sobre a cena humana, seria de esperar que nos fornecessem uma maior semelhança informativa do que a encontrada. Quando muito, não passam de janelas, meros buracos numa parede

---

312. SPADARO, A., O batismo da imaginação, p. 30.

313. WOOD, J., A herança perdida: ensaios sobre literatura e crença, p. 15-18.

314. SPADARO, A., O batismo da imaginação, p. 29.

315. PROUST, M., Alla ricerca del tempo perduto, Vol. IV, p. 577-578; SPADARO, A., O batismo da imaginação, p. 30-31.

inerte, desconexos a sombranceiro. Não são como portas com dobradiças abrindo-se diretamente para a vida. Mas têm uma característica própria: em cada uma encontramos uma figura com um par de olhos, ou, pelo menos, com binóculo, os quais frequentemente representam um instrumento único para a observação, assegurando ao sujeito que faz uso deles uma impressão diferente dos outros.[316]

Origens e desenvolvimento do romance

Gostaríamos, agora, de destacar principalmente os potenciais mencionados a partir do gênero romanesco. Não pretendemos fazer uma abordagem exaustiva do desenvolvimento do gênero romanesco, mas identificar marcos significativos da sua formação e transformação, além de ressaltar o seu potencial para contatar, captar, decifrar e aprofundar a realidade. Importantes pensadores têm desenvolvido questões acerca deste gênero e muitas vezes com certa diferença. Alguns têm afirmado a sua riqueza e outros disseram que este gênero era problemático e que não teria futuro. Entretanto, gostaríamos de salientar sua importância e sua capacidade.

A caracterização do romance enquanto gênero literário não é tarefa fácil, já que a compreensão acerca dele mudou ao longo dos séculos e que este gênero está em constante transformação, impossibilitando uma definição e uma tipologia fixa. Oreste Aime sublinha que, mesmo reconhecendo a precariedade de qualquer tentativa de definição do gênero romanesco, é necessário distingui-lo da poesia e do conto, por exemplo. Por isso ele descreve o romance como: "uma narração suficientemente grande, principalmente em prosa, de eventos realísticos ou fantásticos, com um ou mais personagens envolvidos em uma situação conflitiva ou problemática da qual se segue o desenvolvimento final da conclusão positiva ou negativa".[317]

Embora *Dom Quixote* de Cervantes seja reconhecido como algo novo no período seiscentista, que podemos chamar de romance moderno, as origens do gênero estão ligadas a textos da Antiguidade, como *Os amores de Dáfnis e Cloé* de Longo Sofista, o *Satíricon* de Petronio e o *Asno de Ouro* de Apuleio. No medievo, o romance renasceu primeiro em verso e depois em prosa, sobretudo com a renovação cultural do século XII e a afirmação de um outro idioma. A origem da palavra "romance", por exemplo, alude primeiramente à linguagem do povo

---

316. JAMES, H., A arte do romance, p. 161.

317. AIME, O., Il curato di Don Chisciotte, p. 19.

em contraste com a dos eruditos. Provavelmente, vem de *romanìcé* que designava o "românico", língua falada nas regiões ocupadas pelos romanos, e que já se diferenciava do latim. Essa diferenciação foi resultado da fusão do latim com as línguas de povos conquistados pelos romanos, sobretudo o grego. Dessa possível origem vem o termo *romanço*, que passou a qualificar obras de cunho popular e folclórico. Como estas eram de caráter predominantemente imaginativo, o termo servia para caracterizar essas narrativas, tanto em prosa como em versos. Entre as obras em prosa, destacamos os chamados romances de cavalaria, característicos da Idade Média. Entre as criações em verso podemos citar o *Roman de la Rose* e o *Roman de Renart* (textos franceses do século XII), o primeiro caracterizando-se pelo acento amoroso e o outro pelo tom satírico.

Nos anos 1400 e 1500 ganharam força os romances pastorais como *Arcadia* de Sannazzaro, os romances de cavalaria como *Amadis de Gaula* e os picarescos, dentre os quais podemos citar *Lazarillo de Tormes*, além dos precursores diretos do romance moderno e que determinaram significativamente seu desenvolvimento, a saber: *Gargantua* e *Pantagruel*, ambos de François Rabelais. O termo romance, da maneira como entendemos hoje, começou a ser aplicado somente no século XVIII, junto com o Romantismo.

A palavra inglesa *novel* deriva, possivelmente, do termo italiano *novella*, feminino de *novello*, do latim *novellus*, que significa novo e, portanto, alude a escrita da prosa ficcional ligada à Modernidade. Seu uso para substituir o termo romance tornou-se mais comum no século XVIII ao tratar as novas formas romanescas que ganharam contornos com Rabelais, no século XVI, Cervantes, na passagem do XVI para o XVII, e Defoe, no XVIII.[318]

Se com Rabelais, no século XVI, começa-se a vislumbrar algo de novo que se concretiza em Cervantes no XVII, no século das luzes o romance assume a sua identidade e se impõe definitivamente no espaço literário como um gênero novo que descortina a sociedade da época oferecendo um retrato dos costumes das classes sociais, aspectos privados da vida, especialmente da burguesia. Esse período ficou marcado, na Inglaterra, pelo trabalho de autores como Samuel Richardson, Daniel Defoe, Jonathan Swfit, Henry Fielding e Laurence Sterne. Na França, por Denis Diderot, Pierre Marivaux, Jean-Jaques Rousseau, o marquês de Sade e Pierre Laclos. Na Alemanha, sobretudo com Johan W. Goethe que inventou a nova modalidade expressiva: a ficção epistolar.[319] Estes autores, com todas as

---

318. AIME, O., Il curato di Don Chisciotte, p. 20-21; REUTER, Y., Introdução à análise do romance, p. 6; "Romance". In: HOUAISS, A., *Dicionário Houaiss da Língua Portuguesa*; MOISÉS, M. A criação literária, Vol. I, p. 157.-158. Ver também: SILVA, V. M. A., Teoria da literatura, p. 671-672.

319. AIME, O., Il curato di Don Chisciotte, p. 23-24.

suas diferenças, representam bem o que Thomas Pavel chama de "interiorização do ideal" ou "sacralização da interioridade".[320] Neste cenário diversas formas de narração são exploradas: romances de costume, góticos, lúdicos, de sentimentalismo pessimista e de aprendizagem. A partir daí, no século XIX, tudo se torna matéria de narração: a natureza, a sociedade, a cidade, a classe social, o indivíduo, a consciência, a paixão, a história, a ideia, a fantasia, o lado obscuro da existência. Os polos de criação são, sobretudo, as capitais Paris e Londres, mas surgem, com surpreendentes novidades, romances na Rússia e nos Estados Unidos. A questão da necessidade de entendimento do passado na compreensão da identidade, ou seja, a natureza histórica do ser humano é explorada pelos romances históricos (Walter Scott, Alessandro Manzoni). Também é possível ressaltar o "olhar" cuidadoso e complexo do presente que buscou estabelecer uma leitura da sociedade nos casos de Balzac, Flaubert, Zola, Dickens, Tolstoi e Eça de Queirós. Os problemas fundamentais do indivíduo e de sua relação com as convenções sociais também foram expostos por autores como Benjamin Constant e Stendhal. Além desses podemos mencionar outros casos que marcaram o desenvolvimento do gênero no contexto oitocentista: os romances de ideias (Dostoiévski); os romances fantásticos que descobrem as dimensões do sonho e do sobrenatural (Nathaniel Hawthorne, Edgar Alan Poe); os romances psicológicos (Henry James); os romances de aventura (Herman Melville); os romances policiais (Arthur Conan Doyle) e; os romances de ficção científica (Jules Verne).

No século XX, o gênero é marcado por um experimentalismo e vai ganhando diversas ramificações e inovações visíveis, por exemplo, em Proust, Joyce e Faulkner. Uma infinidade de temas é abordada e a vida é representada em uma situação de subversão e instabilidade. O tempo e o espaço com liberdade absoluta são deslocados, relativizados; a concretude dos fatos exteriores é reinterpretada a favor da riqueza da psiquê etc. Estas e outras características fizeram e fazem, com que alguns autores pensem na desintegração ou morte do romance.[321] Contudo, antes de chegarmos até este ponto, é preciso ressaltar algumas explicações sobre o seu desenvolvimento.

Um dos autores que mais pensou sobre o romance foi Mikhail Bakhtin.[322] Ressaltou que o romance se consolidou como um gênero novo na Modernidade,

---

320. PAVEL, T., Il romanzo ala ricerca di se stesso, p. 47.

321. AIME, O., Il curato di Don Chisciotte, p. 27-35.

322. Várias de suas obras não foram sequer terminadas e outras foram publicadas com as assinaturas de dois participantes do seu círculo de discussões: V. Volochnov e P. Medvedev. Há questionamentos da autoria de Bakhtin quanto às obras: Marxismo e Filosofia da linguagem, Freudismo, O método formal nos estudos literários, e também com o artigo Discurso na vida e discurso na arte. Ocorre também com outros artigos, que são atribuídos aos nomes de membros do círculo, mas que com o passar do tempo desperta-

entretanto, lembrou que ele possui uma pré-história que fica perdida nas profundezas entre séculos e milênios. Ele remonta a escrita romanesca à linguagem popular falada e alguns gêneros literários e folclóricos considerados inferiores em relação à poesia, que era avaliada nesse momento como o gênero dos eruditos. Aponta que, em seu processo inicial e de surgimento, a palavra romanesca era uma completa ressonância da antiga luta de tribos, povos, culturas e línguas.[323]

Ao apontar para o passado remoto do romance e a complexidade de influências que o gênero sofreu, organiza a prosa romanesca em duas linhas estilísticas. A primeira linha remete ao romance grego sofista e ao de provações, também chamado de romance barroco. Os textos dessa linha influenciaram a origem de estilos romanescos até o século XIX, como o romance medieval de cavalaria, o romance pastoril, o romance barroco e o romance iluminista.[324] O romance barroco tornou-se uma fonte para os romances posteriores que ramificam dessa linha, como o romance de orientações psicológicas, cujo principal exemplo é Dostoiévski.

> Quase todas as variantes do novo romance originaram-se geneticamente de diferentes momentos do romance barroco. Sendo herdeiro de toda a evolução anterior do romance e tendo utilizado toda essa herança (o romance sofista, os *Amadis*, o romance pastoril), ele soube unir em si todos os momentos que, no desenvolvimento ulterior, já figurariam em separado, como variantes autônomas: o romance problema, o romance de aventuras, o romance histórico, psicológico, social.[325]

A segunda linha estilística é composta pelas variações do romance antigo de aventuras e de costumes. Nela encontramos grandes textos da Antiguidade, como *O asno de ouro*, de Apuleio, e *Satíricon*, de Petrônio. Estes diferem dos romances da primeira linha pelo fato de o tempo começar a deixar seus traços e o homem apresentar atributos individuais. No seu decorrer, autores como Rabelais e Cervantes transformam a linguagem enobrecida do romance medieval por meio

---

ram a desconfiança da autoria de Bakhtin que por motivos pragmáticos preferiu deixar que seus colegas assumissem a autoria. Existem argumentos que defendem a autoria bakhtiniana, como os apresentados por Mariana Yaguello e existem também argumentos que refutam essa afirmativa apresentando uma diferença significativa entre os livros de autoria autêntica e inautêntica, como a de Carlos Alberto Faraco (YAGUELLO, M., Introdução, p. 11-19; FARACO, C., Apresentação, p. 11). Embora estas questões tenham dado a ele um reconhecimento tardio como crítico literário e como filósofo da cultura e da linguagem, sua importância se verifica através da capilaridade que alguns dos seus conceitos alcançaram em diversas áreas do conhecimento. BRAIT, B. Introdução. In: BRAIT, B. (Org.). Bakhtin: Conceitos-chave, p. 8.

323. BAKHTIN, M., Questões de literatura e de estética, p. 371.
324. BAKHTIN, M., Questões de literatura e de estética, p. 169.
325. BAKHTIN, M., Questões de literatura e de estética, p. 181.

da paródia e de recursos dialógicos e ajudam a determinar a forma de Defoe que ganha novas ramificações no século XIX.[326] Dessa linha também provém o romance de aprendizagem (*Bildungroman*) e o romance gótico-romântico, como, por exemplo, os de Goethe. É dessa linha que, na perspectiva de Bakhtin, por expansão, surgem os romances de Dickens e Thomas Mann.

Além dessas duas linhas, Bakhtin dá destaque ao romance biográfico que também emana da literatura antiga e tem como ponto de partida os textos confessionais do período inicial cristão chegando ao século XVIII, com o romance biográfico familiar, cujas variantes prepararam os romances memorialistas contemporâneos. É preciso destacar que, apesar de apresentarem percursos distintos e de haver uma preponderância da segunda linha, elas se cruzam e se misturam, principalmente a partir do século XIX, quando o romance alcança certo destaque na literatura.[327]

Para o crítico russo, por sua complexidade e abrangência, o romance é diferenciado de todos os gêneros diretos e, em estrito senso, da lírica, do drama e do poema épico. Estes gêneros tornam-se objeto de representação quando entram como meios de representação ou de expressão diretos no romance.[328] Além disso, o romance é sempre dialógico. Traz em si as diversas vozes que compõem o tecido de determinada realidade. O autor constrói o seu mundo romanesco sempre em diálogo não apenas com as diferentes linguagens e estilos, mas com diferentes discursos e vozes.

Na obra bakhtiniana o termo dialogismo é aplicado e também o conceito de polifonia, originalmente usado na teoria musical para indicar os muitos sons articulados juntos. Aparece especialmente para caracterizar os romances de Dostoiévski, indicando as diversas vozes presentes no texto que são independentes e, como tais, compõem uma combinação de ordem superior a da homofonia. Na própria interpretação de Bakhtin acerca da obra dostoievskiana o que se destaca é o fato de o romancista ter retratado em seu texto um estado social.[329] Essa leitura da obra de Dostoiévski se ancora na concepção do gênero romanesco de Bakhtin que, como destaca Brait, é um tipo de linguagem concebido para ver aquilo que em outros tipos de discursos acaba ficando obscurecido, crendo que o romance acaba funcionando como "órgão de percepção",[330] por meio das relações contra-

---

326. BAKHTIN, M., Questões de literatura e de estética, p. 199.
327. BAKHTIN, M., Questões de literatura e de estética, p. 205.
328. BAKHTIN, M., Questões de literatura e de estética, p. 371.
329. BAKHTIN, M., O problema da poética de Dostoiévski, p. 21 e 27.
330. BRAIT, B., As vozes bakhtinianas e o diálogo inconcluso, p. 22.

ditórias de seus personagens. Para Bakhtin o romance polifônico é fruto de um momento histórico e do gênio de Dostoiévski.[331] Ou seja, na obra dostoievskiana é possível ver que autor e personagens estão num dialogismo que respeita a alteridade. As diversas vozes não são absorvidas, mas convivem no romance.

Embora Bakhtin tenha afirmado que somente Dostoiévski criara o romance polifônico,[332] num sentido lato, a partir da palavra correlata, dialogismo, que expande a ideia da polifonia, podemos considerar dialógico a todo romance construído a partir de outros discursos. O dialogismo representa o cruzamento entre as muitas vozes sociais e entre os diversos textos da cultura.

É possível dizer que o conceito de dialogismo é mais amplo que o de polifonia. Santos Junior afirma que o dialogismo está relacionado com um funcionamento geral da linguagem e do discurso. O funcionamento polêmico desse discurso é que gera a polifonia.[333] Quando há dominação de uma voz pela outra, ainda assim é possível falar em dialogismo, mas não em polifonia. Como ressalta Barros, "reserva-se o termo dialogismo para o princípio constitutivo da linguagem e de todo discurso".[334] Maria Rechdan ressalta que na polifonia o dialogismo aparece por meio de muitas vozes polêmicas, enquanto que na monofonia há apenas uma voz[335] embora haja dialogismo porque os discursos estão conversando. Podemos dizer que o texto sempre será dialógico porque é resultado do embate de muitas vozes sociais, mas somente se essas vozes forem escutadas é que haverá polifonia. Se elas forem mascaradas em uma única voz haverá, ao contrário, um dialogismo monofônico.[336] Por mais que sofra o influxo do autor, no gênero romanesco, as

---

331. SANTOS JUNIOR, R., A plausibilidade da interpretação da religião pela literatura, p. 100.

332. BAKHTIN, M., O problema da poética de Dostoiévski, p. 27.

333. BAKHTIN, M., p. 101.

334. BARROS, D., Dialogismo, polifonia e enunciação, p. 5-6.

335. RECHDAN, M., Dialogismo ou polifonia, p. 47.

336. Estes conceitos têm sido ampliados. Julia Kristeva estende a aplicação do conceito de polifonia para a ideia da intertextualidade (KRISTEVA, J. apud REIS, C., O conhecimento da literatura, p. 184). Essa definição de Kristeva de que "todo texto se constrói como mosaico de citações, todo texto é absorção e transformação de um outro texto" alavancou outras pesquisas que percebiam a relação existente entre diversos textos (KRISTEVA, J., Introdução à semanálise, p. 68). Antoine Compagnon destaca que toda escrita é, na verdade, uma reescrita, e se caracteriza como uma citação. Ao se utilizar do recurso da citação, buscando elementos de fora do texto, o autor extrai o sentido inicial desse elemento, que se transforma em um texto à parte e que servirá ao escritor em sua busca de sentidos (COMPAGNON, A., Literatura para quê?, p. 30-31). Ou seja, quando uma referência ou um intertexto é citado, ocorre a extração do sentido do objeto primeiro, para que, posteriormente, ao ser transposto para um segundo texto, o objeto citado venha a incorporar sentidos outros, ganhando assim certa autonomia. Nessa discussão, é "o texto como veículo de comunicação que possibilita o conhecimento de si mesmo do sujeito a partir da voz do outro" (SANTOS JUNIOR, R., A plausibilidade da interpretação da religião pela literatura, p. 103). Essa relação direta entre polifonia e intertextualidade recebeu críticas porque a concepção de intertextualidade tem

personagens em geral representam o multifacetado espectro da realidade. Isto faz com que o romance se constitua num órgão privilegiado de percepção e decifração da realidade.

Auerbach também analisa diversos textos literários que na sua perspectiva determinam a trajetória da literatura até o século XVII no que diz respeito à representação da realidade e que culminam no desenvolvimento do romance. Inicialmente, fala dos poemas de Homero que criaram um mundo heroico, lendário, fixo, definido temporal e espacialmente. Ao lado deste no que diz respeito aos gêneros literários, refere-se à Bíblia Hebraica por seu variado conjunto e, especialmente, por suas narrativas com pretensões históricas, como outro grande modelo para a literatura ocidental. Como o próprio crítico alemão ressalta:

> Os dois estilos representam, na sua oposição, tipos básicos: por um lado, descrição modeladora, iluminação uniforme, ligação sem interstícios, locução livre, predominância do primeiro plano, univocidade, limitação quanto ao desenvolvimento histórico e quanto ao humanamente problemático; por outro lado, realce de certas partes e escurecimento de outras, falta de conexão, efeito sugestivo do tácito, multiplicidade de planos, multivocidade e necessidade de interpretação, pretensão à universalidade histórica, desenvolvimento da apresentação do devir histórico e aprofundamento do problemático.[337]

Assim como Bakhtin, ele aponta a obra *Satíricon*, de Petrônio – considerado como mestre da prosa latina –, como fundamental para o desenvolvimento do que, mais tarde, seria o romance. Essa obra merece destaque pela representação da vida cotidiana por meio do recorrente uso de personagens caricatas, da fala popular e da sátira. A utilização de elementos da vida cotidiana através da chave do humor, mesmo sem um aprofundamento crítico faz o "romance latino" aproximar-se mais da representação da realidade na Modernidade do "que tudo o mais que ficou conservado na Antiguidade".[338] Esse recurso mimético da literatura antiga na reprodução da vida mais terrena, pela apropriação da língua vulgar da qual Petrônio é exemplo, abre caminho para o surgimento e desenvolvimento do romance cortês na Idade Média, que estava repleto de contos populares e da atmosfera mágica pela qual operavam o enobrecimento do popular. Esse universo de cavaleiros e donzelas revela uma visão partida de mundo. Nas palavras de

---

um sentido mais gramatical enquanto que a polifonia possui um alcance filosófico maior (TEZZA, C., Entre prosa e poesia, p. 245).

337. AUERBACH, E., Mimesis, p. 20.

338. AUERBACH, E., Mimesis, p. 26.

Auerbach, "o realismo cortês oferece uma imagem viva, muito rica e temperada de uma única classe; uma classe social que se segrega das outras da sociedade contemporânea".[339] Este mundo marcado pela separação social, em seguida, se vincula à vida urbana e burguesa e distancia-se da realidade comum. Isto é exposto e ao mesmo tempo questionado por textos como a *Divina Comédia*, de Dante e o *Decameron*, de Boccaccio, eivados das aspirações renascentistas e transformações econômicas que ajudaram a compor o panorama no qual o sentido medieval dado ao homem vai, aos poucos, sendo abandonado. Essas transformações que posteriormente compuseram o que chamamos de modernidade foram um componente importante para formar a obra de Rabelais e Cervantes.

No capítulo intitulado *O mundo na boca de Pantagruel*, o crítico alemão entra no universo das obras de Rabelais e salienta a presença do riso e do grotesco, a partir da ideia do descobrimento de um "Novo Mundo" e a correspondência entre o mundo ficcional fantástico e o mundo real. Auerbach grifa que Rabelais trabalha com os contos populares antigos, no entanto, amplia-os, trazendo inovações. Ressalta ainda que Rabelais apela ao exagero para realçar o contraste e assim desestabilizar as ideias fixas do leitor. Rabelais sacudiu os campos do saber e do estilo de maneira proposital, uma "brincadeira maluca" repleta de pilhérias sempre inéditas. O empenho de Rabelais dirige-se para atrair o leitor acostumado a determinadas maneiras de ver o mundo, a fim de que ele seja um aventureiro no "grande mar do mundo", nadando corajosa e livremente contra qualquer perigo.[340]

Ainda seguindo o rastro da narrativa a partir do realismo, Auerbach chega a *Dom Quixote*, de Cervantes. Para ele, a relevância dessa obra na trajetória do gênero romanesco se constitui pela maneira como a questão da realidade cotidiana dos indivíduos aparece. Pensando nas principais personagens de *Dom Quixote*, bem como nos discursos destas, inclusive sua estrutura oracional, Auerbach salienta, sobretudo por meio da presença do cômico e trágico, que Cervantes foi, ao mesmo tempo, crítico e continuador do modelo clássico tradicional. Sendo Cervantes um mestre em sua forma de compor, não foi apenas um crítico e destruidor, mas em relação à consolidada tradição épico-retórica, na qual a prosa é tida como uma arte sagrada, ele foi um continuador e aperfeiçoador. Simultaneamente, as personagens são trabalhadas no seu cotidiano e contrastadas com a vida da loucura. Para o teórico alemão, o cerne da obra seria o jogo ficcional no qual, quando é "exposta a uma realidade bem fundamentada", a loucura acaba se tornando ridícula. Embora Cervantes nunca tenha pensado que o estilo de um

---

339. AUERBACH, E., Mimesis, p. 115.
340. AUERBACH, E., Mimesis, p. 239-241.

romance pudesse desvendar a ordem universal, os fenômenos da realidade não se permitiam ser ordenados em formato tradicional e unívoco, pois eram difíceis de serem abarcados. A "ordem da realidade do jogo" foi encontrada por ele.[341]

Ian Watt sopesa que a forma romanesca sagrou-se a partir do século XVIII, marcada pela produção literária de Defoe, Richardson e Fielding, sendo o "realismo" considerado como o feitio fundamental que o distingue da produção ficcional anterior. Salienta que as obras desses autores romperam com a tradição clássica pela caracterização das personagens e do espaço ficcional, ao acompanhar a visão individualista do homem de seu tempo. Para Watt, o que está implícito no gênero romanesco é a premissa de que o romance compõe um relato autêntico da experiência humana e deve fornecer detalhes como a subjetividade dos agentes envolvidos, as particularidades de sua época e da história, e também de seus atos, empregando uma linguagem de referência que não é comum em outras formas literárias. Em comparação com a filosofia, os artifícios narrativos do romance fazem dele um gênero que pode ser entendido como "um relato autêntico e completo sobre a experiência humana", pois imita a experiência subjetiva situada num contexto de tempo e espaço de maneira mais imediata que outras formas literárias, podendo ser identificado como uma "correspondência entre a vida e a arte".[342]

Segundo Massaud Moisés, ele emerge, de fato,

> com o Romantismo, revolução cultural originária da Escócia e da Prússia. O romance se coadunava perfeitamente com o novo espírito, implantado em consequência do desgaste das estruturas socioculturais trazidas pela Renascença. As configurações de absolutismo até à época em voga (em política, o despotismo monárquico; em religião o dogmatismo inquisitorial e jesuítico; nas artes, a aceitação dum receituário baseado nos preceitos clássicos), sucedeu um clima de liberalismo, franqueador das comportas do sentimentalismo individualista. (...) Como decorrência, a epopeia, considerada, na linha da tradição aristotélica, a mais elevada expressão de arte, cede lugar a uma forma burguesa: o romance.(...) O romance passa a representar o papel antes destinado à epopeia, e objetiva o mesmo alvo: constituir-se no espelho de um povo, a imagem fiel duma sociedade.[343]

Por se tratar de um gênero que ganha contornos determinantes na passagem da Idade Média para a Modernidade, alguns autores tecem teses que

---

341. AUERBACH, E., Mimesis, p. 305, 310 e 319.
342. WATT, I., A ascensão do romance, p. 27 e 31-32.
343. MOISÉS, M., A criação literária, p. 158-159.

caracterizam o romance como um espaço de representação da vida burguesa. De acordo com esta perspectiva, o romance serve como porta-voz das ambições da burguesia em ascensão. Ao mesmo tempo em que traduzia o conforto financeiro e o bem-estar das pessoas que remuneram o escritor, crendo que o papel dele era deleitá-las com seus escritos, acabava tornando-se um espelho no qual "se miravam incapazes de perceber a ironia latente na imagem refletida".[344]

A análise de Lukács em *A teoria do romance*, influenciada por Hegel e por meio de uma abordagem sociológica eivada de certo desencanto com o mundo, como ele mesmo percebe e salienta numa avaliação incluída como prefácio a partir de 1962, parecendo ter direcionado a forma de pensar o romance e suas relações com a modernidade durante um tempo.[345] Para este autor o universo do romance caracteriza-se pela representação do sujeito problemático em uma sociedade contraditória e degradada. O indivíduo visto no romance, que tem sua representação no herói, vive em si a alienação da exterioridade do mundo, o que desemboca na busca por um refúgio que será encontrado na interioridade, diferente da epopeia que, para o pensador húngaro, está fundamentada na totalidade de uma vida fechada norteada pela ideia de comunidade. Segundo Lukács, o romance seria a "epopeia de uma era" na qual a extensão e a totalidade da vida não seriam mais dadas de maneira evidente, tornando a imanência do sentido da vida problemática.[346] O romance moderno reflete um mundo burguês em que o indivíduo perdeu a dimensão da coletividade que era a característica das sociedades pré-capitalistas representadas na epopeia.

Esta percepção de Lukács deu o tom de outras reflexões sobre o gênero romanesco que se seguiram como a de Walter Benjamin, embora haja diferenças entre o pensamento dos dois. Para este último: "O romance é o indivíduo em sua solidão, o homem que não pode mais falar exemplarmente sobre suas preocupações, a quem ninguém pode dar conselhos, e que não sabe dar conselhos a ninguém".[347] Como gênero narrativo de escrita, o romance distingue-se da épica pela ruptura com a linguagem oral, expressa a experiência de afastamento da comunidade e o ingresso em uma experiência de interioridade. No olhar benjaminiano, o romance é feito de passagens, composto por personagens efêmeros transeuntes que vivenciam a perda da espessura do tempo, por isso abandona valores como a

---

344. MOISÉS, M., A criação literária, p. 159.

345. Numa espécie de romantismo melancólico, Lukács se volta para o ambiente onde surge a epopeia grega no intuito de resgatar um provável passado pré-capitalista utópico e contrapô-lo dialeticamente à modernidade capitalista (LUKÁCS, G., A teoria do romance, p. 8-13).

346. LUKÁCS, G., A teoria do romance, p. 55.

347. BENJAMIN, W., A crise do romance, p. 54.

durabilidade, a conservação das tradições orais e a coletividade. O sentido passado de geração a geração como na epopeia perdeu-se no romance com a miséria trazida pela técnica e pela degradação da civilização moderna.

Adorno também recorreu ao pensador húngaro ao refletir sobre o romance, ainda que seja possível perceber uma consideração sobre a ambiguidade do gênero na sociedade moderna, em sua avaliação. Em suas *Notas de literatura* perguntava-se se os romances de Dostoiévski seriam as bases de épocas futuras, no caso de não serem, eles mesmos, a própria "épica". Para o filósofo da escola de Frankfurt, os romances de seu tempo assemelhavam-se mais a "epopeias negativas", testemunhando uma aniquilação do indivíduo por si mesmo, caindo na situação pré-individual que endossava plenamente o sentido do mundo, por isso com toda a arte contemporânea, compartilham a ambiguidade dos que não se decidem se a tendência que registraram seria uma "recaída na barbárie um caminho para a realização da humanidade (...)".[348]

Na esteira de Lukács, ainda que com pontos distintos e recorrendo a outros pensadores como Heidegger e Girard, Lucien Goldmann elaborou uma visão sociológica do romance. Buscou a gênese das condições sociais que tornaram possíveis os contornos do romance na Idade Moderna. Para ele as transformações da modernidade criaram uma forma romanesca que poderia levar à decomposição do próprio gênero. Ele admite que o romance, entre todas as outras formas literárias, é o mais diretamente vinculado às estruturas econômicas. Suas incursões procuraram oferecer um mapeamento das visões do mundo e dos grupos sociais que estruturaram esse gênero. Diagnosticou o universo romanesco do século XX dividido em dois blocos que seguiram, num processo de influência: um composto pelas obras de Joyce, Kafka, Camus e Sartre, onde seria possível ver a dissolução do personagem e outro, representado por Robbe-Grillet, em cujos textos é visível o efeito da reificação ou do desaparecimento de "um universo autônomo de objetos".[349]

Se com Adorno é possível entrever o romance, a partir da chave da ambiguidade, entre a "recaída na barbárie" e o "caminho para a realização da humanização", com Fehér isto se torna mais claro. O pensador pertencente à Escola de Budapeste escreve sobre isso no livro que, em tom provocativo, no seu título, *Is the novel problematic?* – traduzido para o português como *O romance está morrendo?* – faz uma referência explícita às reflexões de Lukács. Para Fehér o romance é ambivalente. Ao mesmo tempo em que se alimenta do mercado capi-

---

348. ADORNO, T. W., A posição do narrador no romance contemporâneo, p. 62.

349. GOLDMAN, L. A sociologia do romance, p. 180.

talista, resiste à mercantilização da arte e à fetichização. O romance por meio da representação do indivíduo fortuito, por meio do herói, sujeito à contingência da vida não é mais determinado pelo destino. Uma passagem que sintetiza o pensamento deste teórico é:

> Todo romance digno desse nome, independente da ideologia que manifesta e torna seu autor mais perspicaz, ou, pelo contrário, mais cego, faz a pergunta: que pode o homem fazer de si mesmo? As respostas podem estar cheias de esperança ou ser desencorajadoras, o resultado final pode levar à vitória ou à derrota da humanidade, mas o processo em si, no seio do qual o homem se acha ou se perde, se cria ou se destrói, representa um valor de humanização que supera amplamente o valor da epopeia. Além disso, e justamente porque o romance parte do indivíduo fortuito, logo do tema da liberdade ilusória, o resultado do processo de educação é ambivalente, não só em relação a uma situação concreta, mas também teórica e genericamente.[350]

Olhando para os romances do século XIX e do XX, e partindo da suposição de que em cada fase da história existe certo *zeitgeist* unificador que se comunica a todas as expressões de culturas em contato, mesmo com todas as variações, Anatol Rosenfeld, refere-se às modificações incorporadas pelo romance, como a recusa pelo interesse de representatividade fiel da realidade, não como um prenúncio do seu fim, mas como a tradução de um tempo de transição.[351] Essa recusa, segundo ele, pode ser observada pela maneira com a qual os romancistas trabalham com a estrutura temporal e espacial, com a noção de causalidade, com o narrador e com a personagem. Segundo sua visão, muitos romances, especialmente os do século XX, estão marcados por uma dissociação entre tempo cronológico e tempo psicológico, fazendo com que a demarcação rígida do passado, presente e futuro seja relativizada. Há uma mistura de cenas do passado, com fragmentos de elementos do presente, reflexões e angústias quanto ao futuro, um recurso à reflexão psicológica que embaralha o tempo e abre espaço para uma dissolução do narrador, visto que se apresenta uma espécie de monólogo interior que deixa os pensamentos e sentimentos das personagens fluírem sem a necessidade da intervenção direta do narrador. Isso contribui também para a diluição da perspectiva integral sobre a personagem, no sentido em que, "eliminada a distância, focalizamos apenas uma parcela

---

350. FEHÉR, F., O romance está morrendo, p. 63.
351. ROSENFELD, A., Texto/Contexto I, p. 73.

dela, imensamente ampliada".[352] A Modernidade, além de transformar elementos como tempo, espaço e causalidade, também modifica a ideia sobre o ser humano, que passa a ser fragmentado e desmascarado. Ou seja, uma época com valores incoerentes, por estarem todos em transição, uma realidade que exige adaptações estéticas e capazes de incorporar o estado de fluxo e insegurança dentro da própria estrutura da obra porque deixou de constituir um mundo autoexplicado.[353]

Destaca que essa "desrealização" causada pela fratura do vínculo entre o homem e o mundo é expressada pela arte moderna em geral e especificamente pelo romance. Nas suas palavras, na arte moderna "a tentativa de redefinir a situação do homem e do indivíduo, tentativa que se revela no próprio esforço de assimilar, na estrutura da obra de arte (e não apenas na temática), a precariedade da posição do indivíduo no mundo moderno".[354]

Michel Butor foi mais um pensador que escreveu teses interessantes sobre o romance tendo em vista a sua mudança, sobretudo no século XX. Para este teórico e romancista não há, até o momento, outra forma literária com tão grande poder quanto a do romance.[355]

Butor relata o seu próprio estilo composicional de romance, que reúne conceitos filosóficos, experiências de vida, sonhos, pensamentos, firmados em uma estrutura elaborada e calculada. Ressalta que o romance toma novas formas justamente porque é capaz de unir aquilo que há de mais comum na experiência: as suas aspirações mais elevadas. Na sua perspectiva, podem-se ligar, no romance, com uma precisão ímpar, por meio do sentimento ou da razão, os incidentes aparentemente mais insignificantes da vida cotidiana e os pensamentos, as intuições, os sonhos mais elevados.[356]

Em suma, sem ignorar as diferenças do que disseram esses autores sobre este gênero, podemos dizer que o romance possui origens na Antiguidade, embora tenha tomado formas determinantes na Modernidade e que se ramificaram e continuam a se modificar, o que torna precária toda definição. É heterogêneo, pois abrange diversas formas como elementos das narrativas orais e de gêneros literários diversos, pedaços de textos filosóficos, religiosos, científicos, históricos, além de textos epistolares, descritivos, jornalísticos, entre outros. Há no romance uma variedade de estilos e formas presentes em outras linguagens como: cinema-

---

352. ROSENFELD, A., Texto/Contexto I, p. 83.
353. ROSENFELD, A., Texto/Contexto I, p. 84.
354. ROSENFELD, A., Texto/Contexto I, p. 95.
355. BUTOR, M., Repertório, p. 16.
356. BUTOR, M., Repertório, p. 16-17.

tográfica, pictórica, musical, corporal, verbal. O romance é, ainda, uma combinação social de línguas e vozes organizadas artisticamente: falas que representam épocas, gerações, grupos sociais, dialetos, hierarquias, tendências, regionalismos, que demonstram a diversidade da vida histórica em devir.

O romance como intérprete da vida

Muitos autores, nas últimas décadas, têm destacado esta espécie função autorregenerativa e autotransformativa do romance e reiterado o potencial deste gênero. Robbe-Grillet, outro autor que, à semelhança de Butor, pode ser incluído no rol dos representantes do "novo romance", afirma que a característica da palavra romanesca é a "invenção, invenção do mundo e do homem, invenção constante e eterno pôr-se em questão".[357] Georg Steiner que, mesmo salientando a crise que vive o gênero romanesco na sociedade de consumo, oscilando entre entretenimento e seriedade, destaca a complexidade e o potencial do romance para dizer algo num mundo em que impera o silêncio. Assim, afirma que a ficção é uma modalidade máxima de seriedade e aponta Balzac, Dickens, Victor Hugo e Dostoiévski como os grandes responsáveis por tornar o romance "mestre e inventário da síntese da vida".[358] Yves Reuter ressaltou que os conflitos políticos, sociais, religiosos, filosóficos e sentimentais estabelecem o contato da obra com o mundo e cita como exemplo a influência nos romances da "urbanização que se acelera nos séculos XIX e XX e impõe o tema da cidade".[359] Ainda, Milan Kundera, em *Arte do romance*, afirma que este gênero constituiu-se em um espaço paralelo às ciências, à Filosofia e à História. Chega a afirmar que os temas da filosofia heideggeriana puderam ser vistos em quatro séculos de romance:

> Com efeito, todos os grandes temas existenciais que Heidegger analisa em *Ser e tempo*, julgando-os abandonados por toda a filosofia europeia anterior, foram desvendados, mostrados, esclarecidos por quatro séculos de romance. Um por um, o romance descobriu a sua própria maneira, por sua própria lógica, os diferentes aspectos da existência: com os contemporâneos de Cervantes, ele se pergunta o que é a aventura; com Samuel Richardson, começa a examinar "o que se passa no interior", a desvendar a vida secreta dos sentimentos; com Balzac, descobre o enraizamento do homem na História; com Flaubert, explora a terra até então incógnita do cotidiano;

---

357. ROBBE-GRILLET, A., Por um novo romance, p. 107.
358. STEINER, G., Linguagem e silêncio, p. 101.
359. REUTER, Y., Introdução à análise do romance, p. 18.

com Tolstói, inclina-se sobre a intervenção do irracional nas decisões e no comportamento humanos. Ele sonda o tempo: o inapreensível momento passado com Marcel Proust; o inapreensível momento presente com James Joyce. Interroga, com Thomas Mann, o papel dos mitos que, vindos do começo dos tempos, teleguiam nossos passos. *Et cætera, et cætera*.[360]

Neste sentido, Kundera toma como sua a frase de Hermann Broch: "Descobrir o que somente um romance pode descobrir é a única razão de ser de um romance. O romance que não descobre algo até então desconhecido da existência é imoral. O conhecimento é a única moral do romance".[361] O romance é um meio de interpretar a vida concreta que confronta o "mundo da convenção" por meio de suas novidades, não fica retido sob a força da lei. O romance contém um elevado grau construtivo e desconstrutivo ao mesmo tempo. Por isso, o escritor tcheco insiste na tese de que por meio do caráter unilateral das ciências modernas o mundo fora reduzido a um simples objeto de exploração técnica, promovendo o esquecimento do ser. Fazendo alusão ao potencial do romance, destaca que o fundador dos tempos modernos não foi somente Descartes, mas também Cervantes. O romance de Cervantes é imagem e modelo do mundo moderno. Nesse momento em que "Deus" deixava lentamente o posto de onde conferia ordem a todas as coisas, por exemplo, Dom Quixote começou a sua jornada, contudo não tinha mais condições de reconhecer o mundo. A "única verdade divina" havia se decomposto em diversas verdades relativas. Segundo Kundera, é essa ambiguidade que caracteriza o romance de Cervantes. Nele não é possível enxergar uma verdade absoluta, mas verdades relativas incorporadas pelos egos imaginários (personagens) que inclusive se contradizem. O romance abarca, portanto, a complexidade da vida sem extingui-la. Expõe, como num grande diálogo, as diversas nuances da vida concreta que as escapa. O espírito do romance é o espírito da complexidade e por isso comporta uma "sabedoria da incerteza". Cada romance diz ao leitor: "As coisas são mais complicadas do que você pensa". Ou seja, o espírito do romance é antitotalitário e antidogmático. O gênero romanesco se apresenta como alternativa à pobre visão dicotômica que se traduz sempre em "ou – ou então" que revela a incapacidade de suportar a complexidade e a relatividade da vida.[362]

Antonio Spadaro também destaca que, de maneira geral, ainda que a literatura ofereça uma espécie de "geografia interior", ela não está dissociada da concretude da vida. Este crítico literário e teólogo, ao destacar o poder do romance, grifa

---

360. KUNDERA, M., A arte do romance, p. 12-13.

361. KUNDERA, M., A arte do romance, p. 13.

362. KUNDERA, M., A arte do romance, p. 12-14.

que recolher a complexidade dos significados da vida não significa embaraçar-se em especulações abstratas, mas vincular-se firmemente ao real.[363] Destaca essa ideia a partir da compreensão da escritora norte-americana Flannery O'Connor sobre de que a concretude da vida é, sobretudo, o fundamento da narrativa romanesca.[364] Neste, o trabalho do escritor de narrativa seria retratar a realidade por meio daquilo que se pode ver, sentir e tocar, e que isto não se faz somente com a "cabeça" (*testa*), mas que se realiza como um modo de ver as coisas: "escrever narrativa não é questão de dizer coisas, mas de fazer o leitor ver, de mostrar".[365]

Faz, contudo, uma ressalva. Não devemos confundir este descortinamento do mundo com um naturalismo cru no qual o romancista apenas ofereceria uma fotografia ou uma réplica dela, mas devemos compreendê-lo como um instrumento que acolhe em si a riqueza de significados da realidade e aponta para o seu mistério. O romance valoriza a polissemia da vida porque não é literal. Conforme salienta O'Connor, se o escritor considera que vivemos "dentro de uma ordem criada cujas leis observamos livremente, então aquela que verá na superfície o interessará só enquanto passagem para chegar a uma experiência do mistério mesmo".[366] Se na linguagem conceitual e descritiva há uma finalidade prática de comunicação, no caso da narrativa ficcional ela é posta em segundo plano porque o escritor, utilizando as diversas combinações que o sistema linguístico oferece, faz emergir esta dimensão simbólica que "expande a história em todas as direções".[367] Portanto, alguém capaz de apreciar e apreender um romance não seria aquele que possui a mente mais instruída e a competência de relacionar os detalhes realísticos com o nível mais superficial da vida, mas o mais disposto a aprofundar o sentido do mistério mediante o aprofundamento na realidade, e o próprio sentido da realidade por meio da relação com o mistério.[368] Enquanto experiência em toda a sua riqueza, profundidade, polissemia e mistério, a vida é o objeto do romancista. Por isso, o romance surge da sua visão de mundo sempre situada, todavia perpassada por uma perspectiva ampliada do cenário humano. A "angulação visual [do escritor] é tal que começa a ver antes de chegar à superfície e continua a ver depois de tê-lo ultrapassado".[369] Vê a si mesmo e alcança uma visão da experiência

---

363. SPADARO, A., A che cosa "serve" la letteratura?, p. 47.

364. O'CONNOR, F., Nel territorio del diavolo, p. 41.

365. SPADARO, A., A che cosa "serve" la letteratura?, p. 48.

366. O'CONNOR, F., Nel territorio del diavolo, p. 122.

367. SPADARO, A., A che cosa "serve" la letteratura?, p. 49.

368. O'CONNOR, F., Nel territorio del diavolo, p. 121.

369. O'CONNOR, F., Nel territorio del diavolo, p. 91.

humana. Consequentemente, o romance é um "modo de fazer experiência" e assim, por mais que o romancista seja limitado por seu cenário, ele fala do mundo inteiro. Por intermédio de um profundo senso de respeito pela vida e seu mistério, como ressalta O'Connor, "o romancista (...) demonstra algo que não se pode demonstrar de outro modo senão com um romance inteiro".[370]

É possível perceber o romance como eco das grandes descobertas científicas e filosóficas, do redimensionamento do homem e da história. Pelos personagens que representam sujeitos inseridos numa sociedade e cuja ação, posicionada no espaço e tempo, fala da experiência humana por meio de uma linguagem que penetra o âmbito mais profundo da vida, o romance dá ao leitor a possibilidade de identificar-se no texto, de refletir sobre si mesmo e sobre sua relação com o mundo.

No mundo moderno, alguns romances se desvinculam da representação mimética e passam a oferecer uma visão do ser humano em um contexto de movimentações, de transformações e incertezas. Esta desestabilização a partir do rearranjo de elementos clássicos da prosa romanesca gerou uma indagação sobre a "morte" do romance. No entanto, como é possível testemunhar neste ínterim, sem ignorar os problemas que a sociedade de consumo engendra, o romance parece sobreviver. Apesar de outros meios que geram uma cultura de desinteresse pelo gênero – como as telenovelas que, em grande parte, são feitas somente para entreter, no sentido mais raso da palavra, entre um comercial e outro e a própria estrutura fragmentada que a experiência das redes sociais, na lógica capitalista, impõe ao sujeito contemporâneo –, o romance segue adiante. A despeito do próprio mercado editorial que, sem tanta preocupação com a qualidade literária do texto, acaba por determinar o que deve estar nas prateleiras das livrarias, o romance se mantém, e por meio das inovações e experimentações contemporâneas, continua a ser um órgão potente na decifração e aprofundamento da realidade.

O potencial imaginativo-transformativo do romance

Embora o romance seja capaz de ter uma relação com a realidade ainda que não direta, ele não reflete meramente nossa humanidade e nosso mundo, porém encontra a palavra, o lugar no qual nos encontramos além de nós mesmos. Ou seja, a apresentação do mundo que o romancista faz não é apenas des-

---

370. SPADARO, A. A che cosa "serve" la letteratura?, p. 47.

crítiva, mas é também "utópica". Isto não significa ultrapassar o mundo presente por um mundo idealizado, mas expressar a tensão que a linguagem atravessa na presença de novas exigências éticas. Revisitando o passado e criando novas narrativas, enganos e ilusões são descobertos.[371] A palavra romanesca, une a realidade à esperança e no trabalho de discernimento da vida ultrapassa a literalidade. Ela não se limita ao horizonte que está dado. Aliás, é curioso que para Aristóteles a palavra *phantasia* tenha, na sua origem etimológica, o termo *pháos* – luz.[372] A ficção, de fato, lança luz sobre a realidade a fim de desmascará-la.

O romance como expressão da imaginação não deve ser entendido como "uma condescendência ao ornamental, uma deriva no sentido de dourar a pílula ou de pintar de rosa as cores negras da realidade onde estamos imersos, uma espécie de *marketing* que ajusta a vida no *photoshop* em vez de transformá-la efetivamente". Mas, pelo contrário, é "uma condição necessária para contactar e conhecer o real, para agir sobre ele muito concretamente".[373] Obviamente, esta intenção só se realiza completamente se considerarmos o papel fundamental do leitor. Afinal, o ato criativo de escrever evoca a operação de leitura como um correlativo dialético ou, em outras palavras: um texto só pode produzir uma resposta quando é lido.[374] É na conjugação do esforço do autor e do leitor que é possível ver a realidade por meio de um olhar diáfano e, consequentemente, agir para o seu alargamento.

Embora não tenha ficado restrito ao universo do romance, Paul Ricoeur nos ajuda aqui. Para ele, a obra de ficção projeta para fora de si um mundo. O romance, por exemplo, projeta ficcionalmente maneiras de habitar o mundo que ficam à espera de uma leitura que, ao acontecer, desvela um espaço de confrontação entre o mundo do texto e o mundo do leitor.[375] Ao comentar a ideia de Ricoeur, Manzatto destaca que, mesmo que a obra dependa "das experiências e do talento do artista, ela retorna ao real, pois ela age sobre o mundo em lhe ajuntando algo que não existia anteriormente, e ela pode mesmo mudar a compreensão simbólica que o leitor possui do mundo".[376]

---

371. SPADARO, A., A che "cosa" serve la letteratura?, p. 52.

372. ARISTÓTELES. De anima, 428b 30, p. 113.

373. MENDONÇA, J. T., A hora da imaginação (Prefácio), p. 6.

374. ISER, W., L'atto della lettura, p. 25.

375. RICOEUR, P., Tempo e narrativa II, p. 10-22.

376. MANZATTO, A., Teologia e literatura, p. 32.

O que deve ser interpretado num texto, segundo Ricoeur, é sua proposição de mundo.[377] Contudo, esse mundo é desvelado a partir da destruição do sentido literal. Nas palavras ricoeurianas,

> Por sua estrutura própria, a obra literária só desvela um mundo sob a condição de que se suspenda a referência do discurso descritivo. (...) o discurso desvela sua denotação como uma denotação de segunda ordem, graças à suspensão da denotação de primeira ordem do discurso. Este postulado nos conduz ao problema da metáfora. É possível, com efeito, que o enunciado metafórico seja precisamente aquele que mostra com clareza a relação entre referência suspensa e referência desvelada. Do mesmo modo que o enunciado metafórico é aquele que conquista seu sentido como metafórico sobre as ruínas do que se pode chamar por simetria, sua referência literal. Se é verdade que é em uma interpretação que sentido literal e sentido metafórico se distinguem e se articulam, é também em uma interpretação que, graças à suspensão da denotação de primeira ordem, é liberada uma denotação de segunda ordem, propriamente a denotação metafórica.[378]

Pela suspensão da referência de primeiro nível, como explicitado por meio da ideia da metáfora, surge outra referência que é criadora de outro mundo, o do texto. As consequências desta visão ressaltam o caráter plural de significados do texto literário ao mesmo tempo em que destacam sua interação com a realidade e o seu poder de propor novas formas de estar-no-mundo. Para Ricoeur novas possibilidades de ser-no-mundo aparecem pela ficção. A ficção mira o ser, mas não mais como dado, mas como ele pode vir a ser. A realidade é transformada em benefício daquilo que o filósofo chama de "variações imaginativas que a literatura opera sobre o real".[379]

Podemos reiterar que a ficção romanesca incide imaginativamente sobre o real e não aparece apenas como sua representação. Esta noção fica ainda mais clara quando Ricoeur relê a ideia de *mimesis* aristotélica. Em Aristóteles o conceito de *mimesis* aparece como uma resposta ao valor negativo da literatura em Platão.[380] Aristóteles estaria enfatizando que a literatura não é uma mera imitação da realidade, mas uma reconstrução. Assim, a *mimesis* não deve ser entendida como imitação do que é, mas como representação do que pode ser. Ricoeur desdobra a *mime-*

---

377. RICOEUR, P., Interpretação e ideologias, p. 56.
378. RICOEUR, P., A metáfora viva, p. 338.
379. RICOEUR, P., Interpretação e ideologias, p. 57.
380. SEGRE, C., *apud* GENTIL, H. S., Para uma poética da modernidade, p. 82; GONÇALVES, N.; BELLODI, Z., Teoria da literatura revisitada, p. 41.

sis em três, relacionando-a com o tempo. A mimese I – prefiguração – é entendida como apelo à pré-compreensão familiar. Ao tecer uma intriga o autor representa uma ação; no entanto, é preciso que haja algum tipo de pré-compreensão quanto a essa ação para que ela possa ser representada ou imitada. Nas palavras do filósofo:

> Vê-se qual é, na sua riqueza, o sentido de mimese I: imitar ou representar a ação é, primeiro, pré-compreender o que ocorre com o agir humano: com sua semântica, com sua simbólica, com sua temporalidade. É sobre essa pré-compreensão, comum ao poeta e a seu leitor, que se ergue a tessitura da intriga e, com ela, a mimética textual e literária. (...) A despeito da ruptura que ela institui, a literatura seria incompreensível para sempre se não viesse a configurar o que, na ação humana, já figura.[381]

Já a mimese II – configuração – é a entrada na ficção. Possui uma função mediadora entre o mundo prático (mimese I) e o mundo do leitor (mimese III). É sempre uma atividade produtora, que Ricoeur chama de disposição dos fatos.[382] A mimese III – refiguração – é a possibilidade de uma nova configuração da ordem pré-compreendida, por meio da ficção.[383] A mimese III remete ao ponto de chegada como ato refigurante das narrativas, já que o texto é feito para ser lido. Marca o encontro do texto com seu público, a "intersecção entre o mundo do texto e o mundo do ouvinte ou do leitor. A interseção, pois, do mundo configurado pelo poema e do mundo no qual a ação efetiva exibe-se e exibe sua temporalidade específica".[384]

A mimese I diz respeito ao mundo em que se desenrola a existência ou remete à cosmovisão de onde surge a mimese II. O texto fala da realidade, porém, ao dizer, ele a reescreve no *mythos*. A mimese III constitui o elemento da refiguração, que o texto provoca no leitor por meio de sua configuração narrativa da realidade, alterando a sua pré-figuração. Ou seja, a obra, mesmo que recorrendo a uma pré-compreensão e tornando-se uma configuração – uma leitura do real –, propõe novas posturas. A obra tem um potencial de ser intérprete da realidade não apenas de maneira passiva, mas de maneira criativa, transformando-a. Assim, podemos dizer que literatura quer interpretar o mundo, mas também remodelá-lo.

O traço essencial da ficção é sua capacidade de organização, pois ao retratar o mundo, configura a trama do *mythos* e assim dá sentido às ações que vão en-

---

381. RICOEUR, P., Tempo e narrativa I, p. 101.
382. RICOEUR, P., Tempo e narrativa I, p. 102.
383. RICOEUR, P., Tempo e narrativa I, p. 11.
384. RICOEUR, P., Tempo e narrativa I, p. 110.

contrando uma ordem na narrativa. O desenrolar da trama se dá numa dialética de criação e descobrimento, de modo que a representação é criativa e possibilita o vislumbre de outra ordem que não era possível entrever na vida real. A ficção provoca, assim, transformação e transgressão da realidade. Seu potencial relaciona-se a uma ordenação como sequência e estabelecimento de relações entre os acontecimentos, a uma explicação e decifração dos episódios, mas também a uma força metafórica que reescreve a realidade por meio da suspensão do primeiro nível de referencialidade na utilização que faz do semelhante. Ela engendra a abertura de mundos possíveis, graças as suas nuances imaginativas. Ela não suprime nosso contato com o mundo; aliás, ela não possui essa ambição, antes, auxilia-nos a encontrar um sentido mais claro da existência que possa recriar o mundo.

A *mimesis* configura a realidade de outro modo, já que o mundo da ficção não é simples constatação, mas é um convite a descobrir um novo sentido. A representação do mundo permite um conhecimento de si mais aprofundado e a descoberta de novas relações com o mundo. Não ordena com leis e conceitos, como acontece na perspectiva científica, mas coloca as coisas em circunstâncias que as iluminam, desvela-as e cria assim um universo de sentido que redireciona o modo de ser no mundo.[385]

O romance, especificamente, "lê" a realidade, abrigando uma diversidade de discursos, escutando o próprio tempo como um grande diálogo, trazendo à tona as diversas vozes que se pronunciam, aquelas silenciadas ou até mesmo as ideias não formuladas. É um antídoto contra a visão maniqueísta incapaz de integrar as cores que formam o horizonte do real. O romance é um modo específico de fazer a experiência da realidade. Todavia, a palavra romanesca não deve ser vista só como representação do real, mas também a partir de uma dialética, do seu potencial de transfiguração da vida. Afinal, ela incide no mundo, capta a realidade, mas também propõe a sua subversão. O romance é sim um aparelho de percepção que apreende a vida em toda a sua complexidade e contradição, mas sobretudo uma fonte para a transformação desta. É uma forma de aprofundamento das relações do ser humano com o mundo. Ao mesmo tempo em que é um verdadeiro reduto de todos os problemas em que a sociedade contemporânea traz consigo, ainda se mostra como um verdadeiro lugar de reencontro do ser humano com ele mesmo, com valores coletivos e como horizonte de um futuro (re)humanizado. Ao refletir a vida e projetar sua refração, se revela como uma possibilidade de reinvenção desta. Simultaneamente, nos coloca diante da escuridão dos abismos que construímos e como uma modesta luz (*pháos*) clareia novos caminhos. O

---

385. SPADARO, A., A che cosa "serve" la letteratura?, p. 47.

que estamos dizendo pode ser resumido nas significativas palavras que o escritor peruano Mario Vargas Llosa utiliza para responder a um jovem escritor – que na verdade é um *alter* ego ficcional do próprio autor – sobre a sua disposição para a criação literária:

> Eu creio que a resposta é a rebelião. Eu estou convencido de que aquele que se entrega à criação de outras vidas diferentes daquela que ele vive, expressa, assim, de maneira indireta, sua rejeição e sua crítica da vida tal como é, do mundo real, e, ao mesmo tempo, seu desejo de substituí-la por essas que ele inventa graças à sua imaginação e aos seus desejos.[386]

Sintetizando, podemos dizer que o romance, com toda a sua complexidade e história, pode ser visto como uma espécie de decifração imaginativa da vida. Ao mesmo tempo em que se configura como uma fonte de conhecimento e interpretação, o romance projeta novos horizontes. Como se fosse um sacramento imaginativo, aponta para outra realidade desejada. Antes de ser uma fantasia alienante, projeta o leitor num mergulho agudo na realidade por um ângulo distinto. Numa perspectiva integradora, incorpora as diversas vozes que compõem o tecido social num dialogismo que escapa a teorizações esquemáticas superficiais. O romance se constrói numa logica antidogmática porque recolhe num entrecruzamento diversos juízos, mesmo que tenda, por força do gênio autoral, a fazer sobressair algum deles. Nesse recolhimento ilumina o real aqui e agora, mas utopicamente também convoca para reformas, revoluções e recriações no poder da imaginação transubstanciada no texto.

Essa distinção a respeito do gênero romanesco e do seu potencial enquanto discurso capaz de apreender e recriar a realidade é importante porque miramos os romances bíblicos saramaguianos onde antevemos a concretização desse poder crítico-interpretativo-imaginativo. Entretanto, somado a isto, ainda avaliamos ser necessário aprofundar especificamente as questões relacionadas ao seu potencial teológico.

Aportes teológicos para uma "teologia ficcional"

Agora que os pressupostos em relação ao gênero do romance foram postos, precisamos entender em que sentido, teologicamente falando, é possível aprofundar a proposição da aproximação à obra saramaguiana como expressão teológica. Já que seguimos o rastro da hipótese de que o texto literário poder ser considerado

---

386. VARGAS LLOSA, M., Cartas a un joven novelista, p. 11-12.

como teologia não teórica, colocada por Duployé, Jossua e Barcelos, sem descartar as contribuições de outros autores, é necessário dizer sob quais categorias esta ideia pode ser aprofundada. A pergunta que norteia este momento do trabalho é: Sob que condições é possível considerar o potencial teológico da literatura, mais especificamente da ficção romanesca? Para buscar respondê-la destacaremos as contribuições da teologia narrativa em relação ao potencial gnosiológico das formas discursivas da narração. Todavia, como os romances saramaguianos se constroem desde a problematização da fé cristã no reuso dos textos bíblicos, é necessário pensar em que sentido esses textos se constituem como expressão teológica, mesmo que numa leitura crítica do cristianismo se parta da função hermenêutica necessariamente intrínseca ao fazer teológico. Por fim também salientaremos o específico poder teológico do romance.

As contribuições da teologia narrativa

Lembramos que Duployé, Jossua e Barcelos destacaram o poder teológico da literatura; entretanto, ressaltamos que a chamada teologia narrativa pode ajudar a tematizar ainda mais a proposta de uma teologia de caráter literário por meio da valorização da narração como maneira adequada para se falar de Deus. Acreditamos que essa perspectiva de uma teologia em modo não teórico pode ser melhor trabalhada se acrescida das contribuições e ideias da teologia narrativa. Embora, Duployé, no desenvolvimento de suas exposições sobre a importância do saber literário para a teologia tenha ressaltado a importância de uma reconciliação com os modos discursivos bíblicos, a teologia narrativa destaca-se por dar importância ao tipo específico de racionalidade desvelada na narração. Ainda que a teologia narrativa não se concentre na narração ficcional, suas considerações acerca do poder do discurso narrativo são de grande valia para pensar outros modelos teológicos.[387]

Tal ponto de vista se dá na esteira do desenvolvimento da narratologia, sobretudo a partir da década de 60 do século XX com Barthes, Genette, Greimas, Bremond, Todorov e Eco. Aliás, Ricoeur aponta que "os principais recursos da teologia narrativa são as prodigiosas aquisições que podemos constatar no campo da

---

387. "Inumeráveis são as narrativas do mundo (...) a narrativa pode ser sustentada pela linguagem articulada, oral ou escrita, pela imagem, fixa ou móvel, pelo gesto ou pela mistura ordenada de todas estas substâncias; está presente no mito, na lenda, na fábula, no conto, na novela, na epopeia, na história, na tragédia, no drama, na comédia, na pantomima, na pintura (recorde-se a Santa Úrsula de Carpaccio), no vitral, no cinema, nas histórias em quadrinhos, no *fait divers*, na conversação" (BARTHES, R., Introdução à análise estrutural da narrativa, p. 19).

narratologia",[388] que podem ser arrumadas sob quatro marcas: 1) na arte de tecer a intriga; 2) no estatuto epistemológico da inteligibilidade; 3) no papel da tradição; 4) na significação de uma narração. A partir daí surge um interesse pela Bíblia por parte dos autores que pertencem ao âmbito dos estudos literários, e no campo da teologia. Nos anos 70 principalmente, evoca-se a necessidade de uma exegese narrativa além da ascensão da afirmação do poder teológico da narrativa.[389] Em 1973, a revista *Concilium* publicou uma edição sobre a crise da linguagem religiosa, expondo a insuficiência da "gramática dogmática" em que Harald Weinrich, ao destacar que Jesus era um contador de histórias e seus discípulos compunham uma comunidade de narradores, reivindica a recuperação por meio de uma teologia narrativa do espaço metafórico da verdade.[390] Na mesma direção, estranhando a ausência da palavra narração nos dicionários teológicos, Metz lembra que há estruturas narrativas na fé cristã.[391] No ano seguinte, 1974, G. Lohfink publica *Erzählung als Theologie*,[392] onde, ao comentar o texto de Weinrich, chama a atenção para a estrutura linguística básica dos evangelhos. Contudo, no mesmo ano H. Frei em *The eclipse of Biblical narrative* faz uma crítica às modernas práticas de leitura da Bíblia que ignoram o fato de ser ela um conjunto de narrativas.[393] Segue-se a isso o surgimento do Centro de Análise do Discurso Religioso (CADIR) em Lyon, que agrupa importantes exegetas e linguistas como: J. Delorme, L. Marin, L. Panier, I. Almeida, F. Genuyt e J-C. Giroud. Mais à frente, autores como J. Licht em: *Storytelling in the Bible*,[394] Shimon Bar-Efrat em: *Narrative art in the Bible*[395] e J. Robinson em: *The gospel as narrative*,[396] destacando que só recentemente a percepção de que certos textos da Bíblia Hebraica e do Novo Testamento consistem de narrativas se tornou relevante. Estes últimos esforços estiveram mais ligados ao campo da exegese, mas é claro com consequências para todos os campos da teologia.

Estas reflexões podem ser vistas como um *tour de force* para recuperar a importância da narrativa e mostrar que a linguagem conceitual não é suficiente para capturar a profundidade das experiências humanas, embora esta tenha o

---

388. RICOEUR, P., Rumo a uma teologia narrativa, p. 291.

389. MENDONÇA, J. T., A construção de Jesus, p. 17-22.

390. WEINRICH, H., Teologia narrativa, p. 210-221.

391. METZ, J.-B., Pequena apologia da narração, p. 580-592.

392. LOHFINK, G., Erzählung als Theologie, p. 521-532.

393. FREI, H., The eclipse of biblical narrative, p. 4.

394. LICHT, J., Storytelling in the Bible.

395. BAR-EFRAT, S., Narrative art in the Bible, p. 9.

396. ROBINSON, J., The gospels as narrative, p. 97.

seu lugar. Elas opõem-se àquilo que Bruno Forte chamou de "sedução idealista",[397] em que as ideias pré-concebidas dos sistemas prevalecem sobre a vida. Objetam contra o modelo especulativo que acabou por excluir o aspecto simbólico em prol de uma linguagem puramente conceitual, que se consagrou a partir da Idade Média e ganhou novos contornos, tanto após as reformas protestantes como na Modernidade, por correr o risco de perder a capacidade de comunicar-se com homens e mulheres e seus reais dramas. Afinal, como sublinha Libânio: "uma teologia, que esquece a categoria da narração ou que a despreza teoricamente, como forma de expressão pré-crítica, desvia experiências originárias da fé para coisa inconcreta e muda".[398]

Ao enfatizar isto, não fazemos um apelo ao irracionalismo, mas lembramos que o ser humano não se restringe ao intelecto e que as dimensões afetivas e fantasiosas da vida precisam ser consideradas. Afinal, a narração é uma arte tão antiga quanto a própria humanidade. Como sublinha Habermacher: "Narrar é um fenômeno essencial do humano".[399] Como diz Umberto Eco: "contar e escutar contos é uma função biológica".[400] Ou como ressaltou Jonathan Culler: "há um impulso humano básico de ouvir e narrar histórias".[401] É contando, escutando, lendo, recontando e reescrevendo que o ser humano revela as grandezas e debilidades da sua existência. A narração é uma estrutura primária da comunicação e o denominador comum das diversas formas literárias, mito, poesia, teatro, prosa, fábula etc.[402]

As estruturas narrativas estão em toda parte. Culler, referindo-se a uma compreensão do crítico Frank Kermode, afirma que até mesmo quando descrevemos coisas simples como o trabalho de um relógio pela expressão "tique-taque", damos a esse ruído "uma estrutura ficcional, diferenciando entre dois sons fisica-

---

397. Ao falar sobre a "sedução idealista", Forte destaca que "não faltaram reconstruções guiadas por teses preconcebidas, cujo sabor se pode sentir até em algumas sínteses com forte acento manualista e dogmático, em que o propósito sistemático prevalece sobre a complexidade do dado histórico". Outro extremo que chama de "renúncia positiva", no qual a "historicidade da revelação e de sua transmissão resistiria de tal forma a toda interpretação totalizante, que nenhuma reconstrução interpretativa se veria isenta de riscos ideológicos". Pensando a relação da teologia com a história, propõe a abordagem que denomina como "narrativo-argumentativa" que seria "a escolha de uma narrativa crítica, consciente dos próprios limites, não ingênua, não positivista, não fundada sobre a ilusória pretensão de chegar a atingir os dados como *bruta facta*, mas que nem por isso renuncia à possibilidade de mover-se em um horizonte de historicidade aberta, não redutível ao sistema" (FORTE, B., Teologia em diálogo, p. 24-25).

398. LIBANIO, J. B., Linguagens sobre Jesus (2), p. 18.

399. HABERMACHER J.-F., Promesses et limites d'une théologie narrative, p. 57.

400. ECO, U., Sulla Letteratura, p. 264.

401. CULLER, J., Teoria literária, p. 85.

402. G. RAVASI., Ciò che abbiamo udito...lo narreremo (Sal 78, 3-4), p. 344.

mente idênticos, para fazer de *tique* um começo e de *taque* um final".[403] A narração é neste sentido um modo de humanizar o tempo.[404]

De acordo com Manzatto, uma visão racionalista demais que ignora as dimensões narrativas da vida "separa razão e emoção, corta o homem em dois e, privilegiando a razão, chega a uma linguagem técnica tão fechada que ela torna-se mesmo esotérica. Aqui a linguagem teológica torna-se estática e fixista e perde sua força e apelo".[405]

Neste sentido, é possível evocar como testemunho teológico, a tradição narrativa presente em toda a memória da Bíblia. Ou seja, o fato de que a expressão da fé fora dos registros sistemáticos não é nova e nem estranha.[406] Como lembra Duployé, a inteligibilidade que assegurou a revelação que Deus fez de si mesmo é de tipo literária.[407] A revelação de Deus na história não foi relatada por meio de um sistema de ideias e tampouco de uma especulação metafísica, mas por meio de um conjunto de obras literárias. Neste sentido, a importância da narração é tal que, por um lado, podemos captar o sagrado pela forma narrativa[408] e, por outro, participar do processo de comunicação da fé por meio dela. Desta maneira, a narração pode ser vista como linguagem facilitadora da percepção do agir de Deus na história que escapa às teorias, pois por mais que Deus seja indizível, não é inenarrável.[409] Se Deus se revela no tempo e na história, "o modo privilegiado pelo qual o ser humano articulará seu discurso sobre o Deus de sua fé deverá ser não tanto a teologia conceitual, mas preferentemente a teologia narrativa".[410] O Deus da Bíblia é o Deus de Isaac, Abrãao e Jacó, não o Deus dos filósofos. É o Abba de Jesus de Nazaré cuja concepção é composta de gestos, eventos e narrativas, e não por ideias abstratas e conceitos atemporais.[411]

A teologia narrativa não chama a atenção para a narração apenas enquanto ilustração, como se fosse um apêndice às doutrinas, mas destaca que, por si mesma, ela exprime a fé e carrega uma teologia. Javier Garibay, ao se perguntar sobre

---

403. CULLER, J., Teoria literária. p. 85.

404. Kermode considera "o tique-taque do relógio como um modelo do que chamamos de enredo, uma organização que humaniza o tempo dando-lhe forma" (KERMODE, F. apud CULLER, J. Teoria literária, p. 85).

405. MANZATTO, A., Teologia e literatura, p. 84.

406. MANZATTO, A., Teologia e literatura, p. 82.

407. DUPLOYÉ, P., La religion de Péguy, p. VIII.

408. CÍA LAMANA, D., El poder narrativo de la religión, p. 17.

409. GESCHE, A., Pour une identité narrative de Jésus, p. 167.

410. BINGEMER, M. C. L., O Deus cristão, p. 204.

411. BINGEMER, M. C. L., O Deus cristão, p. 205.

o que é a teologia narrativa, ressalta que ela não constitui um conjunto de ideias fechadas que outros elaboraram e que precisamos desvendar e aprender, mas que se trata de narrar os acontecimentos e descobrir neles sinais da ação de Deus.[412] Assim, parte do reconhecimento de que a Escritura é constituída, em grande parte, pelo gênero narrativo como, por exemplo, no caso dos ensinamentos de Jesus por meio das parábolas. A sua ênfase, portanto, não é a argumentação, conquanto seja preciso considerar que na narrativa a argumentação esteja presente. A narrativa preocupa-se em contar um relato e com sua significação e não se detém, necessariamente, na prova técnica do falso ou verdadeiro. Não se pode diminuir a narração evocando um caráter pré-científico. A narração não pode ser considerada pré-racional mesmo que não seja impecavelmente científica.[413] Por outras palavras, a narração possui uma racionalidade, mas que se distingue do *logos* científico. O *mythos*, por assim dizer, contém uma *ratio,* que como vimos com Duployé, se "desvela progressivamente sob a aparência de uma vestimenta imaginativa que a manifesta ao mundo. (...) A Bíblia é um mito verdadeiro".[414]

Segundo Weinrich, o cristianismo era, no princípio, uma sequência de narrações. Nas palavras dele,

> Jesus de Nazaré entra em nosso contato principalmente como pessoa narrada; frequentemente como narrador narrado por outros enquanto os discípulos aparecem como ouvintes de narrações, os quais, por sua vez, narram e repetem, oralmente e por escrito, as histórias ouvidas. Este, enfim, é o processo pelo qual estas estórias chegaram também até nós. Neste processo entremos também nós, quando, narrando essas histórias às nossas crianças (é aconselhável, no caso, que não sejam repetidas ao pé da letra) entramos por nossa vez na tradição ininterrupta da narrativa. Assim sendo, podemos dizer que o cristianismo é uma sociedade da narração.[415]

Os evangelhos, por exemplo, à medida que apresentam Jesus como narrador, ao mesmo tempo em que narram Jesus, estão fazendo teologia. O que nos leva a afirmar que toda teologia cristã possui uma inalienável subestrutura narrativa.[416]

---

412. GARIBAY, J., Narrar, p. 84.
413. MANZATTO, A., Teologia e literatura, p. 86.
414. DUPLOYÉ, P. La religion de Péguy, p. IX.
415. WEINRICH, H., Teologia narrativa, p. 570.
416. METZ, J.-B., Pequena apologia da narração, p. 580-592; MANZATTO, A., Teologia e literatura, p. 86.

De acordo com Ricoeur, é possível nomear Deus, segundo a fé, justamente porque os textos que vêm antes de nós já o nomearam.[417] Nas suas próprias palavras, "nomear Deus é em primeiro lugar um momento da confissão narrativa".[418] O autor preocupa-se, principalmente, em afirmar que a narrativa bíblica preserva, no registro escrito, uma nomeação de Deus e torna possível outras experiências religiosas mediadas pelos textos. A nomeação de Deus é uma atividade poética que se afasta do registro especulativo de verificação. Esta atividade, portanto, deve ser vista como um conhecimento verdadeiro do mundo que é aberto. Neste sentido, em consonância com Luiz Carlos Susin, a partir do filósofo francês, afirmamos que "a linguagem narrativa, com suas características míticas, tem densidade de verdade que a ciência não alcança. É narrando que se diz o mistério".[419] Em contraponto à estrutura racional sistêmica, propõe a linguagem imagética, simbólica própria da narração como fundamento da teologia.[420] É preciso formular o conteúdo vital da experiência de fé não tanto em um sistema dogmático, mas em forma narrativa.[421] Como nos lembra Libânio, há ainda outras formas de narrativa pertencentes à tradição cristã dentre as quais podem ser destacadas as *Confissões* de Agostinho, a *Autobiografia* de Inácio de Loyola, *A montanha dos sete patamares* de Thomas Merton, isto sem falar nos afrescos, esculturas, vitrais e iluminuras.[422]

Esta perspectiva nos chama atenção por aproximar a teologia das suas raízes, considerando a narração como ponto de partida para a elaboração teológica. No diálogo, pretendemos garantir as especificidades de cada saber, portanto, não se trata de transformar a teologia em narrações, mas de mostrar que já há, na narrativa que trata dos temas da fé, uma teologia.[423] Não se quer elaborar uma teologia puramente narrativa, mas recordar a necessidade de o saber teológico radicar-se e vivificar-se na riqueza da narração e no nosso caso, especificamente, na narrativa ficcional romanesca.

---

417. RICOEUR, P., Entre filosofia e teologia II, p. 183.

418. RICOEUR, P., Entre filosofia e teologia II, p. 191.

419. SUSIN, L. C., É narrando que se diz o mistério.

420. Libânio faz distinção dos contornos da teologia narrativa na Europa e na América-Latina. No continente latino-americano esteve ligada à religiosidade popular e a experiência dos círculos bíblicos, enquanto que na Europa esteve ligada ao universo acadêmico (LIBANIO, J. B., Diferentes paradigmas da história da teologia, p. 46).

421. SCHNEIDER, M., Teologia como biografia, p. 60.

422. LIBANIO, J. B., Linguagens sobre Jesus (2), p. 22.

423. LIBANIO, J. B., Linguagens sobre Jesus (2), p. 45.

A função hermenêutica da teologia

O trabalho teológico também tem que ver com a apropriação e reinterpretação criativa das narrativas, à medida que novos horizontes se apresentam. Edward Schillebeeckx destaca tal caráter hermenêutico da teologia, ao afirmar que esta não pode contentar-se em repetir o legado recebido porque a tradição sem conexão com a vida contemporânea torna-se estéril.[424] Claude Geffré, ao tecer suas considerações a respeito do deslocamento atual da teologia no tocante à revelação, visando alicerçar a proposta de uma teologia caracterizada essencialmente como um saber hermenêutico, destaca que: "hoje temos consciência mais viva de que a Palavra de Deus não se identifica nem com a letra da Escritura, nem com a letra dos enunciados dogmáticos".[425] Por isso, o termo "hermenêutico" deve adjetivar o "movimento de pensamento teológico que, pondo em relação viva o passado e o presente, expõe-se ao risco de interpretação nova do cristianismo para hoje".[426] Esta compreensão distingue-se por afirmar uma condição interpretativa intrínseca à teologia ou por enfatizar a hermenêutica como "dimensão interior da razão teológica ou ainda um novo paradigma, um novo modelo, uma nova maneira de fazer teologia".[427] Werner G. Jeanrond faz uma distinção didática que ajuda a compreender a diferença que há entre a afirmação da hermenêutica como disciplina teológica e a função hermenêutica da teologia. Segundo este autor, a perspectiva da hermenêutica teológica afirma que todos os textos têm uma dimensão teológica mesmo que implicitamente, enquanto que a teologia hermenêutica afirma que a teologia é, mesmo por natureza, um exercício hermenêutico.[428]

A teologia tem como tarefa primordial a atualização constante e não apenas a reprodução de proposições estabelecidas no passado. Esta compreensão difere daquela que afirma ser a revelação um ato dos "céus" para a "terra", um ato puro de Deus, que apenas ganha forma nos testemunhos escriturísticos e nas formulações dogmáticas. Ao fazer tal afirmação o teólogo tem em mente a ideia de que é preciso levar a sério o fato de estas formulações já serem interpretações. A revelação não pode mais ser percebida como a comunicação a partir do alto, de um conteúdo fixado de uma vez por todas. Mas designa, ao mesmo tempo, "a ação de Deus na história e a experiência de fé do Povo de Deus, que se traduz em expressão

---

424. SCHILLEBEECKX, E., En torno al problema de Jesús, p. 18.
425. GEFFRÉ, C., Como fazer teologia hoje, p. 18.
426. GEFFRÉ, C., Como fazer teologia hoje, p. 63.
427. GEFFRÉ, C., Crer e interpretar, p. 11.
428. WERNER, G. J., L'ermeneutica teologica, p. 21.

interpretativa dessa ação. Em outras palavras, o que chamamos de Escritura já é interpretação. E a resposta da fé pertence ao próprio conteúdo da revelação".[429]

Portanto, segundo esta perspectiva, não é possível falar na fé apenas como reação à revelação, mas em um processo revelatório do qual a interpretação da fé é parte constituinte. Isto porque o processo revelatório se dá sempre numa história e numa cultura concreta. O presente se torna a situação hermenêutica que nos permite acessar testemunhos anteriores tendo o futuro como meta. De acordo com Schillebeeckx, "o que antes foi experiência para outros é hoje tradição para nós; e o que para nós é hoje experiência será amanhã novamente tradição para outros".[430] Sendo assim, "na interpretação que hoje se faça, sempre se tratará de outra interpretação".[431] A própria experiência de fé só é possível a partir de um horizonte cultural definido, um *sitz in leben*[432] que lhe condiciona ao mesmo tempo em que lhe confere inteligibilidade.

A teologia é no dizer de Geffré ""reescritura" a partir de escrituras anteriores, não somente da Escritura-fonte dos dois testamentos, mas também das novas escrituras suscitadas por ela ao longo da vida da Igreja".[433] A primeira escritura já deve ser considerada fruto de uma interpretação, no caso do Novo Testamento, do evento Cristo narrado pelas comunidades cristãs que, devido a novas situações históricas, suscitou novas escrituras por meio de uma dinâmica que visava preservar a vitalidade da experiência de fé. Ao comentar a compreensão de Schillebeeckx, sobre a hermenêutica dizer respeito a uma tarefa de interpretar uma interpretação,[434] Gibellini destaca justamente isso, a forma como os textos da revelação são interpretados pela hermenêutica teológica, sendo que os textos do Antigo e do Novo testamentos já são uma "interpretação efetiva" dos fatos (a história de Israel e a história de Jesus), aos quais se referem.[435] A Bíblia, na sua complexidade, pode ser vista como fruto de um longo processo hermenêutico. O trabalho teológico configura-se por uma necessidade interpretativa que pode ser caracterizada como "reescritura", na medida em que reinterpreta as interpretações

---

429. GEFFRÉ, C., Como fazer teologia hoje, p. 18.

430. SCHILLEBEECKX, E., En torno al problema de Jesús, p. 75.

431. SCHILLEBEECKX, E., Interpretación de la fé, p. 41.

432. Expressão alemã utilizada comumente na exegese de textos bíblicos. Pode ser traduzida por "contexto vital". O *Sitz im Leben* aponta para o contexto concreto em que uma determinada passagem da Bíblia foi escrita. Segundo J. L. Ska esta expressão foi criada por H. Gunkel (SKA, J. L., Introdução à leitura do pentateuco, p. 128).

433. GEFFRÉ, C., Como fazer teologia hoje, p. 65.

434. SCHILLEBEECKX, E., L'intelligenza della fede, p. 15.

435. GIBELLINI, R., A teologia do século XX, p. 326.

feitas anteriormente. Podemos afirmar com Geffré que a "reescritura" teológica é anamnese porque é antecedida pelo evento fundador, mas é também profecia, já que só pode atualizar o evento fundador, produzindo novas figuras históricas e um novo texto.[436] Elmar Salmann evoca a dinamicidade e o caráter simbólico do texto, que é o elo entre a razão teológica e a razão literária. No seu dizer, o texto que, de fato é um elemento comum à teologia e à literatura, é uma "realidade ambígua, presença e retorno, símbolo de uma fé, de uma visão, de uma mensagem que transmite e provoca".[437] Desta forma, cada texto é inspirado e ao mesmo tempo inspirador porque está numa relação contínua com o passado e também com o futuro. Na perspectiva do teólogo, esta percepção trabalha como um antídoto contra a compreensão teológica que funciona como uma cristalização teórica do real. Não existe uma *theologia perennis*, mas todo esforço teológico é contextual e determinado por um *kairós*.[438] Assim, julgamos ser necessário grifar "cada vez mais a função presente da teologia como correlação crítica e mútua entre a interpretação da tradição cristã e a interpretação de nossa experiência humana contemporânea".[439]

Neste sentido, o *intellectus fidei* pode ser visto como uma exploração do sentido existencial da fé cristã em constante atualização:

> o ato teológico como *intellectus fidei* se deslocou. Quero dizer que não podemos mais identificar o *intellectus fidei* com um ato da razão especulativa que se mova segundo o esquema do sujeito e do objeto e que procure explicar o que nos é dado compreender na revelação, a partir de certo números de razões metafísicas. O *intellectus fidei* pode ser comparado a um "compreender hermenêutico", ou seja, é diferente de um simples ato de conhecimento, um modo de ser no qual a compreensão do passado é inseparável de uma interpretação de si mesmo.[440]

Lembrando este deslocamento do *intellectus fidei* para fora do registro teórico e sua necessária relação com a experiência humana contemporânea, é que destacamos sua correspondência com a literatura. A teologia não pode ser vista somente como produto do esforço do "teólogo profissional", que recolhe, descreve e cataloga os temas da fé, mas é antes de tudo, uma inteligência que não se en-

---

436. GEFFRÉ, C., Como fazer teologia hoje, p. 69.
437. SALMANN, E., Letteratura e teologia, p. 8.
438. MOLTMANN, J., Experiências de reflexão teológica, p. 60.
439. GEFFRÉ, C., Como fazer teologia hoje, p. 7.
440. GEFFRÉ, C., Como fazer teologia hoje, p. 26.

quadra somente no registro conceitual e repetitivo. Afinal, como salienta Sallie McFague, o teólogo e a teóloga "não devem limitar-se unicamente a interpretar as metáforas e modelos bíblicos e tradicionais, senão que devem remitologizar buscando na vida e na sensibilidade contemporânea as imagens mais apropriadas para a expressão da fé cristã no tempo em que vivem".[441]

Nesta tarefa a literatura possui um papel fundamental. De acordo com Duployé, a afinidade que a teologia conserva com as imagens e a literatura de uma época determina a relação que ela mantém com a cultura dessa época.[442] Quanto mais se aproxima da literatura tanto mais a teologia é capaz de conectar-se com a cultura de seu tempo. Deste modo, encontramos uma chave para nos aproximarmos da literatura mesmo que seja não cristã ou até mesmo ateísta, afinal, ela deve ser compreendida como decifradora do mundo e por isso deve ser lida sem preconceitos. Rahner salienta que leitores cristãos imbuídos de uma mentalidade pouco adequada à complexidade do contexto histórico e cultural podem não ter os instrumentos para ler adequadamente uma obra, e mais: até mesmo a própria contestação do cristianismo pode ser derivada da falta de capacidade dos cristãos para enfrentarem e resolverem problemas reais.[443] A literatura ganha importância já que auxilia na decifração da vida. Assim, podemos considerar os textos literários e, especialmente o romance, até mesmo aqueles que problematizam temas fundamentais da fé, como portadores de certa teologia.

O poder teológico da ficção romanesca

A partir de todo o pano de fundo das reflexões anteriores e a partir deste momento destacaremos especialmente o potencial teológico da ficção romanesca. Mesmo que já tenhamos sobressaído o estatuto epistemológico da narrativa para a teologia, é necessário ressaltar que o romance possui características específicas. Embora possamos aproximar o romance das narrativas e por extensão estabelecer uma relação entre eles, é preciso considerar que a prosa romanesca que possui uma ligação com textos da Antiguidade e da Idade Média, ganha contornos particulares na transição para a Modernidade.

Salmann, por exemplo, reconhece a originalidade do romance em relação à outras formas de expressão da criatividade humana. Pensando designadamente o

---

441. MCFAGUE, S., Modelos de Dios, p. 68.
442. DUPLOYÉ, P., La religion de Péguy, p. XI.
443. RAHNER, K., Il futuro del libro religioso, p. 497.

universo romanesco e a sua relação com a cultura e a teologia, destaca-se que este gênero aparece como um

> espelho e talvez o reflexo mais fiel do nascimento e da decomposição do projeto moderno e, em seguida, também nosso. Podemos dizer que o romance é mais astuto que Kant, uma vez que se rende ao jogo aberto de destino e liberdade, entre observador e mundo observado. O romance é um pequeno sacramento da modernidade no qual nos refletimos, nos compreendemos, nos alienamos de nós mesmos e nos reencontramos.[444]

Revela-se como uma "metáfora do mundo integral" sempre aberto à diversidade de juízos e possuindo "um misto entre fantasia e realismo, entre observação precisa e jogo". Se caracteriza por uma "sabedoria da incerteza", uma sabedoria da "ausência de um juízo supremo", uma sabedoria capaz de suportar a "substancial relatividade das coisas humanas". Mesmo oferecendo um conhecimento concreto, é não conceitual e aberto, ao que não se limita expressar apenas um ponto de vista, mas cria um cruzamento entre os diversos tipos de discursos.[445]

O teólogo desenvolve estas reflexões apontando para o *Decameron* de Boccaccio, escrito entre 1348 e 1353, como marco inicial do universo do romance moderno. Na perspectiva de Salmann, a novela ambientada no século XIV, ao narrar as histórias contadas pelo grupo fugitivo da peste, em Florença, prefigura a inauguração de um mundo novo.[446] Salmann ressalta uma mudança de mentalidade. Para ele: "Neste horizonte não é mais um Deus que garante a ordem, mas é o homem que recria um mínimo de credibilidade".[447] A novela se desenvolve como uma criação laica, que não pretende negar a incompreensibilidade e o mistério do mundo, mas revelar a possibilidade de desenredar-se mesmo sem escapar dela. Segundo esta compreensão, o romance, além de ilustrar a complexidade da realidade, apresenta maneiras outras de vivê-las. É um pequeno mundo complexo em si mesmo, uma "obra-mundo" que se constrói na interseção de diversos pontos de vista e, por isso, não pode ser fechado em nenhuma teoria. Cada romance é um universo próprio enquanto projeta para além de si outras possibilidades de estar no mundo. O romance é composto, por assim dizer, simultaneamente, de

---

444. SALMANN, E., La teologia è un romanzo, p. 16.

445. SALMANN, E., La teologia è un romanzo, p. 16 e 21.

446. A obra de Boccaccio influenciou diretamente a formação e o desenvolvimento da prosa romanesca, por isso está intimamente ligada ao desenvolvimento do gênero. No entanto, outros autores destacam que o gênero literário do Romance nasce com as obras de Rabelais, com Dom Quixote de la Mancha de Cervantes ou até mesmo com Robinson Crusoé de Defoe (KUNDERA, M., A arte do romance, p. 12; AIME, O., Il curato di Don Chisciotte, p. 2-23; WATT, I., A ascensão do romance).

447. SALMANN, E., La teologia è un romanzo, p. 18.

representação e visão. É um jogo entre fantasia e realismo capaz de, surpreendentemente, antecipar a reflexão filosófica. O século XX, por exemplo, até os anos 50 não conhece uma filosofia da cidade, pois se concentra no indivíduo, entretanto, Balzac e Baudelaire representaram, em suas obras, a função central dos aglomerados na modernidade. "Foi o romance que revelou o mistério desta conglomeração, esta sobreposição de frequências, de destino e de liberdade".[448]

O romance também se destaca por ser essencialmente antidogmático enquanto alternativa à teoria, contudo, é sempre preciso na sua descrição de mundo, mesmo sendo um sistema aberto. A partir dessa complexidade e, em razão de sua estrutura, sempre problematiza a opinião dominante e a teoria como fechamento definitivo do real. Sua ótica não está limitada a expressar certa visão, mas os observadores são observados por ela, criando um cruzamento permanente entre diferentes perspectivas e tipos de juízo. Se por um lado o gênero romanesco se caracteriza por ser uma obra-mundo, por outro é um exercício de "individualização" de cada perspectiva.

Salmann destaca que o romance é a "arte da democracia" já que traz em si uma multiplicidade de pontos de vista. O romance é irônico por natureza. É um "jogo aberto entre revelação e fantasia humana".[449] Põe, lado a lado, os diversos juízos numa configuração fruto do recolhimento das muitas opções e imagens distintas entre si. Ou seja, cada romance, pelo simples fato de ser romance, à medida que revela o caráter precário do que está estabelecido como norma, por meio de sua abertura ao outro, opondo-se às teorizações terminadas, mas sem abandonar a precisão, mantém uma conexão com o mistério. No romance, há uma descrição precisa por sua riqueza de perspectivas e concomitantemente uma entrega ao mistério, ao destino e à liberdade do protagonista.[450] Isto significa que o romance é teológico mesmo não correspondendo e até mesmo problematizando aquilo que, tradicionalmente, a teologia considerada ortodoxa tem afirmado. Ele opera muitas vezes um deslocamento teológico em que, a partir da perspectiva dialógica e polifônica, descentraliza as afirmações outrora estabelecidas e fixadas.

Para aprofundar a problematização das posturas tradicionais, inclusive religiosas, no romance moderno e para poder enxergar mesmo aí uma teologia, é preciso dar mais alguns passos. Milan Kundera, ao se indagar sobre o que é o romance, responde apelando a um provérbio judeu: "O homem pensa, Deus ri". E, a partir dele, ressalta: "gosto de imaginar que François Rabelais um dia ouviu

---

448. SALMANN, E., La teologia è un romanzo, p. 20-21.
449. SALMANN, E., La teologia è un romanzo, p. 35.
450. SALMANN, E., La teologia è un romanzo, p. 29.

o riso de Deus e que foi assim que nasceu a ideia do primeiro grande romance europeu. Agrada-me pensar que a arte do romance veio ao mundo como o eco do riso de Deus".[451]

O caso de Rabelais, que viveu na França no século XVI, é significativo para pensarmos o potencial teológico do romance. Kundera lembra que Rabelais foi criador de diversos neologismos que posteriormente foram incorporados à língua francesa, mas que um deles foi esquecido: a palavra *agélaste*, que vem do grego e quer dizer: "aquele que não ri". Rabelais queixava-se que os *agélastes* eram atrozes com ele e que por causa disso quase deixara de escrever. O romancista tcheco recorre a este fato para grifar uma espécie de conflito tipológico entre os *agélastes* e os romancistas que acreditamos ser pertinente.[452]

Na sua formação, Rabelais, estudioso de Direito e médico, tomou contato com toda a rigidez da educação teológica e das práticas religiosas da época. Recebeu parte de sua instrução num convento franciscano; no entanto, seu interesse pelo grego e pelo latim e sua apreciação da literatura clássica, sob a influência do humanista André Tiraqueau, fizeram com que sofresse certa perseguição, o que provocou sua mudança para a Ordem dos Beneditinos, recebendo a ajuda de amigos. Foi duas vezes censurado pelos acadêmicos da Sorbonne pelos conteúdos de seus livros e precisou refugiar-se em Metz, posteriormente em Roma. Dependeu da proteção de figuras públicas como Jean du Bellay, bispo de Paris, para continuar seus estudos em Medicina e exercitar a profissão.[453]

Foi buscar na cultura popular a inspiração para os seus escritos. Isto se verifica pelo fato de "Pantagruel" e "Gargantua" serem figuras inspiradas num romance popular que circulava à época de Rabelais, cujo título era *Grandes et inestimables chroniques du grand et énorme géant Gargantua*.[454] Os elementos das festas populares também foram utilizados na narrativa rabelasiana. No carnaval medieval, Rabelais encontrou uma forma para compor sua obra, na qual o espírito de liberdade e de humor ia ao encontro das ideias do humanismo e questionavam a ordem estabelecida. Se as comemorações oficiais (da Igreja e do Estado) eram marcadas pela seriedade, reiterando as hierarquias, as celebrações do povo, em praça pública, privilegiavam o riso, os palavrões, a subversão dos símbolos religiosos e dos papéis sociais. Segundo Bakhtin, o escritor francês transpôs para a sua literatura os comportamentos sociais das festividades populares da Idade Mé-

---

451. KUNDERA, M., A arte do romance, p. 146.

452. KUNDERA, M., A arte do romance, p. 147.

453. RABELAIS, F., The Complete Works of François Rabelais, p. XXVII-XLVII.

454. SIMÕES FEREIRA, M., Rabelais e "A Abadia de Thélème", p. 3.

dia, sobretudo o carnaval.[455] Seus textos são uma literatura carnavalizada e suas principais características seriam: a valorização da atualidade viva, sendo os heróis míticos e personalidades históricas do passado atualizados e dessacralizados, exploração consciente da experiência e da fantasia livre, recebendo a lenda um tratamento crítico e mesmo cínico desmascarador; pluralidade de estilos e variedade de vozes caracterizadas pela politonalidade da narração, pela fusão do sublime e do vulgar, do sério e do cômico.[456] A carnavalização, portanto, estaria diretamente associada à aproximação de aspectos distantes e à ruptura de hierarquias. Para Bakhtin, a eliminação provisória das relações hierárquicas nas festividades associadas às comemorações sagradas produziu o aparecimento de uma linguagem carnavalesca típica. As obscenidades, injúrias, louvores, grosserias, falas ousadas permeadas de liberdade e inovações rompiam com a estratificação social, reelaborando noções de convivência.[457] Portanto, poderíamos dizer que a carnavalização é a subversão da ordem estabelecida.

Para Bakhtin, "a carnavalização não é um esquema externo e estático que se sobrepõe a um conteúdo acabado", mas, na verdade, é "uma forma insolitamente flexível de visão artística, uma espécie de princípio heurístico que permite descobrir o novo e o inédito".[458] Ao tornar relativo todo o estável, constituído e acabado, ela permite um acesso às camadas mais escondidas do homem e das relações humanas e sua recriação. A carnavalização, mesmo em sua transmutação parcial para a literatura, tem um caráter subversivo. Põe a ordem estabelecida em xeque. Constitui uma maneira de questionamento que possibilita romper com aquilo que é dado como certo e convencional.

Isto pode ser visualizado na sátira de *Gargantua*, de 1534, por meio da paródia dos textos bíblicos, dos elementos essenciais do discurso eclesiástico que compunham a base da organização medieval. No episódio do nascimento de Gargantua, por exemplo, em que este sai pelas orelhas de sua mãe, Gargamelle. Rabelais evoca textos bíblicos para justificar o absurdo a partir da mesma lógica em que os sacerdotes os usavam, expondo assim a sua falta de coerência:

> Se duvidais, nada posso fazer; mas um homem de bem, um homem de bom-senso, acredita sempre no que lhe dizem e vê por escrito. Não diz Salomão, Proverbium XIV: *Innocens credit omni verbo* [O inocente acredita em tudo o que se diz] etc., e São Paulo prim. Corinthior. XII: *Charitas omnia credit*

---

455. BAKHTIN, M., A cultura popular na Idade Média e no Renascimento.
456. OLIVEIRA FILHO, O., O carnaval no convento, p. 42.
457. OLIVEIRA FILHO, O., O carnaval no convento, p. 235.
458. BAKHTIN, M., Os problemas da poética de Dostoiévski, p. 144-145.

[A caridade acredita em tudo]? Por que não acreditareis? Porque diríeis, não tem aparência. E eu vos digo que, só por essa causa deveis acreditar, com fé perfeita, pois os sorbonistas dizem que a fé é argumento das coisas destituídas de aparência. (...) Será contra a nossa lei, a nossa fé, a nossa razão, contra as Sagradas Escrituras? De minha parte, nada encontro nas bíblias santas que seja contra tal coisa. Mas, se a vontade de Deus assim for, achais que ele não pode fazer? Ah! por favor, não perturbeis jamais os vossos espíritos com esses vãos pensamentos. Pois eu vos digo que, para Deus, nada é impossível. E se ele quisesse que, de agora em diante, as mulheres parissem seus filhos pela orelha? [459]

Rabelais mostra assim sua crítica ao modelo educativo escolástico. Em outra passagem, Grandgousier, pai de Gargantua, menciona a história em que Filipe, rei da Macedônia, depois de perceber a inteligência do seu filho Alexandre, quando este conseguiu domar um cavalo no qual ninguém se arriscava a montar, decidiu confiar a sua educação a Aristóteles, à época, o maior filósofo da Grécia. Assim como Filipe, Grandgousier, após ficar maravilhado com a genialidade do filho, confiou a educação de Gargantua a um grande doutor em Teologia, Tubal Holofernes, que lhe ensinou o alfabeto em cinco anos e três meses, além de o fazer estudar o livro do gramático latino Donato, o *Faceto,* livro de bom humor, que ensina a moral dos homens e o *Teodoleto* e o *Alanus in Parabolis*. Depois, entregou o jovem aos cuidados do Mestre Jobelin Bridé que o fez estudar o *Doctrinale Puerorum* (Doutrinário das crianças), o *Mammetractus* (Mametracto, ou Exposição em cada livro da Bíblia), tratado de moral para uso dos escolares, o *De Moribus in Mensa Servandis* (Da maneira de se comportar à mesa), o *Dormi Securi* (Dorme em paz), coletânea de sermões publicada nos séculos XV e XVI, entre outros do mesmo gênero. Ora, isto deveria tornar Gargantua um rapaz instruído, mas seu pai percebeu que, apesar de todo esse estudo, Gargantua estava se tornando "idiota, palerma, distraído e bobo".[460] A perspicácia e a inteligência de Gargantua, aos poucos, foram desaparecendo, à medida que ele recebeu os estudos dos "(...) mateólogos sonhadores de outrora (...)".[461] Desta maneira, Rabelais critica o saber constituído por sua desconexão com a sabedoria prática e pela sua desconexão com as experiências da via.

Outro sinal deste questionamento é a subversão dos elementos simbólicos da religião e seu reuso num contexto diverso, como na passagem em que é narrada

---

459. RABELAIS, F., Gargantua, p. 46-47.
460. RABELAIS, F., Gargantua, p. 100.
461. RABELAIS, F., Gargantua, p. 101.

a ida de Gargantua à Paris pela primeira vez. Lá ele fica fascinado com os sinos da Igreja de Notre-Dame e resolve roubá-los para enfeitar o pescoço de sua enorme égua.[462] Além disso, mais um exemplo dessa dessacralização do símbolo religioso pode ser vista na passagem em que frei Jean des Entoummeures, para defender a vinha do convento de Seuillé dos soldados de Picrochole utiliza uma cruz como arma. Numa alusão clara à toda violência que a Igreja já havia cometido, Rabelais escreve: "E, trajando apenas um saiote com o capelo de lado, saiu ao encontro dos inimigos e tão bruscamente desceu o porrete em cima deles que, sem ordem nem senha, nem trombeta, nem tambor, se embarafustaram pela quinta".[463]

A visualização da sua crítica se dá não somente na utilização da lógica de certos discursos para mostrar por meio do absurdo como ela, na verdade, é ilógica, ou na demonstração do pouco proveito prático que a educação formal da época possuía e no deslocamento semântico dos símbolos religiosos, mas também pode ser percebida na subversão da vida monástica na criação da abadia utópica de *Thélème*. A certa altura Rabelais imagina um monastério em tudo divergente das ordens monásticas do seu tempo. Enquanto naqueles conventos predominavam a rigidez e o autoritarismo em *Thélème* (que significa "ato de vontade") experimentava-se a liberdade. Nesse lugar, sem muros ao seu redor, sucede tudo o que seria impossível de acontecer nas instituições religiosas.

> Toda a sua vida era orientada, não por leis, estatutos ou regras, mas de acordo com a própria vontade e livre-arbítrio. Levantavam-se da cama quando bem lhes parecia; bebiam, comiam, trabalhavam e dormiam quando lhes vinha o desejo. Ninguém os despertava, ninguém os forçava a comer, nem a beber, nem a fazer qualquer outra coisa. Assim o estabelecera Gargantua. Todo o seu sistema se resumia nesta cláusula: Faze o que quiseres.[464]

Sua intenção se confirma pelo poema inscrito em letras antigas, acima da porta de entrada de *Thélème*, dedicado à exclusão dos sorbonistas, e que os convidava a acolherem a proposta humanista:

> Cá não entreis, hipócritas, carolas/velhos grotescos, mendincantes sonsos/ Piores do que os godos e ostrogodos/Precursores de monos e raposas!/Pobres-diabos, beatos de sandália (...)/Ide vender lá fora tais abusos! (...) Entrai, ó vós, e sede aqui bem-vindos,/Ó nobres cavaleiros que chegais!/ Neste lugar, dinheiro que se ganha/É todo gasto para o vosso bem/ Sem distinção

---

462. RABELAIS, F., Gargantua, p. 107.
463. RABELAIS, F., Gargantua, 146.
464. RABELAIS, F., Gargantua, p. 248.

de grandes ou pequenos (...) Entrai, ó vós, mulheres de alta estirpe!/Com decisão entrai sem vacilar,/Ó lindas flores, de celeste face,/Cintura fina e porte tão discreto!/Nesta mansão tereis morada honrosa.[465]

Ou seja, a abadia de *Thélème* seria um universo reservado, onde não entraria o lado fechado, trabalhoso e aborrecido da vida, o lado dado ao descontentamento e à insatisfação, mas apenas o lado aberto e risonho, dos prazeres, da cultura e da beleza.[466]

Estas características dos seus textos fizeram com que Rabelais fosse visto como um não crente. Abel Lefranc afirmou que o escritor era ateu.[467] No entanto, Lucien Febvre, na obra *O problema da incredulidade no século XVI: a religião de Rabelais*, detecta certo anacronismo nos estudos desenvolvidos por Lefranc, e contesta a ideia do ateísmo de Rabelais, sublinhando que isso seria praticamente impossível àquela altura da história. Grifa que, apesar de no século XX o cristianismo ter se tornado uma escolha, no século XVI não havia essa possibilidade já que todos estavam mergulhados numa mentalidade cristã.[468] Todos os aspectos da vida não escapavam do ordenamento teológico-moral cristão. Conforme ressalta o pesquisador "não somos teólogos". Mas "(...) os homens do século XVI eram. Mesmo quando não haviam passado anos em um convento, como Rabelais: Rabelais que, inteligente como era e ardente no trabalho, deve ter sido submetido por seus superiores a intensos estudos de teologia".[469] Deste modo Rabelais seria um cristão mais descontente com a ordem imposta pela Igreja do que um ateu.

Embora Febvre tenha deixado de perceber os elementos cômicos da cultura popular da Idade Média e do Renascimento na obra de Rabelais,[470] o historiador, também aponta para o embate do escritor francês contra um modo de pensamento representado, ainda que por um caminho diferente. Como bem salientou Kundera, pelos *agélastes*, que "são convencidos de que a verdade é inequívoca, de que todos os homens devem pensar a mesma coisa e que eles mesmos são exatamente aquilo que pensam ser".[471]

O romance se tornou um meio teológico, no sentido em que, foi por meio do recurso do humor dessa literatura, que Rabelais desconstruiu discursos teoló-

---

465. RABELAIS, F., Gargantua, p. 239 e 241-142.
466. SIMÕES FERREIRA, M., Rabelais e "A Abadia de Thélème", p. 18.
467. LEFRANC, A., Rabelais.
468. FEBVRE, L., O problema da incredulidade no século XVI, p. 308.
469. FEBVRE, L., O problema da incredulidade no século XVI, p. 182.
470. BAKHTIN, M., A cultura popular na Idade Média e no Renascimento, p. 110-113.
471. KUNDERA, M., A arte do romance, p. 147.

gicos e práticas religiosas que fundamentavam toda uma maneira de viver. Podemos dizer que o romance rabelasiano, em contraposição à teologia estabelecida, se constrói como "paraíso imaginário" onde a "posse" da verdade e o "consentimento unânime" são postos em xeque. Constitui-se como uma arte não tributária, porém que contraria certezas ideológicas. A palavra romanesca ergue-se como "eco do riso de Deus", não só porque, dificilmente, Rabelais, naquele contexto, teria posto de lado a questão da existência de Deus, mas porque é um tipo de sabedoria alternativa que "à exemplo de Penélope, (...) desfaz durante à noite a tapeçaria que os teólogos, os filósofos, os sábios urdiram na véspera".[472]

Em *O nome da rosa* Umberto Eco ilustra bem este conflito entre o "espírito teórico" e o "espírito do humor". No universo da sua obra, o escritor italiano lembra que certa teologia consolidada na Idade Média rejeitava o riso. Esta tendência é representada pelo velho monge e bibliotecário Jorge de Burgos. Numa de suas conversas com o personagem Guilherme de Baskerville ele diz:

> O riso é a fraqueza, a corrupção, a insipidez de nossa carne. É o folguedo para o camponês, a licença para o embriagado, mesmo a Igreja em sua sabedoria concedeu o momento da festa, do carnaval, da feira, essa ejaculação diurna que descarrega os humores e retém de outros desejos e de outras ambições (...) O riso libera o aldeão do medo do diabo, porque na festa dos tolos também o diabo aparece pobre e tolo, portanto controlável (...) Quando ri, enquanto o vinho borbulha em sua garganta, o aldeão sente-se patrão, porque inverteu as relações de senhoria.[473]

Em outra ocasião dissera: "o riso é incentivo à dúvida".[474] Ora, Rabelais usou, nos seus romances, exatamente o riso extra-oficial para por em dúvida a teologia estabelecida. A passagem que abre *Gargantua* funciona como uma síntese que ilustra a intenção rabelasiana. Na abertura ele escreve: "É verdade que aqui pouca perfeição/Aprendereis, a não ser para rir;/Outro assunto não pode meu coração eleger,/Vendo o luto que vos desgasta e consome/Melhor é escrever de riso que de lágrimas,/Pois rir é próprio do homem".[475] Foi uma espécie de profeta que fez ecoar por meio da sua pena jocosa um grito contra discursos que tornavam viáveis supressões das dimensões fundamentais da vida humana.

---

472. KUNDERA, M., A arte do romance, p. 148.
473. ECO, U., O nome da rosa, p. 487-488.
474. ECO, U., O nome da rosa, p. 140.
475. RABELAIS, F., Gargantua, p. 25.

Poderíamos mencionar também o caso marcante de Cervantes que redireciona a história romanesca. Seu *Dom Quixote* é uma expressão da vida do sujeito diante dos posicionamentos institucionais, um testemunho do indivíduo frente à heterenomia que dava solidez às estruturas que organizavam a vida.

As novelas de cavalaria serviram como uma espécie de "preâmbulo" ou "iniciação". Mesmo de maneira satírica é a interiorização do universo das letras destes romances medievais que produz, neste primeiro cavaleiro moderno, um despertamento de sua vocação como é possível perceber no trecho abaixo sobre as leituras de Dom Quixote:

> (...) ele se enredou tanto em sua leitura, que passava as noites de claro em claro lendo, e os dias de sombra em sombra, e assim, de pouco dormir e de muito ler, se lhe secou o cérebro, de maneira que veio a perder o juízo. Encheu-se-lhe a fantasia de tudo aquilo que lia nos livros, tanto de encantamentos como de contendas, batalhas, desafios, feridas, galanteios, amores, tormentas e disparates impossíveis, e estabeleceu-se de tal modo na imaginação que era verdade toda aquela máquina daquelas sonhadas invenções que lia, que para ele não havia outra história mais certa no mundo. (...) Então, rematado seu juízo, veio a dar no mais estranho pensamento que jamais deu um louco no mundo, e foi que lhe pareceu conveniente e necessário tanto para o aumento de sua honra como para o serviço de sua república, fazer-se cavaleiro andante, e ir por todo o mundo com suas armas e cavalo a buscar as aventuras, e a exercitar-se em tudo aquilo que ele havia lido, que os cavaleiros andantes se exercitavam, desfazendo todo gênero de agravos, e pondo-se em ocasiões e perigos que lhe rendessem eterno nome e fama.[476]

O romance cervantista orbita em torno de um homem que, a partir da leitura, cria uma série de interações com Deus, com o mundo, com a história, com o seu próximo e consigo mesmo. *Dom Quixote* representa uma ilustração da existência humana, em toda a sua complexidade, que permite uma multiplicidade de abordagens, dentre as quais destacamos a teológica. Não é um livro de teologia *stricto sensu* e tampouco Cervantes é um teólogo. No entanto, a leitura do romance deixa transparecer a centralidade do tema próprio do espírito da época, que se manifesta não apenas na incorporação das virtudes cristãs consideradas ortodoxas, mas também em práticas religiosas para além dos arraiais institucionais.

Os textos bíblicos, incorporados à tessitura literária em que Cervantes retrata as angústias do homem de seu tempo, chamam a atenção. Só o uso das

---

476. MIGUEL DE CERVANTES., El ingenioso hidalgo Don Quijote de la Mancha, p. 100.

referências bíblicas poderia suscitar importantes questões em *Dom Quixote*, já que as citações bíblicas estavam envoltas em um complexo problema inquisitorial na época em que Cervantes viveu e diversas traduções da Bíblia eram proibidas.[477] Contudo, o mais provável é que Cervantes tenha retirado as citações de fontes secundárias. À luz daquelas referências e por meio da paródia, constrói um universo ficcional em que as linhas que dividem o sagrado e o profano perdem espessura. Segundo Antoñanzas, em *Dom Quixote* "a confusão entre literatura sagrada e profana deixa de ser uma norma literária para converter-se em um juízo geral sobre a ideologia de cavalaria".[478] Essa distinção básica entre o sagrado e o profano, que constitui a base de muitas novelas de cavalaria, tornou-se opaca em *Dom Quixote*. Para o saber teológico da época seria algo impossível. Como sublinha Antoñanzas, nenhum teólogo no século XVII interpretou *Dom Quixote* teologicamente, pois era impensável enxergar teologia dentro da literatura considerada profana.[479] Somente mais tarde, a partir do século XIX, é que alguns estudiosos passaram a analisar aspectos religiosos em *Dom Quixote*. Alguns afirmaram que Cervantes era um cristão católico por convicção, devido à intimidade com as Escrituras Sagradas. Outros colocaram em dúvida o compromisso religioso do autor. Christian Wehr, por exemplo, reconhece que há diversas interpretações possíveis em *Dom Quixote*: "não se pode fixar nenhuma preferência ou nem sequer o domínio de um discurso religioso determinado, que por sua vez pudesse associar-se a tendências ortodoxas ou heterodoxas de sua época".[480] Destaca que Cervantes colocou em cena os diversos discursos como os dos romances de cavalaria e os paradigmas religiosos no tecido polifônico de seu romance. Não só isso. Ele também parodiou esses discursos. Para Wehr, Cervantes estava familiarizado com os *Exercícios* inacianos devido a sua formação jesuítica,[481] por isso constrói a sua obra com elementos da espiritualidade jesuítica, parodiando-os.

Mediante esse mosaico de interpretações, destacamos a ambiguidade com a qual Cervantes expôs o tema da religiosidade. Cremos que ela se revela como um ponto fundamental da abordagem teológica, pois evidencia uma capacidade profunda de assumir as complexidades da vida. A liberdade criadora, que em *Dom Quixote* aparece na descrição dos conflitos do homem e do mundo, pode abrir espaço para a análise teológica da obra de Cervantes.

---

477. GONZÁLEZ CABALLERO, A., Influencia de la Biblia en el Quijote, p. 21-67.
478. ANTOÑANZAS, F. T., Dom Quixote y el absoluto, p. 29
479. ANTOÑANZAS, F. T., Dom Quixote y el absoluto, p. 49.
480. WEHR, C., Imaginación–Identificación–Imitación, p. 160.
481. WEHR, C., Imaginación–Identificación–Imitación, p. 161.

Tomando as novelas de cavalaria como pano de fundo para pensar o romance cervantista, Antoñanzas considera que o cavaleiro encarna a virtude em seu mais alto idealismo e complexidade de ação que tem como referência os preceitos cristãos.[482] O cavaleiro como ministro de Deus poderia realizar a obra divina no mundo. Entretanto, em *Fidalgo engenhoso*, isto ocorre de forma problematizada. Afinal, num tempo em que os fundamentos da realidade tinham sido calcados na autoridade, Cervantes destacava a liberdade. Para ele, o cavaleiro é andante, livre para abrir-se ao mistério da vida. A realidade verdadeira era tomada pela livre realidade novelada, e a novela representava a invenção de si mesmo e do mundo a seu redor. Essa loucura de combinar, de modo tão sério, ficção e realidade permite que Dom Quixote intente realizar sua obra como uma obra divina e, nesse sentido, tornar-se *figura Christi*. É curioso o paralelo que se estabelece entre o protagonista de Cervantes e a figura de Jesus de Nazaré, que também saiu por seu mundo contando parábolas, sem ter onde reclinar a cabeça.[483] Sobre este também recaiu a pecha de louco e até aqueles que o acompanhavam de perto, testemunhando sua entrega em liberdade radical, pensavam estar ele "fora de si". Em Cervantes o romance se constitui como autêntica teologia sob forma não teórica, verdadeira teologia ficcional, à medida que torna-se símbolo da afirmação de que a realidade é mais do que aquilo que os sentidos percebem e que a razão pensa. Essa "teologia quixotesca" traz de volta o desafio de Jesus de Nazaré, da afirmação da liberdade como valor fundamental, da coragem de sonhar e amar mesmo sendo tido por louco à vista de todos. Ou seja, faz acreditar que a loucura muitas vezes é mais razoável que a própria razão.

Em suma, embora tenhamos usado os exemplos de Rabelais e Cervantes, poderíamos falar ainda de uma teologia ficcional em outros romances como *As aventuras de Robinson Crusoe* de Daniel Defoe, *Os miseráveis* de Victor Hugo, *Os irmãos Karamazov* de Dostoiévski, *Ulisses* de Joyce, *A montanha mágica* de Thomas Mann, *Diário de um pároco de aldeia* de Geroge Bernanos, *O poder e a glória* de Graham Greene, *O processo* de Kafka, *Doutor Jivago* de Boris Pasternak, *A última tentação de Cristo* de Kazantzákis, *O mestre e margarida* de Mikhail Bulgakov, *Silêncio* de Shusaku Endo, *Do amor e outros demônios* de García Marquez, e muitos outros. A lista seria interminável. O que gostaríamos de enfatizar é que, no afã de capturar Deus e controlar a vida, certos discursos teológicos esqueceram-se

---

482. ANTOÑANZAS, F. T., Dom Quixote y el absoluto, p. 50.

483. As referências com a teologia não se estabelecem somente a partir do protagonista, mas com muita força se pensarmos na figura de Sancho, o fiel escudeiro de Quixote. Um autor que deu destaque à Sancho, inclusive como figura complementar e necessária à Quixote foi Miguel de Unamuno (UNAMUNO, M., Vida de Don Quijote y Sancho).

que ele "ri". Esquecendo-se disto, ignoraram a "sacra irredutibilidade" que o falar sobre ele e sobre a vida requer. O romance é, ao contrário, justamente o espaço imaginário onde as "verdades" podem ser deslocadas de seu sentido original e podem ser esboçadas a partir de outro cenário. Revela-se como discurso paralelo às arquiteturas conceituais. Embora ofereça um conhecimento, o romance não é "servo da razão", não está sob o escrutínio do pensamento racional que organiza a vida como uma sucessão de causas e efeitos. Como poderoso "instrumento ótico", recolhe o imponderável e incalculável. Reconhece e expressa o vazio entre o encadeamento causal que a linguagem conceitual ignora. Ele subverte discursos por meio de apropriações, absurdos e expressões que seriam impensáveis na construção conceitual. Aquilo que para esta seria fraqueza, é a maior força do romance. Por isso, pode se tornar um veículo teológico interessante por seu alinhamento com o próprio mistério, afinal como lembra Duployé: "Deus é um artista e não um engenheiro. Uma inteligência racionalista precisa entender em primeiro lugar que o Deus da Bíblia não explica nada senão que cria e aprofunda um mistério que abarca a todos, mas que não facilita uma leitura linear das coisas".[484]

O romance convida o leitor a uma espécie de "fé ficcional". Porque como escreveu James Wood, "a ficção pede-nos que acreditemos, mas a qualquer momento podemos escolher não acreditar. (...) Sabe que a qualquer momento os seus argumentos podem falhar".[485] O crítico inglês afirma que a ficção é sempre uma questão do "não muito" e, para explicar, recorre a uma passagem de Thomas Mann em *Sufferings and Greatness in Richard Wagner*, na qual o escritor afirma:

> Para o artista as novas experiências da "verdade" são novos incentivos para o jogo, novas possibilidades de expressão e não mais do que isso. O artista acredita nelas, leva-as à sério, na medida da sua necessidade a fim de lhes dar a expressão mais completa e mais profunda. Em tudo isso ele é muito sério, sério até as lágrimas – e, no entanto, não muito – e consequentemente nem um pouco. A sua seriedade artística é de uma natureza absoluta, é "fazer de conta a sério".[486]

Ou seja, "a ficção sendo o jogo do não muito, é o lugar da crença-mas-não-muito".[487] É o lugar do "não muito" porque se constrói justamente por meio de uma tensão dialética com o real. O leitor sabe que está diante de uma ficção,

---

484. DUPLOYÉ, P., Réthorique et Parole de Dieu. Paris, p. 28.
485. WOOD, J., A herança perdida, p. 18.
486. MANN, T., Sufferings and Greatness in Richard Wagner *apud* WOOD, J., A herança perdida, p. 18.
487. WOOD, J., A herança perdida, p. 18.

mas, só poderá transpor o limiar da "mentira", da "ilusão" e percebê-la como instrumento que oferece uma visão do real, se e somente se, num exercício fiducial, entregar-se ao mundo da obra. Como a ficção se movimenta no terreno da dúvida e ao não se apresentar ao leitor como certeza, mas como possibilidade, pede a este uma entrega.

Spadaro parece seguir na mesma direção quando afirma que o leitor, diante de uma obra de ficção, é chamado a responder com um ato de "fé poética".[488] Toma esta expressão do poeta inglês Samuel Taylor Coleridge para referir-se a essa tomada de posição que a ficção reclama. Para este escritor que viveu entre os séculos XVIII e XIX a "fé poética" consistia num "momento de voluntária suspensão da incredulidade".[489] É uma espécie de confiança de base na aproximação à página do texto, sem a qual não seria possível a experiência de identificação, tal qual destaca Proust. Para ele, o romancista "desencadeia em nós, no espaço de uma hora, todas as possíveis alegrias e desventuras que, na vida, gastaríamos anos inteiros a conhecer em parte mínima, e as mais intensas jamais as veríamos reveladas, porque a lentidão com que se produzem impede-nos a sua percepção".[490] Esta "fé ficcional", este "salto" na direção do mundo da obra, amplia o campo da nossa experiência porque faz-nos viver coisas que, de outro modo, jamais viveríamos. Aumenta, assim, o entendimento do ser humano sobre si mesmo e auxilia-o a discernir a própria luta entre o crente e o não crente que coexistem dentro de cada um. Alarga-se também, a capacidade de buscar e encontrar sentido para a vida em todas as coisas e acontecimentos possíveis.[491]

Este caminho passa necessariamente pela revalorização da imaginação, que é a matéria-prima de toda a literatura, especialmente do gênero romanesco. O teólogo italiano Oreste Aime lembra que a imaginação, infelizmente, não gozou de consideração científica, de tal modo que o ponto nevrálgico de toda a história da estranheza entre o saber teológico e o literário, que se construiu ao longo do tempo, pode ser situado nesta falta de importância.[492] José Tolentino Mendonça também salientou que a imaginação tem sido uma cruz para os filósofos, que presos de antinomias, mostraram dificuldade em construir "uma via dialogal de

---

488. SPADARO, A., La grazia della parola, p. 88.

489. COLERIDGE, S. T., Biographia literaria, p. 236.

490. PROUST, M., Alla ricerca del tempo perduto, p. 104. Cotejamos o original com a citação feita no livro *O batismo da imaginação* e seguimos a tradução feita neste. Ver: SPADARO, A., O batismo da imaginação, p. 47.

491. SPADARO, A., O batismo da imaginação, p. 48.

492. AIME, O., Il curato di Don Chisciotte, p. 76.

sabedoria". Mas, lembra que ela é, igualmente, uma *crux theologorum*, na medida em que a teologia tem se situado mais no terreno dos esquemas racionalistas.[493] Ressalta que algumas mudanças podem ser sentidas a partir de certos esforços. Primeiro, pelo reconhecimento de que a imaginação não é um acessório destinado a colorir a crueza preto-e-branca da realidade, mas se constitui como acesso a ela. Segundo, pela percepção de que a imaginação é um antídoto contra a "realidade fabricada" que os grandes veículos de comunicação promovem. E, por último, pelo realce da necessidade de superação do pensamento dicotômico que aliena o ser humano de sua totalidade.[494]

De fato, a reconciliação com a imaginação passa pela recuperação da "gramática integral do ser humano".[495] Não só porque por meio dela é possível acessar a realidade, mas porque, como sublinha Ricoeur, a imaginação como constitutiva do potencial humano é fundamental para a reinvenção e transmutação da realidade.[496]

O teólogo Adolphe Gesché também defendeu uma espécie de repatriação da imaginação na teologia. Para ele, o ser humano não chega a compreensão da realidade somente pela razão, mas deve abrir-se ao domínio do imaginário.[497] Aí as histórias e "estórias" têm seu lugar, no sentido de revelar feições do ser humano que escapam aos métodos científicos. Para Gesché, a ficção libera o pensar sobre o ser humano graças a um desenvolvimento do imaginário, em que nada é impossível, em que nada do que poderia ser um ser humano, do que ele poderia fazer é deixado de fora. A ficção nos ensina mormemente sobre o ser humano, às vezes mais e melhor do que as teorias científicas.[498]

Gesché ressalta esta capacidade que o romance possui de descortinar realidades e também de revelar novas possibilidades: o sentido forte do termo, isto é, aquilo que o ser humano é ou pode ser, descobre-se por meio dos processos de invenção imaginativa como os da ficção. E sublinha:

---

493. MENDONÇA, J. T., A hora da imaginação (Prefácio), p. 6.

494. MENDONÇA, J. T., A hora da imaginação (Prefácio), p. 6-8.

495. MENDONÇA, J. T., A hora da imaginação (Prefácio), p. 6.

496. RICOEUR, P., Histoire et vérité. Paris, p. 130.

497. "O imaginário é um desses lugares no qual ele [o ser humano] procura compreender-se e dar sentido a sua existência. O imaginário é aquele de toda uma tradição onde ele se enraíza, feita de mitos, de contos e de lendas. (...) é a vida que se agita em nós, com nossa sensibilidade, nossa afetividade e nossas emoções. Todo esse imaginário (...), 'todas essas historias que nós nos contamos vai infinitamente mais longe como poder que agrega, que nossa razão'" (GESCHÉ, A., O sentido, p. 139).

498. GESCHÉ, A., O sentido, p. 142.

quantas palavras podem nos abrir à realidade! Não foi num romance de Flaubert que Sartre descobriu melhor o ser humano do séc. XIX? (...) A relação não é distante entre o que uns chamam revelação, e outros ficção. (...) o romance não é uma aventura ao acaso para o teólogo (...) Há na descoberta romanesca, uma analogia com o que o teólogo chama de revelação: uma visitação. O encontro de algo inesperado, súbito, 'revelado', fora do real cotidiano e, entretanto, inscrito nele.[499]

As próprias narrativas bíblicas recheadas de símbolos, de metáforas, de mitos, figuras e representações, ilustram essa relação:

> E só o imaginário (sarça ardente, combate de Jacó com o anjo, sono de Adão etc.) é capaz de suportar totalmente a ideia infinita do infinito. O imaginário não é só para manifestar uma revelação, mas é esse *cantus firmus* que acompanha a fé e seu discurso, como um ruído de fundo, colocando, assim, em jogo – fazendo, assim, entrar no jogo do ser humano –, o infinito.[500]

Para Gesché, há uma afinidade entre revelação e ficção à medida que esta descortina "novos horizontes" da realidade e revela novas perspectivas de vida. A própria fé é expressa usando um universo de representações criativas, que embasam e sustentam seu sentido. Afinal, o que seria o cristianismo sem o fundo de imaginário que veicula desde a origem e continua a veicular?[501]

Neste sentido, é possível falar não só de revelação, acrescentamos, mas de uma escatologia do romance como materialização desse florescimento imaginativo. O romance é forma de conhecimento que esbarra em limites, mas insiste pelo trabalho imaginativo em ultrapassá-los. Neste sentido, é utópico. Por meio do romance o ser humano é capaz de falar do que não existe ou ao menos do que não existe no momento. Como ressalta Manzatto, "a ficção pode provocar o aparecimento do desconhecido, e manifesta o seu papel prospectivo".[502] O mundo romanesco não nega as dores humanas nem apaga os seus sinais, mas expõe a sua anatomia e propõe o desmascaramento da ordem que pesa sobre os ombros humanos. Algumas vezes subverte hierarquias e relações por dispositivos imaginativos em si mesmo. Em outras, funciona como uma lente para descobrirmos e desvendarmos a ordem estabelecida. Em linguagem teológica, expressa uma "reserva escatológica". Por sua capacidade de abranger o real, revela o *status* do

---

499. GESCHÉ, A., O sentido, p. 150.
500. GESCHÉ, A., O sentido, p. 156.
501. GESCHÉ, A., O sentido, p. 152.
502. MANZATTO, A., Teologia e literatura, p. 75.

mundo, mas ao mesmo tempo, por meio do seu poder imaginativo lembra-nos do "ainda não", ou seja, de que ainda há outro horizonte. Isto é, "junta a realidade histórica à esperança, tem o poder de transformar o presente mediante de um "disparo moral".[503]

Esta característica da ficção revela-se importante para a teologia, pois ela junta-se com a mensagem cristã à medida que esta comporta uma dimensão escatológica do Reino de Deus que já se faz presente, mas ainda não em plenitude. Como salienta Manzatto, o Reino é utópico, imaginário, fictício, mas essa ideia não é desmobilizadora: "Não se trata de cruzar os braços à espera do Reino que virá, mas (...) pôr-se ao trabalho de construí-lo".[504] Ou seja, a ficção pode ser capaz de mobilizar as pessoas para a reforma do que está estabelecido e construção de novas sociedades.

> A imaginação e nela a ficção é uma dimensão antropológica do homem que lhe dá possibilidades de agir. Não existe ação sem imaginação, e o imaginário pode também conduzir à verdade. Assim, a ficção mostra-se, também, como estrutura de verdade, porque o homem é um ser que duplica e antecipa o real. Antecipação não é loucura, ideologia não é só mentira, utopia não é sonho. Eles integram-se e completam-se na imaginação social, que possibilita a mudança das estruturas em vigor.[505]

Aqui, a ideia de Jean-Pierre Sarrazac sobre os escritos dramatúrgicos pode ser aplicada ao romance: o lugar da invenção dos possíveis (...) é, em grande medida, estender o jogo dos possíveis".[506] A ficção romanesca é um espaço de elaboração da existência humana também a partir do ângulo de suas possibilidades ainda não exploradas. O romancista, por meio da utilização criativa dos recursos linguísticos, dos subjuntivos, dos condicionais, dos "se" de nossa gramática, torna possível, como ressalta Steiner, uma contrafactualidade imprescindível.[507]

É aí que reside o maior poder da ficção romanesca, no fato de ser uma via de acesso ao real não fechada, plural, antidogmática que exige uma espécie

---

503. SPADARO, A., A che cosa "serve la letteratura?, p. 52. A expressão original utilizada por Spadaro é "scatto morale" e retirada da tradução italiana do livro da escritora austríaca Ingeborg Bachmann, Literatur als Utopie (Letteratura come utopia) (BACHMANN, I., Letteratura come utopia, p. 23). A palavra *scatto* designa um movimento rápido e brusco através do qual um dispositivo se libera de um estado de tensão, semelhante à liberação de algo que está comprimindo uma mola. Também pode ser traduzido como clique. "Scatto" In: Dizionario Italiano Corriere Della Sera.

504. MANZATTO, A., Teologia e literatura, p. 75.

505. MANZATTO, A., Teologia e literatura, p. 76.

506. SARRAZAC, J.-P., Écritures contemporaines dramatiques: le jeu des possibles, p. 79.

507. STEINER, G., Errata, p. 102.

de "fé" e que convoca o leitor que se entrega para agir no mundo. Se pensarmos nos romances que fazem uma crítica à fé cristã, também não devemos considerá-los perigosos ou tampouco lê-los com uma atitude apologética, mas como oportunidade para rever os nossos "posicionamentos". Não se trata de converter ou "batizar" toda literatura. Se um escritor não se reconhece no cristianismo ou nega a fé, deve ser respeitado na sua convicção. Mas, isto não impede que sua literatura seja lugar de remeditação e aprofundamento. Flannery O'Connor traduz bem o que estamos dizendo: "Quando a sua fé é fraca, e não quando é forte é que o indivíduo terá medo de uma honesta representação romanesca da vida".[508]

A teologia pode descobrir um pensamento encarnado e original na escrita romanesca porque o trabalho do romancista não é mera transcrição de conteúdos mentais, já que, como lembra Jossua, "vem à pena o que nunca teria podido vir à ideia".[509] Por meio do romance a teologia pode se reconciliar com suas próprias raízes, porque como salienta José Tolentino Mendonça, "acreditar em Deus é também imaginar Deus. O cristianismo é também um patrimônio de imaginação".[510] No decorrer do tempo a teologia que pronunciou-se a partir de um conjunto de certezas definidas num espaço conceitual. Com isso esqueceu-se de que não dispõe do objeto sobre o qual pretende falar, deve aprender da literatura, especialmente do romance, que a estética da linguagem está vitalmente ligada ao conteúdo. No entanto, isto só pode se realizar se a teologia deixar-se interpelar pela literatura e não cooptá-la como se fosse apenas um ornamento para um discurso já pré-fixado. Deve perguntar-se como os romances, até mesmo aqueles que partem da negação da fé cristã, podem ajudar a pensar o mistério do ser humano e de Deus.

Na visão de Salmann:

> Se soubéssemos redescobrir os muitos temas teológicos presentes no universo imenso dos romances modernos, o cristianismo se redescobriria revigorado, rejuvenescido, não reduzido ao dogma ou à moral, mas se transformaria em uma razão quase musical, em uma possibilidade e em uma impossibilidade fecunda. Todos os temas da teologia se encontrariam em uma nova luz. E poderia ser despertada em nós uma alegria profunda pelo fundamento imenso que também a cultura deve às razões cristãs.[511]

---

508. O'CONNOR, F., Nel territorio del diavolo, p. 100.

509. JOSSUA, J.-P., Pour une histoire religieuse de l'expérience littéraire, p. 11.

510. MENDONÇA, J. T., A hora da imaginação (Prefácio), p. 8.

511. SALMANN, E., La teologia è un romanzo, p. 37.

Escutando o romance como "eco do riso de Deus", como expressão do Mistério, a teologia estaria mais próxima de sua estrutura basilar narrativa, simbólica, polifônica, literária, e poderia rever suas formas discursivas, mas não só isso, recorreria à imaginação como o "léxico do Espírito"[512] e abandonaria, para lembrar de Flaubert, o *Dicionário das ideias feitas*.[513]

*****

Juntando as ideias dos que trabalharam a relação entre teologia e literatura com: o potencial imaginativo-transformativo do romance, com a teologia narrativa, que afirma o poder da narração, com a necessidade constante de atualização da experiência da fé, e a caracterização do estatuto teológico da ficção romanesca, abrimos espaço para postular que o discurso ficcional que propõe uma crítica da fé cristã pode corresponder ao *intellectus fidei*. O romance como gênero literário narrativo, aberto, antidogmático, que inclui criticamente os temas da fé, pode ser considerado como portador de uma *ratio*[514] *theologica* explícita. Em outras palavras, o romance está em ligação com as raízes literárias da teologia cristã, é uma forma privilegiada de apreensão do Mistério na vida, mesmo não se contentando em repetir, mas reinterpretando os caracteres da fé cristã, tendo em vista a situação contemporânea. Ou seja, mesmo a partir da chave da problematização num viés secularizado pode ser tido como "teologia ficcional".

O caminho que trilhamos fez-nos chegar à compreensão de que mesmo obras literárias de autores ateus podem conter autêntica teologia, na medida em que, por meio da criação ficcional, põem-se no âmbito da cultura cristã, problematizando suas afirmações fundamentais. Vale dizer que, do ponto de vista do seu valor para a humanidade, as obras que conseguem penetrar esta região da problematização sem serem panfletárias, podem cumprir o seu papel enquanto arte. Neste sentido, concordamos com Manzatto quando diz que "uma literatura "encomendada", aquela composta para defender posições e aspectos ideológicos, não é modelo de obra de arte e não se mantém como literatura significativa para a humanidade".[515]

---

512. MENDONÇA, J. T., A hora da imaginação (Prefácio), p. 8.

513. FLAUBERT, G., Dicionário das ideias feitas.

514. Ao longo da história os termos *ratio* e *intellectus* confundiram-se e distinguiram-se. Aqui os adotamos na perspectiva de uma semelhança semântica.

515. MANZATTO, A., Pequeno panorama da teologia e literatura, p. 93.

Estes pressupostos servem de plataforma para acessarmos o texto saramaguiano. A partir deles, a literatura poderá ser vista como expressão não teórica de temas teológicos, contudo, a materialização dessa proposta se verificará pela aplicação de certa metodologia operativa na obra de José Saramago.

Estas prévias conclusões funcionam como pressuposto, a partir do qual, depois de aplicarmos determinado ferramental à literatura saramaguiana, daremos evidência ao seu caráter teológico. Mesmo depois de destacar a teologia sob forma literária ou a "teologia ficcional" de José Saramago, só concretizaremos nossa tarefa ao percebermos os temas da teologia saramaguiana que poderão ajudar a reflexão teológica a rever certos conteúdos. Por ora basta-nos dizer que a obra saramaguiana, ao apropriar-se criticamente das narrativas da Bíblia Hebraica e do Novo Testamento, especialmente no *ESJC* e em *Caim*, reinterpretando-as à luz do *kairós* contemporâneo, pode ser vista como possuidora de uma *ratio theologica* e, portanto, se configura como uma "teologia ficcional".

Ao chegar ao final deste capítulo, ressaltamos que, todas essas questões têm a ver, senão com o empenho para escrever um capítulo que foi esquecido na história da teologia[516], pelo menos possui o intuito de contribuir, tendo em vista especificamente a obra de José Saramago, com o trabalho que tem sido feito por vários pesquisadores que formam este vasto campo de pesquisa interdisciplinar entre teologia e literatura.

Para dar continuidade à pesquisa, no próximo capítulo afunilaremos a discussão e mergulharemos no universo saramaguiano para, com base em determinados procedimentos, evidenciarmos a "teologia ficcional" que surge de um *locus theologicus* ateísta e de uma "reescritura".

---

516. BARCELLOS, J C., O drama da salvação, p. 50.

Capítulo 4 | A metodologia teológico-ficcional de José Saramago

No capítulo anterior o trabalho mostrava a possibilidade de aproximar teologia e literatura através da construção de um caminho que nos proporcionasse condições de acessar a obra saramaguiana à procura do seu substrato teológico, para posteriormente dialogar com ele.

No presente momento, a tarefa é tornar visível a "metodologia teológico-ficcional" do escritor português evidenciando o caminho utilizado pelo autor na construção daquilo que dizemos ser sua teologia ficcional. Para isso, se faz necessário perquirir o universo saramaguiano, apontar como ele faz do seu ateísmo um *locus theologicus* e mostrar como, em certos momentos, seus textos se configuram como reescritura que, pela subversão da consciência religiosa e dessacralização da narrativa bíblica, trabalha questões teológicas importantes.

Breve perfil biográfico-literário de José Saramago

Não estamos interessados em perseguir a *intentio auctoris strictu sensu*, contudo, é necessário lembrar que autor, texto e leitor estão numa articulação constante. Bakhtin, ao se distanciar dos formalistas russos[517] – mesmo que não tenha abandonado completamente as suas teses – e se distinguir da busca dos românticos, ressalta a história e a cultura como elementos importantes para a compreensão do texto. Para ele, o autor-criador ganha valor, ainda que parcial, porque o recurso do aspecto sócio-histórico amplia a possibilidade de interpretação da

---

517. O "formalismo" ou "crítica formalista" foi uma influente corrente de crítica literária que existiu na Rússia a partir de 1910 e caracterizava-se pela defesa da autonomia da "obra". Possui proximidades com os princípios do estruturalismo francês. No entanto, vale ressaltar que esse movimento foi múltiplo e que não produziu uma doutrina unificada e nem um consenso entre seus participantes. Contava com duas escolas distintas: A Sociedade para o Estudo da Linguagem Poética de São Petersburgo e o Círculo Linguístico de Moscou. Desse modo, é mais preciso falar nos "formalistas russos" do que em "formalismo" (GONÇALVES, M.; BELLODI, Z., Teoria da literatura "revisitada", p. 121; AGUIAR E SILVA, V. M., O formalismo russo).

obra. O teórico russo pretende superar as posições fechadas que colocam o autor no centro da problemática da interpretação, ou dão destaque somente à obra, ou posteriormente, o leitor, a partir de um desdobramento histórico.

O autor russo sugere que é uma possível saída do hermetismo destas propostas por meio de uma filosofia da linguagem que não dispense nenhum elemento que possa contribuir para o desenvolvimento de uma teoria ampla. Desta maneira, ele consegue compreender a importância e a dependência mútua dos elementos abarcados na literatura: o autor, o texto e o leitor. Por isso, também ele propõe a ideia do caminho da linguística até a metalinguística.[518] Sua preocupação está direcionada não só para as relações dialógicas presentes no texto, mas para o sujeito concreto e, desse modo, para a construção ética do humano.

Embora ele tenha feito uma distinção entre autor-criador (componente da obra) e autor-pessoa (componente da vida), este último não fica excluído do processo. Para Bakhtin, o autor-criador adquire um papel detentor de uma qualidade que é concretizar a relação axiológica com o herói e o mundo do qual ele faz parte.[519] Ainda que o papel do autor-criador seja destacado, isso não quer dizer que o autor-pessoa não entre na concepção da obra de arte, pois o recorte da posição atribuída ao autor-criador é dado pelo autor-pessoa. Como destaca Faraco: "o autor-criador é, assim, uma posição refratada e refratante. Refratada porque se trata de uma posição axiológica conforme recortada pelo viés valorativo do autor-pessoa; refratante porque é a partir dela que se recorta e se reordena esteticamente os eventos da vida".[520]

Desta maneira, entendemos que o texto deve ser percebido a partir de suas relações internas, mas também nos alinhamos com a ideia de que é possível recorrer às relações que este mantém com o mundo. Mesmo sendo fantasia, a literatura, sobretudo o romance, é um produto que expõe as condições da situação em que ela é produzida. Afinal, o autor não existe no vácuo, mas dentro da história e da cultura. Como sublinha Bezerra, "só existindo o sujeito da criação, é possível transformar a coisa, objeto, o mundo material em discurso".[521] O artista escolhe os temas e as formas de composição e incorpora-se a um sistema simbólico, mesmo que seja para recriá-lo.

---

518. SANTOS JUNIOR, R., A plausibilidade da interpretação da religião pela literatura, p. 115.
519. BAKHTIN, M., Estética da criação verbal, p. 32.
520. FARACO, C. A., Autor e autoria, p. 39.
521. BEZERRA, P., Prefácio à segunda edição brasileira. In: BAKHTIN, M. Os problemas da poética de Dostoiévski, p. XIII.

Embora o papel do autor tenha sido diminuído nos últimos tempos, entendemos que ele não pode ser descartado, mas deve estar articulado com a obra e o leitor. Conforme ressalta Manzatto,

> o autor compõe a obra e por ela influencia o leitor; a obra influencia em uma relação dialética o sujeito que a criou e o sujeito que lê; o leitor dá um sentido e realidade à obra e, assim, influencia o autor. Ainda mais, o autor vive em uma época e em uma cultura determinadas, ele sofre sempre a influência de seu meio, e a obra que ele compôs sofre a mesma influência, da mesma forma, o leitor não está isento das influências de sua cultura. De outro lado a obra influencia a sociedade na qual ela é lida e, assim, por ela o autor influencia seu meio; a mesma coisa se passa com o leitor que, em interpretando a obra e tomando suas ideias, transforma a realidade em que ele vive. Autor, obra e leitor são influenciados pelo meio, mas transformam o mundo em agindo sobre ele.[522]

Por essas razões, ao lançar mão de um pequeno perfil biográfico do escritor nesse trabalho, não temos o intuito de possibilitar explicações pormenorizadas sobre conjunto literário desenvolvido por Saramago. O que nos interessa é a narrativa saramaguiana, entretanto, como lembra Massaud Moisés toda análise de texto é realizada no seu contexto. Ou seja, todo texto sempre suscita o local e as condições em que se produziu, ele sempre será alguma coisa aberta às influências de fora, da cultura, da língua, da sociedade. Evidentemente, não se trata de cair num biografismo ou análise psicológica.[523]

É possível interpretar um texto sem conhecer o autor, mas quando o conhecemos essa interpretação pode ser expandida por meio de mais elementos relacionados ao texto. Ainda mais no caso de Saramago que afirma que o homem e o escritor não apenas estão juntos, mas fundidos um no outro.[524] A apresentação de alguns dados da vida de José Saramago atende ao propósito de mostrar que a interpretação de seus textos, ainda que não dependa, em última instância, estritamente do fato de alcançarmos a sua intenção, também é fruto do reconhecimento

---

522. MANZATTO, A., Teologia e literatura, p. 36.

523. MOISÉS, M., A análise literária, p. 17. O enfoque sobre a biografia em estudos críticos da literatura causou intensos debates nos séculos XIX e XX, em torno daquilo que é especificamente literário e de como a literatura se relaciona com a realidade histórica, social e psicológica. Estes debates têm suas origens, segundo Soares, no biografismo de Saint-Beuve e nas teorias deterministas que tomaram conta da crítica literária no fim do século XIX. "Nas primeiras décadas do século XIX, com o Romantismo, a crítica literária passa a processar-se sistematicamente, destacando-se então o crítico francês Saint-Beuve (1804-1868) e seu método biográfico. Um processo de descrição que procurava explicar elementos da obra por meio da vida do autor, fazendo uma abordagem da sua biografia" (SOARES, A., A crítica, p. 93).

524. SARAMAGO, J., O despertar da palavra, p. 24.

de que a obra não surge do nada, mas de um *Sitz im Leben*. Como destaca Lukács, "sem uma concepção do mundo não se pode narrar bem (...)".[525]

Santos Junior destaca que o escritor português vai narrando em seus livros a sua história pessoal, evidentemente, não aquela que ele viveu somente, mas uma outra secreta.[526] Segundo destaca Saramago, o que o autor vai narrando nos seus livros é a sua história pessoal. Não apenas e estritamente o relato da sua vida, "quantas vezes desinteressante, mas uma outra, a secreta, a profunda, a labiríntica, aquela que com seu próprio nome dificilmente ousaria ou saberia contar".[527] A biografia do autor-escritor excede a biografia do autor-pessoa. Na sua escrita, ele não se deixa aprisionar somente pela sua particular intenção, mas ultrapassa a si mesmo, à medida que costura a sua história pessoal com aquela que imagina.

Essa concepção pode ser confirmada através do discurso pronunciado pelo português por ocasião do recebimento do Nobel de Literatura escrito sob a seguinte epígrafe: *De como a personagem foi mestre e o autor seu aprendiz*. Ao contar a sua história relacionando-a com os personagens, arremata o discurso afirmando: "A voz que leu estas paginas quis ser o eco das vozes conjuntas das minhas personagens. Não tenho, a bem dizer, mais voz que a voz que elas tiveram. Perdoai-me se vos pareceu pouco isso que para mim é tudo".[528]

Além disso, também podemos sublinhar a relação autor/narrador presente na literatura saramaguiana. Calbucci, ao se referir ao *ESJC*, afirma que é possível identificar nesse narrador criado por Saramago as opiniões do próprio autor como, por exemplo, o ateísmo.[529] O próprio Saramago chega a dizer: "a figura do narrador não existe... só o autor exerce função narrativa real na obra de ficção, qualquer que ela seja".[530] Por isso, acreditamos que uma apresentação, mesmo que não exaustiva da vida e das circunstâncias do autor nos ajudarão a entender a sua obra.

No dia 16 de novembro de 1922 na aldeia de Azinhaga, do concelho da Golegã, distrito de Santarém, nasceu o segundo filho de José de Souza e de Maria

---

525. Em outro momento afirma: "A concepção do mundo própria do escrito não é, no fundo, outra coisa que não a síntese elevada a certo grau de abstração da soma das suas experiências concretas. Para o escritor é importante possuir uma concepção do mundo porque, como nota Flaubert, ela lhe dá a possibilidade de enquadrar os contrastes da vida em uma rica e ordenada série de conexões; fundamento do sentir bem e do pensar bem, tal concepção aparece igualmente como fundamento do escrever bem. Quando o escritor se afasta das lutas da vida e das diversas experiências ligadas a estas lutas, ele torna abstratas todas as questões ideológicas" (LUKÁCS, G. Ensaios sobre literatura, p. 85).

526. SANTOS JUNIOR, R., A plausibilidade da interpretação da religião pela literatura, p. 134.

527. SARAMAGO, J., O autor e o narrador, p. 27.

528. SARAMAGO, J., De como a personagem foi mestre e o autor seu aprendiz.

529. CALBUCCI, E., Saramago, p. 98.

530. SARAMAGO, J., O autor e o narrador, p. 26.

da Piedade, o menino que mais tarde se tornaria o primeiro lusófono a receber o Prêmio Nobel de Literatura.[531] O país era essencialmente agrícola e a maioria desses agricultores era constituída por pequenos proprietários ou assalariados que viviam com grandes dificuldades. A taxa de analfabetismo era alta e a expectativa de vida baixa. Lisboa e Porto, a essa época com cerca de 600 mil e 230 mil habitantes respectivamente, funcionavam como centros para onde se dirigiam os migrantes, na esperança de viverem dias melhores. Seus pais emigraram para Lisboa quando ele ainda não havia completado dois anos de idade. Contudo, apesar de se estabelecerem numa cidade com índices sociais mais favoráveis, o irmão mais velho de José Saramago morreu no fim de 1924 acometido de uma broncopneumonia.[532]

Apesar de ter vivido na capital, passava temporadas na aldeia natal na casa da avó Josefa e do avô Jerônimo.[533] De fato, esses períodos no campo foram determinantes para a formação do escritor, afinal, como o próprio Saramago fez questão de dizer, ele possuía mais referências dos avós maternos que do pai e da mãe.[534] Este contato com os avós foi tão marcante que mereceu lugar de destaque no seu discurso quando recebeu o Prêmio Nobel:

> O homem mais sábio que conheci em toda a minha vida não sabia ler nem escrever (...) No Inverno, quando o frio da noite apertava ao ponto de a água dos cântaros gelar dentro da casa, iam buscar às pocilgas os bácoros mais débeis e levavam-nos para a sua cama. Debaixo das mantas grosseiras, o calor dos humanos livrava os animaizinhos do enregelamento e salvava-os de uma morte certa (...) e este foi o meu avô Jerônimo, pastor e contador de histórias, que, ao pressentir que a morte o vinha buscar, foi despedir-se das árvores do seu quintal, uma por uma, abraçando-se a elas e chorando porque sabia que não as tornaria a ver.[535]

Numa entrevista ao jornalista espanhol Juan Arias o escritor português chama estas temporadas de sua "formação espiritual".[536] Esta expressão do Saramago maduro, descreve não uma relação com algum tipo de religião, mas se aplica num

---

531. Por estar trabalhando o pai só veria o menino um mês depois quando o registraria como tendo nascido em 18 de novembro. Outro fato curioso é quanto ao nome Saramago, que segundo descreve Lopes, foi acrescentado pelo funcionário bêbado do registro civil ao José de Souza primeiramente pretendido pelo pai. Esse era um apelido que aludia a uma erva ruim nascida espontaneamente nos campos, pelo qual a família era conhecida (LOPES, J., Saramago – Biografia, p. 10-11).

532. LOPES, J., Saramago – Biografia, p. 11-12.

533. LOPES, J., Saramago – Biografia, p. 15.

534. ARIAS, J., José Saramago, p. 40.

535. SARAMAGO, J., De como a personagem foi mestre e o autor seu aprendiz.

536. SARAMAGO, J. In: ARIAS, J. José Saramago, p. 41.

sentido laico a uma espécie de experiência de ligação com a natureza. Segundo Pilar del Río, atual presidenta da Fundação José Saramago e esposa do escritor de 1988 até a sua morte em 2010, realmente, esses períodos com os avós foram de grande importância para a construção da cosmovisão saramaguiana e essa ideia de uma "formação espiritual" pode ser descrita como "contato com a natureza, descobrimento de estrelas, nomes de plantas e animais, usos e costumes que lhe marcaram para sempre. (...) É a vida continuando-se, sem poesia, sem maldade, com uma naturalidade que não necessita preceitos".[537] Nas próprias palavras do escritor: "o que agradava não era estar com os meninos de minha idade, o que me agradava eram os passeios pelo campo, só, pelo rio, nas colinas dali, só".[538]

No que diz respeito aos estudos, completou o ensino primário apesar de toda a dificuldade socioeconômica da família e iniciou os estudos secundários, mas não pôde continuar. Antes de ser romancista o escritor conheceu outras ocupações como, serralheiro mecânico e funcionário público. Afastado do mundo dos livros por sua origem humilde Saramago haveria de encontrar nas bibliotecas a possibilidade de desenvolver-se autodidaticamente. O hábito de frequentar bibliotecas se estabeleceu por volta de seus dezesseis anos e o lugar favorito era a Biblioteca Municipal do Palácio da Galveias.[539] Não lia sob a orientação de ninguém. Mesmo assim, o que se sabe é que em parte percorreu o caminho das antologias literárias aprendidas na escola. A obra de Saramago é marcada pela sua experiência como leitor, o que fica claro nas suas próprias palavras: "Se eu, aos 20 e poucos anos, escrevi um romance, foi porque alguma coisa eu tinha lido. E tinha lido muitíssimo. Onde? Nas bibliotecas públicas".[540]

Desde a segunda metade da década de 50 Saramago passou a frequentar as reuniões da revista *Seara Nova*, com a qual colaborou como crítico literário e que se configurava como um núcleo antifascista. Em 1969 Saramago filiou-se ao PCP (Partido Comunista Português). A partir de então se seguiu um período de participação ativa em meios oposicionistas, como por exemplo, no III Congresso da Oposição Democrática em 1973. Nesse período, trabalhou numa editora, onde exerceu funções de direção literária e de produção. Em 1972 e 1973 fez parte da redação do Jornal *Diário de Lisboa* onde foi comentador político, tendo também coordenado, durante alguns meses, o suplemento cultural do periódico vesperti-

---

537. Ver Anexo. p. 283. Esta fala de Pilar del Río foi retirada de uma entrevista exclusiva feita na sede portuguesa da Fundação José Saramago, na casa dos Bicos, Lisboa, em 14 de fevereiro de 2017. A entrevista na íntegra está anexada no fim deste livro.

538. SARAMAGO, J. In: ARIAS, J. José Saramago, p. 41.

539. LOPES, J. Saramago – Biografia, p. 31.

540. SARAMAGO, J., O despertar da palavra, p. 21.

no. Pertenceu à primeira direção da Associação Portuguesa de Escritores. Entre abril e novembro de 1975 foi diretor-adjunto do *Diário de Notícias*. Com cinquenta e três anos Saramago tomou a decisão de se dedicar à escrita ficcional, vivendo sem os salários mensais. Seu sustento nesse período inicial vinha do seu trabalho como tradutor.[541] Desde 1976 viveu exclusivamente do seu trabalho literário.[542] O próprio escritor português descreveu como se deu esse processo, depois de perder o emprego por motivos políticos no jornal *Diário de Notícias*:

> A decisão de não procurar trabalho era enfrentar essa ideia de que, talvez, eu seria um escritor, mas faltava uma prova, porque aqueles livros não eram, na minha opinião, suficientes para tal. Isso foi o que depois levou a toda essa série de livros, romances, obras de teatro, diários que caracterizam esses últimos anos.[543]

Apesar de ser reconhecido posteriormente como romancista, também escreveu poemas, os quais, segundo Salma Ferraz, ele relutou em reeditar por considerá-los obras menores.[544] Seu primeiro ensaio literário publicado em 1947 foi *Terra do pecado*. Após quase duas décadas sem publicar qualquer obra, lançou *Os poemas possíveis* em 1976 e no ano seguinte o romance *Manual de pintura e caligrafia*. Embora tenha escrito nesse período o romance *Claraboia*, por insistência própria só foi publicado depois de sua morte. Além dos romances, também se dedicou a textos classificados entre crônicas, peças teatrais, contos e diários.[545]

A década de 80 marca a passagem para a fase madura da produção literária de Saramago, num primeiro momento, caracterizada pelos romances que trataram de temas que instigam reflexões sobre a situação de Portugal no continente europeu.[546] Isto fica claro em *Levantado do chão* que também sinaliza o estilo diferente com enormes parágrafos sem travessões e pontos, com falas separadas apenas por vírgulas que marcariam a escrita do autor desde então. *Levantado do chão*

---

541. LOPES, J., Saramago – Biografia, p. 89.

542. CALEIDA, Site oficial de José Saramago.

543. SARAMAGO, J., O despertar da palavra, p. 19.

544. FERRAZ, S., As faces de Deus na obra de um ateu – José Saramago, p. 21.

545. SARAMAGO, J., Deste mundo e do outro; SARAMAGO, J., A bagagem do viajante; SARAMAGO, J., As opiniões que o DL teve; SARAMAGO, J., Que farei com este livro?; SARAMAGO, J., A noite; SARAMAGO, J., Segunda vida de São Francisco de Assis; SARAMAGO, J., In nomine Dei; SARAMAGO, J., Objeto quase; SARAMAGO, J., Poética dos cinco sentidos; SARAMAGO, J., Cadernos de Lanzarote. Diários I e II; SARAMAGO, J., Cadernos de Lanzarote. Diários III; SARAMAGO, J., Cadernos de Lanzarote. Diários IV; SARAMAGO, J., Cadernos de Lanzarote V.

546. MORAES JUNIOR, M., Deus e o problema da existência na modernidade tardia, p. 53-54.

foi elaborado a partir da experiência que o autor teve na vila onde morou com sua família. A sua convivência com o povo do interior, principalmente com o seu avô Jerônimo, como ele mesmo externou em seu discurso de recebimento do Prêmio Nobel de Literatura,[547] foi determinante para a criação do seu estilo. Saramago, procurando um tema sobre o qual escrever, voltou ao vilarejo de origem e ali passou algum tempo, até que lhe veio à mente a ideia de escrever sobre sua gente. No entanto, apesar de ter uma história para contar, faltava-lhe um como contar. O que em dado momento lhe causou certo pânico. Como ele mesmo destaca:

> Até que, em desespero de causa, pensei: isso não pode ficar assim e tenho de escrever esse romance e comecei a escrevê-lo como um romance normalzinho (...) E comecei a escrevê-lo com cada coisa no seu lugar: roteiro e tal... Mas eu não estava gostando do que estava fazendo. Então, o que aconteceu? Na altura da página 24, 25, estava indo bem e por isso não estava gostando. E sem perceber, sem parar para pensar, comecei a escrever como todos os meus leitores hoje sabem que eu escrevo: Sem pontuação. Sem nenhuma, sem essa parafernália de todos os sinais que vamos pondo aí. O que aconteceu? Não sei explicar (...). Então, eu acho que isso aconteceu porque, sem que eu percebesse, é como se, na hora de escrever, eu subitamente me encontrasse no lugar deles, só que agora narrando a eles o que eles me haviam narrado. Eu estava devolvendo pelo mesmo processo, pela oralidade, o que, pela oralidade, eu havia recebido deles. A minha maneira tão peculiar de narrar, se tiver uma raiz, penso que está aqui.[548]

Por isso, o escritor português afirma que seus escritos devem ser lidos em voz alta, devem ser ouvidos. Em uma conversa com alguém que não conseguia entender o texto sem a pontuação habitual, Saramago diz que a condição para entender bem a sua obra era ler o texto escutando dentro da cabeça o que se estava lendo.[549] Afinal, sua narrativa reproduz o modo oral de narrar.

Em 1982, Saramago confirma o seu nome no cenário literário com o romance *Memorial do convento*, que com mais de 10 edições e 50 mil exemplares vendidos em dois anos lhe conferiu fama internacional. O romance se destaca por confirmar o estilo de escrita saramaguiano de transmitir a oralidade, além de trazer à baila uma inesperada versão ao revés da historiografia oficial. A narrativa

---

547. SARAMAGO, J., De como a personagem foi mestre e o autor seu aprendiz.
548. SARAMAGO, J., O despertar da palavra, p. 23.
549. SARAMAGO, J., O despertar da palavra, p. 23.

combina a história de figuras anônimas com a história da construção do convento de Mafra.[550]

Dois anos mais tarde apresentou outro projeto sob o título de *O ano da morte de Ricardo Reis*, onde a humanidade é problematizada por meio de um enredo que dá vida ao heterônimo Ricardo Reis do poeta português Fernando Pessoa. Com esse romance, ganha força a tonalidade crítica em relação à realidade política e social, o que se confirma quatro anos mais tarde com os romances *Jangada de pedra* e posteriormente com *História do cerco de Lisboa*.[551]

Já em 1991, publica *O Evangelho Segundo Jesus Cristo*, que teve grande repercussão, não só no mundo da literatura, mas no da religião. Nele o autor assume a tarefa de reescrever os evangelhos canônicos, sob perspectiva literária e não consoante com a ortodoxia cristã. Essa desconstrução e releitura gerou inclusive a negação por parte do governo português da inscrição no Prêmio de Literatura Europeu, o que levou o escritor em protesto a se exilar nas Ilhas Canárias, passando a viver em Lanzarote até a sua morte no dia 18 de junho de 2010, aos oitenta e sete anos de idade.[552]

Considerando o conjunto da obra de Saramago e essencialmente os seus romances, é possível dividi-la em duas fases, ou ciclos, a saber: histórica e universal. O próprio Saramago explica assim a mudança que ocorre na sua obra:

> (...) é como se, a partir de *O ensaio sobre a cegueira*, deixasse de me importar se eles eram mouros ou cristãos. Não é que houvesse deixado de ter importância, mas, hoje, estou a tentar ir mais além da diferença que há ou pode haver entre um mouro e um cristão, saber o que é aquilo que porventura os une. Também não é isso, porque não sei o que poderá uni-los. O que eu quero saber, no fundo, é o que é isso de ser-se um ser humano (...) E o que eu quero saber, no fundo, é essa coisa tão simples e que não tem resposta: quem somos nós?[553]

Segundo a pesquisadora portuguesa Teresa Cerdeira, os livros de temática histórica de José Saramago são aqueles que misturam personalidade e lugares reais do passado com fatos e personagens fictícios.[554] Segundo Suely Flory:

---

550. LOPES, J., Saramago – Biografia, p. 103.
551. LOPES, J., Saramago – Biografia, p. 115.
552. SANTOS JUNIOR, R., A plausibilidade da interpretação da religião pela literatura, p. 139.
553. SARAMAGO, J., A terceira palavra, p. 60-69.
554. CERDEIRA, T., José Saramago – entre a história e a ficção, p. 21-23.

José Saramago sobressai-se, entre os mais representativos autores da ficção portuguesa atual, pela sua narrativa densa e complexa em que afloram contínuas e diversas possibilidades de sentido e ação, atraindo o leitor para dentro do texto, partícipe da coapropriação de fatos históricos – realidade extratextual – pela própria trama (...). O crivo crítico da ironia, a subversão de valores tradicionais, a valorização do feminino, o resgate de potenciais personagens inferiores da História/história providenciam o processo de construção da verdade, posta a nu e recontada pelo texto ficcional.[555]

Segundo Arnaut, os de temática universal têm, em comum, três ocorrências: o espaço, ou seja, todos ocorrem numa grande metrópole, os enredos prodigiosos e principalmente os problemas da contemporaneidade como o individualismo e a perda da individualidade que cercam os personagens.[556]

A primeira fase chamada de histórica é composta pelos romances arrolados anteriormente, no entanto, a sua segunda fase, que pode ser chamada de universal, de acordo com Adriano Schwartz, inclui as seguintes obras: *Ensaio sobre a cegueira* (1995), *Todos os nomes* (1997), *A caverna* (2000), *O homem duplicado* (2002), *Ensaio sobre a lucidez* (2004), e *As intermitências da morte* (2005).[557] Em 2008 publicou *A viagem do elefante* e em 2009, *Caim*, que se assemelha à proposta já vista em *O Evangelho segundo Jesus Cristo*, ou seja, reaproxima o autor do seu ciclo histórico.

O escritor português, embora não tenha estudado, por falta de condições financeiras, além do equivalente brasileiro ao ensino médio, foi detentor de trinta doutorados honoríficos. Sua obra foi traduzida para mais de trinta idiomas diferentes. Além dos romances, fez traduções e escreveu peças de teatro, poemas, contos, diários, memórias, relatos de viagens e literatura infantil. Também recebeu mais de vinte prêmios importantes, nacionais e internacionais tais como Camões, em 1995, o mais importante prêmio da literatura portuguesa, e o Prêmio Nobel de Literatura, em 1998. Em suma, com sua vida e por meio de suas obras contribuiu substancialmente para a literatura mundial.

O ateísmo como *locus theologicus*

Parafraseando Albert Camus, quando pergunta sobre a possibilidade de haver um santo sem Deus,[558] indagamos: é possível falar de uma teologia na obra

---

555. FLORY, S., Apresentação, p. 11-12.
556. ARNAUT, A., O homem e sua ilha, p. 28-29.
557. SCHWARTZ, A., O narrador se agiganta e engole a ficção, p. 17.
558. CAMUS, A., A peste.

de um ateu como Saramago? De fato, não podemos negar, sobretudo nesta pesquisa, que visa a investigação do substrato teológico dos romances que podemos chamar de bíblicos de José Saramago, que o ateísmo[559] do escritor e sua visão crítica acerca do cristianismo transparecem não só em suas declarações, mas marcam de maneira profunda o seu *corpus* literário.

Embora diversos críticos de sua literatura tenham apontado para uma obsessão por questões religiosas, é preciso destacar também que os temas religiosos em Saramago são fruto de uma época na história recente em que se constata a perda do sentido das religiões e, paradoxalmente sua revitalização.

Pode-se afirmar não que a religião saiu de cena e depois voltou, mas, que houve no Ocidente uma espécie de alienação do sagrado na construção e, sobretudo na interpretação do mundo. Segundo Rubem Alves, a ciência e a tecnologia avançaram, edificando um mundo em que Deus passou a não ser necessário como hipótese de trabalho.[560] A ciência passou a possuir a palavra, não mais o discurso religioso.

Esse acontecimento compreendido como um êxodo do eixo teocêntrico, e que afirma a compreensão de um ser humano não mais regido univocamente pelo comando da religião, pode ser chamado de secularização. É o processo por meio do qual esferas da sociedade e da cultura saem do domínio das instituições e dos símbolos religiosos.[561] Embora o termo guarde sentidos múltiplos e possa

---

559. É difícil mapear a história do ateísmo porque apareceu quase sempre na história das religiões como atitude negativa. Além disso, o próprio termo pode ser mal-entendido: "Do ateu materialista puro-sangue ao crente integrista, há lugar para o agnóstico, o cético, o indiferente, o panteísta, o deísta: aos olhos dos fiéis, todos são mais ou menos ateus. Todavia a diferença entre eles são consideráveis" (MINOIS, G., História do ateísmo, p. 3). Embora estejamos falando do ateísmo como filho da modernidade, reconhecemos que seria possível falar de espécies de ateísmos *avant la lettre*. Algumas tentativas para classificar as formas do ateísmo característico da modernidade já foram feitas. Mondin fala em ateísmo teórico/filosófico/especulativo, prático e militante. E descreve assim cada um deles: "O ateísmo especulativo, teórico ou filosófico é uma cosmovisão (um sistema filosófico) que explícita ou implicitamente exclui a realidade de Deus. (...) O ateísmo prático é atitude daqueles que dizem crer, mas na realidade vivem como se não cressem, numa plena indiferença religiosa. O ateísmo militante é o ateísmo ativo, (...) que declara guerra intelectual contra Deus e procura construir uma verdadeira antirreligião e uma aberta antiteologia" (MONDIN, B., Quem é Deus?, p. 129). Fala também, a partir de alguns pensadores, nos seguintes ateísmos: antropológico (Feuerbach, Nietzsche, Sartre); científico (Comte, Freud, Russel); sociopolítico (Marx, Adorno, Horkheimer, Marcuse); semântico (Carnap, Ayer, flew); utópico (Bloch); teológico (Altizer, van Buren, Hamilton); niilista (Camus) (MONDIN, B., Quem é Deus?, p. 144). Outros autores pensaram sobre o ateísmo entre os quais citamos: DEL NOCE, A., Il problema dell'ateismo; DE LUBAC, H., O drama do humanismo ateu.; KÜNG, H., Dio esiste?.; MARITAIN, J., Il significato dell'ateismo contemporaneo.; FABRO, C., Introduzione all'ateismo moderno.; GIRARDI, G., El ateísmo contemporáneo. 4 vols.; MARDONES, J. M., Raíces sociales del ateísmo moderno.

560. ALVES, R., O que é religião, p. 8.

561. BERGER, P., O dossel sagrado, p. 119.

ser contestado,[562] de modo geral designa uma teoria explicativa do que ocorreu na civilização ocidental em torno de dois eixos como sublinha Charles Taylor: a "retração da religião na vida pública" e o "declínio em termos de fé e prática".[563] Taylor afirma ser a secularização a "passagem de uma sociedade em que a fé em Deus é inquestionável e, de fato, não problemática, para uma na qual a fé é entendida como uma opção entre outras e, em geral, não a mais fácil de ser abraçada".[564] Ou seja, o movimento por meio do qual os "horizontes de sentido" oferecidos pelas religiões passam a estar sob suspeita.[565]

Entretanto, este "fim do monopólio das tradições religiosas",[566] revelou seu caráter paradoxal. Maria Clara Bingemer ressalta que sendo um processo longo através da história, a secularização vai tornando-se complexa e, após mais de quatro séculos, já não aceita uma explicação unívoca que ignora a pluralidade de aspectos que abarca.[567] Essa pluralidade pode ser vista pelas palavras da socióloga francesa Danièle Hervieu-Léger, que ressalta que a secularização conjuga de maneira intricada "a perda da influência dos grandes sistemas religiosos sobre uma sociedade que reivindica sua plena capacidade de orientar ela mesma seu destino, e a recomposição, sob uma forma nova, das representações religiosas que permitiram a esta sociedade pensar a si mesma".[568]

O fenômeno social que se constituiu no decorrer do processo de secularização pode ser entendido como uma reorganização permanente da religião e como relação oblíqua com ela por meio do resgate de antigas tradições e o estabelecimento de tantas outras novas formas de percepção por meio de um movimento de conservação, distorção e esvaziamento.[569] O desencantamento do mundo que favoreceu a dispensa da religião como referencial interpretativo da realidade, parece ter provocado, a longo prazo, também o seu contrário.[570]

Ao perguntar-se sobre as causas do que chama de "retorno do religioso" num mundo técnico e sem fundamento absoluto, Vattimo se posiciona afirmando que esse retorno se dá em duas esferas: na cultura comum e na filosofia. Na

---

562. TAYLOR, C., Uma era secular, p. 500.
563. TAYLOR, C., Uma era secular, p. 495.
564. TAYLOR, C., Uma era secular, p. 15 e 495-500.
565. PANASIEWICZ, R., Secularização, p. 10.
566. BERGER, P., O dossel sagrado, p. 146.
567. BINGEMER, M. C., Secularização e experiência de Deus, p. 110.
568. HERVIEU-LÉGER, D., O peregrino e o convertido, p. 37.
569. MARTELLI, S., A religião na sociedade pós-moderna, p. 416.
570. PASSOS, J., Como a religião se organiza, p. 51.

primeira, o religioso retorna gerado, principalmente, pelo medo diante dos riscos de catástrofes nunca antes imaginadas, como o risco de uma guerra nuclear e a crise ecológica, e na segunda, pela queda das metanarrativas, enfraquecendo as filosofias que se opunham à religião.[571]

Este retorno à religião assume formas diversas, sendo uma delas, por exemplo, o fundamentalismo em toda a sua multiplicidade. Slavoj Zizek reflete sobre o panorama religioso hodierno, dizendo que ele vai desde o "fundamentalismo cristão e outros à sensibilidade religiosa surgida dentro do desconstrucionismo (o chamado pensamento pós-secular), passando por uma multiplicidade de espiritualismos de Nova Era".[572] Concordamos com Zizek, mas também destacamos como um ingrediente importante nesse panorama o ateísmo em suas diversas manifestações.[573]

No que diz respeito ao debate envolvendo as religiões e os ateísmos, a paisagem recente é complexa. Podemos falar aqui da reconfiguração do religioso em seu aspecto mais plural, que vai desde o desenvolvimento de uma consideração positiva da pluralidade religiosa até o recrudescimento de certas expressões fundamentalistas, e também do ateísmo em suas diversas feições.

Essa pluralidade de movimentos e opções religiosas que emergem no mundo contemporâneo fazem parte da ambiguidade que a secularização gerou. Juntamente com diferentes ateísmos, há movimentos religiosos que se afirmam a partir da desqualificação e da mistura das religiões tradicionais. O termo "espiritualidade", por exemplo, passa a ser utilizado com frequência no lugar da palavra "religião", porque abriga cada vez mais concepções ou práticas que não se reduzem mais ao universo das religiões tradicionais.

Concordamos com Harvey Cox quando explana que existem pelo menos três razões pelas quais este termo passou a ser bastante usado: (a) porque ainda é uma forma de protesto, representando um movimento que se desenvolve contra os abusos da "religião"; (b) porque representa uma tentativa dar voz ao fascínio diante da complexidade da natureza; (c) porque reconhece que as fronteiras entre as diferentes tradições estão cada vez mais finas, e se atêm mais no presente e no futuro do que no passado.[574]

Essas novas tendências religiosas podem ter um caráter subjetivista que se manifesta numa vivência pessoal ou comunitária de buscas de experiências sen-

---

571. VATTIMO, G., O vestígio do vestígio, p. 92-93.
572. ZIZEK, S., O absoluto frágil, p 27.
573. BINGEMER, M. C. Um rosto para Deus?, p. 20.
574. COX, H., The future of faith, p. 13-14.

síveis. Maria Clara Bingemer, ao falar sobre a presença do religioso no interior da secularização, frisa que

> a religião se torna algo privado, pertencendo exclusivamente ao fórum interno da humana consciência, sem mediações ou instituições. É mais e mais algo para ser vivido dentro da esfera da vida privada, em que cada um crê e acolhe verdades apresentadas a ele ou ela, apreciando e discernindo-as de acordo com afinidades afetivas ou sentimentos gratificantes advindos da experiência vivida.[575]

Contudo, neste mesmo ambiente também, é possível ver a reação e o recrudescimento de algumas expressões no interior das grandes tradições religiosas nas diversas formas de fundamentalismo.[576] Basta lembrar que a religião voltou a ecoar com grande importância, sobretudo após os violentos atentados de 11 setembro de 2001. Este episódio, sem dúvida, faz parte de uma realidade mais ampla, marcada pelo espectro do fanatismo religioso na contemporaneidade.[577] Mesmo antes do ocorrido citado, já em boa parte do século XX, é possível ver a presença do fundamentalismo, não só no seu desdobramento histórico dentro do protestantismo, mas como um fenômeno mais complexo que ganha contornos diversos recheados de aspectos políticos em outras tradições religiosas.

Conquanto o cenário contemporâneo esteja marcado por uma vivência da fé sem as amarras institucionais e pelo fundamentalismo multivariado, observamos em todo transcurso do século XX a presença constante do ateísmo, e, mais

---

575. BINGEMER, M. C., Secularização e experiência de Deus, p. 113-114.

576. O termo fundamentalismo nasce historicamente no seio do protestantismo norte americano como reação à teologia liberal. O berço do fundamentalismo se deu nos Estados Unidos, por meio do trabalho de pregadores e teólogos que atuavam na Universidade de Princeton. Entre 1909 e 1915, foram publicados uma série de doze pequenos livros denominados de The Fundamentals – a Testimonium to the Truth que se preocupavam em reafirmar pontos como: a) Inerrância da Escritura; b) Divindade de Cristo; c) Nascimento virginal de Cristo; d) A remissão dos pecados da humanidade pela crucificação de Jesus; e) A ressurreição de Jesus como um fato histórico. De acordo com Dreher: "Do título dessa série saiu o nome de um movimento, formado no último terço do século XIX por grupos de cristãos conservadores evangelicais. Esse foi crescendo, principalmente graças ao suporte financeiro de leigos bem estabelecidos. Temos aqui o nascimento do fundamentalismo protestante, que determinará os Estados Unidos da América do Norte e que, em pouco tempo, começará a ser exportado para outros continentes e países" (DREHER, M. N., Para Entender o Fundamentalismo, p. 81). Esse fenômeno também pode ser visto dentro de outras religiões. Segundo Faustino Teixeira, está presente no Islã como reação crítica à dinâmica modernizadora e secularizadora em curso, acusada de ocasionar a desestruturação da comunidade islâmica pelo menos desde 1928 espraiando-se por diversos países com nuances distintas. Também tem uma versão paralela no judaísmo marcada por traços bem característicos, sobretudo a rejeição de todo intercâmbio com o mundo e a concepção exclusivista da verdade em alguns grupos ortodoxos e sionistas. Já no catolicismo é caracterizado zelo doutrinal e pela perseguição aos que se desviam do "caminho reto" (TEIXEIRA, F., O diálogo em tempos de fundamentalismo religioso, p. 502-504).

577. TEIXEIRA, F., O diálogo em tempos de fundamentalismo religioso, p. 495.

recentemente, o surgimento de um "neoateísmo", representado por nomes como Michel Onfray, Richard Dawkins, Christopher Hitchens, Sam Harris e Daniel Dennett[578]. Este "neoateísmo" possui um forte parentesco com o ateísmo moderno por seu acento cientificista e racionalista. No entanto, é possível vislumbrar alguns esforços e gestos significativos que marcam um empenho alternativo no sentido de um maior diálogo. Mesmo que, em continuidade com o projeto humanista, outros escritores como Comte-Sponville, Luc Ferry e Robert Solomon, se distanciem da tentativa de viés cientificista de "provar" a não existência de Deus eles tentam combinar sua descrença com a afirmação de uma espiritualidade dita ateísta ou laica.[579]

A religião voltou a ser debatida e entendida como força importante no cenário contemporâneo.[580] Não poderíamos deixar de retomar os esforços filosóficos caracterizados pelo interesse na religião ainda que na perspectiva da desconstrução das tentativas de dizer o absoluto. Esta disposição contemporânea se dá a partir da perda do fundamento metafísico na constatação nietzscheana da "morte de Deus". Nas palavras de Vattimo, "é só porque as metanarrações metafísicas se dissolveram que a filosofia redescobriu a plausibilidade da religião e pode, por conseguinte, olhar para a necessidade religiosa da consciência comum fora dos esquemas da crítica iluminista".[581] Assim, a questão da existência de Deus em Vattimo, por exemplo, não é importante, mas, o que deve ser considerado é a experiência religiosa, ainda que esvaziada do objeto no que ela significa e o que ela pode gerar nas pessoas.[582]

Neste sentido, não somente o modelo teológico metafísico está enfraquecido, mas também todo o sistema referencial de certa metafísica da subjetividade consagrada desde o Iluminismo, que coloca no centro de tudo o sujeito

---

578. ONFRAY, M., Tratado de ateologia; DAWKINS, R., Deus, um delírio; HITCHENS, C., Deus não é grande; HARRIS, S., A morte da fé; DENNETT, D., Quebrando o encanto.

579. Alguns autores, falam de uma espiritualidade ateísta ou laica. Seu intuito é preservar o caráter irreligioso da espiritualidade, levando em conta que, na história, os termos espiritualidade e religião se confundiram (COMTE-SPONVILLE, A., O espírito do ateísmo; FERRY, L., A revolução do amor: por uma espiritualidade laica; SOLOMON, R., Espiritualidade para céticos). Sam Harris tem escrito sobre o assunto, mas sua proposta acerca da espiritualidade guarda um acento mais ácido quanto às religiões e constrói sua proposta a partir de um viés cientificista (HARRIS, S., Despertar).

580. Além dos nomes já citados, Vattimo, Nancy e Zizek, ressaltamos, também aqui, Alain Badiou, Giorgio Agamben que têm demonstrado interesse pela temática da religião, guardadas as devidas diferenças entre cada um deles (BADIOU, A., São Paulo; AGAMBEN, G., O Reino e a Glória.).

581. VATTIMO, G., O vestígio do vestígio, p. 96.

582. O próprio Vattimo ao ser perguntado sobre se ainda acreditava em Deus, se colocou como alguém que crê que crê, exemplificando bem o pensamento contemporâneo como impossibilidade de afirmação absoluta (VATTIMO, G., Acreditar em acreditar, p. 66).

emancipado. Desta forma, não apenas o conteúdo da religião está esvaziado, mas também o do ateísmo moderno. A crítica contemporânea, que podemos chamar de pós-metafísica, recai consequentemente sobre esse tipo de ateísmo que crê na possibilidade da comprovação empírica da não existência do "Ser-Deus". O humanismo ateísta moderno e seus herdeiros, que continuam a se movimentar no terreno da metanarrativa, perderam força com a dissolução dos elementos metafísicos. Este humanismo ateísta, fruto do racionalismo metafísico dos modernos, instaurou uma "onto-antropologia".[583] Caiu numa armadilha. Como afirmou Nancy, o humanismo como "converteu em essência do homem a essência de Deus, não fez mais que imprimir no princípio um giro sobre si mesmo. Por sua vez, não modificou, nada da construção onto-(a)-teológica".[584] Ou, ainda, segundo ressalta Eagleton, apelando a crítica nietzscheana, substituiu-se o Deus transcendente por uma humanidade onipotente. Não se considerou que a morte de Deus deveria significar ao mesmo tempo a morte de determinado humanismo senhorial. Isto deu ao humanismo um caráter secretamente teológico.[585] Ao propor o ser humano como o exclusivo centro do universo e ao reconhecê-lo como *causa sui*, o humanismo se movimenta no terreno da "onto-(a)-teologia".

Seguindo este caminho da diluição do alicerce metafísico e dialogando com a religião, sobretudo, com o cristianismo, é que alguns autores como Vattimo e Jean-Luc Nancy têm pensado a partir das categorias cristãs uma espécie de ultrapassamento. Tem apontado para a tese de que o cristianismo mesmo comportaria em sua estrutura a desconstrução.

A encarnação, enquanto *kénosis* (esvaziamento, abandono, no sentido de um Deus que se esvazia, se abandona), não é pensada tão somente como um dogma cristão, mas uma metáfora que ultrapassa o cristianismo. Vattimo afirma que: "É justamente porque o Deus cristão se encarna em Jesus que se torna possível pensarmos Deus também sob a forma de outro ser natural, como acontece em tantas mitologias religiosas não cristãs".[586] Com o esvaziamento de Deus, este perde seu caráter divino-religioso, assinalando uma disposição do cristianismo para a secularização. Vattimo não entende que ela é uma limpeza da religião, como propôs o teólogo alemão Dietrich Bonhoeffer, mas a realização da *kénosis* é o

---

583. LIMA VAZ, H. C., Religião e modernidade filosófica, p. 94.
584. NANCY, J.-L., La declosión: deconstrucción del cristianismo, Vol. 1, p. 36.
585. EAGLETON, T., O debate sobre Deus, p. 25.
586. VATTIMO, G., Depois da cristandade, p. 40.

próprio cumprimento do seu sentido.[587] Ou seja, a *kénosis* como vocação do cristianismo leva-o a secularização.

Jean-Luc Nancy parece apontar na mesma direção. Em Cristo, a abdicação à presença torna-se o próprio ato de Deus. A ausência de divindade é o fato mais denso do cristianismo. Como afirma o filósofo francês:

> Com a figura de Cristo, é a renúncia ao poder divino e a sua presença que tornam-se o ato próprio de Deus e que fazem desse ato seu tornar-se homem. Neste sentido, o deus retirado, o deus "esvaziado" de acordo com a palavra de Paulo, não é um deus escondido no fundo do retiro ou do "vazio" (Deus *absconditus*). Lá onde está retirado já não há mais fundo nem esconderijo. É o Deus cuja ausência faz propriamente a divindade.[588]

O objetivo de Nancy é, portanto, levar a fé cristã ao que, na sua interpretação, é seu cerne. É o próprio cristianismo que, em essência, como fenômeno, propicia um "desenclausuramento" (*déclosion*).[589] Ou seja, provoca uma reabertura do fechamanto metafísico ou da ontoteologia e se acha realizada na autorreferên-

---

587. VATTIMO, G., Acreditar em acreditar, p. 40. O teólogo luterano Dietrich Bonhoeffer preso e morto por participar de um movimento contra o regime nazista na Alemanha escreveu em uma de suas cartas da prisão sobre o que chamou de cristianismo arreligioso: "O que me ocupa incessantemente é a questão: que é o cristianismo ou ainda quem é de fato Cristo para nós hoje? Foi-se o tempo em se podia dizer para as pessoas por meio de palavras – sejam teológicas ou piedosas; passou igualmente o tempo da interioridade e da consciência moral, ou seja, o tempo da religião de maneira geral. Rumamos para uma época totalmente arreligiosa; as pessoas sendo como são, simplesmente não conseguem mais ser religiosas. (...) As perguntas a serem respondidas seriam: o que significam uma igreja, uma comunidade, uma prédica, uma liturgia, uma vida cristã num mundo arreligioso? Como podemos falar de Deus – sem religião, sem os pressupostos temporais restritos da metafísica, da interioridade? Como podemos falar (ou talvez nem mesmo se possa mais falar disso como até agora) de maneira mundana de Deus? Como podemos ser cristãos de maneira arreligiosa e "mundana"?" (BONHOEFFER, D., Resistência e submissão, p. 369-371). Na esteira da pergunta bonhoefferiana, alguns teólogos pensaram "uma teologia da morte de Deus" que também foi chamada de "teologia radical", "teologia secular", "ateísmo teológico", "ateísmo cristão", "teologia sem Deus" (MONDIN, B., Quem é Deus?, p. 165). Dentre as obras desses autores destacamos: BUREN, P., The secular meaning of the Gospel; HAMILTON, W., The new essence of christianity; ALTIZER, T., The gospel of christian atheism.

588. NANCY, J.-L., La declosión, Vol. 1, p. 61.

589. "O termo déclosion é um neologismo, que pode obter-se por duas vías: 1) a partir da substantivação do verbo déclore (de uso antigo) que significa "reabrir", em oposição a clore, "cerrar", "clausurar"; 2) a partir do substantivo éclosion que significa "eclosión", "abertura" ou "estalido". No último artigo deste volume, "La declosión", Nancy opõe claramente déclosion e éclosion, motivo pelo qual escolhemos para a tradução castelhana o termo "declosión". Porém, Nancy joga com ambos os sentidos, com a noção de abertura (neste caso o prefixo "des" se aplica sobre "clore", fecha), e com uma desabertura (neste caso o prefixo "des" se aplica sobre "éclore", abertura). É importante notar a dupla raiz, que perdemos na tradução castelhana, já que se atendemos ao modo como Nancy conjuga "déclore", seguindo o paradigma de "clore" antes que de "éclore", poderíamos inclinarmos por opções castelhanas do tipo de "declausura" ou "descierre" (LUCERO, G. In: NANCY, J.-L. La declosión: deconstrucción del cristianismo, 1, p. 14).

cia.⁵⁹⁰ Esse desenclausuramento, que só é possível pela ausência de Deus, pensada por meio do esvaziamento através do movimento de Deus em tornar-se homem em Cristo, permite a Nancy opor a crença religiosa à fé autêntica, que seria então "a fidelidade a uma ausência e a certeza dessa fidelidade na ausência de toda segurança".⁵⁹¹ Desta maneira, o ateu que rechaça a segurança consoladora estaria paradoxalmente mais perto da fé que o crente. Isto significa que o ateísmo seria o cristianismo realizado.

Estas questões levantadas primeiramente sobre a secularização enquanto fenômeno moderno que adentrou a contemporaneidade em seus múltiplos efeitos, seja no enfoque sociológico ou filosófico, fornecem o pano de fundo para entendermos a situação saramaguiana ao escrever os seus romances.

A literatura de Saramago, fruto da *intelligentsia* literária de seu momento histórico, pode ser vista como sintoma e tradução dos posicionamentos de um homem que, mesmo entregue ao vazio nascido da dissolução de um universo metafísico, que o aliena de um *arkhé* e de um *telos*, não pode negar a presença do elemento religioso na cultura, mesmo que seja para criticá-lo. Os dias de Saramago são estes, de um ser humano que se encontra diante de um imenso vácuo deixado pela "morte de Deus" que, por vezes, preenche a ausência do "velho Deus" afirmando-se potentemente como uma espécie de demiurgo, ou procura voltar à plataforma de um "lugar seguro", tentando utilizar os pedaços dos ídolos quebrados do passado, mas também pretende encontrar um sentido surgido de uma razão quedada que não importa o quanto e como retorne as suas origens religiosas, não saberá mais ajoelhar-se sem a sua dose de incerteza. Através de sua pena, o escritor português reflete e refrata este cenário plural.

Segundo Sant'anna, conscientemente ou não, mas certamente refletindo esse espírito de época, Saramago lança *Levantado do chão*, em 1980, obra com diversos elementos que tocam a temática religiosa e determina uma nova fase na produção literária do escritor português. Os romances que se seguiram como *Memorial do convento, O ano da morte de Ricardo Reis, O Evangelho segundo Jesus Cristo* seriam a revelação de uma nova preocupação com a religião através de formas secularizadas.⁵⁹²

Ao ressaltar que o escritor português está inserido nesse contexto, não se pretende cooptá-lo como mero produto de um pensamento religioso. Mas, afirmar que deixa jorrar de sua pena uma preocupação, não aquela *ad intra* institui-

---

590. HIGUET, E. A., A desconstrução da fé cristã, p. 197.

591. NANCY, J.-L., La declosión, Vol. 1, p. 61.

592. SANT'ANNA, J., Em que creem os que não creem, p. 40.

ção, mas outra, fruto deste universo plural engendrado pelo longo processo de secularização. Destacamos, porém, que Saramago é um autor plural e que suas afirmações em entrevistas constituem mundo vasto. Mesmo que muitas vezes possa parecer como alguém portador de uma atitude intolerante quanto à religião e herdeiro de um ateísmo pouco sofisticado, em outras situações transparece uma posição que pode ser entendida dentro do quadro de referência do ateísmo preocupado contra a utilização do que chama de "fator Deus".

> Os deuses, acho eu, só existem no cérebro humano, prosperam ou definham dentro do mesmo universo que os inventou, mas o "fator Deus", esse, está presente na vida como se efetivamente fosse o dono e o senhor dela. Não é um deus, mas o "fator Deus" o que se exibe nas notas de dólar e se mostra nos cartazes que pedem para a América (a dos Estados Unidos, não a outra...) a bênção divina. E foi o "fator Deus" em que o deus islâmico se transformou, que atirou contra as torres do World Trade Center os aviões da revolta contra os desprezos e da vingança contra as humilhações. Dir-se-á que um deus andou a semear ventos e que outro deus responde agora com tempestades. É possível, é mesmo certo. Mas não foram eles, pobres deuses sem culpa, foi o "fator Deus", esse que é terrivelmente igual em todos os seres humanos onde quer que estejam e seja qual for a religião que professem, esse que tem intoxicado o pensamento e aberto as portas às intolerâncias mais sórdidas, esse que não respeita senão aquilo em que manda crer, esse que depois de presumir ter feito da besta um homem acabou por fazer do homem uma besta.[593]

De fato, há em Saramago, como podemos ver, uma preocupação de deslocar a discussão da questão sobre a não existência de Deus – o que parece estar bem resolvido para ele – para a questão do "fator Deus" que tem sido, muitas vezes, motor de inúmeros sofrimentos, violências e mortes no cenário histórico da atualidade. Conforme insiste Pilar, a Saramago não interessava Deus, ele não discutia sua essência, mas se concentrava no papel, tantas vezes aniquilador, que os grupos religiosos exercem nas culturas e nas pessoas em nome de Deus.[594] Isto se confirma em outra parte do texto sobre o "fator Deus":

> E, contudo, Deus está inocente. Inocente como algo que não existe, que não existiu nem existirá nunca, inocente de haver criado um universo inteiro para colocar nele seres capazes de cometer os maiores crimes para logo vi-

---

593. SARAMAGO, J., O fator Deus.
594. Anexo, p. 283.

rem justificar-se dizendo que são celebrações do seu poder e da sua glória, enquanto os mortos se vão acumulando, estes das torres gêmeas de Nova Iorque, e todos os outros que em nome de um Deus tornado assassino pela vontade e pela ação dos homens, cobriram e teimam em cobrir de terror e sangue as páginas da História.[595]

A literatura de Saramago está embebida de sua luta contra o fundamentalismo[596] e se insurge contra toda fácil segurança consoladora que sustenta a tranquilidade da vida daqueles que se apoiam nos dogmas da religião e também numa razão cega. Esse jeito de explicar a realidade, que jorra da pena dos teólogos por meio do coito com a metafísica grega e que foi absorvido como suprimento "terapêutico", é alvo da desconstrução saramaguiana, não por meio de uma onto-(a)-teologia que se preocupa com a negação do "Ser-Deus" – que seria uma outra saída consoladora fácil –, mas através da problematização dos discursos e seus desdobramentos histórico-sociais que configuram o "fator Deus", sem que isso signifique uma visão ingênua sobre o ser humano. Saramago rebela-se contra a beatitude moral-religiosa que nasce das ortodoxias históricas e eclesiásticas que aliviam as consciências atormentadas, mas ao mesmo tempo as controlam. Entretanto, também utiliza sua pena contra as concepções que empalidecem e suavizam o universo das contradições humanas.

Apesar de ser um crítico daquela religião que cerceia a realização humana, reiterando o que foi dito acima, não pensamos que o escritor português deva ser enquadrado dentro de uma postura otimista quanto ao ser humano e a ciência que o aproximaria do chamado "neoateísmo". Não foi ingênuo e reducionista como aqueles adeptos do *cientificismo*, caracterizado por Vito Mancuso como "a visão do mundo que, baseada na lógica da matemática e nos dados científicos, julga poder resolver o mistério da existência".[597] Para o teólogo italiano, este ateísmo reducionista chamado ironicamente de *bright* ("brilhante"), dentro do qual poderíamos encaixar autores como Dawkins e Hitchens, se contenta com respostas fáceis.[598]

A ênfase crítica não impediu Saramago de, na materialização de sua literatura, reconhecer, por exemplo, a grandeza que envolve a figura de Jesus – mesmo que num viés desconstrucionista – diferentemente desses pensadores que se recusam admitir qualquer vestígio positivo nas religiões. Ou seja, embora recuse

---

595. SARAMAGO, J. O fator Deus.

596. Segundo o depoimento do teólogo J. J. Tamayo, "nessa luta não violenta, Saramago esteve comprometido de pensamento, palavra e obra" (TAMAYO, J. J., Saramago).

597. MANCUSO, V., Eu e Deus, p. 108-109.

598. MANCUSO, V., Eu e Deus, p. 106-107.

qualquer utilização política do nome de Deus para justificar o poder e a violência sobre os que creem e pensam de maneira diferente, nosso autor está longe, por exemplo, da postura de um Michel Onfray no seu programa de construção de uma "ateologia".[599]

Saramago não sugere uma cruzada para a eliminação da religião, mas a partir de um distanciamento crítico compõe seu mundo imaginativo em diálogo com elementos religiosos reinterpretando-os, relativizando acontecimentos e crenças. O que parece ser muito diferente da postura militante de certos membros do "neoateísmo", que do alto do seu "palácio de cristal"[600] sem perceber identificam-se como imagem invertida no espelho do fundamentalismo à medida que elegeram o naturalismo como sua verdade sagrada.[601] De fato, o escritor lusófono se pronunciava como alguém que prescindia da fé em Deus, mas, se distingue daquela postura que reduz a busca religiosa e espiritual a um simplório fenômeno de ignorância.

Saramago não é advogado de uma posição ingênua que pensa que os problemas humanos estariam resolvidos se estes vivessem numa espécie de estágio em que as religiões não tivessem força. É o acento trágico retratado na barbárie que se instaura na metrópole do seu *Ensaio sobre a cegueira*, já na sua fase universal, que aponta para isso. Aliás, é curioso, que das 25 vezes que a palavra Deus é utilizada nesse texto, 21 sejam na construção de expressões cotidianas, como "graças a deus" e "deus o sabe".[602] Portanto, é nesse cenário praticamente sem a presença da religião e sem Deus, que o ceticismo saramaguiano está direcionado para o otimismo que ignora o universo de contradições que é o ser humano, revela o seu poder por meio da última fala da personagem feminina, esposa do

---

599. MARTINS, M. F., A espiritualidade clandestina de José Saramago, p. 162.

600. Dostoiévski utilizou o Crystal Palace, monumento construído a partir de 1850, no Hyde Park de Londres, como uma metáfora da nova ordem social moderna que configurava a civilização ocidental (DOSTOIÉVSKI, F., Notas de inverno sobre impressões de verão, p. 113-114; SLOTERDIJK, P., Palácio de Cristal, p. 13-24, 185). Esta expressão foi retomada por Henri de Lubac na obra *O drama do humanismo ateu* em que apresenta o escritor russo como um profeta que soube antever os efeitos do ateísmo, particularmente do humanismo positivista (Comte), do humanismo marxista e do humanismo nietzscheano, as três formas mais difundidas e influentes do humanismo ao longo dos séculos XIX e XX. Ao utilizar a expressão não visamos estabelecer uma comparação imediata entre as formas ressaltadas por De Lubac e o "neoateísmo", embora haja relações, principalmente com o humanismo positivista, mas enfatizar certa postura de fechamento descrita assim pelo teólogo: "[O ateísmo] soube construir um palácio de cristal, onde tudo é luz, e decidir que, fora dele, nada existia. Este palácio é o universo da razão, tal como o construíram, finalmente a ciência e a filosofia modernas" (DE LUBAC, H. O drama do humanismo ateu, p. 343).

601. Uma crítica interessante e pertinente ao "neoateísmo" pode ser vista na série de palestras proferidas por Terry Eagleton (EAGLETON, T. O debate sobre Deus).

602. RIBEIRO, O. L., "Morte de Deus" e(m) Literatura, p. 75.

médico: "Penso que não cegamos, penso que estamos cegos (...) Cegos que, vendo, não veem".[603] Em certa ocasião ao comentar a própria obra diz:

> No meu entender, nós não usamos racionalmente a razão. É um pouco como se eu dissesse que nós somos cegos da razão. Essa evidência é que me levou, metaforicamente, a imaginar um tipo de cegueira, que, no fundo, existe. Vou criar um mundo de cegos porque nós vivemos efetivamente num mundo de cegos. Nós estamos todos cegos. Cegos da razão. A razão não se comporta racionalmente, o que é uma forma de cegueira (...) Acho que a grande revolução, e o livro fala disso, seria a revolução da bondade. Se nós, de um dia para o outro, nos descobríssemos bons, os problemas do mundo estavam resolvidos. Claro que isso nem é uma utopia, é um disparate. Mas a consciência de que isso não acontecerá, não nos deve impedir, cada um consigo mesmo, de fazer tudo o que pode para reger-se por princípios éticos.[604]

O autor português, embora tenha sido um homem descrente de Deus, ao que parece, também descreu de certa ênfase na razão alinhada com o sonho iluminista, contudo, não se considerava um niilista, como ele mesmo declara, embora o faça a partir de uma definição muito particular de Comte-Sponville: "Não sou um niilista, sou simplesmente relativista. André Comte-Sponville, em seu *Dicionário filosófico*, coloca as coisas em seu devido lugar: o niilismo é filosofia da preguiça ou do nada, o relativismo é a filosofia do desejo e da ação".[605] Ainda, em outra ocasião, diz a respeito de si mesmo: "O que eu sou? Pessimista, indignado, cético, inconformista? Digamos que um sou um quarto de cada, e o total, o que vês".[606]

Podemos afirmar que há um forte apelo ético em Saramago. Ao mesmo tempo em que criticou certas expressões religiosas como veículos de alienação e violência, expôs as feridas contemporâneas de um mundo fraturado, sempre irreconciliado, sem saídas fáceis. Foi, por assim dizer, um irremediável inconformado e protestador diante do mau-hálito de um mundo violento, afetado pela contradição e pela desigualdade. Com os olhos de quem enxerga uma existência não harmonizada que grita ante uma *physis* indiferente e uma história marcada pelo poder egoístico de uma aristocracia minoritária, Saramago deixa fluir de sua

---

603. SARAMAGO, J., Ensaio sobre a cegueira, p. 310.
604. SARAMAGO, J., In: Saramago anuncia a cegueira da razão. Entrevista. Folha de S. Paulo, 1995. Disponível em <http://www1.folha.uol.com.br/fsp/1995/10/18/ilustrada/1.html> Acesso em 09.10.2016.
605. SARAMAGO, J., In: AGUILERA, F. (Org.)., As palavras de Saramago, p. 52.
606. SARAMAGO, J., In: AGUILERA, F. (Org.)., As palavras de Saramago, p. 49.

pena uma indignação contundente.[607] Este movimento parece ser fruto da crítica social oriunda também de sua formação marxista. Frias Martins caracteriza o escritor português como um marxista sensível à aflição de homens e mulheres a quem a dignidade é negada constantemente pela lógica de uma existência social dominada pela ganância do lucro.[608]

Partindo dessa preocupação ética, e reconhecendo que o cristianismo se constitui como fator importante na equação que construiu o Ocidente, Saramago parece fazer do seu ateísmo um *locus theologicus* onde a apropriação das narrativas bíblicas dá-se no *front* da indignação contra expressões religiosas violentas, lastimosamente ancoradas numa reflexão teológica que insistentemente teima em postular o lugar da ortodoxia. Ou seja, se rebela contra todo tipo de violência, seja ela simbólica ou concreta.[609] É, portanto, com essa construção teológica que Saramago se preocupa. Segundo Leonardo Boff, ao descrever um encontro com o escritor: "Saramago se considerava ateu, mas de um ateísmo muito particular. Entendia o "fator Deus" como veiculado pelas religiões e pelas Igrejas como forma de alienação das pessoas. Seu ateísmo era ético, negava aquele "Deus" que não produzia vida e não anunciava a libertação dos oprimidos".[610] Ou, ainda, como sublinha Sant'anna, o ateísmo de José Saramago, mais do que uma afirmação acerca da inexistência de Deus, revela seu inconformismo diante da injusta sociedade que insiste em criar, pelos seus atos, uma face cruel para o ser divino.[611] Estava claro no romancista português o desconforto provocado pela utilização de "Deus"

---

607. Por causa disso, autores como Tenório e Sant'anna aproximaram Saramago do profetismo judaico e da espístola de Tiago. "Os profetas do Antigo Testamento assumiram o mesmo papel denunciatório das injustiças sociais, apontando os pecados contra o povo oprimido, com a mesma diligência com que admiramos Saramago a exercer sua função profética. (...) A epístola de São Tiago, inclusive, autor bíblico, caracterizado pela crítica como o profeta neotestamentário que traduz para o cotidiano da Igreja os postulados inscritos no Sermão da Montanha, afirma que a verdadeira "religião pura e imaculada ao nosso Deus e Pai [dentre muitos atributos] é visitar os órfãos e a viúvas nas suas tribulações" (Epístola de Tiago, cap. 1, v. 27), o que implica defender a assistência aos maiores desfavorecidos da sociedade" (SANT'ANNA, J., Em que creem os que não creem, p. 45-46; TENÓRIO, W., A confissão da nostalgia, p. 139).

608. MARTINS, M. F., A espiritualidade clandestina de José Saramago, p. 74.

609. Quando falamos em violência simbólica remetemos as reflexões feitas pelo sociólogo Pierre Bourdieu à produção de certos discursos que operam clandestinamente nas consciências das pessoas para justificar a sua dominação e controle. Segundo o próprio Bourdieu: "O poder simbólico é, com efeito, esse poder invisível o qual só pode ser exercido com a cumplicidade daqueles que não querem saber que lhe estão sujeitos ou mesmo que o exercem. (...) É assim que os sistemas simbólicos cumprem a sua função política de instrumentos de imposição ou de legitimação da dominação, que contribuem para assegurar a dominação de uma classe sobre a outra (violência simbólica) dando o reforço da sua própria força às relações de força que as fundamentam e contribuindo assim, segundo a expressão de Weber, para a domesticação dos dominados" (BOURDIEU, P., O poder simbólico, p. 7-10)."

610. BOFF, L., Espiritualidade à mesa.

611. SANT'ANNA, J., Em que creem os que não creem, p. 53.

para produzir e sustentar injustiças sociais e atos de intolerância. Segundo Pilar, José Saramago não estaria contra um Deus de amor, revigorante, mas sim contra a ideia de um Deus castrador violentamente intransigente. Ela testemunha que o escritor se entendia com pessoas de fé que não pretendiam impô-la, nem se entendiam como superiores aos ateus.[612]

É a partir da noção de que o cristianismo modelou a isso que chamamos Ocidente, que o declarado ateu, José Saramago, parece explicitamente adotar a temática Deus como destaque em suas obras literárias. Não para ratificar a crença, mas para problematizá-la. Em entrevista concedida a Carlos Reis que inicia o diálogo inquirindo-o acerca dos filões temáticos de sua obra, em especial "Deus", Saramago expõe o seguinte:

> Alguém pode dizer: "Bom, afinal você se preocupa muito com Deus; lá no fundo da sua mente ou do que quer que seja, você é um crente". Não, sinceramente não penso que o seja. Não vou agora dizer redondamente que esta guerra é uma guerra de mim com algo que nego, mas que, no fundo, uma vez que é assim, nego uma existência que está presente em mim, mas que quero expulsar de mim. Não creio que seja assim. Vivi sempre fora de qualquer educação religiosa, nunca tive, em nenhum momento de minha vida, uma crise religiosa, portanto tenho levado isto pacificamente, sem sofrer as torturas da dúvida. Para mim sempre foi muito claro: Deus não existe.[613]

E, em outra ocasião, o escritor declara:

> Todos nós não temos mais remédio do que ter Deus. Acho que não existe ninguém que não tenha Deus. O único ser que não teria Deus seria aquele que tivesse nascido numa sociedade onde, desde sempre, qualquer sentido de transcendência fosse desconhecido (...). Por isso, eu, às vezes, digo que, no plano da mentalidade, sou um cristão, e não posso ser outra coisa. Quando Pessoa diz "não ter Deus já é ter Deus" ele está a pôr a questão ao contrário porque ninguém começou por não ter Deus. Todos começamos por ter Deus e conservamo-nos assim.[614]

Independente do seu ateísmo, Saramago reconhece que a religião e a ideia de Deus, propagada por certa teologia, continuam sendo um fator que influencia a vida das pessoas e a cultura. Afirma: "não creio em Deus, mas se Deus existe para a pessoa com quem estou falando, então Deus existe para mim nessa pessoa".

---

612. Como pode ser visto na entrevista que consta na página 283 desta obra.
613. REIS, C.; LOPES, A., Dicionário de teoria da narrativa, p. 145.
614. BASTOS, B., José Saramago – aproximação a um retrato, p. 52.

E completa: "Se se fala de Deus, então quero saber que Deus é esse, que relação mantém ou não mantém com o homem, mas sobretudo com a humanidade".[615] Pilar del Río explica que o interesse do escritor pelo tema se deu justamente porque na sua compreensão a hipótese de "Deus" forma parte de nossas culturas.[616]

Partindo desse pressuposto, Saramago considera que dentro mesmo do cristianismo, por exemplo, é possível encontrar elementos, como no caso do seu Jesus no *ESJC*, que devem ser aproveitados positivamente na sua crítica. De acordo com Pilar, Saramago, embora não admitisse o projeto fundacional do cristianismo, simpatizava com Jesus Cristo.[617] O que ele fez foi problematizar ficionalmente o monopólio da interpretação das ortodoxias que justificou, com o conteúdo teológico, práticas de violência simbólica e concreta. Reinterpretando afirmações da fé cristã a partir de seu ateísmo, sublinha ainda desde outro prisma a figura de Jesus como iluminadora das aspirações humanas. Dito de outra forma, o reconhecimento do escritor português do cristianismo como elemento estruturador da cultura ocidental, o faz voltar aos textos bíblicos, para no seu reuso ressignificar os conteúdos da tradição numa perspectiva crítica.

Poderíamos aproximá-lo da concepção de Vattimo, quando este destaca que é razoável pensar que nossa compreensão do mundo depende da crença em Deus porque aqui e agora não conseguiríamos falar a nossa língua e viver nossa historicidade sem a herança da mensagem transmitida pelo cristianismo. De acordo com o filósofo italiano, o exemplo dos clássicos de uma literatura pertencente a uma cultura ajuda a pensar a questão. Assim como a literatura ocidental não seria pensável sem Homero, Shakespeare e Dante, também a nossa cultura não poderia ser compreendida se quiséssemos amputar-lhe o cristianismo.[618]

A ideia do cristianismo como força cultural se confirma nas palavras do escritor lusófono, quando apresenta a justificativa de Deus ser um dos seus temas preferidos: "Então, quando digo que sou ateu é com esta grande ressalva e dizendo sempre que tenho, evidentemente, uma mentalidade cristã, que não posso ter outra mentalidade senão essa, não posso ser nem muçulmano, nem budista, nem confucionista, nem taoista".[619]

Ainda em outra declaração aparece novamente a mesma ideia:

---

615. ARIAS, J., José Saramago, p. 128-129.
616. Como pode ser visto na entrevista que consta na página 283 desta obra.
617. Como pode ser visto na entrevista que consta na página 283 desta obra.
618. VATTIMO, G., A idade da interpretação, p. 74.
619. SARAMAGO, J., In: REIS, C.; LOPES, A. Dicionário de teoria da narrativa, p. 142.

Há uma coisa clara a levar em conta: Eu não posso dizer em consciência que sou ateu, ninguém pode dizer, porque o ateu autêntico seria alguém que viveria numa sociedade onde nunca teria existido uma ideia de Deus, uma ideia de transcendência e, portanto, nem mesmo a palavra "ateu" existiria nesse idioma. Sem Deus não poderia existir a palavra "ateu" nem a palavra "ateísmo".[620]

É justamente por reconhecer este pano de fundo, que Saramago se interessou tanto por assuntos relacionados à religião, sobretudo os que dizem respeito ao cristianismo. Quando, por exemplo, o músico catalão Jordi Savall resolveu reinterpretar o musical do compositor austríaco Franz Joseph Haydn de 1787, *As sete últimas palavras de Cristo na cruz* e gravá-lo em DVD em 2007, escolheu para fazer os comentários de cada uma das palavras o teólogo catalão Raimon Panikkar e, surpreendentemente, José Saramago, que não se negou a fazê-lo. Aliás, há aqui algo importante para a compreensão de como Saramago lidava com o assunto "Deus". No fim do comentário da quarta palavra, declara citando a si mesmo: "Razão tinha aquele que disse que Deus é o silêncio do universo e o homem o grito que dá sentido a esse silêncio. Acaba-se o homem e tudo se acabará".[621] Esta frase que aparece algumas vezes em suas entrevistas, já tinha surgido nos *Cadernos de Lanzarote* com uma pequena variação. Em 23 de fevereiro de 1994 ela foi escrita da seguinte forma: "Deus é o silêncio do universo e o homem o grito que dá *um* sentido a esse silêncio".[622] Segundo Frias Martins, a variação introduzida em 2007 é mais do que estilística. Ao ausentar a conjectura proveniente da possível relativização que está subjacente ao artigo indefinido "um", Saramago radicaliza a ideia do humano como fonte única da ideia de Deus.[623]

Esta supressão do divino que aparece na variação da frase se ratifica pelo complemento: "Acabe-se o homem e tudo se acabará". Ou seja, não é apesar de seu ateísmo que o assunto "Deus" está presente, mas a partir dele. Por outras palavras, há em sua reflexão uma presença de "Deus", não como se fosse uma confissão nostálgica, mas como preocupação com a utilização política desse nome. Ele mesmo, embora no fim da vida, tenha parecido se sentir confortável

---

620. SARAMAGO, J., In: AGUILERA, F. (Org.), As palavras de Saramago, p. 125.

621. SARAMAGO, J., In: COELHO, J. M., Um ateu diante das palavras de Cristo. Esta frase aparece diversas vezes em Saramago em entrevistas e outra vez nos cadernos.

622. SARAMAGO, J., Cadernos de Lanzarote. Diários I e II, p. 214.

623. MARTINS, M. F., A espiritualidade clandestina de José Saramago, p. 85.

com designação de que a frase o aproximaria dos místicos[624], comenta assim aquela declaração:

> Se este planeta fosse habitado somente por animais, e poderia acontecer – quando os dinossauros existiam o homem não estava por aqui –, então não haveria ninguém para dizer: "Deus existe". Chegou um momento em que alguém disse: Existe Deus, pelo fato de que temos de morrer, por essa esperança de que algo mais possa acontecer, de que algo que chamamos ou que passamos a chamar de espírito ou alma possa sobreviver. E, a partir daí, pode-se armar toda a construção teológica.[625]

Podemos dizer que a ideia à qual José Tolentino Mendonça chega, na sua poesia, a partir da fé cristã, ao escrever que "a nossa frágil humanidade é a narração da autobiografia de Deus",[626] Saramago chega através de seu ateísmo. Para ele a história de "Deus" é a história da humanidade, na medida em que a humanidade dá sentido à sua existência por meio da ideia de Deus.

Waldecy Tenório, ao analisar *O evangelho* saramaguiano,[627] constata que, de fato, há uma paixão pelo tema "Deus" que perpassa o seu *corpus* literário.[628] Afirma que, mesmo sendo Deus uma espécie de anti-herói em *O Evangelho segundo Jesus Cristo*, não é somente nele que o tema aparece.[629] Basta fazer uma incursão em textos como *História do cerco de Lisboa, Memorial do convento, Levantado do chão, Todos os nomes, Terra do pecado, O ano da morte de Ricardo Reis*, entre outros, para verificar que o tema "Deus" costura os romances saramaguianos de uma forma ou de outra, direta ou indiretamente. Ou seja, como também

---

624. O teólogo J. J. Tamayo o aproximava dos místicos por causa desta definição. Entrevista com J. J. Tamayo de Carlos Javier González Serrano. Disponível em: <http://www.apuntesdelechuza.wordpress.com/2014/04/17/juan-jose-tamayo-el-vaticano-es-el-gran-escandalo-del-cristianismo-y-la-gran-herejia-contraria-a-la-idea-fundacional-de-jesus-de-nazaret/> Acesso em: março de 2015. José Tolentino Mendonça relata que numa conversa com Saramago, ao lembrar o escritor da aproximação que Tamayo fez, ele concordou e disse que aquele texto lhe tinha agradado (MENDONÇA, J. T., José Saramago: da redução da Bíblia até a última fronteira). Pilar ao ser perguntada sobre essa possível aproximação de Saramago aos místicos afirma: "Creio que os místicos são seres capazes de pensar sentindo. São poetas que expressam os rasgos humanos em relação ao mistério, seja Deus ou o amor. Penso que José Saramago não cultivava tanto a ideia do mistério como a do conhecimento, mas era poeta e criador, podia expressar certo arrebatamento amoroso, certo tremor ante o infinito, ou inquietude ante a noite escura, seja da alma ou física, mas não sei se isso o aproxima do espaço dos místicos... Aos que por certo, lia com prazer, isso sim" (Entrevista p. 283).

625. SARAMAGO, J., In: AGUILERA, F. (org.), As palavras de Saramago, p. 125.

626. MENDONÇA, J. T., Um poema de Natal.

627. TENÓRIO, W., A confissão da nostalgia, p. 131.

628. TENÓRIO, W. A confissão da nostalgia, p. 131-132.

629. TENÓRIO, W. A confissão da nostalgia, p. 132.

percebe Salma Ferraz, Deus é um tema estruturador de boa parte das obras do autor português.[630]

Poderíamos afirmar que sua literatura é teológica? A isto respondemos com um "sim". Não para negar que o que ele produz é literatura, mas para perguntar: em que linha, por exemplo, em romances como o *ESJC* e *Caim* não reverbera a teologia?[631]

Assim sendo,

> a obra de Saramago permite reconhecer que não importa se Deus é, ainda, aquele corpo morto, encarnado e barroco, arrastado pelas ruas. Se é ainda aquela velha figura mitológica, dispensada por absoluta inutilidade prática, contratado apenas para representações consulares. Se é o Totalmente Inacessível, substituído por um simulacro de imagem e símbolo. Vivo/morto e presente, vivo/morto e distante, vivo/morto e inacessível, em todos os casos, são as palavras sobre "Ele", as instrumentalizações retóricas, políticas, sociais que fazem com "Ele" é o que, de fato, importa.[632]

Portanto, sua obra pode ser vista como depoimento teológico que remete não à realidade do "Ser-Deus", porque, afinal de contas, isto não importa para Saramago, já que parte do princípio da sua ausência, mas aos discursos que mobilizam, ou seja, ao "fator Deus". Trata-se de desconstruir os discursos e assim esgarçar as consciências. Mesmo que Deus tenha morrido, esteja ausente, a luta contra o seu fantasma permanece para Saramago. A questão não está na existência ou inexistência de Deus. A questão saramaguiana está na divinização da religião.[633] Ele mesmo afirmou num encontro com José Tolentino Mendonça: "eu não sou o tipo de ateu ferrabrás, armado de um chuço para deitar abaixo aquilo que eu não posso deitar abaixo, que é a crença, a fé, na qual eu não toco (...) O meu objetivo é outro: a Igreja como instituição de domínio, como poder, como castradora de algumas das virtudes naturais do homem".[634]

Faz suas críticas a partir da representação de certo perfil de "Deus" que sustenta esse tipo de vivência religiosa.

---

630. FERRAZ, S., As faces de Deus na obra de um ateu, p. 16.

631. RIBEIRO, O. L., "Morte de Deus" e(m) Literatura, p. 71.

632. RIBEIRO, O. L., "Morte de Deus" e(m) Literatura, p. 75.

633. MARTINS, M. F., A espiritualidade clandestina de José Saramago, p. 90.

634. SARAMAGO, J., In: Expresso. Disponível em: <http://expresso.sapo.pt/actualidade/jose-saramago-o-que-me-vale-caro-tolentino-e-que-ja-nao-ha-fogueiras-em-sao-domingos=f543404> Acesso em: 15.09. 2016.

Ao longo de sua obra, ele vai apontando perfis de Deus que o incomodam. Em *Terra do pecado*, seu primeiro romance, critica um Deus que não gosta de prazer e de sexo; em *Memorial do convento*, critica aqueles que edificam grandes catedrais para Deus; na peça de teatro *In Nomine Dei*, critica as guerras que se fazem em nome de Deus. Finalmente em *O Evangelho segundo Jesus Cristo*, Saramago questiona o Deus de Amor que deixa que seu único filho seja crucificado e que não concede o perdão a Lúcifer.[635]

No *ESJC*, logo depois do longo relato feito por Deus a respeito de todo o derramamento de sangue que aconteceria no futuro após a morte de Jesus, o diabo declara: "É preciso ser-se Deus para gostar tanto de sangue".[636] Está aí o rosto do Deus saramaguiano. Para Saramago, "por causa e em nome de Deus é que se tem permitido e justificado tudo, principalmente o pior, o mais horrendo e cruel".[637]

Sua pena é utilizada como martelo para minar as bases do edifício político-teológico cristão que justifica atrocidades em nome de Deus. As palavras saramaguianas procuram romper os cordões que sustentam o lastro do arranjo teológico que fundamenta uma compreensão cristã coercitiva: a *auctoritas*. Seu empreendimento se volta contra um dos apoios do controle da vida por parte do cristianismo teologicamente explicado: o *depositum fidei*, ou seja, a noção de que a guarda da verdade foi confiada às autoridades religiosas. Saramago direciona sua (des)construção à arquitetura apoiada sobre um monoteísmo que está sob a gerência sacerdotal – que tem sua gênese, de acordo com a exegese bíblica, no período pós-exílico, do segundo templo[638] – revestida pela metafísica cristã, que deu forma ao projeto político-teológico no Ocidente usando Deus como justificativa.

Ao fazer isso, ousamos afirmar, Saramago torna-se teólogo. Ao levar até a última fronteira as imagens religiosas de Deus, ele não apenas se aproxima de uma teologia, mas, desde o seu ateísmo, principalmente nos romances bíblicos, constrói uma teologia desconstrutiva que está frontalmente oposta a toda instrumentalização de Deus que serve às burocracias religiosas. Podemos dizer que ele constrói para desconstruir.

---

635. FERRAZ, S., Quais são as faces de Deus? IHU-Online. 06. julho. 2009. Disponível em: <http://www.ihuonline.unisinos.br/uploads/edicoes/1246967292.6778pdf.pdf> acesso em 05.09.2014.

636. SARAMAGO, J., O evangelho segundo Jesus Cristo, p. 391.

637. SARAMAGO, J., O fator Deus. Disponível em <http://www1.folha.uol.com.br/folha/mundo/ult94u29519.shtml> Acesso em: 10.07.2016.

638. REIMER, H., Monoteísmo e identidade, p. 72.

É curioso que ele mesmo tenha dito algo sobre isso. Nos *Cadernos de Lanzarote*, ao responder perguntas sobre o seu *Evangelho*, em 9 de outubro de 1993, afirma que a sua perspectiva é a do romancista e não do historiador ou teólogo, mas ao final deixa escapar como uma confissão a seguinte frase: "Ainda acabo teólogo. Ou já sou?"[639] Uma outra declaração nos seus diários, em 31 de outubro de 1994, nos ajuda a apoiar tal hipótese: "Se é verdade que não sou teólogo (...) teólogos também não foram Marcos, Mateus, Lucas e João, autores, eles como eu de Evangelhos".[640] É óbvio que não podemos entender tal afirmação sem levar em conta o artifício humorístico saramaguiano. Contudo, ao lembrarmos aqui as discussões sobre teologia narrativa, feitas anteriormente e sobre o poder teológico da ficção romanesca, ressaltamos que é dos dispositivos literários utilizados na construção do universo romanesco do escritor português que emerge sua teologia. Neste sentido, evocamos a lapidar passagem de Camus: "Não pensamos senão por imagens; se queres ser filósofo, escreve romances".[641] Pensando em Saramago, o que propomos é parafraseá-la e tomá-la no seu avesso: "Ao escrever romances tornou-se teólogo".

Ainda se faz necessário um esclarecimento quanto à afirmação da possibilidade de uma teologia saramaguiana a partir do seu ateísmo. Ou seja, do ateísmo como *locus theologicus*. Ela se torna plausível se considerarmos também o giro hermenêutico que a teologia sofreu e as mudanças que ele acarretou, tanto em relação ao objeto quanto ao método. Somente se entendermos a teologia como "um discurso que reflete sobre a linguagem sobre Deus, um discurso sobre uma linguagem humana que fala humanamente",[642] como já apontamos nos capítulos precedentes, é que poderemos continuar a falar numa teologia saramaguiana. Assim, mesmo que o escritor lusófono tenha problematizado aspectos da fé cristã, não por meio da preocupação com o "Ser-Deus" – o que parece não importar para ele, como vimos –, mas com o "fator Deus", desde o seu ateísmo, é possível falar, em certo sentido, de uma teologia saramaguiana.

Ao escrever em seu diário sobre a possibilidade de se tornar teólogo, talvez não tivesse em mente o alcance que isto poderia ter, embora bem antes tivesse assinalado em *O ano da morte de Ricardo Reis* que "é urgente rasgar e dar sumiço à teologia velha e fazer uma nova teologia, toda ao contrário da outra".[643] Esta teolo-

---

639. SARAMAGO, J., Cadernos de Lanzarote. Diários I e II, p. 130.
640. SARAMAGO, J., Cadernos de Lanzarote. Diários I e II, p. 365.
641. CAMUS, A., Carnets I. 1935-1942 *apud* MARTINS, M. F. A espiritualidade clandestina de José Saramago, p. 45.
642. GEFFRÉ, C., Crer e interpretar, p. 32.
643. SARAMAGO, J., O ano da morte de Ricardo Reis, p. 65.

gia que surge da pena do escritor português é uma *teologia ateia*, que procura exorcizar o fantasma de um "Deus" que insiste em se perpetuar nos discursos como forma de controle da vida, apoio de uma ordem injusta e sustentáculo de uma falsa segurança consoladora que impede as pessoas de se tornarem conscientes. Para Saramago, esse "Deus", conteudificado por meio de um dogmatismo que dá vida a um imaginário religioso carregado de subserviência deve ser rasgado. Ou seja, o "fator Deus" como responsável por certa "ordem" deve ser desconstruído para colocar em xeque a arrumação do mundo apregoada por certos "espíritos religiosos". Ele faz isto por meio de um mecanismo literário de reescritura da Bíblia.

A reescritura de José Saramago

Neste ponto da pesquisa pretendemos evidenciar os procedimentos operativos de Saramago no processo de elaboração da sua teologia. Afinal, por meio do processo de reescritura, sobretudo das narrativas da Bíblia, é que o substrato teológico de suas obras se torna mais visível. Aqui retornaremos aos conceitos de intertextualidade e carnavalização, aplicados à obra do nosso autor.

Antes, nos cabe um esclarecimento. Frias Martins, colocando-se contrariamente a algumas leituras críticas do *ESJC*, destaca que, para ele, "Saramago nunca quis reescrever os evangelhos cristãos nem ridicularizar seu conteúdo teológico"[644]. Estamos de acordo, pois, nunca foi objetivo de Saramago ridicularizar a fé. Contudo, é preciso esclarecer que há uma diferença entre o que Frias Martins e nós chamamos de reescritura. Para ele, apesar de não aparecer explicitamente como conceito no texto, dizer que Saramago reescreve a Bíblia é diminuir a sua literatura, pois, assim ela estaria à serviço de um projeto ideológico, ou seja, à serviço de uma "ridicularização do seu conteúdo teológico". Não podemos reduzir a arte saramaguiana a uma literatura panfletária. Porém, destacamos que é por meio da intertextualidade com a Bíblia e de sua carnavalização – a isto chamamos reeescritura – somadas às discussões, sobretudo que dizem respeito ao deslocamento do *intellectus fidei*, que se torna possível dizer que os romances bíblicos de Saramago se configuram como teologia ficcional. Talvez tenha faltado ao crítico português o ferramental teológico para perceber isto. Quando dizemos que Saramago faz a sua reescritura, afirmamos isto em sentido positivo, na perspectiva de quem entende que a literatura pode ser teológica sem ser encomendada ou prisioneira das respostas já dadas por um ateísmo exclusivamente fechado ou até mesmo por doutrinas eclesiásticas. Por outras palavras, Frias Martins, ao afirmar

---

644. MARTINS, M. F., A espiritualidade clandestina de José Saramago, p. 121.

que Saramago não quer fazer "teologia cristã (...) sua intenção primeira e última é erguer um edifício literário impregnado de cultura judaico-cristã"[645], o crítico, possivelmente, o faz sem o conhecimento das discussões epistemológicas no campo do saber teológico, que nos permitem dizer que a construção desse edifício pode ser vista como uma teologia propriamente dita literária.

Quando frias Martins registra que "Saramago não pretende reescrever, mas sim interrogar, interpelar e compreender a cultura que lhe coube em sorte viver, e muito particularmente compreender a mente por detrás de uma figura tutelar dessa cultura que dá pelo nome de Deus"[646], segundo entendemos, não está fazendo outra coisa senão ratificando o que falamos. Quando Saramago faz o que descreveu Martins, a partir do ferramental teórico já descrito, elabora uma teologia ficcional. É nessa apropriação crítico-criativa do texto bíblico – que chamamos de reescritura – que acontece o processo interrogativo contra tudo aquilo que diminui o ser humano e sim, isto também passa pela denúncia e desconstrução do poder eclesiástico sobre a interpretação de certos postulados bíblicos. O que afirmamos é que a obra saramaguiana contém uma "teologia ficcional" que se caracteriza não pelo distanciamento dos discursos religioso e literário, mas pela sua fusão. Como destaca Salma Ferraz: "o autor faz um discurso literário sobre Deus por meio de um diálogo crítico entre Literatura e Teologia, ou seja, o discurso literário do escritor é contaminado, mesmo que parodisticamente, pelo discurso teológico".[647]

Intertextualidade na obra saramaguiana

No caso dos escritos de Saramago a intertextualidade é uma marca constante. Calbucci chega a afirmar que esta é a característica mais importante do escritor porque é a mais renitente.[648] Como o próprio Saramago afirma: "Os seres humanos são intertextuais e sempre o foram: a cultura, em sentido mais amplo, é a intertextualidade por excelência. O que me surpreende é que ela se tenha convertido numa moda, quando deveria dar-se-lhe uma atenção permanente em todos os ramos do saber, e não apenas nos estudos literários".[649] Em suas narrativas abundam referências diretas e indiretas sobre outras obras. Suely Flory destaca

---

645. MARTINS, M. F., A espiritualidade clandestina de José Saramago, p. 151.

646. MARTINS, M. F., A espiritualidade clandestina de José Saramago, p. 125.

647. FERRAZ, S., As faces de Deus na obra de um ateu, p. 207.

648. CALBUCCI, E., Saramago, p. 105.

649. SARAMAGO, J., *apud* CALBUCCI, E., Saramago, p. 106. Fazemos aqui a citação da citação porque são retiradas de uma entrevista exclusiva que Saramago concedeu a Eduardo Calbucci.

que Saramago "recria o mundo ficcional pela revitalização de sentidos e construção textual fundada na produtividade de intertextos, onde o velho aparece com um novo sentido".[650] O uso repetido de vários grandes nomes da literatura portuguesa cria "um discurso polifônico" que pode passar despercebido não apenas aos leitores, como aos tradutores de sua obra, que pode ser encontrada em mais de vinte idiomas mundo afora. É possível verificar a presença de diversos autores nos textos saramaguianos. Camões, Vieira, Pessoa e seus heterônimos. Em seu *Roteiro para os romances*, Calbucci usa uma reflexão de Saramago sobre o tema: "O ideal seria que os tradutores pudessem dispor também das passagens citadas, não isoladamente, mas no seu contexto próprio".[651] Isto ratifica o argumento da presença de outros textos na obra do escritor português o que, segundo Maria Soarez, parece ser uma característica central na obra de Saramago:

> O poder dos textos saramaguianos parece estar centrado em um projeto intertextual – característica marcante nas narrativas contemporâneas – no modo de fabular claramente direto, com mensagens fortemente significativas, mas permeado por certa leveza e encanto. Parece que Saramago lê, relê, reescreve com ajuda de algum fluxo cognitivo espontâneo decorrente de práticas simbólicas marcadas pela linguagem oral.[652]

Manuel Gusmão, que se dedicou a dar relevo à literatura saramaguiana no contexto português, destaca que esse dialogismo intenso na obra romanesca do nosso autor, acontece por meio de um expediente estilístico – uma pontuação singular – em que ele traz à baila frases já conhecidas e inventa outras, mesclando-as com a reprodução da oralidade fazendo da narrativa um verdadeiro palco polifônico. Para o crítico,

> Esta ostensão do uso das "palavras dos outros", de que acima falei, é o que podemos encontrar num outro plano textual: no regime citacional de certos romances de Saramago (por ex., em *O ano da morte de Ricardo Reis*), e mais amplamente no modo como ele se apropria de registos discursivos e estilísticos da tradição literária. Por aqui, passa agora a dimensão textual (escrita) da narração, que "corrige" a imagem do narrador oral, a citação (assinalada ou não), glosa e deformação de versos de Pessoa – Ricardo Reis, a transformação de uma fórmula de Camões na primeira e na última frases desse livro "sobre" Reis, as revisitações do Barroco, a imitação de ritmos

---

650. FLORY, S., Apresentação, p. 11-12.

651. SARAMAGO, J., *apud* CALBUCCI, E., Saramago: um roteiro para os romances, p. 106.

652. SOARES, M., Saramago, p. 11.

sintáticos e construções retóricas do padre António Vieira (que abrem, por exemplo, a *Viagem a Portugal*), os ecos de Garret ou de Camilo, constituem mais do que um gesto de integração no cânone, mais do que homenagens aos antepassados. Cruzam-se com os gestos de imitação da oralidade e das vozes populares e são uma forma de apropriação autoconstrutiva, um operador de historicização transtemporal.[653]

Como foi dito, *O ano da morte de Ricardo Reis* é um dos casos mais emblemáticos do uso constante da intertextualidade, em especial dos textos da literatura portuguesa. Já, no título da obra em que dá vida ao heterônimo do poeta Fernando Pessoa, é possível vislumbrar o recurso que se estende por todo o percurso. Na frase de abertura do romance: "Aqui o mar acaba e a terra principia"[654], e também na última: "Aqui onde o mar se acabou e a terra espera"[655], verifica-se a intertextualidade.[656] É no terceiro cano de *Os Lusíadas* de Camões em que está descrito o desembarque da frota de Vasco da Gama na costa oriental da África que está o texto que Saramago utiliza: "Eis aqui, quase cume da cabeça/ De Europa toda, o Reino Lusitano,/Onde a terra se acaba e o mar começa/E onde Febo repousa no oceano".[657]

Contudo, a relação com Pessoa e seus heterônimos é também de extrema importância na composição do romance. Pode-se dizer que não é possível sequer entender o texto se não se tem conhecimento da obra heteronímica de Pessoa. Um exemplo nas primeiras linhas do romance. Ao retratar o barco como "escuro" e descrever seu movimento como seguindo o "fluxo soturno do rio", Saramago evoca as Odes 317 e 322 de Ricardo Reis, em que o barco escuro que sobe o rio soturno é o barco da morte, onde o poeta terá seu encontro derradeiro.[658]

Contudo, a intertextualidade também marca *Memorial do convento*. Na análise de Oliveira Filho o escritor português organiza seu texto com base numa meditação sobre um texto primeiro, invertendo a direção ideológica do texto.[659] A intertextualidade operada por Saramago nesse caso se dá, por exemplo, através do

---

653. GUSMÃO, M., Linguagem e história segundo José Saramago.

654. SARAMAGO, J., O ano da morte de Ricardo Reis, p. 11.

655. SARAMAGO, J., O ano da morte de Ricardo Reis, p. 415.

656. VENTURA, S., A intertextualidade como elemento de base construtiva.

657. CAMÕES, L., Obras completas. Os Lusíadas I, vol. IV, p. 120.

658. VENTURA, S., A intertextualidade como elemento de base construtiva, p. 3.

659. OLIVEIRA FILHO, O., Carnaval no convento, p. 90.

romance português *Obras do diabinho da mão furada* de Antonio José da Silva.[660] Segundo Oliveira Filho:

> O trabalho intertextual é evidente; dele nasce o personagem protagonista do *Memorial do convento*, Baltasar Mateus, o Sete-Sóis(...) Sendo Baltasar um personagem construído a partir do soldado Peralta pode-se admitir que de certo modo o texto de Saramago atualiza o de Antonio José da Silva, ou mesmo que reconstrói a própria figura do escritor curiosamente não só citado de forma indireta (...) mas também nomeado no final do romance quando se rememora sua morte na fogueira do Santo Ofício.[661]

Em suma, é importante perceber que a construção da ficção saramaguiana se dá a partir da apropriação e rescritura de outros textos. Todavia, dentre todos os intertextos utilizados por Saramago, principalmente no *ESJC* e *Caim*, a Bíblia ganha lugar de destaque. Nesses romances, sem dúvida, a saga da intertextualidade continua presente com algumas peculiaridades. Por exemplo, com intuito de preencher o "vazio" da narrativa bíblica, no caso da infância de Jesus, em seu "evangelho", Saramago lança mão de alguns evangelhos deuterocanônicos.[662] Entretanto, continua também o diálogo com os textos de autores portugueses como Camões e Pessoa. Esta percepção é de vital importância, porque é precisamente da relação entre estes intertextos e o outro contexto apresentado na narrativa que irá ocorrer sua criação literária. Segundo Salma Ferraz, os intertextos no *ESJC* corroem o texto primeiro e proporcionam o surgimento de outro cuja finalidade é ratificar o posicionamento do autor.[663]

Não obstante, embora Saramago incorpore o diálogo com a Bíblia nos seus romances, segundo Beatriz Berrini, o escritor não é precisamente um inovador no que diz respeito à releitura dos textos bíblicos. Na verdade, este é um expediente muito utilizado pelos autores de língua portuguesa, em diversas épocas, uma vez que toda a cultura ocidental, sobretudo a ibérica, e, portanto, também a literatura, estabelece uma conversação com os textos bíblicos. Ou seja, a partir da utilização da linguagem herdada de uma sociedade portuguesa notadamente cristã, já seria possível afirmar que em Saramago predomina o diálogo com a Bíblia.[664]

---

660. António José da Silva, mais conhecido pelo cognome "o judeu", foi um dos mais importantes autores portugueses do século XVIII.

661. OLIVEIRA FILHO, O., Carnaval no convento, p. 38.

662. Saramago consultou estes: Protoevangelho de Tiago, Evangelho Pseudo-Tomé, Evangelho Árabe da Infância, Evangelho Segundo Felipe, Evangelho de Nicodemus (FERRAZ, S., O quinto evangelista, p. 32).

663. FERRAZ, S., O quinto evangelista, p. 33-34.

664. BERRINI, B., Ler Saramago, p. 39.

De qualquer maneira, como frisa Maria dos Reis da Costa, Saramago tem o seu lugar específico neste diálogo. Segundo as palavras desta estudiosa, através da releitura da Bíblia, a literatura, em Saramago, se mostra como uma interlocutora questionadora do discurso da verdade instituído pela teologia ao possuir em sua base um diálogo estimulador entre ambas.[665] Pilar destaca que o escritor "era um grande leitor da Bíblia, de páginas belas e de outras terríveis. Podia dizer que era um manual de maus costumes e também que somos feitos, os cristãos culturais, dessas palavras".[666]

É, pois, a linguagem tomada da tradição judaico-cristã que serve de base para a construção do mundo fictício dos romances *ESJC* e *Caim*. No entanto, essa escolha dos textos bíblicos é feita pelo autor de maneira cuidadosa. Nesse sentido, o texto bíblico serve também de apoio para pousar a narrativa sobre um alicerce cultural determinado que no caso saramaguiano é a herança cristã.[667] Entretanto, o prototexto bíblico, assim como já foi visto em relação a outros textos, é descontextualizado. Dito de outra maneira, o texto é deslocado de seu contexto próximo para agregar-se ao contexto da nova narrativa.

Salma Ferraz, tomando o exemplo do *ESJC*, frisa que a intertextualidade na construção do texto saramaguiano não é pacífica, mas problematizadora, fazendo vir a tona "uma tensão (dialogismo entre os dois textos, denunciando a hostilidade de um em relação ao outro) e uma intenção crítica (pelo uso da paródia e da ironia, criticar o cerne de toda a Teologia – Deus)".[668]

Dessa forma, a intertextualidade com a Bíblia obedece a um processo de desconstrução textual que permite ao narrador subverter o sentido original dos textos, possibilitando uma extensa multiplicidade de interpretação e aplicação, como é possível verificar constantemente no *ESJC* e em *Caim*, romances que configuram com mais vigor a teologia literária saramaguiana.

Carnavalização nos romances saramaguianos

A carnavalização está presente de maneira contundente nos romances saramaguianos. Oliveira Filho faz uma análise em que procura destacar como ocorre a carnavalização em *Memorial do convento*. Na sua perspectiva Saramago se infiltra na tradição literária portuguesa notadamente séria e executa uma síntese

---

665. COSTA, M. R., Literatura, religião, p. 46.
666. Como pode ser visto na entrevista que consta na página 283 desta obra.
667. SANT'ANNA, J., Em que creem os que não creem, p. 66.
668. FERRAZ, S., As faces de Deus na obra de um ateu, p. 155.

carnavalesca não vista antes nos períodos de formação do romance português.[669] Dessa forma, busca os índices de carnavalização na obra do escritor português e chega à conclusão, primeiro ao analisar o narrador, de que o discurso de Saramago corrompe e desmistifica a linguagem séria. A voz narradora que simula a contemporaneidade dos fatos ocorridos na história opera a dessacralização de heróis míticos e de personagens históricos como no caso do rei D. João V e da rainha D. Maria Ana Josefa.[670] Ou seja, revelando o que há de essencialmente humano, por intermédio do narrador, nos dois personagens representantes do poder ocorre um destronamento carnavalesco que derruba a costumeira máscara que enfeita os nobres. Já quanto aos personagens, afirma Oliveira Filho que em *Memorial do convento* são construídos pela "profunda irreverência de um fazer carnavalesco que subverte tudo que é estranho ao homem para captá-lo em sua inteireza".[671]

Saramago investe na humanidade de seus personagens de tal forma que retira qualquer compromisso que transcenda o plano humano, fazendo mesmo com que apareçam em constante choque com as obsessões místicas e como intenso clamor da fé religiosa. Nesse sentido a carnavalização se manifesta através da dessacralização e profanação do sagrado dogmático oficial.[672] Cabe afirmar que *Memorial do convento* tanto no discurso do narrador quanto na feitura dos seus personagens está marcado por profunda carnavalização.

Contudo, há, ainda, explícita carnavalização no *ESJC*. Segundo Ferraz, é o evangelho humanista escrito por "evangelista" que relê episódios bíblicos construindo um mundo às avessas, um (des)evangelho marcado pela visão de mundo carnavalesca, segundo a concepção de Bakhtin.[673]

Por isso, esse romance teve grande repercussão no mundo da literatura e da religião. No caso do evangelho saramaguiano o intertexto bíblico é invocado para a construção narrativa sem a sua função imperativa. Ou seja, o uso de referências bíblicas não tem compromisso com a interpretação normativa, mas antes com uma espécie de dessacralização que ocupa um espaço ideológico na intenção do autor.

Nessa busca de ressignificar os evangelhos, o escritor português despoja o texto sagrado de sua interpretação dogmática e autoritativa. O sarcasmo mistura-se à elaboração simbólica das personagens religiosas numa carnavalização

---

669. OLIVEIRA FILHO, O., Carnaval no convento, p. 47.
670. OLIVEIRA FILHO, O., Carnaval no convento, p. 50.
671. OLIVEIRA FILHO, O., Carnaval no convento, p. 53.
672. OLIVEIRA FILHO, O., Carnaval no convento, p. 52.
673. FERRAZ, S., As faces de Deus na obra de um ateu, p. 15.

constante. Ao assumir a tarefa de reescrever os dados dos evangelhos canônicos, Saramago reinterpreta personagens, inclusive concedendo destaque àqueles marginais. Assim, nos escombros do prototexto a sua teologia ficcional ateia é construída. No ato da nova escrita não há a abolição total da antiga. Isso não implica a aceitação da perspectiva pregressa, mas, antes a preservação de traços do antigo no novo que toma outra direção narrativa.[674] Essa direção é a da negação e não a do aniquilamento. Ou seja, há uma ruptura com o primeiro texto e não um apagamento. Desse modo, ao apresentar uma nova interpretação, a antiga necessita ser levada em conta e inevitavelmente suas marcas aparecerão.[675] Não existe interpretação e reescrita no vácuo.

A intenção da reescritura saramaguiana se revela no *ESJC*, em elementos paratextuais, obviamente pelo título que recebe o romance, mas quando o autor escolhe como epígrafe o texto do Evangelho de Lucas. Aí Saramago aponta para a ideia de empreender uma narrativa sobre a vida de Jesus:

> Já que muitos empreenderam compor uma narração dos fatos que entre nós se consumaram, como no-los transmitiram os que desde o princípio foram testemunhas oculares e se tornaram servidores da Palavra, resolvi eu também, depois de tudo ter investigado cuidadosamente desde a origem, expor-tos por escrito e pela sua ordem, ilustre Teófilo, a fim de que reconheças a solidez da doutrina em que foste instruído (Lc 1,1-4).[676]

Empreende assim, sua narrativa na releitura criativa das referências bíblicas, como podemos ver na relação erotizada de Jesus com Maria Madalena:

> Maria de Magdala serviu e ensinou o rapaz de Nazaré que (...) lhe viera pedir que o aliviasse das dores e curasse das chagas que, mas isso não o sabia ela, tinham nascido doutro encontro, e Maria de Magdala diz (...) Não te prenderás a mim pelo que te ensinei, mas fica comigo essa noite. E Jesus, sobre ela, respondeu, O que me ensinas, não é prisão, é liberdade. Dormiram juntos, mas não apenas nessa noite.[677]

Ou ainda na reescritura ficcional do Sermão da Montanha quando esse Jesus saramaguiano afetuoso e indagador é atormentado pela capacidade destrutiva de Deus. O Deus do escritor português se interpõe como obstáculo à felicidade desse demasiado humano Jesus e dos menos afortunados:

---

674. SANTOS JUNIOR, R., A plausibilidade da interpretação da religião pela literatura, p. 138.

675. SANTOS JUNIOR, R., A plausibilidade da interpretação da religião pela literatura, p. 139.

676. SARAMAGO, J., O Evangelho segundo Jesus Cristo, p. 12.

677. SARAMAGO, J., O Evangelho segundo Jesus Cristo, p. 283-284.

E como, em sua maior parte, esta confiante gente provinha e baixos estratos sociais, artesãos e cavadores de enxada, pecadores e mulherzinhas, atreveu-se Jesus, num dia em que Deus o deixara mais a solta, a improvisar um discurso que arrebatou todos os ouvintes, ali se tendo derramado lágrimas de alegria como só se conceberiam à vista duma já não esperada salvação. Bem-aventurados, disse Jesus, bem-aventurados vós, os pobres, porque vosso é o reino de Deus, bem-aventurados vós, os que agora tendes fome, porque sereis saciados, bem-aventurados vós, os que agora chorais, porque haveis de rir, mas nesta altura deu-se Deus conta do que ali se estava a passar, e, não podendo suprimir o que por Jesus tinha sido dito, forçou a língua dele a pronunciar umas outras palavras, com que as lágrimas de felicidade se tornaram em negras lástimas por um futuro negro, Bem-aventurado sereis quando os homens vos odiarem, quando vos expulsarem, vos insultarem e rejeitarem o vosso nome infame, por causa do Filho do Homem.[678]

Um excerto contundente que manifesta o poder subversivo da escrita saramaguiana é o da releitura do episódio da ressurreição de Lázaro narrado pelo Quarto evangelho. Nas palavras do escritor português:

> podia, nesta suprema hora, obrar tudo, cometer tudo, expulsar a morte deste corpo, fazer regressar a ele a existência plena e o ente pleno, a palavra, o gesto, o riso, a lágrima também, mas não de dor, podia dizer, Eu sou a ressurreição e a vida, quem crê em mim, ainda que esteja morto, viverá, e perguntaria a Marta, Crês tu nisto, e ela responderia, Sim, creio que és filho de Deus que havia (...).[679]

Neste exemplo é possível notar com clareza a reescritura saramaguiana, afinal, uma das frases mais importantes do Quarto evangelho: "Eu sou a ressurreição e a vida, quem crê em mim, ainda que esteja morto, viverá..." (Jo 11,25), simplesmente não é pronunciada pelo Jesus do escritor. O trecho continua do seguinte modo: "(...) mas é neste instante, em verdade último e derradeiro, que Maria de Magdala põe uma mão no ombro de Jesus e diz, ninguém na vida teve tantos pecados que mereça morrer duas vezes, então Jesus deixou cair os braços e saiu para chorar".[680]

Noutra passagem decisiva do romance, a cena da crucificação, esta apropriação crítico-criativa atinge um dos pontos altos:

---

678. SARAMAGO, J., O evangelho segundo Jesus Cristo, p. 403-404.
679. SARAMAGO, J., O evangelho segundo Jesus Cristo, p. 428.
680. SARAMAGO, J., O evangelho segundo Jesus Cristo, p. 428.

Jesus morre, morre, e já o vai deixando a vida, quando de súbito o céu por cima da sua cabeça se abre de par em par e Deus aparece, vestido como estivera na barca, e a sua voz ressoa por toda a terra, dizendo, Tu és o meu Filho muito amado, em ti pus toda a minha complacência. Então Jesus compreendeu que viera trazido ao engano como se leva o cordeiro ao sacrifício, que a sua vida fora traçada para morrer assim desde o princípio dos princípios, e, subindo-lhe à lembrança o rio de sangue e de sofrimento que do seu lado irá nascer e alagar toda a terra, clamou para o céu aberto onde Deus sorria, Homens, perdoai-lhe, porque ele não sabe o que fez.[681]

A subversão do texto bíblico na reescritura de Saramago, se destaca na contraposição do Jesus humano e do Deus que sorri diante da morte do seu filho. Porém, fica ainda mais clara quando Jesus, ao invés de pedir a Deus que perdoe os homens, pede aos homens que perdoem a Deus.

Além disso, esta subversão pode ser vista, como Salma Ferraz ressalta, porque "a própria linguagem utilizada pelo narrador mescla uma linguagem teológica (os diversos intertextos bíblicos) com uma linguagem descontraída, próxima à oralidade, o que resulta numa miscigenação de expressões, tendo em vista, justamente, o leitor do século XX".[682]

As releituras bíblicas que perpassam boa parte da obra do escritor português e ganham ainda maior importância em 1991, com o *ESJC*, só se completariam quando da escrita do seu romance mais recente: *Caim*. Nele, José Saramago pretendeu continuar seu projeto de desconstrução e discussão da matéria bíblica. Como já havia feito isso em relação ao Segundo Testamento bíblico, dá continuidade ao seu projeto questionando e desconstruindo o Primeiro Testamento, texto basilar para judeus e cristãos.

Questionar o mundo bíblico e estabelecer novas interpretações parece ser o seu *modus operandi* nesses dois romances. Estabelece, por meio de suas bases culturais recheadas de uma herança religiosa, uma leitura extremante crítica e incisiva, absorvendo-as, não a partir de uma postura passiva e ingênua, mas criativa, com traços inovadores. O diálogo feito com o texto bíblico, tanto no *ESJC* como em *Caim*, se delineará por uma linguagem essencialmente carnavalesca, pois a carnavalização é o elemento que se vale do caráter dialógico da linguagem para reverter e questionar significados. Isto está, sem dúvida, presente com muita força nos romances chamados bíblicos.

---

681. SARAMAGO, J., O evangelho segundo Jesus Cristo, p. 444.

682. FERRAZ, S., As faces de Deus na obra de um ateu, p. 152.

Se o roteiro do *ESJC* é a vida de Jesus narrada nos quatro evangelhos, em *Caim* é o conjunto de passagens complexas do Primeiro Testamento, nas quais aparece a figura do Deus terrível do Sinai, e do Deus que pede sangue para ser vingado. Se em *ESJC* sua escrita era solene, reservando a Jesus todo o afeto digno de sua humanidade, em *Caim* a sua pena banhada em tinta cáustica vai delineando sem alívios ou subterfúgios o rosto de um Deus tirano. Entretanto, a ideia de um Deus hostil que impede a realização humana, produzido por certas ortodoxias, apresentado em *ESJC*, é vista também de maneira contundente e irônica em *Caim* pelo prolongamento dos planos divinos de violência.

No romance mais recente, Adão, Eva e Caim são escolhidos para dar partida à narrativa, justamente por incluírem nas suas biografias a força de se terem rebelado contra o Senhor. A narrativa de *Caim* começa com Adão e Eva, exatamente no momento em que Deus percebe a "gravíssima falta" de não ter contemplado o casal com a linguagem ao contrário de todos os animais do Éden que "desfrutavam já de voz própria".[683] Posteriormente, o foco da narrativa passará para Caim, figura igualmente condenada nos textos sagrados por ter assassinado o irmão, Abel, enciumado por ser este preferido por Deus. No entanto, a reescritura saramaguiana se torna ainda mais clara a partir da consciência do narrador que conta os acontecimentos da criação do mundo "com melindres de historiador":[684] "que eles não disseram aquelas palavras, é mais do que óbvio, mas as dúvidas, as suspeitas, as perplexidades, os avanços e recuos da argumentação estiveram lá".[685]

O narrador que questiona a veracidade dos pormenores da história que está sendo contada aponta não somente para a apropriação crítico-criativa da Bíblia, mas também questiona o próprio valor documental do texto. O narrador de *Caim* reflete sobre a situação, de tal maneira que estimula-nos a ver as situações de outro ângulo. Narrando ficcionalmente as passagens do Primeiro Testamento, a voz anacrônica em *Caim*, capaz de lançar sobre o enunciado o olhar crítico do presente, tece considerações sobre a lógica e a validade dos acontecimentos descritos na Bíblia que, segundo Saramago, deriva de "certificação canônica futura ou fruto de imaginações apócrifas e irremediavelmente heréticas".[686] Dessa forma, através do discurso do narrador, percebe-se que *Caim* é tecido sobre o pano de fundo da tradição judaico-cristã, redesenhando-a a fim de apresentar outra história possível.

---

683. SARAMAGO, J., Caim, p. 9.
684. SARAMAGO, J., Caim, p. 14.
685. SARAMAGO, J., Caim, p. 46.
686. SARAMAGO, J., Caim, p. 10.

Essa releitura dos textos sagrados, recheada de críticas contundentes e empreendida pelo autor português, fica claramente expressa através da epígrafe da obra em questão: "Pela fé, Abel ofereceu a Deus um sacrifício melhor que o de Caim. Por causa da sua fé, Deus considerou-o seu amigo e aceitou com agrado as suas ofertas. E é pela fé que Abel, embora tenha morrido, ainda fala".[687] Referência que está situada em Hb 11,4, que, segundo Saramago, faz parte do "Livro dos disparates".

Assim, em *Caim*, Saramago inverte essa ideia, fazendo com que Abel seja assassinado não pelo motivo alegado na inscrição do livro de *Hebreus*, mas por ter provocado e humilhado Caim. Na reescritura saramaguiana fica claro que não há diferenças qualitativas entre as oferendas de Abel e Caim, tanto quanto não há nas suas intenções ao adorarem ao Senhor. No entanto, a preferência deste pela carne oferecida por Abel deu-se de maneira inexplicável. "Estava claro, o Senhor desdenhava Caim".[688] No mundo do texto saramaguiano, se Caim executou seu irmão Abel, Deus é o autor intelectual do crime por ter desprezado a oferta daquele. O que se ressalta na seguinte indagação: "que diabo de deus é esse que, para enaltecer Abel, despreza Caim?"[689]

Na tarefa de desconstruir o Deus da tradição cristã em *Caim* pode ser verificada com mais clareza a reescritura do texto bíblico através do diálogo travado por Deus e Caim após o assassinato de Abel.

No texto bíblico lê-se:

> Perguntou, pois, o Senhor a Caim: Onde está Abel, teu irmão? Respondeu ele: Não sei; sou eu o guarda do meu irmão? E disse Deus: Que fizeste? A voz do sangue de teu irmão está clamando a mim desde a terra. Agora maldito és tu desde a terra, que abriu a sua boca para da tua mão receber o sangue de teu irmão. Quando lavrares a terra, não te dará mais a sua força; fugitivo e vagabundo serás na terra. Então disse Caim ao Senhor: É maior a minha punição do que a que eu possa suportar. Eis que hoje me lanças da face da terra; também da tua presença ficarei escondido; serei fugitivo e vagabundo na terra; e qualquer que me encontrar matar-me-á. O Senhor, porém, lhe disse: Portanto quem matar a Caim, sete vezes sobre ele cairá a vingança. E pôs o Senhor um sinal em Caim, para que não o ferisse quem quer que o encontrasse (Gn 4,9-15).

---

687. SARAMAGO, J., Caim, p. 8.
688. SARAMAGO, J., Caim, p. 33.
689. SARAMAGO, J., Caim, p. 35.

Já nas linhas de *Caim*, lê-se:

> Que fizeste com o teu irmão, perguntou, e Caim respondeu com outra pergunta, Era eu o guarda-costas de meu irmão, Mataste-o, Assim é, mas o primeiro culpado és tu, eu daria a vida pela vida dele se tu não tivesses destruído a minha, Quis pôr-te à prova, E tu quem és para pores à prova o que tu mesmo criaste, Sou dono soberano de todas as coisas, E de todos os seres, dirás, mas não de mim nem da minha liberdade, Liberdade para matar, Como tu fostes livre para deixar que eu matasse a Abel quando estava na tua mão evitá-lo, bastaria que por um momento abandonasses a soberba da infalibilidade que partilhas com todos os outros deuses, bastaria que por um momento fosses realmente misericordioso, que aceitasses a minha oferenda com humildade, só porque não deverias atrever-te a recusá-la, os deuses, e tu como todos os outros, têm deveres para com aqueles a quem dizem ter criado, Esse discurso é sedicioso, É possível que o seja, mas garanto-te que, se eu fosse deus, todos os dias diria Abençoados sejam os que escolheram a sedição porque deles será o reino da terra, Sacrilégio, Será, mas em todo o caso nunca maior do que o teu, que permitiste que Abel morresse, Tu é que o mataste, Sim, é verdade, eu fui o braço executor, mas a sentença foi ditada por ti [...] Deus está inocente, tudo seria igual se não existisse, Mas eu, porque matei, poderei ser morto por qualquer pessoa que me encontre, Não será assim, farei um acordo contigo, Um acordo com o réprobo, perguntou Caim, mal acreditando no que acabara de ouvir, Diremos que é um acordo de responsabilidade partilhada pela morte de Abel, Reconheces então a tua culpa, Reconheço, mas não o digas a ninguém, será um segredo entre deus e Caim.[690]

Na nova escritura de Saramago Deus não protege Caim por compaixão, mas por ter sido dobrado pela retórica do protagonista e reconhecido sua parcela de culpa no assassinato de Abel. Os papéis se invertem. O culpado pela morte de Abel não é somente o irmão, mas Deus.

Obviamente, poderíamos citar outras passagens destes dois mundos romanescos, todavia, elas serão analisadas no próximo capítulo onde trataremos pormenorizadamente os romances. Por ora, o que nos cabe frisar é que concordamos que estas duas obras em que as passagens bíblicas são revisitadas podem ser caracterizadas como uma espécie de grito "contra o pano de fundo daquilo que constitui a estrutura identificadora da religião institucional ou, ainda mais con-

---

690. SARAMAGO, J., Caim, p. 35.

vincentemente, um lugar de revolta não só contra as decisões irracionais de Deus, mas também contra uma dominação divina invariavelmente exercida por meio da punição e da violência".[691] Contudo, ousamos afirmar, além disso, que esse grito é teológico. A assimilação do texto bíblico e sua carnavalização, que caracterizam a reescritura do nosso autor, vão desenhando a possibilidade de se entrever no *ESJC* e *Caim* a *teologia ficcional* de José Saramago.

Vestígios teológicos na tessitura saramaguiana

Ao afirmarmos que o *ESJC* e *Caim* representam a "teologia ficcional" saramaguiana, isto não quer dizer que ela não esteja presente em outros textos, ainda que como vislumbre do que acontece mais sistematicamente nos dois romances bíblicos. Defendemos que Saramago trabalha questões teológicas sob forma ficcional no *ESJC* e *Caim* de maneira mais metódica, entretanto, alguns desses assuntos aparecem também em outras obras como *Terra do pecado*, *Levantado do chão*, *A jangada de pedra*, *O ano da morte de Ricardo Reis*, *Memorial do convento* e *História do cerco de Lisboa* e mesmo naqueles textos da fase de preocupação universal como *Ensaio sobre a cegueira* e *As intermitências da morte*. Assim, buscaremos destacar brevemente os vestígios teológicos presentes nestes romances. Não faremos aqui uma abordagem detalhada dessas obras de imensa riqueza, mas procuraremos apenas sublinhar como nelas entrevemos um esboço da "teologia ficcional" saramaguiana.

Moral cristã e a interdição da sexualidade na Terra do Pecado

Já no seu primeiro romance, *Terra do pecado*, de 1947, é possível perceber o gérmen da crítica saramaguiana contra o uso que a religião faz do "fator Deus". Se considerarmos a divisão elaborada por Horácio Costa, segundo a qual esta obra está mais ligada ao período de formação, e o divisor de águas que determina a passagem para a fase madura da trajetória do escritor seja a publicação de *Levantado do chão*, em 1980,[692] identificaremos a preocupação que se tornará o *leitmotiv* dos romances bíblicos.

A trama do romance se constrói a partir do envolvimento de uma senhora, a viúva Leonor, com dois homens: seu cunhado e um médico, e que se vê às voltas com os conselhos de um padre e as perseguições de uma criada. Os

---

691. MARTINS, M. F., A espiritualidade clandestina de José Saramago, p. 61.
692. COSTA, H., O período formativo, p. 18.

conflitos e as conversas entre o médico ateu Viegas e o padre Cristiano, Leonor e a criada são importantes para entender como Saramago aponta para a (des)construção que fará na fase madura de sua carreira. Contudo, já no início do romance no qual é narrada a morte do marido de Leonor, é possível vislumbrar o princípio da crítica saramaguiana no diálogo entre Jerônimo, o servidor dos patrões, e outro trabalhador:

> – Então, senhor Jerónimo, não chore! Deus nosso Senhor quis levar o patrão Manuel e lá devia ter as suas razões para isso...
> Jerónimo ergueu a cabeça e replicou:
> – Cala-te rapaz! Que percebes tu dessas coisas? Um homem daquele não devia morrer tão novo. Seria melhor que Deus me levasse a mim, que já não faço falta. Não, rapaz, Deus não é justo![693]

Contudo, o padre Cristiano interrompe Jerônimo e repreende o criado dizendo que Deus é justo sim e sabe o que faz, e que nós, ao ficarmos presos em nossos desejos, não somos capazes de enxergar a vontade de Deus.[694] Nesse pequeno trecho do primeiro capítulo, o escritor português ironiza a construção teológica que se desenvolve na esteira da teodiceia leibniziana, que na tentativa de justificar Deus diante do problema do mal, acaba por transformá-lo numa figura apática diante de um *puzzle mundi* em que os males se encaixam para formar uma paisagem que faça sentido. Numa conversa, Benedita questiona o fato de Deus parecer usar um ateu para curar sua patroa, ao que Leonor responde que essa maneira de raciocinar, segundo a qual os homens são instrumentos da vontade divina, é simplista e afirma fazendo alusão a sua cura:

> Foi o doutor Viegas quem me salvou, dirão os cépticos; foi Deus que, por intermédio dele, não quis que eu morresse já, dirão os crentes; ainda não era a minha hora, dirão os fatalistas. Todos temos razão, afinal. Eu fui salva quando me perdia. Quem me salvou? Foi Deus, foi um homem, foi uma ideia? Tudo e nada disso.[695]

Saramago utiliza Leonor para questionar a compreensão segundo a qual Deus utiliza os humanos como que num teatro de fantoches para realizar seus propósitos. Por trás dos personagens está o autor implícito[696] cujas preocupações,

---

693. SARAMAGO, J., Terra do pecado, p. 18-19.
694. SARAMAGO, J., Terra do pecado, p. 19.
695. SARAMAGO, J., Terra do pecado, p. 46.
696. FERRAZ, S., As faces de Deus na obra de um ateu, p. 46-47. Este conceito é retirado pela autora da obra de Wayne C. Booth que defende que no romance haveria a "imagem implícita de um autor nos basti-

nesse romance saramaguiano, são as que acompanharão o escritor em grande parte de seus outros romances: 1) questionar a ideia de que os homens, sejam ateus ou crentes são meros produtos da vontade soberana de Deus que não aceita questionamentos; 2) uma espécie de inacessibilidade de Deus ao homem que não o compreende; 3) a imperfeição das ideias; 4) a ignorância como aquilo que mantém a fé; 5) a dureza da verdade que pode ser constatada na fala de Leonor: "Cremos justamente porque não sabemos (...). A Verdade pode ser tão horrível que, se fosse conhecida, talvez destruísse todas as crenças e fizesse do mundo um grande manicômio".[697]

No entanto, se num primeiro momento o texto aborda o assunto da relação com Deus e o problema do mistério da morte, posteriormente se concentrará na questão da sexualidade, do pecado e sua relação com o divino. Aqui Saramago, mesmo que embrionariamente, lança mão de um recurso que marcará todo o seu percurso: as personagens femininas como aquelas que subvertem a ordem estabelecida, rompem com o *status quo* e descortinam novas possibilidades questionando o divino. Assim como as que a sucederam, Blimunda, Madalena e Lilith, Leonor, a primeira "mulher saramaguiana", desafiará a moralidade cristã, apesar de não conseguir se perdoar, ao envolver-se com dois homens por puro prazer.

Aqui o escritor português já aponta para o que fará com mais contundência no *ESJC*. Faz sua crítica contra certa teologia que defendia que, em consequência do pecado original, o coito ficou manchado de culpa e transformou-se numa luxúria vergonhosa e, por isso, deveria ter o objetivo da procriação e não do prazer. Esta teologia era influenciada pela visão negativa do sexo e do prazer que os filófosos estoicos dos séculos I e II tinham e também pelo gnosticismo, que pregava o ideal do celibato e o desprezo pelo corpo e pela compreensão agostiniana de acento neoplatônico. Saramago critica essa leitura teológica que, a partir de determinados filtros, constrói um Jesus quase assexuado e uma Maria que tem na virgindade o capital mais valioso de sua santidade. Procura, por meio das relações da personagem Leonor, apontar para outro lugar possível para a mulher que não tem direito ao próprio corpo e ao prazer.

Leonor, mesmo sem perder a culpa, dará vazão a toda a sua vontade sexual contida e sob a força dos impulsos se envolverá primeiro com seu cunhado Antônio e depois com o médico. O conflito entre o desejo sexual e o moralismo

---

dores, seja ele um diretor de cena, operador de marionetes ou Deus indiferente que lima, silenciosamente, as unhas. Esse autor implícito é sempre distinto do 'homem real' – não importa o que consideremos que ele seja – que cria uma versão superior de si próprio, um 'segundo ser' (second self), quando cria a sua obra" (BOOTH, W. C., A retórica da ficção, p. 151).

697. SARAMAGO, J., Terra do pecado, p. 74.

religioso é central no romance. Enquanto Leonor de certa maneira despertou para as causas da alienação em que vive, mas não consegue reagir, Benedita está completamente enredada nas amarras do moralismo religioso. A partir do momento em que a criada sabe dos seus "pecados" passa a vigiá-la. Esse embate pode ser percebido com mais clareza quando Leonor, que já havia tido relações com seu cunhado Antônio e o médico Viegas, se entrega aos seus desejos na Quinta onde se passa o romance:

> E teve um arrepio quando ele levantou a cabeça e a olhou com a mesma expressão de curiosidade. Ambos, naquele momento, sentiram o que devem ter experimentado o primeiro homem e a primeira mulher no momento da revelação do sexo, quando as diferenças físicas se patentearam e o instinto deu o primeiro alarme, ateando nas veias o fogo desconhecido.[698]

Benedita desconfia que algo acontece de errado e, ao chegar ao quarto, já não encontra a patroa, mas desconfia de algo: "Sobre a cama desfeita estava Maria Leonor, inerte, vermelha, descomposta. Os travesseiros caídos, a colcha arrastando no chão, um odor de sexo no ar (...)".[699] A criada, diante do quadro encurrala a patroa.

> Maria Leonor, de olhos esbugalhados, não respondia. Deslizou ao comprido da cama, fugindo. Mas Benedita atirou-se contra ela, apertou-a contra a parede com uma força esmagadora. De novo aquele estranho odor, agora mais vivo e capitoso, subindo ao longo do corpo de Maria Leonor, lhe feriu as narinas. Foi esta sensação que lhe destampou a fúria. E quase gaguejando, atropelando as palavras, com uma espuma esbranquiçada nos cantos da boca: – Pois a senhora atreveu-se? Aqui dentro, no mesmo quarto e na mesma cama onde morreu seu marido!? Mas que espécie de mulher sem vergonha é a senhora? E Deus não a matou, não lhe caiu em cima, que os despedaçassem, quando se espojavam aí como dois cães... Àquela saraivada de injúrias, que a fustigavam como bofetadas, Maria Leonor empalideceu, ficou branca como a parede a que se encostava e desabou no chão. Caiu enrodilhada aos pés de Benedita, como um trapo sujo e mole, indigna, abjeta. Os cabelos desmanchados pegavam-se-lhe às faces molhadas, os soluços despedaçavam-lhe as costelas.[700]

---

698. SARAMAGO, J., Terra do pecado, p. 257.
699. SARAMAGO, J., Terra do pecado, p. 282.
700. SARAMAGO, J., Terra do pecado, p. 284.

Esta tensão entre as duas continua até o fim do romance. Leonor consegue burlar esse patrulhamento por duas vezes, entretanto o triunfo final da moralidade, representado pela criada, se aproxima. A vida da patroa se transforma num inferno até que um acidente acontece. Viegas morre e o narrador, ao terminar o romance com reticências, insinua que Benedita foi a responsável pelo fatídico acidente. Ou seja, a criada, mesmo que por meio de um assassinato, consegue aprisionar a Leonor dentro dos códigos morais. Dessa forma Saramago expõe a contradição da moral seletiva em que o sexo é considerado mais grave que o plano para matar alguém. Há uma crítica em relação a uma espiritualidade hostil ao corpo que é fruto do influxo da compreensão grega platônica e neoplatônica na teologia cristã.

Portanto, *Terra do pecado* é uma obra que gira nesta (des)construção da ideia de um ordenamento do mundo com reflexos na moral cristã e seus desdobramentos. É importante dizer que essa moral cristã tem sido repensada por diversos teólogos e teólogas. O romance saramaguiano funciona como uma lupa que expõe os problemas de posturas ancoradas numa moral sexual repressora. Configura-se como questionamento teológico na dinâmica da "construção desconstrutiva" – (des)construção – que opera como uma "profecia externa" capaz de acurar nosso olhar.

Levantado do chão e *A jangada de pedra*: cristianismo e as vítimas da história

Os questionamentos não ficam restritos ao período formativo do autor, como dissemos anteriormente. Em *Levantado do chão*, de 1980, no qual o escritor português conta a história dos Mau-Tempo, família de lavradores do Alentejo, eles também estão presentes. Ao narrar a trajetória do início do século XX até a década de 1970, trata também das mudanças que Portugal atravessaria ao longo do tempo, da luta que muitos de seus cidadãos oprimidos travaram para assegurar uma vida mais digna no campo e na cidade, sempre se apropriando de estruturas e formas bíblicas, além de problematizar temas referentes à fé. Através da história das terríveis condições de trabalho no campo que é contada numa prosa que não tem temor de se mostrar adepta de um dos lados e que deu um lugar de destaque ao escritor português, mostra como a compreensão de Deus, mediada pelas instituições históricas, podem se tornar opressoras.

Em *Levantado do chão* o autor faz uma leitura do texto bíblico. Algumas analogias entre os episódios do livro e a Bíblia são significativos como, por exemplo, os sofrimentos e a morte de Germano Vidigal e a paixão e morte de Jesus; o nascimento de Maria Adelaide e o nascimento do Messias. No entanto, mais do que analogias esparsas, o romance segue uma estrutura semelhante à estrutura bíblica. Metaforicamente, é possível ver, ao longo dos trinta e três capítulos, a trajetória do camponês alentejano numa travessia paradigmática que se inicia no *Gênesis* e termina numa espécie de Ressurreição na caminhada épica dos *Levantado do chão*. Isto não se dá sem um itinerário iluminado por referências intertextuais, por exemplo, ao dilúvio com a caminhada na chuva de Domingos Mau-Tempo, Sara e João; à via-crúcis de Germano Vidigal, configurada pela dura subida até o Gólgota e a generosidade de Verônica/Cesaltina; à Trindade formada pela aliança entre Latifúndio-Estado-Igreja ou; ao gosto de falar por parábolas de Sigismundo Canastro e António Mau-Tempo e; ao nascimento de um Cristo-menina em terras alentejanas, Maria Adelaide.[701]

Saramago elabora, desta forma, uma crítica teológica aguda contra os discursos que dão conteúdo e justificam as relações injustas de dominação. Por meio da ironia do narrador, com muita liberdade, reinterpreta o nascimento de Cristo à luz de princípios éticos de igualdade e justiça social. A reescritura da cena do presépio por ocasião do nascimento de Maria Adelaide, filha de Gracinda Mau-Tempo e Manuel Espada (inclusive com a inversão dos três reis magos, representados pelo avô materno João Mau-Tempo, o tio Antonio Mau-Tempo e o pai Manuel Espada) confere outro valor a um acontecimento que seria comum, que é o nascimento da filha de lavradores. Ao preferir para Cristo uma menina e ao colocar na voz do narrador, quando do nascimento da redentora Maria Adelaide, a proclamação da glória ao homem na terra e não glória a Deus nas alturas, o escritor marca um lugar, e sinaliza com clareza a posição contrária ao poder dos latifundiários que oprimiam os lavradores. Essa tomada de posição também é visível na semelhança entre o martírio de Germano Vidigal e o martírio de Jesus. Além disso, Saramago destila sua acidez, através da palavra do narrador, contra um Deus que se torna argumento de apoio para a opressão, conforme podemos ver na seguinte citação: "Deus no céu, como podes tu não ver estas coisas, estes homens e mulheres que tendo inventado um Deus se esqueceram de lhe dar olhos (...)".[702]

Neste sentido, o texto de *Levantado do chão* é uma espécie de palimpsesto, já que outra história foi escrita sobre os textos bíblicos. Isto se confirma nos nexos entre o romance e a Bíblia como hipotexto que, de certo modo, revela a intencionalidade dessa relação. A relação do romance com a Bíblia é tal que *Levantado do*

---

701. CERDEIRA, T. C., O evangelho segundo Jesus Cristo, p. 52.
702. SARAMAGO, J., Levantado do chão, p. 220.

chão poderia ser nomeado de "O Evangelho Segundo José Saramago", que seria o evangelho dos trabalhadores excluídos do Alentejo.[703]

Esse "evangelho" saramaguiano, à semelhança do que fizeram, no contexto latino-americano os "cristianismos de libertação",[704] contribui para alertar o discurso religioso de que este não pode cair num "cinismo". Hugo Assmann, um dos nomes importantes da Teologia da Libertação, no início da década de 70, chamava a atenção para o fato de que se a situação de dominação vivida pela maior parte da humanidade, os números gigantescos de pessoas na miséria sem ter como se alimentar dignamente, entre outras situações, "não se torna o ponto de partida de qualquer teologia cristã hoje, mesmo nos países ricos e dominadores, a teologia não poderá situar e concretizar historicamente seus temas fundamentais".[705] Embora o mundo tenha mudado e tenhamos outras situações históricas que devem necessariamente preocupar a teologia como, por exemplo, a questão da condição dos refugiados, a opressão e a exclusão, a fome e a pobreza permanecem. O cristianismo que não leva em consideração os graves e urgentes problemas que nos circundam de maneira consciente ou inconsciente, está sob pena de não comunicar o sentido real da boa-nova à pessoa concreta. Saramago ajuda-nos a pensar não só sobre o que dizemos, mas também sobre o que deixamos de dizer. Afinal, o problema de muitos discursos religiosos não está apenas naquilo que é dito, mas no que não é dito, no que está ausente. Nas questões graves que são obscurecidas e retiradas do campo visual, questões estas que, intencional ou não, não vemos. Neste sentido, a ficção saramaguiana serve-nos como uma grande lente para ajustar o "foco". A provocação saramaguiana pode contribuir para que a teologia pense sobre os problemas do mundo atual, para que ela não se alimente de perguntas "não reais". Mas não só isso, a escrita de Saramago deve ser levada a sério para que o discurso religioso não opere uma alienação ou para que determinadas estruturas sociais não sejam canonizadas como já aconteceu na história. Afinal, não

---

703. BERRINI, B., Ler Saramago, p. 49.

704. Optamos pela expressão "cristianismos de libertação" utilizada por Michael Löwy por entendermos ser ela mais ampla que "Teologia da Libertação" ou que "Igreja dos Pobres" e permitir a inclusão, tanto da cultura religiosa, da fé, da prática e da reflexão teológica. Segundo Löwy, o cristianismo de libertação latino-americano é um movimento social-religioso anterior à Teologia da Libertação, uma vez que a maioria de seus ativistas não tem formação teológica e se caracteriza pela luta em prol da libertação dos pobres que, com o passar do tempo, também assumiu outras lutas libertárias como as das mulheres, dos negros, dos indígenas, a causa ecológica etc. Para evitar reducionismos, este autor afirma não se tratar de um discurso social e/ou político, mas de uma reflexão religiosa e espiritual sintetizada na expressão "opção preferencial pelos pobres", estes que, para este movimento, são os agentes de sua própria libertação e os sujeitos de sua própria história, diferentemente do pensamento tradicional da Igreja que os via como objeto de uma atenção caridosa (LÖWY, M., A guerra dos deuses, p. 8-10.).

705. ASSMAN, H., Teologia desde la práxis de la liberación, p. 40.

podemos negar que o cristianismo hegemônico em diversos contextos dedicou pouca energia para criticar os poderosos desta terra.[706]

Em *A jangada de pedra*, utilizando o recurso do fantástico, Saramago trata de questões relacionadas à formação da identidade Península Ibérica e das suas relações com o restante da Europa. Contudo, também nessa narrativa parabólica sobre as características dos povos ibéricos, não deixa de passar por questões teológicas.

À semelhança de *Levantado do chão*, o texto também pode ser lido a partir de suas relações com a Bíblia. Conceição Madruga elaborou uma divisão da obra com base em alegorias bíblicas numa espécie de comparação entre os encontros de cada personagem e as estações de uma via sacra. Segundo esta leitura, o texto pode ser dividido a partir do seguinte esquema: 1) Encontro de Joaquim Sassa e José Anaiço; 2) Encontro com Pedro Orce, em Espanha; 3) Encontro com Joana Carda, em Lisboa; 4) Encontro com o Cão, em Ereira; 5) Encontro com Maria Guaivara, em Espanha; 6) Encontro com Roque Lozaro, na viagem aos Pirineus; 7) Morte de Pedro Orce.[707] De acordo com esta estudiosa da obra saramaguiana, trata-se de uma viagem em que os personagens estão sempre de partida para algum lugar e seus encontros têm em si algo de religioso, o que seria uma alegoria da própria condição seminômade do povo hebreu na Bíblia Hebraica e dos encontros com o próprio Deus, na forma de caminhante desconhecido. Contudo, também encontramos paralelos com a condição peregrina do povo nos relatos que contam o êxodo. Algumas semelhanças são curiosas como o fato de Joana Carda ferir o chão em solo português com uma vara de negrilho e se sentir culpada pela separação da península da Europa, que remete ao relato de Ex 17,5-6, no qual Deus ordenou a Moisés que tocasse na rocha para que dela brotasse água para o povo. O próprio florescimento da vara de Joana Carda, indicando a sua eleição no fim do romance, possui um paralelo claro com o florescimento da vara de Arão, irmão de Moisés, em Nm 17.[708] Esta proximidade com a Bíblia pode ser sentida na própria estilização do discurso como na fala da personagem Maria Guavaira: "Há um tempo para estar e um tempo para partir, ainda não chegou o tempo de voltar".[709] Fala que remete para o livro de Ecl 3,1-8.

---

706. METZ, J.-B., El problema de la incredulidad, p. 96-97.

707. MADRUGA, C., A paixão segundo José Saramago, p. 87.

708. MADRUGA, C., A paixão segundo José Saramago, p. 88; FERRAZ, S., As faces de Deus na obra de um ateu, p. 26-27.

709. SARAMAGO, J., A jangada de pedra, p. 234.

197

A "teologia ficcional" saramaguiana, no entanto, se constrói através de uma ironia corrosiva. Por meio desse recurso peculiar o escritor censura um cristianismo que se impôs pela força de um Cristo Pantocrator e sua falta de disposição para o diálogo com outras religiões, além de retomar o assunto da justificação da opressão que as mulheres sofrem, sobretudo dentro dos espaços da religião cristã. Em relação a este último assunto, reitera: "só para o Deus dos cristãos não há mulher".[710] Além disso, por intermédio do narrador, problematiza a ideia de um Deus Criador que teria sido o artífice do ser humano para se livrar da solidão em que vivia: "Deus, o mais ilustre dos exemplos, criou o mundo porque era noite quando se lembrou disso, sentiu naquele supremo instante que não podia aguentar mais as trevas. Fosse ele dia e Deus teria deixado ficar tudo como estava".[711] Também através da fala do narrador volta àquilo que havia dito em *Levantado do chão* sobre um Deus indiferente ao sofrimento humano: "o mesmo Deus fez os homens e não os vê".[712]

Saramago vai deixando pelo caminho vestígios de questões teológicas que trabalhará de maneira contumaz nos romances bíblicos. Entretanto, mesmo que de passagem, é possível ressaltar que em *A jangada de pedra* assim como em *Levantado do chão*, ele não deixa de perceber a importância que Deus ocupa na formação da identidade ibérica e, é claro que por outro viés, sinaliza desafios importantes que a teologia cristã incorpora, tem reconhecido e trabalhado no sentido de distinguir seus erros e reconverter as imagens de Deus através de uma chave trinitária que comporta o reconhecimento da alteridade e a solidariedade junto às vítimas da história.

A face obscura da religião n'*O ano da morte de Ricardo Reis* e no *Memorial do convento*

Os vestígios teológicos, não param por aí. N'*O ano da morte de Ricardo Reis*, Saramago dá vida ao heterônimo do poeta português Fernando Pessoa. O nobel português faz o médico, educado pelos jesuítas e monarquista, "capaz de contentar-se em assistir ao espetáculo do mundo" de regresso a Lisboa depois de autoexilar-se no Brasil, imergir nos acontecimentos de 1936 em Portugal e no mundo. O universo de Ricardo Reis é transpassado pela ditadura fascista de Salazar, e pela Frente Popular Francesa, pela Guerra Civil Espanhola e pela ex-

---

710. SARAMAGO, J., A jangada de pedra, p. 68.

711. SARAMAGO, J., A jangada de pedra, p. 258.

712. SARAMAGO, J., A jangada de pedra, p. 292.

pansão nazista na Europa. Todavia, dá concretude a esse universo ficcional sem problematizar a crença em Deus através do ceticismo do personagem principal e da ironia do narrador como é possível ver explicitamente quando afirma a urgência de "rasgar ou dar sumiço à teologia velha e fazer uma nova teologia, toda ao contrário da outra".[713]

Um dos recursos que Saramago utiliza nessa (des)construção teológica é o reconto paródico de episódios bíblicos.[714] Um dos eventos relidos e que, inclusive mais tarde é retomado em *Caim*, é o da expulsão de Adão e Eva do paraíso, narrada no Gênesis. Saramago reutiliza o texto dando um novo sentido a partir da carnavalização, conforme podemos ver:

> assim desmunidos se devem ter sentido Adão e Eva naquela primeira noite depois de expulsos do éden, por sinal que também caía água que Deus dava, ficaram os dois no vão da porta, Eva perguntou a Adão, Queres uma bolacha, e como justamente tinha só uma, partiu-a em dois bocados, deu-lhe a parte maior, foi daí que nos veio o costume. Adão mastiga devagar, olhando Eva que debica o seu pedacito, inclinando a cabeça como uma ave curiosa. Para além desta porta, fechada para sempre, lhe tinha ela dado a maçã, ofereceu-a sem intenção de malícia nem conselhos de serpente, porque nua estava, por isso se diz que Adão só quando trincou a maçã é que reparou que ela estava nua, como Eva que ainda não teve tempo de se vestir, por enquanto é como os lírios do campo, que não fiam nem tecem. Na soleira da porta passaram os dois a noite bem, com uma bolacha por ceia, Deus, do outro lado, ouvia-os triste, excluído de um festim que fora dispensado de prover, e que não previra, mais tarde se inventará um outro dito, Onde se reunirem homem e mulher, Deus estará entre eles, por estas novas palavras aprenderemos que o paraíso, afinal, não era onde nos tinham dito, é aqui, ali onde Deus terá de ir, de cada vez, se quiser reconhecer-lhe o gosto.[715]

A imagem é curiosa e provocadora. O papel de Eva é reconfigurado, já que ela ofereceu, "sem intenção de malícia nem conselhos de serpente", a maçã a Adão. Sua nudez é relacionada a uma fala de Jesus no sermão do Monte sobre os lírios do campo. O casal expulso do paraíso no vão da porta para sempre fechada protegendo-se da chuva faz uma ceia. Certamente a introdução da bolacha na ceia e a forma como é repartida em dois pedaços remete-nos a instituição da comunhão

---

713. SARAMAGO, J., O ano da morte de Ricardo Reis, p. 65.

714. CERDEIRA, T. C., José Saramago – entre a história e a ficção, p. 164.

715. SARAMAGO, J., O ano da morte de Ricardo Reis, p. 223-224.

da Santa Ceia, que agora é uma espécie de memória da ausência do ser divino. Mas não só isso, enquanto Adão e Eva desfrutam da companhia um do outro, com sua bolacha numa ceia íntima, Deus, apesar de todo o seu poder, entristece-se encerrado em sua solidão, pois não há paraíso sem a presença dos seres humanos. Saramago põe a questão ao contrário. É Deus quem precisa dos seres humanos e não os seres humanos que necessitam dele. Obviamente, esta releitura está em função do seu ateísmo, no entanto, se for encarada como um tipo de "profecia externa", pode ajudar a teologia a perceber que há compreensões que apontam para a imagem de um Deus despótico, tirano, distante, sem solidariedade e que não está em íntima relação com a sua criação.

No decorrer da obra outras questões são levantadas. Quando Ricardo Reis vai à Fátima, não por motivos religiosos, o narrador vê aquelas manifestações, não pelo viés do valor da fé popular, mas por lentes implacáveis e critica a comercialização de artefatos que são utilizados para amparar a crença das pessoas. Ao fim deste episódio, o narrador destaca o frenesi dos pobres doentes e necessitados que esperam um milagre por ocasião da passagem da imagem de Nossa Senhora de Fátima. No entanto, uma frase ecoa no meio da descrição: "não tentarás o Senhor Teu Deus nem a Senhora Sua Mãe, e, se bem pensasses, não deveria pedir, mas aceitar, isto mandaria a humildade, só Deus é quem sabe o que nos convém".[716]

Os peregrinos são vistos como sofredores nas mãos de uma Igreja que utiliza "a crença em Deus" em benefício próprio. Isto se ratifica na fala da personagem Marcenda: "mas o meu irmão diz que se a Igreja estivesse do lado dos pobres, para ajudá-los na terra, os mesmos pobres seriam capazes de dar a vida por ela, para que ela não caísse no inferno, onde está".[717] O escritor aponta seu arsenal contra uma estrutura que se aproveita da fé das pessoas, que se vale do sofrimento delas para continuar sobrevivendo. Fala de uma máquina religiosa que, em vez de estar ao lado dos pobres, serve-se deles para se perpetuar. A crítica de Saramago revela a sublimação da força da vida que o "uso" político de Deus provocou. Volta-se contra as imagens religiosas tradicionais de um cristianismo esboçado segundo as estruturas do poder político ocidental que regula as experiências cotidianas.

Aqui, embora saibamos ser possível outra visão a respeito de fenômenos, por exemplo, como a peregrinação à Fátima, não podemos amenizar a contundência com que a pena saramaguiana expõe determinadas feridas. Essa força da escrita de Saramago deve ser respondida sim, mas em parte assimilada, para que seja possível enxergar a ambiguidade das imagens de Deus e das estruturas ins-

---

716. SARAMAGO, J., O ano da morte de Ricardo Reis, p. 318.

717. SARAMAGO, J., O ano da morte de Ricardo Reis, p. 388.

tucionais. Não se trata de aceitar como ovelha saramaguiana sua prosa-cajado simplesmente, mas de reconhecer que, pelo menos parcialmente, há uma razão na sua crítica, porque forjamos compreensões acerca de Deus que não foram nem são libertadoras, bem como as instituições religiosas estão sob o perigo constante da autorreferencialidade. Leonardo Boff no livro *Igreja: carisma e poder*, refere-se ao contexto católico nos anos 80, sobre como é possível pensar as formas institucionais como mediação histórica do cristianismo. Para ele, se por um lado o Evangelho não existe fora da mediação, pois somente por ela se torna presente e se historiciza no mundo, por outro lado não corresponde exatamente à mediação, mas é como uma força instaurante.

A Igreja como instituição histórica é Igreja de Cristo porque nesta mediação concreta ela aparece no mundo, mas também não é, porque não pode pretender se identificar exclusivamente como a Igreja de Cristo. Boff salienta uma justaposição do que chama de identidade e não identidade com o Evangelho. Destaca que é necessário assumir um princípio sem olvidar o outro e vice e versa.[718] Desde esse ponto de vista, portanto, não podemos assumir somente, sem prevenções, as mediações históricas como formas concretas de presencialização do Evangelho sem submetê-las continuamente a uma crítica vigilante.

O teólogo Vito Mancuso tem lembrado, atualmente, que nem sempre a estrutura religiosa esteve ao lado do verdadeiro cristianismo, mas muitas vezes ao longo da história professou princípios teológicos e éticos contrários aos ensinamentos de Jesus como, por exemplo, na Inquisição. Ressalta que, no caso do catolicismo estar unido à estrutura visível da Igreja "mediante os vínculos da profissão de fé, dos sacramentos e do governo eclesiástico, não garante absolutamente que se siga a mensagem de Jesus".[719] Reconhece que, para o anúncio de Jesus soar como "boa notícia" é necessário que façamos uma avaliação constante da situação em que se encontra a instituição.

O teólogo suíço, Hans Küng, também assume que diversas vezes a Igreja acabou por estar de um lado contrário ao Reino de Deus e sublinha que ela "só se reveste de credibilidade quando enuncia a mensagem cristã em primeiro lugar não para os outros, mas para si própria, e com isso não apenas dá voz às admoestações de Jesus, mas também as pratica".[720] Paul Tillich enfatizou o "princípio protestante" que, para ele, "contém o protesto divino e humano contra qualquer reivindicação absoluta feita por realidades relativas, incluindo mesmo qual-

---

718. BOFF, L., Igreja, p. 124-125.

719. MANCUSO, V., Eu e Deus, p. 183.

720. KÜNG, H., A Igreja tem salvação, p. 221.

quer Igreja protestante".[721] Neste sentido, o "princípio" é "protestante" porque o protestantismo histórico representa seu paradigma mais imediato. No entanto, sempre esteve presente na história, como no caso dos profetas e do próprio Jesus. Ou seja, o princípio protestante é o juiz de toda realidade religiosa e ajuda a perceber as tentativas do condicional de monopolizar o lugar do incondicional na ação e no pensamento.

Como salienta Müller, de acordo com esta perspectiva, "o protesto protestante, portanto, pode se voltar contra a própria Igreja, quando esta de alguma maneira tender a se apropriar da graça de forma a enclausurá-la em suas estruturas".[722] Ainda segundo Metz, a Igreja deve desenvolver e renovar uma consciência crítica de si mesma. Se assim não o faz, corre o risco de perverter as coisas "santas" e "sublimes" que são seu próprio fundamento. Apoiado na ideia de Bellet, mas aprofundando, este teólogo fala em uma "heresia mascarada" que seria justamente numa espécie de contradição, a renegação das exigências mais genuínas da mensagem cristã por conta de uma vontade excessiva de ortodoxia.[723] Neste sentido, a "profecia que vem de fora", como no caso de José Saramago, nos ajuda a perceber a ambiguidade das mediações históricas e a nos mantermos alertas contra a absolutização de qualquer estrutura institucional e contra o "uso" político de Deus para tal.

A crítica à Igreja, pela pena saramaguiana, se torna ainda mais contundente em *Memorial do convento*, de 1982, em que Saramago recria ficcionalmente o fato histórico da construção da basílica e do Convento de Mafra, no distrito de Lisboa, homônimo à época do reinado de D. João V.

A trama inicia com uma barganha. O rei precisava de um herdeiro e um frade da Ordem Franciscana; frei António propõe: "A fé não tem mais que responder, construa vossa majestade o convento e terá brevemente sucessão; não o construa e Deus decidirá".[724] Assim, o rei faz a promessa da construção do convento. Havia naquela época uma veneração geral pela autoridade que provinha, em parte, da inconsciente identificação do rei com Deus. Ainda no início do romance, o narrador faz uma analogia entre a descendência de D. João V e a descendência de Jessé, pai de Davi, de onde, segundo a Bíblia, procede o Cristo, para ressaltar a ideia que se sustentou ao longo da história de que Deus identifica-se com os reis e poderosos e legitima o seu poder, conforme a palavra do próprio narrador:

---

721. TILLICH, P., A era protestante, p. 183.

722. MÜLLER, E. R., Princípio protestante e substância católica.

723. METZ, J.-B., El problema teológico de la incredulidade, p. 90.

724. SARAMAGO, J., Memorial do convento, p. 14.

Também D. João V sonhará esta noite. Verá erguer-se do seu sexo uma árvore de Jessé, frondosa e toda povoada dos ascendentes de Cristo, até ao mesmo Cristo, herdeiros de todas as coroas, e depois dissipar-se a árvore e em seu lugar levantar-se, poderosamente com altas colunas, torres, sineiras, cúpulas e torreões, um convento de franciscanos.[725]

Acentuando a crítica, o narrador informa que os franciscanos misteriosamente ficam sabendo da gravidez de D. Ana, antes que ela comunicasse ao marido, "mostrando ou dando a entender que a criança que em seu ventre está se formando é tão filha do rei de Portugal como do próprio Deus, a troco de um convento".[726] D. João V representa, portanto, o poder divino; é comparado a Deus, segundo o narrador, por sua megalomania, que faz com que mande aumentar o tamanho do convento, que inicialmente deveria abrigar oitenta frades, mas é ampliado para trezentos religiosos, impondo assim uma carga de serviço ainda maior aos trabalhadores. Ou seja, no universo deste romance fica claro que muito mais que conventos, votos, nascimentos ou construções, Saramago critica a relação da Igreja com o poder e a imagem de Deus que dá sustentação a posicionamentos contrários à plena realização do humano, metaforizados, por exemplo, na contraposição de D. João V ao sonho de liberdade e igualdade de Blimunda, Baltasar e Bartolomeu. Em *Memorial do convento*, "Deus" e a Igreja como intermediária dele, são duramente contestados, sobretudo por meio do discurso irônico do narrador.

A lembrança da Inquisição é sempre trazida como prova da degeneração da estrutura eclesiástica. A perseguição aos mágicos, infames, alquímicos, está presente em todo o livro. Bartolomeu, Blimunda e Baltasar vivem atemorizados. Inclusive, é assistindo a um auto de fé, que este último, também chamado pelo apelido de Sete-Sóis, conhecerá seu par. Nesta cena que marca o encontro dos dois, estão presentes vários sentenciados e entre eles Sebastiana Maria de Jesus, a mãe de Blimunda, condenada a ser açoitada em público e a oito anos de exílio em Angola por heresia, blasfêmia e feitiçaria. É nesse cenário, de pessoas sendo arrastadas e outras queimadas, que aparece também o padre Bartolomeu, completando a tríade das figuras dramáticas fundamentais na trama do romance, e que se reúnem em torno do sonho de voar numa espécie de protótipo de avião, que o autor denomina de passarola.

Blimunda ganha importância como personagem feminina arquetípica que resiste à lógica de um cristianismo androcêntrico. Ela relativiza todo o discurso religioso da ortodoxia. Ao contrário de Leonor de *Terra do pecado*, não é ator-

---

725. SARAMAGO, J., Memorial do convento, p. 18.
726. SARAMAGO, J., Memorial do convento, p. 31.

mentada pela culpa, mas desfruta do erotismo e do prazer sexual na relação que constrói com Baltasar, mesmo sem ser casada. Além disso, ela tem poderes sobrenaturais, consegue ver aquilo que os outros não veem. Quando está em jejum, vê o que está dentro da alma das pessoas, vê as suas vontades. Conforme ela mesma diz: "Eu posso olhar por dentro das pessoas".[727] O dom de Blimunda, como ela mesma afirma, não tem nada a ver com céu ou inferno, mas somente com a realidade humana. Por isso mesmo o seu olhar é sagrado, um "olhar que há de tornar realidade o desejo de Ícaro de voar, voo mítico e utópico de liberdade até onde não possa chegar o braço do Santo Ofício".[728]

Ela e o padre Bartolomeu, juntamente com Baltasar formam uma espécie de trindade terrena profana que se opõe à opressão monárquica e religiosa. Em diversos momentos, nos diálogos entre os personagens, vemos com clareza como Saramago ironiza as posições da Igreja e a compreensão de Deus:

> Eu te digo que maneta é Deus, e fez o universo (...) Que está a dizer, padre Bartolomeu Lourenço, onde é que se escreveu que Deus é maneta, Ninguém escreveu, não está escrito, só eu digo que Deus não tem a mão esquerda, porque é à sua direita, à sua mão direita, que se sentam os eleitos, não se fala nunca da mão esquerda de Deus, nem as Sagradas Escrituras, nem os Doutores da Igreja, à esquerda de Deus não se senta ninguém, é o vazio, o nada, a ausência, portanto Deus é maneta.[729]

O padre compara Deus a um aleijado de guerra. Esta comparação é um questionamento acerca da personalidade de Deus, como sublinha Ferraz: "ao lado esquerdo talvez devessem se sentar os rejeitados, mas como Deus não tem a mão esquerda, eles não têm chance alguma de se sentarem ali".[730] Entretanto, os questionamentos do padre não param por aí. No meio de um diálogo com Blimunda a sua afirmação chama a atenção: "E se eu te disser agora que Deus é uma só pessoa, que era ele só quando criou o mundo e os homens acreditarás, Se me diz que é assim, acredito, Digo-te apenas que acredites, em que nem eu próprio sei, mas destas minhas palavras não fales a ninguém (...)".[731] Bartolomeu relativiza aquilo que um religioso como ele nunca deveria por em dúvida,

---

727. SARAMAGO, J., Memorial do convento, p. 77.

728. MADRUGA, C., Blimunda e os olhares excessivos, p. 49.

729. SARAMAGO, J., Memorial do convento, p. 68

730. FERRAZ, S., As faces de Deus na obra de um ateu, p. 86.

731. SARAMAGO, J., Memorial do convento, p. 171.

a natureza una e trina de Deus. E continua numa espécie de monólogo interior levantando outras questões:

> se a Adão castigaram por querer assemelhar-se a Deus, como têm agora os homens a Deus dentro de si e não são castigados, ou o não querem receber e castigados não são, que ter e não querer ter Deus dentro de si é o mesmo absurdo, a mesma impossibilidade, e contudo *Et ego in illo*, Deus está em mim, ou em mim não está Deus, como poderei achar-me nessa floresta de sim e não, de não que é sim, do sim que é não, afinidades contrárias, contrariedades afins, como atravessarei salvo sobre o fio da navalha, ora, resumindo agora, antes de Cristo se ter feito homem, Deus estava fora do homem e não podia estar nele, depois, pelo sacramento, passou a estar nele, assim o homem é quase Deus, ou será afinal o próprio Deus, sim, sim, se em mim está Deus, eu sou Deus, sou-o de modo não trino ou quádruplo, mas uno, uno com Deus, Deus nós, ele eu, eu ele, *Durus est hic sermo, et quis potest eum audire*.[732]

Saramago compreendeu bem a mentalidade que caracterizava a teologia própria do período medieval que adentrou o período renascentista, voltada para a preocupação com o método teológico, firmada em critérios da lógica do pensamento que está vinculado à relação entre fé e razão como ordenadora do conhecimento humano. Todo este arcabouço está agora em função de um questionamento radical. Neste emaranhado de argumentações que o padre constrói, o ser humano é divinizado e Deus destronado. Assim, o escritor desloca a posição do padre, daquele que deveria representar Deus na terra, por meio de uma digressão herética, onde, à semelhança daquilo que já havia feito n'*O ano da morte de Ricardo Reis*, relê episódios bíblicos dando a eles outro sentido.

Esta "releitura" presente no pensamento exposto do padre, marca também o discurso do narrador. Ele cita, por exemplo, o episódio do livro de 1Sm 6, para mostrar o que, na perspectiva do autor-narrador, se configura como uma injustiça inexplicável da parte de Deus: "já vai tempo que estando os betsamitas no campo a ceifar o seu trigo, levantaram por acaso os olhos do trabalho e viram que vinha a Arca da Aliança da terra dos Filisteus, pois foi quanto bastou para caírem ali redondos cinquenta mil e setenta (...)".[733] É como se o narrador fizesse uma revisão crítica de fatos que constam na Bíblia. Essa revisão se estende ao Novo Testamento e o narrador procura mostrar o outro lado da figura de Judas, conhecido como

---

732. SARAMAGO, J., Memorial do convento, p. 173.
733. SARAMAGO, J., Memorial do convento, p. 231.

traidor: "Atire-lhes a segunda pedra quem não caiu nunca em pecados afins, o mesmo Cristo favoreceu a Pedro e animou a João, e eram doze os apóstolos. Um dia se averiguará que Judas traiu por ciúme e abandono".[734]

Outro exemplo é quando menciona o episódio envolvendo Baltasar, rei da Babilônia "que, tendo profanado, num festim, os vasos sagrados do templo de Jerusalém, por isso veio a ser punido, morto às mãos de Ciro, que para a execução dessa divina sentença tinha nascido".[735] Aqui aparece a mesma lógica que futuramente marcará o enredo do romance *Caim*. Ciro nasceu para cumprir a vontade divina: matar o rei da Babilônia, Baltasar, em consequência da profanação dos vasos sagrados.

O autor questiona o controle exercido por meio da crença. Critica o discurso religioso que advoga que a saída para os humanos é a negação dos prazeres da vida. Na sua perspectiva a ênfase no céu, no inferno e no purgatório serve como artifício para impor uma ordem aos homens e mulheres que, no fim das contas, os impede de viver rumo à própria realização e desenvolvimento plenos.

> Ah, gente pecadora, homens e mulheres que em danação teimais viver essas vossas transitórias vidas, fornicando, comendo, bebendo, mais que a conta, faltando aos sacramentos e ao dízimo, que do inferno ousais falar com descaro e sem pavor, vós homens, que podendo ser apalpais o rabo às mulheres na igreja, vós mulheres que só por derradeira vergonha não apalpais na igreja as partes aos homens, olhai o que está passando, o pálio de oito varas, e eu, patriarca, debaixo dele, com a sagrada custódia nas mãos, ajoelhai, ajoelhai pecadores, agora mesmo vos devíeis capar para não fornicardes mais, agora mesmo devíeis atar os queijos para não sujardes mais a vossa alma com a comilança e bebedice, agora mesmo devíeis virar e despejar os vossos bolsos porque no paraíso não se requerem escudos, no inferno também não, no purgatório pagam-se as dívidas com rezas, aqui sim, é que eles são precisos, para o ouro doutra custódia (...).[736]

Bartolomeu, Blimunda e Baltasar revelam uma sabedoria que foge ao controle dos reis, da Igreja e da Inquisição. Para esses personagens não há interdições ou moralismo religioso. Eles representam bem a exaltação do humano como construtor de si mesmo, que vê a si mesmo como sujeito histórico, como aquele que pensa e age livremente, que não aceita nenhum controle.

---

734. SARAMAGO, J., Memorial do convento, p. 275.

735. SARAMAGO, J., Memorial do convento, p. 288.

736. SARAMAGO, J., Memorial do convento, p. 155.

A preocupação com as questões religiosas determina os rumos deste romance em que o autor faz do desejo humano de voar uma grande metáfora que não está restrita ao Portugal do século XVIII. A passarola representa a vontade humana de liberdade contra a dominação religiosa que muitas vezes amputa os sonhos humanos. Isto nos faz pensar em como a história foi testemunha de momentos em que o cristianismo, em suas diversas versões, tornou-se de fato um arcabouço de ideias, crenças e exigências pouco associadas à realização dos potenciais humanos, tudo isso, sustentado por meio de certas imagens de Deus. É claro que não concordamos que só esse tipo de postura deu corpo à fé cristã, temos que perceber que ela esteve do lado dos insubmissos, dos mártires, das vítimas, daqueles que não têm voz, mas, não podemos deixar de perceber que, em certa medida, isto esteve e está presente no cristianismo.

A violência *in nomine Dei* e o *diálogo inter-religioso* em *História do cerco de Lisboa*

Esta problematização provocativa de Saramago em relação à religião não para. Em *História do cerco de Lisboa*, romance de 1989, o escritor se volta para a questão das "guerras santas". Após uma noite conturbada, Raimundo Benvindo Silva, humilde revisor de textos, protagonista do romance, acrescenta a palavra "não" a uma frase no livro sobre a história do cerco de Lisboa, alterando o fato histórico que revela o apoio dos cruzados aos portugueses. O que se segue é que a editora para a qual trabalha contrata Maria Sara para supervisionar o seu trabalho. Os dois se envolvem e ela o incentiva a elaborar uma versão ficcional da história na qual aparece um conflito entre o cristianismo e o islamismo.

A ironia e a releitura dos textos bíblicos se volta contra a lógica exclusivista que sustenta as guerras realizadas em nome de Deus. A retomada de Lisboa pelos portugueses é comparada à tomada de Jericó e D. Afonso Henriques é igualado a Gideão que, com trezentos soldados, venceu os quatro reis midianitas e seus exércitos. Tal como o personagem bíblico, o rei roga pela vitória contra os mouros, uma vez que, na sua interpretação, estes são inimigos de Deus: "Bem sabeis vós, meu Senhor Jesus Cristo, que por vosso serviço e para exaltação de vosso santo nome, empreendi eu esta guerra contra vossos inimigos".[737] O próprio Cristo aparece ao monarca para encorajar, em tom bíblico, o empreendimento violento contra os mouros:

---

737. SARAMAGO, J., História do cerco de Lisboa, p. 146.

> Não te apareci deste modo para acrescentar tua fé, mas para fortalecer teu coração nesta empresa e fundar os princípios do teu Reino em pedra firmíssima. Tem confiança, porque, não só vencerás esta batalha, mas todas as mais que deres aos inimigos da fé católica. Tua gente acharás pronta para a guerra, e com grande ânimo pedir-te-á que com título de rei comeces esta batalha; não duvides de o aceitar, mas concede livremente a petição porque eu sou o fundador e destruidor dos impérios do mundo, e em ti e tua geração quero fundar para mim um reino, por cuja indústria será meu nome notificado a gentes estranhas. E porque teus descendentes conheçam de cuja mão recebem o reino, comprarás as tuas armas ao preço com que comprei o gênero humano, o daquele por que fui comprado dos judeus, e ficará este reino santificado, amando de mim pela pureza da fé e excelência da piedade.[738]

De fato, Saramago reproduz bem certa mentalidade que, em nome de Deus, justifica a violência, certa crença que se arroga possuidora da verdade e que assim se torna o braço armado da divindade. Desta forma, todo tipo de crueldade se configura como um ato de fé em cumprimento à vontade do ser supremo, seja o "Alá" dos mouros ou o "Jeová" dos cristãos. Afinal, conforme afirma o narrador: "as mulheres e as crianças de Santarém estavam fadadas para morrer naquela noite, era esse um ponto em que tinham chegado a acordo o Alá dos mouros e o Deus dos cristãos".[739] E, mais:

> supomos que Deus, da natureza o pai e único autor do princípio de que os princípios provieram, é inquestionavelmente o pai e o autor destes desavindos filhos, os quais, ao combaterem um contra o outro, ofendem gravemente a paternidade comum em seu não repartido amor, podendo até dizer-se, sem exagerar, que é sobre o inerme corpo de Deus velho que vêm pelejando até à morte criaturas suas filhas. Deu naquelas palavras clara mostra o arcebispo de Braga de saber que Deus e Alá é tudo o mesmo, e que remontando ao tempo em que nada e ninguém tinham nome, então não se encontrariam diferenças entre mouros e cristãos, senão as que se podem encontrar entre homem e homem, cor, corpulência, fisionomia, mas o que provavelmente não terá pensado o prelado, nem tanto lho poderíamos exigir, tendo em conta o atraso intelectual e o analfabetismo generalizado daquelas épocas, é que os problemas sempre começam quando entram em cena os interme-

---

738. SARAMAGO, J., História do cerco de Lisboa, p. 148.
739. SARAMAGO, J., História do cerco de Lisboa, p. 196.

diários de Deus, chamem-se eles Jesus ou Maomé, para não falar de profetas e anunciadores menores.[740]

Por meio dessa fala, o narrador afirma que Deus e Alá são o mesmo e coloca assim um problema fundamental para a teologia, que é a questão complicada das imagens de Deus. Muitas guerras são feitas e legitimadas em nome da vontade divina ainda hoje. A pena saramaguiana ajuda a perceber que quem mata em nome da imagem de Deus confunde a imagem com o próprio Deus e comete, segundo a própria tradição bíblica, o pecado da idolatria. Portanto, mais do que afirmar que por trás do "Deus" do grupo cristão fundamentalista "X" e do Deus do grupo radical islâmico "Y" também está o mesmo Deus sendo evocado com nomes diferentes, é preciso pensar que não podemos conhecer a Deus como ele é, conhecemos somente as imagens que fazemos dele. Reconhecendo isto, seria possível enxergar com outros olhos a diversidade insuperável das religiões e dialogar em busca de "consensos mínimos".

Saramago cita também o fator complicador dos "mediadores". No caso do cristianismo, isto nos obriga a fazer um esforço para repensar a maneira como entendemos o papel de Jesus como "mediador". Ora, por mais que se afirme a impossibilidade de conhecer quem é Deus e destaque-se a necessidade de um "mediador" que historicamente foi Jesus, é preciso sublinhar que aquilo que na perspectiva cristã de Deus pode ser aprendido sobre Jesus, em sua vida e história, também tem limitações. Isto quer dizer que aqueles que não conhecem a Jesus podem ter a experiência de Deus e mais, que todas as religiões trazem algo sobre o conhecimento de Deus. Afinal, ninguém pode ter um conhecimento exaustivo e completo de Deus. Sendo assim, nenhuma guerra pode ser justificada em nome de nenhum Deus e nenhuma religião pode realizar a tentação de se ver como absoluta, como expressão exata da vontade divina no mundo. No fundo, o romance saramaguiano coloca-nos diante da necessidade do diálogo inter-religioso, do imperativo de pensar sobre os problemas comuns aos diversos grupos religiosos e de buscar a paz e a vida digna em comunidade.

Na recriação ficcional, Raimundo Silva é um mouro piedoso que relembra aos portugueses, e mesmo à autoridade cristã, o bispo do Porto, que aciona o poder de Alá quando pede que se afastem dos muros de Lisboa. Ele afirma que pela vontade de Deus, os portugueses seriam expulsos de Lisboa e o bispo retruca salientando que a vontade divina estava do lado lusitano. Ironizando a situação, Raimundo Silva lê para Maria Sara uma historieta do século XVIII em que as pessoas apelam para a "sabedoria" de uma mula para decidir sobre a questão da pre-

---

740. SARAMAGO, J., História do cerco de Lisboa, p. 202.

sença de Cristo na Hóstia Sagrada. Por meio da inserção deste episódio, o escritor denuncia abertamente o obscurantismo ao qual uma crença irrefletida pode levar.

A luta entre os cristãos e os mouros chega ao seu clímax. Após narrar o desespero com que os mouros, usando cordas, conseguiram fugir, descendo as muralhas, escondendo-se nas casas e esperando o amanhecer para se apresentarem ao exército português, há a descrição de uma cena constrangedora:

> De braços levantados, com a corda que os ajudara a descer posta em redor do pescoço como sinal de sujeição e obediência, caminharam para o arraial, ao mesmo tempo que davam altas vozes, baptismo, baptismo, acreditando na virtude salvadora duma palavra que até aí, firmes na sua fé, haviam detestado. De longe, vendo aqueles mouros rendidos, julgaram os portugueses que viessem negociar a própria rendição da cidade, embora lhes parecesse raro que não se tivessem aberto as portas para eles saírem nem obedecido ao protocolo militar prescrito para estas situações, e sobretudo, aproximando-se mais os supostos emissários, tornava-se notório, pelo esfarrapado e sujidade das roupas, que não se tratava de gente principal. Mas quando finalmente foi compreendido o que eles pretendiam, não tem descrição o furor, a sanha dementada dos soldados, baste dizer, que em línguas, narizes e orelhas cortadas foi ali um açougue, e, como se tanto fosse nada, com golpes, pancadas e insultos os fizeram tornar aos muros, alguns, quem sabe, esperando sem esperar um impossível perdão daqueles a quem haviam atraiçoado, mas foi um triste caso, que todos acabaram ali mortos, apedrejados e crivados de setas pelos próprios irmãos.[741]

Em nome de Deus, os portugueses massacram os mouros que pedem do alto do desespero o batismo cristão. Em nome de Alá, os mouros trucidam seus próprios irmãos que pedem o batismo cristão. Tudo isso "sob o indiferente e irônico olhar dos deuses que, tendo deixado de guerrear uns contra os outros por serem imortais, se distraem do aborrecimento eterno aplaudindo os que ganham e os que perdem, uns porque mataram, outros porque morreram".[742] O cerco prossegue e os mouros desesperados sem ter o que comer lançam-se contra gatos e cães e, por último, até mesmo põem-se a devorar as ratazanas que disputavam com eles os monturos de lixo. Diante deste cenário terrível, os deuses permanecem indiferentes e na batalha final, que o narrador chama da chegada da Noite do Destino relatada no Corão: "De um lado e do outro, mata-se e morre-se (...)

---
741. SARAMAGO, J., História do cerco de Lisboa, p. 344.
742. SARAMAGO, J., História do cerco de Lisboa, p. 344-345.

Lisboa estava ganha, perdera-se Lisboa. Após a rendição do castelo, estancou-se a sangueira".[743]

Algumas páginas antes, numa conversa entre Maria Sara e Raimundo ela pergunta sobre o motivo que o levou a pôr o "não" na verdadeira História do cerco de Lisboa, e segue-se o seguinte diálogo:

> Nem eu próprio saberia dizer hoje por que o fiz. Em verdade, penso que a grande divisão das pessoas está entre as que dizem sim e as que dizem não, tenho bem presente, antes que mo faças notar, que há pobres e ricos, que há fortes e fracos, mas o meu ponto não é esse, abençoados os que dizem não, porque deles deveria ser o reino da terra.[744]

No fundo, o não de Raimundo ao apoio dos cruzados ao cerco de Lisboa é uma bem-aventurança às avessas. Felizes os que são capazes de dizer um não rotundo contra toda a intolerância e violência produzidas em nome de quaisquer divindades. O não de Raimundo é a inversão da expectativa das crenças religiosas que alienam o sujeito e o fazem ver o outro não como seu próximo, mas como inimigo. Portanto, é necessário, que o exercício teológico saiba desvencilhar-se de qualquer pretensão de fazer-se uma rocha segura e inabalável ou expressão absoluta da verdade, pois a história testemunha que quando isto sucede, as pessoas são precipitadas numa cruzada de intolerância. Dito de outra forma, quando a fé repousa somente em seu elemento doutrinal corre o risco de fossilizar e de tornar-se belicosa, uma vez que as formulações teológicas estão sempre sujeitas a equívocos e por mais que conheçamos algo de Deus sempre haverá algo novo a conhecer, afinal em "parte conhecemos" (1Cor 13,9). Hans Küng reitera que quando se trata da fé cristã conhecemos parcialmente e sempre segundo a situação específica de cada momento. Nas suas próprias palavras estamos constantemente

> "in via", a caminho. "Ecclesia peregrinans", "homines viatores". E não estamos sozinhos no caminho, mas acompanhados por milhões de pessoas de todas as confissões e religiões, que seguem seu próprio caminho. E quanto mais o tempo passa, tanto mais nos encontramos num processo de comunicação com elas, em que não se deverá entrar em conflito pelo meu ou o teu, minha verdade ou tua verdade. Ao contrário, todos deveríamos estar dispostos de maneira ilimitada a aprender, a acolher algo da verdade dos outros e a comunicar generosamente a sua própria verdade.

---

743. SARAMAGO, J., História do cerco de Lisboa, p. 345.
744. SARAMAGO, J., História do cerco de Lisboa, p. 330.

Os desafios do romance saramaguiano apontam para a necessidade de superação da fé vivida por meio de uma clave marcada pela superioridade e pela dominação. A pretensão de se edificar um cristianismo hegemônico como uma "verdadeira religião" em detrimento das outras resultou em um extermínio do patrimônio cultural e religioso de civilizações que não pode ser esquecido. Entretanto, é possível restabelecer o diálogo. Principalmente, desde o Concílio Vaticano II passou-se a reconhecer, numa perspectiva "inclusivista", os valores positivos das diversas tradições religiosas. Na mesma linha da abordagem que tem sido considerada como um "pluralismo inclusivista", estão as compreensões de Jacques Dupuis e Claude Geffré, não sem diferenças entre elas. No entanto, há outras perspectivas pluralistas mais radicais como as abordagens de John Hick e Paul Knitter, que reconhecem em outras tradições religiosas suas fontes de salvação autônomas e legítimas.[745] Conquanto esses paradigmas das teologias do pluralismo religioso divirjam em determinados pontos, eles concordam que é urgente acabar com "as interpretações preconceituosas dos dados e dos fatos com relação às pessoas e às tradições dos outros; (...) com os mal-entendidos teimosos, devidos quer à ignorância, quer à malevolência".[746]

Ausência divina e solidariedade humana no *Ensaio sobre a cegueira*

Como temos visto, sob o prisma adequado, a pena saramaguiana pode se tornar legítima portadora de questões teológicas. Obviamente, em alguns textos como *Memorial do convento* e *História do cerco de Lisboa* essa "teologia ficcional" ateia crítico-(des)construtiva é mais explícita do que em outros. Todavia, mesmo na chamada fase universal em romances como, por exemplo, *Ensaio sobre a cegueira* e *As intermitências da morte* ela também está presente.

José Saramago construiu em *Ensaio sobre a cegueira*, uma das metáforas mais fortes sobre a condição da humanidade. A cegueira descrita por Saramago, brota do narcisismo humano, do egoísmo. É uma cegueira que nasce de nossa incapacidade de enxergar o outro, de um olhar autocentrado.

Na ficção saramaguiana, uma epidemia de cegueira se espalha. A cegueira começa em um homem enquanto espera a mudança do semáforo, as pessoas que correm em seu socorro se contaminam e uma cadeia sucessiva de cegueira se alastra. Ninguém sabe bem como começou. Não há culpados; não há causas nem motivos. Apenas a cegueira que se apossa repentinamente de todos e ninguém pode

---

745. TEIXEIRA, F., O pluralismo inclusivo de Jacques Dupuis, p. 153-177.

746. DUPUIS, J., O cristianismo e as religiões, p. 24.

fazer nada para detê-la. O governo decide agir para conter a epidemia e aprisiona as pessoas infectadas em uma quarentena com recursos limitados. É exatamente durante esse período que, aos poucos, serão expostos às características mais primitivas do ser humano, especialmente a luta pelo poder, a insensibilidade, a ganância, o desejo, a brutalidade e a violência. Durante o confinamento, grupos opostos de cegos se formam e somente uma mulher, a mulher do médico, é capaz de enxergar. Mas ela nada pode fazer, exceto lutar pela própria sobrevivência e proteger as pessoas mais vulneráveis. Ela mesma não sabe porque não foi contaminada e nem sabe quando tudo voltará ao normal, ou mesmo se algum dia a ordem se reestabelecerá. Enquanto isso a cegueira se dissemina por toda a sociedade e nem mesmo as autoridades são poupadas. O caos se instala e a cegueira física faz aflorar o que há de pior no ser humano. Ao mesmo tempo, o grupo que forma o núcleo da trama, guiado pela mulher do médico, passa a recuperar afetividade e cuidado, fundamentais no meio daquela situação-limite.

Aqui há diversas comparações possíveis. A própria tradição bíblica fala da visão como parte fundamental da experiência cristã. Segundo o Evangelho de Mateus o olho é a "lâmpada do corpo" (Mt 6,22). A cegueira é comparada ao egoísmo. A visão é comparada à solidariedade, à compaixão, à autodoação voluntária e também ao serviço abnegado.

No sentido de aproximarmos a obra da teologia, consideramos uma cena fundamental. Após terem saído do manicômio, os cegos repousam em uma loja abandonada. Junto com sua mulher, o médico sai em busca de comida. Tendo se deparado com cenas terríveis, a mulher do médico começa a se sentir mal e resolve entrar em uma capela. Nesse momento se depara com algo intrigante: as imagens dos santos, todas estão com vendas brancas nos olhos:

> Já me sinto bem, mas naquele mesmo instante pensou que tinha enlouquecido, ou que desaparecida a vertigem ficara a sofrer de alucinações, não podia ser verdade o que os olhos lhe mostravam, aquele homem pregado na cruz com uma venda branca a tapar-lhe os olhos, e ao lado uma mulher com o coração trespassado por sete espadas e os olhos também tapados por uma venda branca, então eram só este homem e esta mulher que assim estavam, todas as imagens da igreja tinham os olhos vendados, as esculturas com um pano branco atado em volta da cabeça, as pinturas com uma grossa pincelada de tinta branca, e estava além uma mulher a ensinar a filha a ler, e as duas tinham os olhos tapados, e um homem com um livro aberto onde se sentava um menino pequeno, e os dois tinham olhos tapados, e um velho de barbas compridas, com três chaves na mão, e tinha os olhos tapados, e outro homem com o corpo cravejado de flechas, e tinha os olhos tapados

(...) só havia uma mulher que não tinha os olhos tapados porque já os levava arrancados numa bandeja.[747]

Na perspectiva do escritor, numa espécie de inversão, o próprio Deus é imagem do ser humano. Neste cenário caótico não será da divindade que virá a ajuda, pois Deus e os santos não podem olhar para a humanidade. Esta é mais uma crítica da "teologia ficcional" de Saramago contra um providencialismo alienante. O ser humano deve assumir-se como sujeito da história. As crenças que impedem os homens e mulheres de se tornarem conscientes de suas responsabilidades na construção do tecido social devem ser revistas. Ou seja, por meio desta cena a teologia se vê também interpelada. Como elaborar uma compreensão de Deus que seja capaz de não alienar o sujeito de suas tarefas históricas? Talvez um caminho seja imaginar que Deus não se faz presente no mundo como o diretor do teatro de marionetes, que há uma autolimitação de Deus no sentido de deixar espaço para as suas criaturas. Deus se ocultaria, portanto, da presença visível desse mundo para que o ser humano exerça sua liberdade. Esse "Deus" interpretado como o "Todo-poderoso", na verdade, despoja-se de seu poder em favor da autonomia da criação.

Neste sentido, na linha da valorização da autonomia das realidades criadas, a imagem da cabala judaica do *Zim-zum* e a contração divina, retomada por Moltmann, podem ajudar.[748] O teólogo alemão, apoiado no pensamento do místico judeu filho de imigrantes alemães Isaac Luria, ressalta que a criação é também um ato de humilhação divina, que visa o soerguimento da pessoa humana e do universo.[749] Ou seja, a própria criação pressupõe um movimento duplo de Deus: um interno para dentro de si e outro para fora. O Deus que cria e possibilita um mundo no qual aparecerá um ser livre, é um Deus que se contrai para abrir espaço para o criado.

Nas palavras de Moltmann: "A criação é uma obra de humildade divina e do recolhimento de Deus para dentro de si mesmo".[750] Esse autorrecolhimento de Deus convoca os seres humanos a se tronarem responsáveis. No entanto, na perspectiva cristã, esse Deus criador é o Deus-Trindade. Nele existe "a relação, existe o amor! Ou melhor ainda: Deus em si mesmo é Amor! Deus é Liberdade!"[751] Isto, levado às últimas consequências, segundo Ratzinger, realiza uma radical subver-

---

747. SARAMAGO, J., Ensaio sobre a cegueira, p. 301.

748. MOLTMANN, J., Trindade e Reino de Deus, p. 119-122.

749. MOLTMANN, J., Trindade e Reino de Deus, p. 122.

750. MOLTMANN, J., Trindade e Reino de Deus, p. 121.

751. RUBIO, A. G., Novos rumos da antropologia teológica, p. 264.

são no conceito de Deus, e faz com que o mundo passe a ser visto "como o espaço vital do amor. Ele se torna palco das liberdades e aceita o risco do mal".[752]

A jovem judia Etty Hillesum,[753] que se apresentou voluntariamente ao campo de concentração de Westerbork, em 1942, e morreu no ano seguinte nas câmaras de gás de Auschwitz, representou bem esta subversão no conceito de Deus. Diante da agonia e sofrimento profundos no "inferno" do campo de concentração ela percebe Deus como impotente. Não é Deus quem pode ajudá-la, mas é ela quem deve ajudá-lo. Esse "Deus" não "achata" ninguém com sua onipotência, pelo contrário, é o centro vital de amor e força que impulsiona a compaixão e o serviço. Neste sentido, portanto, a "ausência" da intervenção direta de Deus no mundo é, no fundo, uma conclamação para ajudarmos a Deus, para tomarmos nossa parcela de responsabilidade em relação ao mal no mundo.

Em suma, o mundo de pecado e violência retratado em *Ensaio sobre a cegueira*, convoca-nos a conceber a questão do mistério de Deus não apenas como poder absoluto, mas igualmente como poder "impotente". Só assim se pode entender a relação entre Deus e o mal, entre Deus e o sofrimento do mundo. Deus não pode intervir direta e impositivamente sem, ao mesmo tempo, desmentir a si mesmo como amor que fundamenta a liberdade. Contudo, assume ele mesmo o sofrimento de cada criatura e conclama a cada ser humano a fazer o mesmo. Neste sentido, poderíamos interpretar a própria mulher do médico numa clave cristológica. À semelhança de *Levantado do chão* é possível ver aqui outra mulher como *figura Christi* que num mergulho "kenótico" vive uma compaixão radical com a alteridade dos cegos. Após a súbita cegueira do marido, finge estar cega para ser levada junto com ele à quarentena num sanatório. Durante a internação contempla o horror da degradação humana, uma vez que, abandonados no manicômio sem ajuda ou intervenção exterior, os contagiados pela "cegueira branca" estão submetidos a uma condição lastimosa. Neste sentido, a escolha da mulher do médico pela internação e de permanecer com o grupo que se forma, de cuidar deles mesmo fora do internato é um deslocamento "crístico", na medida em que, ao esvaziar-se (*ekénosen*) – para usar a expressão paulina no hino de Fl 2,5-11, une-se àquela condição. Ela assume o sofrimento dos cegos. Ou seja, a "ausência" divina é o espaço onde se concretiza, no exercício da liberdade, a solidariedade. Para Ivone Gebara, é nesse sentido que somos Cristos, isto é, ao descobrir-nos um "ungido" a serviço dos outros. "Em outras palavras, a questão é de, em cada contexto, criar

---

752. RATZINGER, J., Introdução ao cristianismo, p. 119.

753. HILLESUM, E., Une vie bouleversée, suivi de Lettres de Westerbork, p. 723-738; BINGEMER, M. C. L., A liberdade do Espírito em duas escritoras místicas contemporâneas, p. 249-250; BINGEMER, M. C. L., O mistério e o mundo, p. 392-413.

'relações crísticas', isto é, relações de justiça, amor, ternura, verdade, solidariedade uns com os outros, assumindo nossa condição e responsabilidade humanas".[754] Neste sentido, mesmo que não haja uma profusão de menções a Deus como há em outros romances, afirmamos o caráter teológico do *Ensaio*. Afinal, será mesmo necessário usar "Deus" como palavra? De acordo com Comblin,

> na Bíblia Deus não tem nome, nem sequer o nome 'Deus'. Deus é 'El' (yahweh), o que não tem nome porque, acima de todas as culturas, representa o universal. Que é esse 'El'? É a voz que chama a todos à liberdade, uma voz que é interior, claro, mas que os incidentes da vida atualizam permanentemente. Esse 'Deus' não é um Deus no sentido de uma figura, mas é puro chamado, pura interpelação ao ser humano para construir sua humanidade redimida, ou seja, das forças de destruição.[755]

Portanto, neste ambiente hostil que o escritor cria é possível ver mais um vestígio de sua "teologia ficcional" que desafia o cristianismo a repensar o conceito de providência divina e ultrapassar os próprios limites para praticar o amor.

Vitalidade amorosa e redenção imanente em *As intermitências da morte*

Da fase universal sobressaímos ainda outro romance, *As intermitências da morte*. A obra tem como fio condutor a inusitada suspensão das atividades da morte em um país imaginário. Ou seja, de maneira simples, e em outras palavras, a morte para de matar. José Saramago inicia assim a sua obra: "No dia seguinte ninguém morreu".[756] Assim se configura o enredo do romance que trata da figura macabra da morte. De repente, ninguém mais naquele país fictício morre. Muitos sorriem, afinal, todos sem distinção de cor, sexo, idade, credo ou ideologia, em território nacional, foram literalmente empurrados sem escolha para a vida eterna. Fato que, no primeiro momento, faz com que toda a nação fique exultante e eufórica. Até aqueles que estavam em hospitais, os que tinham alguma doença grave e os que sofriam acidentes trágicos tinham a vida assegurada pela inoperância da morte.

Entretanto, a falta da morte mostra também a sua face problemática. Além de trazer sofrimento para pessoas em estado terminal infindável, a ausência da morte trouxe problemas de ordem econômica. Funerárias, seguros de vida, previdência social não tinham mais como exercer suas atividades normais. As agên-

---

754. GEBARA, I., Cristologias plurais, p. 167.

755. COMBLIN, J., A teologia das religiões a partir da América Latina, p. 69.

756. SARAMAGO, J., As intermitências da morte, p. 11.

cias funerárias exigiam amparo do governo para não falirem, os hospitais ficaram lotados de pacientes em estado terminal e as próprias famílias não sabiam o que fazer com seus doentes.

Muitos habitantes do país onde a morte se encontrava inoperante começaram a levar seus familiares a outros países para morrerem. Habitantes de outros países invadiam a fronteira no intuito de ganhar a vida eterna. O estado representado pela figura do primeiro ministro fica sem saber como agir e pede para que as pessoas orem e implorem para a vida voltar ao seu curso normal. Para piorar a situação entra em cena a Máphia, uma organização secreta que tira proveito da situação e passa a explorar as pessoas. Assim se dá a primeira parte do romance, apontando os paradoxos da ausência da morte, discussões e soluções para o problema.

Num segundo momento a morte reaparece e envia uma carta à população por intermédio de uma emissora de televisão, para tornar pública a notícia de seu retorno. No entanto, as regras serão outras: "a partir de agora toda a gente passará a ser prevenida por igual e terá um prazo de uma semana para por em dia o que ainda lhe resta na vida".[757] Esse processo de retomada da morte, agora com aviso prévio, toma assim três capítulos do romance saramaguiano.

Após essa etapa o romance caminha para seu fim. E, ao marchar para o final, Saramago introduz uma situação inusitada. Uma das cartas, que deveria ser recebida por um violoncelista, é devolvida ao remetente, e partir de então a morte personificada na figura de uma mulher precisa lidar com a necessidade que sente de ser amada.

Ao tratar da postura da religião cristã, Saramago destaca que esta se esqueceu de dialogar com a facticidade da morte e negou o seu valor em favor do argumento da vida eterna. Neste romance saramaguiano, num caso específico, quando do pronunciamento do primeiro ministro de seu país imaginário, Saramago põe na boca do governante as seguintes palavras: "Aceitaremos o repto da imortalidade do corpo, exclamou em tom arrebatado, se essa for a vontade de Deus, a quem para todo sempre agradeceremos, com nossas orações, haver escolhido, o povo deste país para seu instrumento".[758]

Palavras essas que lhe custarão caro. Logo após seu discurso em tom triunfante, o primeiro ministro recebe a ligação do cardeal que antevê o pior destino para a religião cristã. E Saramago registra assim o diálogo do líder religioso com o primeiro ministro após o seu discurso:

---

757. SARAMAGO, J., As intermitências da morte, p. 100.

758. SARAMAGO, J., As intermitências da morte, p. 15-16.

É a todos os respeitos deplorável, que ao redigir a declaração que acabei de escutar, o senhor primeiro-ministro não se tenha lembrado daquilo que constitui o alicerce, a viga mestra, a pedra angular, a chave de abóbada da nossa santa religião, Eminência, perdoe-me, temo não compreender aonde quer chegar, Sem morte, ouça-me bem, senhor primeiro ministro, sem morte não há ressurreição, e sem ressurreição não há Igreja.[759]
(...)
Que irá fazer a Igreja se nunca mais ninguém morrer, Nunca mais é demasiado tempo, mesmo tratando-se da morte, senhor primeiro-ministro, Creio que não me respondeu eminência, Devolvo-lhe a pergunta, que vai fazer o Estado se nunca mais ninguém morrer, O Estado tentará sobreviver, ainda que eu muito duvide que o venha a conseguir, mas a Igreja, A Igreja, senhor primeiro-ministro, habituou-se de tal maneira às respostas eternas que não posso imaginá-la a dar outras, Ainda que a realidade as contradiga, Desde o princípio que nós não temos feito outra cousa que contradizer a realidade, e aqui estamos (...).[760]

Assim, o cardeal a partir das formulações doutrinárias, revela a sua inquietude e preocupação com o futuro da Igreja. O que deflagra a dificuldade que certa teologia enrijecida tem de conectar-se à realidade. O primeiro-ministro continua a conversa afirmando que a sobrevivência do estado diante da situação será difícil e indaga o cardeal a respeito de como será se nunca mais alguém morrer. As palavras do cardeal retratam a crítica de Saramago à religião cristã institucional. O escritor português critica a utilização política do *corpus* doutrinário.

Essa polarização apontada por Saramago traz consigo a ideia de que a religião cristã alienou as pessoas da vida e consequentemente da experiência da morte com sua ênfase na salvação para o além. Para Saramago, o pensamento numa vida após a morte se configura como uma distração em relação à vida. De fato, não podemos negar que a negação da vida em favor de um além-túmulo pode desvitalizar o presente. Esta conclusão pode ser vista dentro do esforço de alguns teólogos. Jürgen Moltmann, por exemplo, admite que essa postura é prejudicial: "O pensamento numa vida após a morte pode ludibriar-nos quanto à felicidade e à dor desta vida e desperdiçar os seus tesouros no céu. A concepção de que esta vida aqui seria apenas uma preparação para o além é a teoria da rejeição desta vida e uma fraude religiosa".[761] Para este teólogo, o pensamen-

---

759. SARAMAGO, J., As intermitências da morte, p. 18.
760. SARAMAGO, J., As intermitências da morte, p. 20.
761. MOLTMANN, J., A vinda de Deus, p. 66.

to paulino foi importante por desenvolver reflexões detalhadas sobre a morte. Na perspectiva de Moltmann, Paulo, influenciado pelo apocalipsismo judaico, passou a falar na morte como castigo do pecado e esse esquema de pensamento ganhou preponderância em relação à teologia joanina, na qual a morte é uma característica deste mundo e a vida é a novidade que o Cristo, enviado por Deus, traz para dentro deste mundo. Por isso, o autor do evangelho joanino chega a dizer que quem crê em Cristo já está passando da morte para vida. Ou seja, para a teologia joanina, a vida eterna é uma experiência atual da fé ao passo que em Paulo ela aparece mais ligada à experiência futura.[762] Essa concepção da morte foi ganhando terreno e foi tomada pela Igreja de maneira relativamente abrangente, sobretudo na Patrística:

> Os Pais da Igreja seguiram, sem exceção, a doutrina apocalíptico-paulina: com base na relação "ação-decorrência", a morte é o castigo divinamente ordenado para o pecado dos seres humanos. A universalidade do pecado original de Adão prova que todos os seres humanos têm de morrer. Ao pecado hereditário segue a morte hereditária.[763]

No concílio de Cartago, em 418, foi rechaçada a afirmação de que o primeiro homem seria mortal tendo cometido pecado ou não, e foi declarado que aquele que aceitasse essa acepção de que, deixar o corpo não se sucede devido ao pecado, deveria ser declarado como anátema. Já nos concílios de Orange, em 529, e de Trento, em 1546, essa doutrina se tornou obrigatória.[764] Essa acepção da morte como castigo divino que se consolidou ao longo da história também recebeu críticas, e houve teologias que procuraram debater esse tema de maneira menos literalista, como a vertente do liberalismo protestante. Ainda hoje a teologia se vê diante da necessidade de rever qualquer espiritualidade vivida como uma *fuga mundi*. Por isso, Moltmann, ousadamente, propõe uma equiparação entre os termos espiritualidade e vitalidade, porque para ele as experiências de Deus não diminuem as experiências da vida, mas aprofundam-na.[765]

Ao considerar as críticas saramaguianas não pretendemos advogar em favor de uma idolatria da morte, nem em favor da passividade diante de mortes violentas e injustas, mas reconhecer a efemeridade intrínseca à condição hu-

---

762. MOLTMANN, J., A vinda de Deus, p. 99.
763. MOLTMANN, J., A vinda de Deus, p. 102.
764. MOLTMANN, J., A vinda de Deus, p. 103.
765. MOLTMANN, J., A fonte da vida, p. 93.

mana histórica como fonte de valoração para a vida. A partir do diálogo com a obra *As intermitências da morte,* intuímos que, ao elaborar a possibilidade fictícia da inoperância da morte e do caos que se instala devido a essa ausência, o escritor lusófono critica o caráter aprisionador das formulações teológicas desconectadas das experiências da vida. Para Saramago, o que vence a morte é o amor. Numa linguagem teológica podemos dizer que, para Saramago, a redenção se dá aqui e agora pelo amor. Não é à toa que termina seu romance, depois da personificação da morte em bela mulher e de sua experiência de amor tórrido com um musicista violoncelista, com as mesmas palavras que marcam seu início: "No dia seguinte ninguém morreu". Parece que, para o autor português, o Cântico dos Cânticos está certo quando afirma: "o amor é forte como a morte" (Ct 8,6).

Terminado este trajeto por algumas obras saramaguianas é necessário dizer que o que fizemos aqui não foi um trabalho exaustivo, mas procuramos apontar os vestígios da "teologia ficcional" de Saramago nos romances abordados, e que, segundo entendemos, tem seu núcleo nos romances bíblicos. O que sublinhamos, portanto, é o fato de tal "teologia ficcional" ateia guardar em si uma construção desconstrutiva que abre espaço para um diálogo com concepções teológicas críticas que procuram problematizar temas da fé cristã. É justamente esta dinâmica da "teologia ficcional" ateia como (des)construção do escritor português que permite uma aproximação à teologia.

*****

Todo o percurso traçado neste capítulo, apoiado nas discussões do anterior, permitiu o vislumbre daquilo que podemos chamar de metodologia teológico-ficcional de José Saramago. Ou seja, os fundamentos sobre os quais se apoiam a possibilidade de uma teologia saramaguiana. Nesse sentido, a) o seu perfil biográfico-literário foi importante para elucidar aspectos da sua literatura. Contudo, b) a percepção da literatura saramaguiana como elemento que reflete e ao mesmo tempo refrata um cenário contemporâneo paradoxal, no qual os elementos religiosos tanto aparecem sob novas formas como são rejeitados como fonte de produção de sentido. É fundamental entendermos que o autor faz do seu ateísmo uma espécie de *locus theologicus*. Entretanto, não seria possível seguir adiante na investigação sem c) colocar à mostra o procedimento operativo da escrita, que na literatura saramaguiana se constrói por meio da intertextualidade e da carnavalização, afinal ela se constitui como peça-chave no pano de fundo para a próxima estação do trajeto: o descortinamento do conteúdo teológico dos romances bíblicos que serão analisados adiante. Isto é, a substância propriamente dita, da *teologia ficcional saramaguiana*.

Procuramos dizer que o autor, com a força de sua reescritura, se fez um "teólogo ateu", que pôs em xeque hermenêuticas sobre Deus, instrumentalizadas pelas intenções "desumanas dos humanos" de seu tempo.

Capítulo 5 | A "teologia ficcional" nos romances bíblicos de José Saramago

Aproximamo-nos da parte final do trabalho e que, após ter percorrido o trajeto que nos deu a possibilidade de aventar a ideia de uma "teologia ficcional" nas obras saramaguianas, tentaremos evidenciar as questões teológicas mais objetivas dos dois romances de Saramago, especialmente no *ESJC* e em *Caim*. Tendo como pano de fundo as discussões anteriores, procuraremos perceber como Saramago perpassa conteúdos teológicos a partir de uma apropriação crítico-criativa dos textos bíblicos, principalmente nessas obras.

É importante dizer que outros estudiosos chegaram a mencionar uma "teologia" de Saramago ou se aproximaram disso. Contudo, ou fizeram apenas sinalizando sua possibilidade ou sem uma interlocução apropriada com o saber teológico. Por exemplo, Roberto Pompeu de Toledo, num artigo referindo-se mais ao *ESJC*, usou a expressão "teologia do ateu"[766] para designar aquilo que Saramago faz ao recriar as histórias bíblicas. Entretanto, não tematiza nem explica que conteúdo tem esta "teologia". Salma Ferraz desenvolve sua pesquisa sobre os perfis de Deus na obra do escritor lusófono e afirma no capítulo final de sua análise, fazendo referência a Toledo, que é possível ver uma "Teologia do Ateu por meio da interpretação que Saramago dá às diversas faces de Deus na sua obra".[767]

---

766. TOLEDO, R. P., Cristo e o Deus cruel, p. 90-96

767. Ferraz escreve: "A Teopoética seria um novo ramo de estudos acadêmicos voltado para o discurso crítico-literário sobre Deus, a análise literária efetivada por meio de uma reflexão teológica, o diálogo interdisciplinar possível entre Teologia e literatura. Uma das principais perguntas da Teopoética seria: Qual o discurso dos autores sobre Deus dentro da Literatura do século XX? À luz das ideias propostas por Kuschel, afirmamos que nas obras aqui estudadas encontramos uma Teopoética saramaguiana que se revela claramente uma Antiteodiceia, na crítica contundente às diversas faces de Deus encontradas em sua obra. Se a Teologia é a ciência do sagrado, a ciência de Theos, a escritura de Saramago é a negação absoluta dos atributos e do caráter divino, neste sentido, Antiteodiceia". FERRAZ, S., As faces de Deus na obra de um ateu, p. 149.

Mais à frente, já na sua conclusão, fala de uma teopoética que, na verdade, se revela uma antiteodiceia. Sua abordagem é mais no sentido de enxergar como "Deus" constitui um tema que estrutura a obra saramaguiana. Ela não se preocupa em apontar quais seriam os desdobramentos teológicos dessa "teopoética saramaguiana". Já Santos Junior utiliza a expressão "a/teologia" tomada de empréstimo do teólogo Mark C. Taylor[768] para se referir ao projeto saramaguiano no *ESJC*.[769] Destaca que preferiu a expressão porque, tanto a ideia de uma teologia do ateu quanto de uma antiteodiceia, parecem prender Saramago a um dos polos: positivo, no caso da primeira; e negativo, no caso da segunda. Seu trabalho concentra-se, na verdade, sobre a verificação no *ESJC* da possibilidade de a literatura ser uma intérprete da religião a partir da convergência das teorias de Bakhtin e Ricoeur, não havendo assim uma inserção em temas teológicos. Além desses textos, há o trabalho de Eduardo Lourenço que se procura inserir a problematização saramaguiana das questões religiosas na dinâmica da secularização e do "regresso de Deus" possibilitado por ela.

Na primeira parte do texto, o crítico elabora, mas não desenvolve todas as decorrências para o romance de Saramago, o raciocínio segundo o qual o que é considerado habitualmente profano revela-se como algo sagrado. Segundo esta perspectiva, o lugar do sagrado é a própria experiência histórica imanente e, neste âmbito, uma escrita que ao mesmo tempo que faz uma crítica do sagrado institucionalizado, reinventa este sagrado na própria existência individual dos seres humanos.[770] O que está em jogo neste raciocínio é a possível identidade entre o divino e o humano. Na segunda parte do seu ensaio, intitulado sugestivamente *Saramago: um teólogo no fio da navalha*, Eduardo Lourenço irá desenvolver tal questão tendo como alvo a própria especificidade do discurso ficcional de Saramago. Para ele, a peculiaridade da escrita de José Saramago é justamente o expediente da re-escritura de uma história já escrita que problematiza a nossa própria noção de verdade e realidade.

A ficção saramaguiana advoga uma compreensão da realidade sempre mediada e apreendida por intermédio da linguagem. Isto é, o acesso à realidade do passado ou do presente só é possível por uma narrativa. O que há, portanto, é uma "glosa da glosa". Ou seja, por meio desse procedimento, Saramago "tornando sagrada a história profana" coloca em curto circuito a noção de uma verdade e

---

768. TAYLOR, M. C., Erring. A postmodern A/theology.

769. SANTOS JUNIOR, R., A plausibilidade da interpretação da religião pela literatura, p. 170.

770. LOURENÇO, E., Sobre Saramago. In: LOURENÇO, E. O canto do signo. Existência e literatura. Lisboa: Editorial Presença, 1994, p. 180-188. Ver também a análise de Marcos Lopes sobre a recepção que Eduardo Lourenço faz de Saramago: LOPES, M. A., Rosário Profano, p. 509-515.

de um relato primeiro e último. Deste modo, o próprio discurso e o modo como ele pretende dizer a realidade é solidário com esta imanência do sagrado, isto é, ao relativizar a verdade e sua validade na ideia de Deus, relativiza a pretensão do próprio discurso ser a última palavra.

Podemos dizer que Saramago faz um trabalho de desconstrução teológica na sua literatura. Poderíamos afirmar que ele elabora uma "construção desconstrutiva" ou, numa síntese, uma "(des)construção". Se lembrarmos aqui do termo *déclosion*, utilizado por J.L. Nancy, ficará mais fácil de entender qual tipo de operação atestamos nos romances saramaguianos. Como foi explicitado, a palavra guarda em si uma ambiguidade. Na língua francesa o termo decorre de palavras que têm sentidos opostos, podendo, portanto, significar tanto uma "abertura" quanto um "fechamento".

Podemos afirmar que o universo dos romances bíblicos do escritor português representa uma *déclosion* teológica, a interdição de certa teologia que se dá no interior de uma fala literária sobre "Deus". À medida que ele constrói a sua "teologia ficcional", também desconstrói outras. A tessitura dos romances contém uma "teologia" crítica que nasce de um *locus* ateísta. Não se trata de dizer que, ao invés de literatura, Saramago faz teologia *stricto sensu*, mas de lembrar que por intermédio das vozes do narrador e dos personagens, o escritor transcorre questões teológicas de maneira não teórica numa dialética construtiva-desconstrutiva.

Ignorar esta crítica saramaguiana e colocá-lo sob a pecha de "inimigo da fé" tem sido o que certa mentalidade cristã apologética tem feito, entretanto, parece não ser a melhor solução para os que desejam tornar a crença em Deus significativa. Como destaca Queiruga, há muitas possibilidades de encontrarmos nas críticas ateístas a experiência que está na sua base. Que no diálogo com a experiência cristã possamos encontrar uma superfície de contato, na esperança de "por baixo das discussões, antagonismos, acusações e ressentimentos acaso nos espere um lugar mais humano em que consigamos nos entender".[771] E mais: é possível ver as provocações saramaguianas como uma espécie de "profecia externa" que pode ajudar a rever pontos importantes de nossa reflexão sobre Deus.

É imperioso desenvolver outro tipo de postura que procure sinceramente acolher as críticas e dialogar com elas. Isso não significa um entreguismo da fé, mas o contrário. Afinal, "só quem parte de uma confiança básica pode ter a coragem de arriscar-se; só quem se apoia firmemente na experiência da fé é capaz

---

771. QUEIRUGA, A., Creio em Deus Pai, p. 23.

de correr o risco da crítica e, se for o caso, o da reinterpretação".[772] Ou seja, "o diálogo e o avanço reais são possíveis se criticamos deixando-nos criticar; se oferecemos nossa experiência ao mesmo tempo em que reconhecemos a experiência que os outros nos oferecem como autêntica "profecia externa".[773] Segundo Metz, o verdadeiro diálogo se opõe tanto ao "monólogo rígido" quanto à "adaptação resignada".[774]

Nossa tarefa é desvendar e pensar criticamente as interpelações feitas pelo escritor, não em função da eliminação de Deus, mas na direção da revisão de "Deus". A pena saramaguiana pode se transformar em ferramenta ambígua e, à medida que constrói a ficção, pode ajudar a perceber as incoerências de certas compreensões teológicas.

Antes de procurarmos desvendar as questões teológicas (des)construídas nos romances bíblicos saramaguianos, relembramos que eles pressupõem um conhecimento dos relatos da Bíblia, já que é numa relação de intertextualidade e carnavalização que chamamos aqui de "reescritura" que o autor português elabora sua "teologia ficcional". Outro esclarecimento quanto à metodologia que adotaremos aqui é necessário. Seguiremos a cronologia do *corpus* saramaguiano, por isso começaremos por analisar o *ESJC* e, posteriormente, *Caim*. A nossa abordagem não será exaustiva, mas procurará desvendar as principais linhas hermenêuticas dos textos e destacar a sua problematização quanto às questões teológicas. Neste

---

772. Queiruga ressalta que a exposição à crítica configura uma "possibilidade real de um encontro autêntico. Tanto no nível subjetivo (porque só no respeito e na abertura ao melhor do outro cabe esperar respeito e abertura para o melhor de si mesmo) como em nível objetivo (porque partindo do diagnóstico antes elaborado aparece um evidente espaço de encontro: a afirmação do autêntica e verdadeiramente humano)". QUEIRUGA, A., Creio em Deus Pai, p. 37-38. Ressalta que a crítica ateísta, se levada a sério, por exemplo, como contrária ao que diminui o potencial humano, contribui para a redescoberta do que é fundamental na experiência cristã de Deus, como por exemplo, a encarnação na sua dimensão salvífica, que é a negação de toda negação do ser humano e a afirmação positiva de tudo o que é verdadeiramente humano. Isto, no entanto, deve se desdobrar na teoria e na prática. Ou seja, se os cristãos conseguem demonstrar que Deus é a negação de toda negação do homem é possível vislumbrar um terreno comum com o ateísmo. Terreno esse já acampado, em certa medida, pela teologia política e pela Teologia da Libertação. QUEIRUGA, A., Creio em Deus Pai, p. 37. Evidentemente, seria ingênuo negar que esses pontos de intersecção não coincidem em tudo. Entretanto, através deles pode-se entrever, de maneira ainda frágil, levando em conta a turbulenta história das relações entre ateísmo e cristianismo, uma possibilidade de passar "do anátema ao diálogo". É possível ver, no caso da teologia católica, uma abertura maior para o diálogo com o ateísmo desde o Concílio Vaticano II. Esse esforço continuou a ser pensado posteriormente por teólogos como Rahner, Metz, Kasper entre outros. No campo protestante um dos nomes importantes que se abriu para a esse tema foi Moltmann. Sobre isso ver: RAHNER, K., Ateismo y "cristianismo implícito", p. 103-118.; METZ, J.-B., El problema teologico de la incredulidad, p. 83-102.; KASPER, W., El Dios de Jesucristo, p. 109-134.; MOLTMANN, J., O Deus crucificado, p. 272-322.

773. QUEIRUGA, A., Creio em Deus Pai, p. 45.

774. METZ, J.-B., El problema teologico de la incredulidad, p. 86.

sentido, insistimos que a ficção romanesca saramaguiana se apresenta como *topos* que questiona a teologia, obrigando-a a repensar seu conhecimento.

Questões teológicas no *ESJC*

Desde a sua publicação em 1991 o *ESJC* gerou inúmeros debates e polêmicas. O romance que reconta a vida de Jesus foi alvo de um veto em 1992, por parte do então subsecretário de Estado da Cultura de Portugal, António de Sousa Lara, que riscou o livro da lista de concorrentes ao Prêmio Literário Europeu. É fácil constatar o motivo de tanto movimento no entorno do livro. Com sua reescritura, Saramago transforma em personagem ficcional a figura adorada pelos cristãos como filho de Deus, Jesus Cristo.

Segundo o próprio José Saramago, o *ESJC* é um romance que nasceu de uma ilusão de ótica. Ao atravessar uma rua, em Sevilha, em 1987, o escritor leu, na confusão de manchetes de uma banca de jornal, as palavras em português do título do livro: "Evangelho segundo Jesus Cristo". Espantado, Saramago voltou para conferir. No aglomerado de jornais e revistas não havia nada daquilo que ele pareceu ter visto, não havia lá nem "evangelho", nem "Jesus" e nem "Cristo". Aquilo não passara de uma ilusão de ótica. Todavia, foi a partir daí que Saramago começou a pensar algumas ideias para uma ficção sobre Jesus. Em 1989, na pinacoteca de Bolonha, após uma "iluminação", Saramago viu-se diante de pontos que foram fundamentais posteriormente para a construção do enredo do romance, a saber: Jesus num encontro com Deus que lhe revelará o seu futuro e o da religião que será fundada na morte de um mártir.[775]

Assim, numa espécie de (des)evangelho que se concretiza por meio da carnavalização, o escritor reelabora a história mais conhecida do Ocidente. Apesar de se dar em diálogo com os evangelhos canônicos, sua visão é diametralmente oposta à construção teológica tradicionalmente aceita acerca de Jesus. Aliás, é curioso notar que, de acordo com o título, esse evangelho é escrito segundo Jesus Cristo, não aquele Deus-homem segundo a crença cristã, mas o homem. É um evangelho sem o carimbo divino, escrito em nome do ser humano. Nele, Saramago realiza uma "subversão paródica do modelo bíblico".[776] Não se trata de uma retomada simples de elementos antigos numa exposição nova, mas de uma livre-apropriação da enunciação anterior que é transformada pela anástrofe da expressão consagrada, pela ironia que corrói a citação

---

775. FERREIRA ALVES, C., No meu caso, o alvo é Deus, p. 82.

776. CERDEIRA, T. C., O Evangelho Segundo Jesus Cristo, p. 164.

literal ou pelo deslocamento, que coloca o discurso prévio noutra relação com o seu contexto.[777]

As epígrafes representam bem o projeto saramaguiano. Com a primeira frase a partir da referência de Lc 1,1-4, nosso autor afirma que "depois de ter investigado desde a origem" ele também resolveu escrever uma interpretação dos fatos relacionados com a vida e as palavras de Jesus. A segunda epígrafe é a frase atribuída a Pilatos, *Quod scripsi, scripsi* ("O que escrevi, escrevi"). Com ela, Saramago confirma e aprova a narrativa construída.

A partir daí, com exceção do primeiro capítulo que funciona como um prólogo no qual é narrada a gravura do artista alemão Albrecht Durer (1471-1528), "A Grande Paixão", os outros vinte e três seguem uma determinação cronológica, nos quais é apresentada a vida de Jesus desde o momento da sua concepção até o momento último de sua vida na cruz.

Personagens-marionetes: A inescapável vontade do Deus saramaguiano

Nesta reescritura da vida de Jesus, aos poucos, Saramago vai delineando a imagem de um Deus cruel, determinista, misógino, distante, sanguinário, que sempre se coloca como obstáculo à realização humana. Isto pode ser percebido pela relação que Jesus, o protagonista do romance, desenvolve com Deus; por isso, dedicaremos um tópico a ele; mas, neste momento, a fim de introduzir o Deus saramaguiano, destacaremos algumas visões de outros personagens do romance.

Tanto o pai quanto a mãe de Jesus possuem, no universo da ficção saramaguiana, uma compreensão de Deus como alguém que tem toda a história humana sob o seu controle. José é apresentado como um judeu dos mais piedosos e justos. Sua fé está fundamentada na ideia de um Deus que do alto orquestra o cosmo, a vida, e tudo prevê segundo a sua vontade. Isto fica claro quando, nas suas preces, José louva a Deus, referindo-se a ele como o "rei do universo", agradece pela inteligência do galo, que sabe distinguir o dia da noite e enaltece a Deus por, em sua sabedoria, ter feito o homem com vasos e orifícios. E mais, depois da relação sexual com Maria, exalta a Deus por tê-lo feito homem e não mulher.[778] Deus é para José o ser que garante o ordenamento do mundo e das relações. É um monarca, todo-poderoso, onisciente, onipresente cuja vontade se impõe ao ser humano e a este cabe aceitá-la. Isto é expresso por José em frases como: "o Deus que tudo

---

777. CERDEIRA, T. C., O Evangelho segundo Jesus Cristo, p. 164-166.
778. SARAMAGO, J., O Evangelho segundo Jesus Cristo, p. 22-27.

vê";[779] "Deus conhece todos os meus caminhos e conta todos os meus passos";[780] "o Senhor está em toda parte".[781] José representa aqueles que veem Deus como um vigia cósmico que monitora a vida obstando a privacidade e a liberdade. Esse Deus é um controlador que determina tudo, como é possível ver num trecho do diálogo entre Simeão e José a respeito de Jesus: "Não és o único a dispor da vida do teu filho, Sim, todo o poder está no Senhor Deus, ele é o que sabe (...) Deus quis o que fez e fez o que quis, é nas suas mãos que está o meu filho, eu nada posso".[782] Segundo esta compreensão, não há espaços para a autonomia humana, Deus é o responsável pelo destino de cada um, inclusive determinando a morte de cada pessoa. Deus tudo organiza e programa de modo minucioso. Diante disso, cabe ao ser humano a resignação. Não resta outro caminho senão o de deixar-se guiar pelo seu destino. Todos se tornam marionetes nas mãos de um Deus assim.

Da mesma forma, em Maria encontramos a confirmação desta imagem de Deus. Ela aceita o papel de escrava de Deus em quem se cumpre a sua determinação, agradece, apesar de todo o sofrimento, o papel que desempenha enquanto mulher, submissa ao seu marido, como se isto fosse designado por Deus mesmo. Mais tarde, numa conversa com Jesus ela confirma esta concepção do Deus determinista: "(...) nada pode se opor à vontade do Senhor, qualquer que seja, e que se o Senhor teve agora uma vontade e logo a seguir vai ter outra, contrária, nem tu nem eu somos parte na contradição".[783] Quando ouve de um anjo que José era culpado pelo infanticídio em Belém, pois podia ter evitado já que soube da notícia com antecedência, num "pensamento de presunção desmedida", conforme as palavras do narrador, Maria cogita a hipótese de o seu filho ter sido poupado por um gesto de Deus.[784] Para ela, as mortes dos meninos por ordem de Herodes são culpa de Deus, uma vez que: "se eles morreram foi porque o Senhor assim quis, que estava no seu poder evitá-lo se conviesse".[785] Deus aparece no discurso da personagem como um ser onipotente que pode fazer qualquer coisa, que se nada fez para salvar as crianças assassinadas em Belém é porque este era o seu desígnio.

Essa compreensão sobre o Deus determinista que obstaculiza a realização humana está presente em outros personagens. Para Ananias, vizinho de José, Ze-

---

779. SARAMAGO, J., O Evangelho segundo Jesus Cristo, p. 80.

780. SARAMAGO, J., O Evangelho segundo Jesus Cristo, p. 58.

781. SARAMAGO, J., O Evangelho segundo Jesus Cristo, p. 154.

782. SARAMAGO, J., O Evangelho segundo Jesus Cristo, p. 64.

783. SARAMAGO, J., O Evangelho segundo Jesus Cristo, p. 186.

784. SARAMAGO, J., O Evangelho segundo Jesus Cristo, p. 116.

785. SARAMAGO, J., O Evangelho segundo Jesus Cristo, p. 191.

lomi, o escriba do templo, Simão Pedro e até mesmo o anjo que aparece a Maria, Deus a tudo conhece e seu poder alcança tudo quanto acontece; até o sofrimento e a morte só acontecem porque ele assim o quer; fazendo, portanto, dos humanos escravos da vontade.[786]

Essas ideias representam a imagem que muitas pessoas têm de Deus. Parece que permanece em muitas Igrejas cristãs, ainda hoje, a imagem de um Deus autoritário e legislador da vida. Essa acepção ajudou a justificar diversas atrocidades, ameaças, repressões, castigos e vinganças. Não raras vezes esta ideia de um Senhor que a ninguém deve satisfação justificou a violência e uma indolência em relação às mazelas deste mundo. A (des)construção teológica ficcional saramaguiana mostra-nos como esse Deus é prejudicial à humanidade. É preciso considerar que esta recusa não é a recusa de um Deus que na nossa apreensão é sempre maior, mas a rejeição de um teísmo que reduz Deus a um tirano arbitrário. Andrés Torres Queiruga tem insistido na necessidade de revermos as imagens de Deus, de repensarmos as ideias de Deus que se cristalizaram ao longo do tempo nos diversos ramos do cristianismo. A reconsideração das imagens de Deus em diálogo com os desafios do mundo contemporâneo é uma necessidade contínua. Afinal, não causa estranhamento que um Deus assim, pensado sempre a partir de seu poder, à imagem de faraós, reis e imperadores seja, para muitos, o pior inimigo da vida, uma ameaça à realização, um carrasco e déspota, um diretor de um teatro de fantoches que instrumentaliza os seres humanos de acordo com os seus planos.[787]

O narrador teólogo

O narrador do *ESJC* desempenha um papel importante com seus comentários. Essas intromissões muitas vezes abruptas, no meio das falas dos personagens fazem parte de um recurso estilístico do escritor para ao mesmo tempo apresentar Deus e julgá-lo. Não abordaremos todos os comentários do narrador, mas aqueles fundamentais para entendermos a sua problematização em relação a Deus.

Logo no início do romance, no meio da cena do ato sexual entre José e Maria, o narrador refere-se a Deus como "puro espírito" que até está presente no momento da relação entre os dois, mas que não pode saber, porque não é humano, como Maria e José pertencem um ao outro.[788] Nesta intervenção fica clara a intenção (des)construtora do narrador que de uma posição superior torna-se capaz de emitir juízos sobre Deus. Fala de Deus como um ser espiritual, distante,

---

786. SARAMAGO, J., O Evangelho segundo Jesus Cristo, p. 47; 212; 219.
787. QUEIRUGA, A. T., Recuperar a criação, p. 36.
788. SARAMAGO, J., O Evangelho segundo Jesus cristo, p. 27.

incorpóreo que não conhece as realidades vividas pela sua criação. Neste sentido, a humanidade de José e Maria é exaltada em detrimento dos atributos divinos.

Noutro comentário, a crítica do narrador se revela como expressão da tese saramaguiana de que Deus é invenção humana:

> (...) se olharmos com atenção as nuvens do céu, podemos ver a imensa mão que se retira, os longos dedos sujos de barro, a palma na qual estão traçadas todas as linhas de vida e de morte dos homens e de todos os outros seres do universo, mas também, é tempo de que se saiba, a linha da vida e da morte do mesmo Deus.[789]

Assim como os humanos, Deus tem uma linha da vida e da morte. Se o ser humano desaparecer, desaparece também Deus. Para o narrador, a linha da morte de Deus é a soma de todas as linhas das mortes humanas. Deus é criação humana. Ao apontar para a crueldade de Deus, o narrador mira as contradições humanas e procura desvendar o vínculo que há entre as atrocidades dos homens e a sua justificação divina. Utiliza um tom de perplexidade ao falar dos sacrifícios oferecidos a Deus. Narrando sobre esses sacrifícios realizados no templo de Jerusalém, o autor afirma que "uma alma qualquer, que nem precisará ser santa, das vulgares, terá dificuldade em entender como poderá Deus sentir-se feliz em meio de tal carnificina, sendo, como diz que é, pai comum dos homens e das bestas".[790] Aqui o autor começa a problematizar a ideia de um Deus, que se satisfaz com a fumaça e o sangue dos sacrifícios. Descreve, portanto, a imagem de um Deus cruel e sedento por sangue. Isto ficará claro no episódio em que Deus pede para Jesus sacrificar a sua ovelha e o narrador intervém para dizer que o Deus suspira de satisfação quando a ovelha é sacrificada.[791] Esse Deus cruel é aquele que não dorme, mas não porque é atento às necessidades de suas criaturas, mas porque é corroído pelo remorso, pois Deus, no seu desígnio inescrutável, foi capaz de querer e permitir barbaridades, como a morte das crianças inocentes de Belém.[792] Seguindo com sua crítica a Deus, o narrador ironicamente pergunta: "Quando chegará, Senhor, o dia em que virás a nós para reconheceres os teus erros perante os homens".[793] Este Deus é quem deve arrepender-se e dar explicações por suas crueldades e por seu desinteresse para com os seres humanos.

---

789. SARAMAGO, J., O Evangelho segundo Jesus cristo, p. 72-73.

790. SARAMAGO, J., O Evangelho segundo Jesus cristo, p. 100.

791. SARAMAGO, J., O Evangelho segundo Jesus cristo, p. 264.

792. SARAMAGO, J., O Evangelho segundo Jesus cristo, p. 131.

793. SARAMAGO, J., O Evangelho segundo Jesus cristo, p. 144.

As metáforas do narrador se dão em função da (des)construção de Deus. Ao se colocar na posição de quem, de fora, dotado de uma quase onisciência, é capaz de emitir juízos sobre todas as situações e inclusive sobre o caráter de Deus, o narrador utiliza da ironia. Se primeiro Deus é um insone consumido pelo remorso, em outro momento é descrito como um indolente de pálpebras cerradas possuído por um sono letárgico.

> Fôssemos nós tão imprudentes, ou tão ousados, como as borboletas, falenas e outras mariposas, e ao fogo nos lançaríamos, nós todos, a espécie humana em peso, talvez uma combustão assim imensa, um tal clarão, atravessando as pálpebras cerradas de Deus, o despertasse do seu letárgico sono, demasiado tarde para conhecer-nos, é certo, porém a tempo de ver o princípio do nada, agora que tínhamos desaparecido.[794]

Para o narrador, Deus é indiferente a tudo o que existe e acontece. Somente lhe interessa a sua própria vontade. É por vezes um carrasco, mas também um espectador com a mão onipotente recolhida quando lhe interessa. É causador dos sofrimentos e ao mesmo tempo alheio a eles. É o poderoso tirano que sobrecarrega as vidas humanas com seus projetos superestranhos.

Estas intervenções do narrador são oportunas, mais uma vez como uma espécie de "profecia" que vem de fora para percebermos como há imagens de Deus que operam contra a realização dos potenciais humanos e como também são utilizadas politicamente em nível estrutural e pessoal para justificar relações de dominação e as piores crueldades. Portanto, a teologia ficcional ateia de Saramago vislumbrada na voz do narrador funciona como ferramenta iconoclasta que auxilia no rompimento com a ideia de um Deus "puro espírito", cruel e sedento pelo sangue dos sacrifícios, indiferente à humanidade, contrário àquilo que o Jesus bíblico nos deu a conhecer.

"Deus é medonho": Maria de Magdala e a resistência à misoginia consagrada

Maria de Magdala insere-se no histórico das personagens femininas saramaguianas que questionam o ordenamento que impõe mulheres a um lugar de inferioridade em relação aos homens. O escritor português critica o machismo da tradição judaico-cristã em diversos momentos do romance, mas é por meio do papel importante desta mulher que foi relegada durante séculos que problematiza

---

794. SARAMAGO, J., O Evangelho segundo Jesus cristo, p. 169.

de maneira mais aguda a misoginia. A Maria de Magdala saramaguiana inicia Jesus sexualmente, aconselha-o, interfere na realização dos milagres e é portadora de uma sabedoria nada ortodoxa que denuncia a aversão de Deus às mulheres.

O contato inicial de Maria com Jesus é intenso. Com toda a sua experiência Maria guia Jesus pelos caminhos do prazer ensinando-lhe a conhecer o próprio corpo. Enquanto conduz as mãos de Jesus por toda a sua extensão corporal numa carícia que deixa o rapaz sem fôlego, sussurra: "Aprende, aprende o meu corpo".[795] E logo em seguida troca uma palavra e fala: "Aprende, aprende o teu corpo".[796] Em contraste com o próprio Deus, "puro espírito", interessado somente em usar o corpo de Jesus derramando seu sangue para tornar real egoisticamente a sua vontade, Magdalena instrui Jesus iniciando-o nos mistérios da sexualidade. É a mistagoga do prazer. Ela se torna aqui a protagonista. Não é Jesus que a ensina, mas ela que o educa sobre o corpo.

Numa segunda ocasião em que acolhe Jesus em sua casa, após ele ter sido desprezado pela própria família, ao consolá-lo, Maria Magdalena diz:

> Não sei nada de Deus, a não ser que tão assustadoras devem ser as suas preferências como os seus desprezos, Onde fostes buscar tão estranha ideia, Terias de ser mulher para saberes o que significa viver com o desprezo de Deus, e agora vais ter de ser muito mais do que um homem para viveres e morreres com o seu eleito, Queres assustar-me (...) Deus é medonho.[797]

A última frase do diálogo descrito acima transparece a crítica de Saramago à legitimação do machismo pela religião. Em nome desse Deus medonho, promove-se o preconceito, a discriminação e a violência concreta e simbólica contra as mulheres. Esse Deus legitimador do machismo, que dá privilégios aos homens e relega as mulheres à subalternidade é alvo da crítica da personagem Maria de Magdala. Ela desmascara a misoginia consagrada, justificada em nome de Deus, e reivindica os direitos das mulheres: "(...) Deus, que fez o mundo, não deveria privar de nenhum dos frutos da sua obra as mulheres de que também foi autor (...)".[798]

Em outro momento, Maria de Magdala assume novamente o protagonismo que impede Jesus de realizar o milagre da ressurreição de Lázaro dizendo: "Ninguém na vida teve tantos pecados que mereça morrer duas vezes, então Jesus

---

795. SARAMAGO, J., O Evangelho segundo Jesus cristo, p. 282.

796. SARAMAGO, J., O Evangelho segundo Jesus cristo, p. 283.

797. SARAMAGO, J., O Evangelho segundo Jesus cristo, p. 308-309.

798. SARAMAGO, J., O Evangelho segundo Jesus cristo, p. 411.

deixou cair os braços e saiu para chorar".[799] Ela desobriga Jesus da realização do milagre. Interdita a ação miraculosa que estava para acontecer. Insurge-se com ternura e bloqueia, pelo menos num breve momento, a ação de Deus que estava interessado em usar Jesus para angariar mais fiéis.

Magdalena é conselheira, tutora de Jesus, mas principalmente mulher que denuncia a misoginia em nome de Deus. Saramago, por intermédio de Maria de Magdala critica a compreensão que em larga escala estava presente no judaísmo do tempo de Jesus, de que as mulheres eram consideradas social e religiosamente inferiores. Neste contexto elas eram distinguidas como responsáveis pela entrada do pecado no mundo e mais, elas ocupavam um lugar de inferioridade desde o nascimento, pois por questões anatômicas estavam excluídas do rito de iniciação, não participavam da circuncisão, prova da Aliança com Deus, além de estarem submetidas a um número menor de mandamentos do que os homens, o que dava a elas uma posição de inferioridade porque o povo deveria viver segundo a lei de Deus. Sem falar do fato de os ciclos menstruais serem considerados impuros, o que gerou segregação em muitas esferas da vida.[800]

A posição que Saramago faz Maria de Magdala ocupar na ficção converge para o necessário resgate que, sobretudo algumas teólogas têm procurado salientar diante de toda lógica machista que acabou engolindo a atitude revolucionária do Jesus bíblico. As mulheres desempenharam um papel extremamente importante no movimento de Jesus, que resgatou a dignidade delas pela sua práxis libertadora.[801]

A partir de outra hermenêutica que procura salientar o protagonismo das mulheres nas comunidades cristãs é possível perceber que, mesmo com todo o machismo que as circundava, elas eram ativas, engajadas, discípulas, missionárias, líderes e responsáveis pelas igrejas domiciliares. De acordo com Tepedino, em Lc 8,1-3, passagem que fala das mulheres que subsidiavam o ministério de Jesus, somos introduzidos à realidade de um movimento que mostra, apesar de o texto já carregar marcas que fazem não constar nenhum nome, não haver só doze homens, mas também mulheres.[802] Elizabeth Schüssler Fiorenza vai além e afirma que as mulheres não eram figuras marginais no movimento cristão, mas exerciam liderança como apóstolas em situação de igualdade com os doze. Segundo a compreensão de Lucas, o desempenho das mulheres é retratado em funções

---

799. SARAMAGO, J., O Evangelho segundo Jesus cristo, p. 428.
800. BINGEMER, M. C. L., La mujer, p. 92.
801. BINGEMER, M. C. L., La mujer, p. 92.
802. TEPEDINO, A. M., Jesus e seu movimento inclusivo (Gl 3,28), p. 2

como missionárias e pregadoras do Evangelho dentro de um espectro machista que vigorava na cultura judaica.[803] O motivo da invisibilidade feminina entre os apóstolos estaria na prática de não nomear mulheres, pois na sociedade da época, a cidadania era relativa aos personagens masculinos como o marido ou o filho. No entanto, estas mulheres foram tão importantes que, mesmo sem ter os seus nomes mencionados como consequência do machismo entranhado na cultura, não se pode deixar de levá-las em consideração.[804]

Algumas desempenharam papéis tão admiráveis que romperam o bloqueio cultural que invisibilizava os seus nomes, como a própria Maria de Magdala, a mulher mais citada do Novo Testamento.[805] Nos evangelhos poderíamos falar também de Maria, mãe de Jesus, e as irmãs Marta e Maria. Se ampliarmos o nosso olhar para os Atos dos Apóstolos e as cartas de Paulo, é possível perceber, pelo reconhecimento dos dons como frutos de Espírito, como as mulheres ocupavam um lugar de destaque no cristianismo primitivo. Paulo em Fl 4,2-3 diz que Evódia e Sínteque "combateram" lado a lado com ele e em Rm 16,1-16 dá o título de apóstolo a Junia e de diácono a Febe, além de mencionar Prisca Trifona, Trifosa, Pérside entre outras.[806]

Não encontramos essas leituras nas interpretações tradicionais que, reiteramos, não fazem jus ao real *status* da mulher no movimento de Jesus e nas comunidades primitivas porque, é preciso reconhecer, a Igreja acabou por não dar continuidade à revolução que Jesus havia feito em relação às mulheres. Neste sentido, a teologia ficcional que jorra da pena saramaguiana, por intermédio de sua Maria Magdalena, ajuda-nos a pensar sobre uma questão importante: a grande revolução trazida por Jesus Cristo, de um Deus repleto de misericórdia, compaixão e amor que aceitava a todos, independentemente de gênero, religião e etnia foi perdida de vista. A mulher, não só voltou a ocupar uma posição de inferioridade em relação ao homem, no cristianismo, como também foi considerada como pecadora e traiçoeira. Assim, foram, pouco a pouco, sendo retiradas do trabalho apostólico e marginalizadas. Foram colocadas num lugar de subalternidade. Como afirma o próprio narrador referindo-se a algumas mulheres que estavam junto com o grupo dos discípulos e cujos nomes não se sabe: "todas estas

---

803. FIORENZA, E. S., As origens cristãs a partir da mulher, uma nova hermenêutica, p. 192.

804. TAMEZ, E., As mulheres no movimento de Jesus, o Cristo, p. 43.

805. É mencionada 12 vezes. (Mt 27,56; Mc 15,40; Lc 23,49; Jo 19,25; Mt 27,61; Mc 15.47; Lc 23-55; Mt 28,1-10; Mc 16,1-5.10.11; Lc 24,1-10; Jo 20,1-18).

806. O' CONNOR, M. J., Paulo, p. 285. FIORENZA, E. S., As origens cristãs a partir da mulher, p. 193.

são Marias, e mesmo as que não o forem darão por esse nome, dizemos mulher, dizemos Maria, e elas olham e vêm servir-nos".[807]

A Magdalena de José Saramago, ao contrário, denuncia os mecanismos que justificam em nome de Deus a dominação masculina em relação às mulheres e reivindica, ao mesmo tempo, outro lugar para todas. Portanto, podemos afirmar que a Maria de Magdala saramaguiana encarna a resistência feminina contra a misoginia consagrada em nome de Deus.

Um Jesus humano, demasiado humano *versus* Deus

O Jesus saramaguiano é humano, demasiado humano, apesar de possuir filiação divina. Logo no início do romance, no segundo capítulo, para afirmar a humanidade do seu Jesus, Saramago desconstrói a ideia da concepção virginal de Maria, como a reflexão tradicional supõe para proteger a origem divina de Jesus. No evangelho de José Saramago, Jesus é concebido como todos os seres humanos, fruto da relação sexual entre um homem e uma mulher.

> Sem pronunciar palavra, José aproximou-se e afastou devagar o lençol que a cobria. Ela desviou os olhos, soergueu um pouco a parte inferior da túnica, mas só acabou de puxá-la para cima, à altura do ventre, quando ele já vinha debruçando e procedia do mesmo modo com sua própria túnica (...) Deus, que está em toda parte, estava ali, mas, sendo aquilo que é, um puro espírito, não podia ver como a pele de um tocava a pele do outro, como a carne dele penetrou a carne dela, criadas uma e outra para isso mesmo, e, provavelmente, já nem lá se encontraria quando a semente sagrada de José se derramou no sagrado interior de Maria (...).[808]

O nascimento de Jesus é despido de toda roupagem extraordinária, é um acontecimento comum. Nas palavras do escritor: "o filho de José e de Maria nasceu como todos os filhos dos homens, sujo do sangue de sua mãe, viscoso das suas mucosidades e sofrendo em silêncio".[809] Ele está submetido a toda experiência que as outras criancinhas vivem. É amamentado, engatinha, chora e baba. Não havia nele nada que o diferenciasse das demais crianças, apenas ser o filho de Maria de Nazaré. Conforme retrata o narrador:

---

807. SARAMAGO, J., O Evangelho segundo Jesus Cristo, p. 400.
808. SARAMAGO, J., O Evangelho segundo Jesus Cristo, p. 26-27.
809. SARAMAGO, J., O Evangelho segundo Jesus Cristo, p. 83.

> Maria olha o seu primogênito, que por ali anda engatinhando como fazem todos os crios humanos, na sua idade, olha-o e procura nele uma marca distintiva, um sinal, uma estrela na testa, um sexto dedo na mão, e não vê mais dos que uma criança igual às outras, baba-se, suja-se e chora como elas, a única diferença é ser seu filho (...).[810]

O Jesus de Saramago tem uma infância natural, é um menino semelhante a todos os outros: brinca com os irmãos, é instruído na religião judaica, trabalha e aprende o ofício do pai. Apenas é descrito como um menino que tem boa memória e sabe argumentar com lógica.[811] Posteriormente, sofre no corpo tudo aquilo que a adolescência provoca: "ele é a barba que começa a sombrear uma pele já de si morena, ele é a voz que se torna funda e grossa como uma pedra rolando pela aba da montanha, ele é a tendência para o devaneio e o sonhar acordado (...)".[812]

Aprender o corpo: eros e realização humana em Jesus

Com a finalidade de realçar a verdadeira humanidade de Jesus, Saramago destaca a sua sexualidade. Para desespero e escândalo de alguns cristãos mais piedosos, o Jesus saramaguiano fica excitado e pensa em se masturbar ao imaginar uma mulher tomando banho num rio.

> O corpo de Jesus deu um sinal. Inchou no que tinha entre as pernas, como acontece a todos os homens e animais, o sangue correu veloz a um mesmo sítio, a ponto de lhe secarem subitamente as feridas, Senhor, que forte é esse corpo, mas Jesus não foi dali à procura da mulher, e as suas mãos repeliram as mãos da tentação violenta da carne (...) Pelo caminho não vem ninguém, Jesus olha ao redor, suspira, busca um recanto escondido e para lá se encaminha, mas de súbito para, lembrou-se a tempo de que o Senhor tirou a vida a Onan por derramar o seu sêmen no chão.[813]

Esse traço da sexualidade se intensifica na relação de Jesus com Maria de Magdala. O encontro entre os dois é fundamental para compreendermos o Jesus saramaguiano. Quando esta cuida de um ferimento no pé de Jesus e o abraça para

---

810. SARAMAGO, J., O Evangelho segundo Jesus Cristo, p. 127.
811. SARAMAGO, J., O Evangelho segundo Jesus Cristo, p. 132-144.
812. SARAMAGO, J., O Evangelho segundo Jesus Cristo, p. 228.
813. SARAMAGO, J., O Evangelho segundo Jesus Cristo, p. 271.

ajudá-lo a caminhar, Jesus fica excitado.[814] Todavia, Saramago não para por aí. Jesus é iniciado sexualmente por Maria de Magdala.

> Maria se deitou ao lado dele, e, tomando-lhe as mãos, puxando-as para si, as fez passar, lentamente, por todo o seu corpo, os cabelos e o rosto, o pescoço, os ombros, os seios, que docemente comprimiu, o ventre, o umbigo, o púbis, onde se demorou, a enredar e a desenredar os dedos, o redondo das coxas macias, e, enquanto isto fazia, ia dizendo em voz baixa, quase num sussurro, Aprende, aprende o meu corpo. (...) Agora Maria de Magdala ensinara-lhe, Aprende o meu corpo, e repetia, mas doutra maneira, mudando-lhe uma palavra, Aprende o teu corpo, e ele aí o tinha, o seu corpo, tenso, duro, erecto, e sobre ele estava, nua e magnífica, Maria de Magdala, que dizia, Calma, não te preocupes, não te movas, deixa que eu trate de ti (...). [815]

A narração desse acontecimento, de uma beleza ímpar, parece querer mostrar que Jesus é realmente um homem que assume aquilo que é próprio da sua condição humana. Saramago não vulgariza esse relacionamento entre Jesus e Maria de Magdala. A relação entre os dois não é somente genital, mas envolve-os na totalidade e com uma complexidade permeada de afetos, de carícias e de aprendizado. É interessante notar que depois da experiência que Maria de Magdala vive com Jesus, ela redireciona a sua existência. Parece que para Saramago, a redenção não vem de fora, mas se dá quando assumimos a nossa humanidade na sua integralidade. Aqui vale ressaltar um texto que Saramago escreve dezoito anos depois da publicação do *ESJC* e que chama de *Um capítulo para o evangelho* em que Maria Magdalena fala da sua experiência com Jesus. Saramago dá voz a Magdalena para contar como após a morte de Jesus as pessoas a converteram em penitente arrependida. Ela, contrariada, e falando sobre si mesma diz:

> Quem aquelas falsidades vier a dizer de mim nada sabe de amor. Deixei de ser prostituta no dia em que Jesus entrou na minha casa trazendo-me a ferida do seu pé para que eu a curasse, mas dessas obras humanas a que chamam pecados de luxúria não teria eu que me arrepender se foi como prostituta que o meu amado me conheceu e tendo provado o meu corpo e sabido de que vivia, não me virou às costas.[816]

Seguindo seu desabafo, Magdalena afirma que na união dos seus corpos nem Jesus era tão o que dele se dizia e nem ela era o que dela se escarneciam. Com

---

814. SARAMAGO, J., O Evangelho segundo Jesus Cristo, p. 277-278.
815. SARAMAGO, J., O Evangelho segundo Jesus Cristo, p. 282-283.
816. SARAMAGO, J., Um capítulo para o Evangelho, p. 179.

ela Jesus não foi o Filho de Deus e com ele Maria de Magdala não era prostituta, mas ambos, um homem e uma mulher estremecidos de amor.[817] Unidos pelo *eros*, eles estão livres dos rótulos, livres para descobrirem-se como humanos. Isto se desvela de maneira belíssima quando Magdalena diz que por meio daquela intensa união amorosa descobriu-se e começou a mostrar quem de fato era, e termina assim o seu relato: "(...) ainda me faltava muito para chegar ao fundo de mim mesma quando o mataram. Sou Maria de Magdala e amei. Não há mais nada para dizer".[818] No livre encontro amoroso Maria liberta-se das exigências estereotipadas. No amor percebe sua verdadeira vocação.

Voltando ao *ESJC*, salientamos que na narrativa saramaguiana, o amor é concretizado no encontro dos corpos. Jesus aprende aquilo que o personagem Deus não poderia ensiná-lo e Maria de Magdala que, tantas vezes havia se deitado com os homens, encontra-se "perdida de amor", com isso aprende outro sentido para sua vida. O *eros* vivido na concretude do corpo sexuado é figura e caminho para a humanização. Ao fim do encontro, quando Jesus se despede de Maria de Magdala, o narrador ironicamente diz: "O céu estava nublado por igual, como um forro de lã suja, ao Senhor não devia ser fácil perceber, do alto, o que andavam a fazer as suas ovelhas".[819]

Nesta indicação Saramago toca mais uma vez na forma como as Igrejas cristãs pregaram uma espiritualidade de repressão ao corpo e ao prazer. Apesar de todos os esforços que têm sido feitos no campo da reflexão teológica e da moral cristã ainda é possível perceber um dualismo não saudável no discurso e na prática que celebram o amor, deixando de fora o erótico, como se este fosse prejudicial a vivência da fé. Esta "hostilidade" ao sexo, mais especificamente, como sublinha Hans Küng,[820] tem sua raiz na teologia do pecado e da graça de Agostinho, elaborada no contexto de embate contra os pelagianos. Ao tentar explicar os pecados de todos valendo-se do relato de Gn 3 somado a Rm 5,12, sob a influência do acento negativo que o corpo recebe na reflexão neoplatônica, o bispo de Hipona teria historicizado, psicologizado e sexualizado aquilo que chama de "pecado original", já que todos herdariam, por uma espécie de transmissão por meio do ato sexual, uma culpabilidade que se tornaria, assim, hereditária. Por isso, houve ao longo do tempo uma desvalorização da libido

---

817. SARAMAGO, J., Um capítulo para o Evangelho, p. 181.

818. SARAMAGO, J., Um capítulo para o Evangelho, p. 182.

819. SARAMAGO, J., Um capítulo para o Evangelho, p. 290.

820. KÜNG, H., A Igreja tem salvação?, p. 110.

sexual. O prazer sexual seria assim pecaminoso em si e desta forma deveria ser reprimido e somente permitido em função da procriação.[821]

A partir da própria tradição bíblica, é possível falar de uma "espiritualidade do corpo". Em outras palavras, é possível encontrar na Bíblia chaves para que o corpo e a sexualidade recebam cidadania no campo da vivência da fé. Diferentemente da antropologia devedora do dualismo platônico ocidental, onde a alma recebe destaque, é possível falar de uma antropologia cristã de raízes judaicas em que o corpo é integrado. Para ficarmos apenas com um exemplo da Bíblia Hebraica, em Gn 1,27, os termos *zâkâr* e *neqêbâ*, traduzidos comum e respectivamente como macho e fêmea, deflagram a sexualidade como dado antropológico. *Zâkâr*, como sublinha Tolentino Mendonça, é o *membrum virile* e *neqêbâ* é "aquela que se rasga, que se penetra". Isto indica que a "sexualização" do ser humano não está vinculada ao pecado e é, na verdade, um elemento constitutivo de sua vida.[822] Este exemplo não é um testemunho isolado onde o desejo transparece. Como se sabe, há outras expressões semelhantes como a erótica presente no Cântico dos Cânticos, onde tudo está perpassado por uma conotação sexual, porque tudo tem, também, conotação humana. Enquanto poesia erótica, o Cântico nos dá, principalmente, a possibilidade de nos reconciliarmos com a sexualidade.[823] Aliás, é curiosa a maneira como Saramago constrói as falas de Jesus e Maria de Magdala usando da intertextualidade com esta poesia bíblica. Em diversos momentos o escritor apela à linguagem do Cântico.[824]

Embora exemplos como os citados acima sejam importantes na construção da imagem de um Deus que não é contrário à sexualidade, dentro da compreensão cristã, especialmente a encarnação do Verbo a partir das escrituras (Jo 1,1-14), é uma chave fundamental para que o corpo seja visto dentro de outra perspectiva, pois como salienta Gesché, Deus se fez capaz do corpo para que o corpo se tornasse capaz de Deus.[825] Se lemos os evangelhos e os textos paulinos assim, é possível resgatar o corpo como templo, o corpo destinado à glória o que não redundaria, de modo algum, numa desvalorização da sexualidade. Pelo contrário, face ao contexto, seríamos conduzidos a uma valorização extraordinária e a veríamos como possibilidade de humanização. Ademais, esta perspectiva de valorização do erótico, ao contrário do que pensam alguns, esteve presente no discurso e na prática

---

821. KÜNG, H., A Igreja tem salvação?, p. 111-112.
822. MENDONÇA, J. T., A sexualidade na Bíblia, p. 238-248.
823. RAVASI, G., Il linguaggio dell'amore, p. 36.
824. SARAMAGO, J., O Evangelho segundo Jesus Cristo, p. 281-282.
825. GESCHÉ. A., L'invention chrétienne du corps, p. 35.

cristã ao longo da história, mesmo a despeito da postura negativa quanto à sexualidade derivada da interpretação agostiniana.

Para ilustrar a tradição positiva da sexualidade, podemos mencionar aqui uma manifestação que perdurou na Igreja por muitos anos, conhecida como *risus paschalis*. Maria Caterina Jacobelli ressaltou que em contraste com a tristeza da Quaresma, o sacerdote na missa da manhã de Páscoa provocava o riso no povo, sobretudo recorrendo ao imaginário sexual, contava piadas picantes, usando expressões eróticas e encenando gestos obscenos e até mesmo dramatizando relações sexuais. Esse costume, segundo a pesquisadora, é encontrado em Reims, na França, no século IX, e se ampliou pela Itália e Espanha até 1911, na Alemanha. O celebrante assumia a cultura dos fiéis em sua forma popularesca para expressar a possibilidade da vida nova introduzida pela Ressurreição, mas não sem a sexualidade como dimensão fundamental para a realização humana.[826]

Notamos, portanto, que o romance saramaguiano, ao retratar a relação de Jesus e Maria de Magdala, pode ajudar o cristianismo a não eliminar o erótico de seu horizonte, mas na novidade que o Evangelho representa, integrá-lo e levá-lo mais longe, encontrando uma síntese feita não só de exaltação física e atração sexual, mas de cuidado e afeto, mesmo que de maneira provocativa. Uma das contribuições que a ficção saramaguiana pode trazer ao imaginar um Jesus "erotizado" é esta: o *eros* não pode estar ausente da experiência cristã. Através de todo o fervor dos corpos sexuados de Jesus e Maria é possível ver a necessidade de assumir, com naturalidade, os desejos e movimentos da própria corporeidade e de rechaçar a imagem de um Deus repressor da sexualidade que amputa a realização do humano numa de suas dimensões fundamentais.

O prenúncio do fim trágico de Jesus: liberdade humana e soberania divina

Retomando o perfil que Saramago cria para o seu Jesus de Nazaré, destacamos que o escritor o apresenta como uma pessoa que experimenta tensões e conflitos. Jesus é um personagem profundamente marcado por um sentimento de abandono e solidão. É revelador o comentário que o narrador faz de Jesus depois que este tem um diálogo tenso com sua mãe: "(...) Pai, meu pai, porque me abandonastes, que isto era o que o pobre rapaz sentia abandono, desespero, a solidão infinda de um outro deserto, nem pai, nem mãe, nem irmãos, um caminho morto de principiado".[827] Este sentimento aparece como uma constante

---

826. JACOBELLI, M. C., Il risus paschalis e il fondamento teologico del piacere sessuale.
827. SARAMAGO, J., O Evangelho segundo Jesus Cristo, p. 189.

na vida de Jesus[828] e é consequência da culpa que ele carrega por seu pai, José, não ter avisado outras famílias e evitado o infanticídio de Belém, mas também é fruto do destino trágico que se prenuncia por ordem de Deus. Saramago acentua a humanidade de Jesus para enfatizar que Deus provoca um efeito devastador com os seus planos e determinações, roubando de Jesus sua identidade, transformando-o num joguete, impedindo-o de encontrar a sua vocação e de realizar-se autenticamente como humano.

O discurso de Cristo é um discurso angustiado, cheio de perguntas, que procura a verdade da sua vida; no entanto, ela, é extremamente trágica. Assim, ele vai montando o *puzzle* que será o seu destino atroz do qual não pode se livrar. Afinal, Deus tudo controla, ordena e observa segundo a sua vontade arbitrária. É o "rei do universo".[829] O próprio Jesus num diálogo com a parteira Zelomi, afirma que "o ser humano é um simples joguete nas mãos de Deus, eternamente sujeito a só fazer o que Deus aprouver, quer quando julga obedecer-lhe em tudo, quer quando em tudo supõe contrariá-lo".[830] Ou seja, não é possível escapar desse Deus que "é olho, orelha e língua, vê tudo, ouve tudo e só por não querer é que não diz tudo".[831] Parece não haver outra possibilidade para o Jesus saramaguiano a não ser seguir o que Deus determinou. Ele está numa encruzilhada em que só rompimento com Deus o levará a escapar do seu destino. Mas fica encurralado diante de um destino imposto por Deus. Embora ele só se realize como humano quando Deus não vê o que está a fazer, como no caso em que as nuvens nublam o céu enquanto estava com Maria de Magdala, está sob o pesado jugo divino.

Outro ponto fundamental, para entendermos o conflito entre a soberania divina e a autonomia humana encarnada pelo Jesus saramaguiano, é o momento em que, na busca para compreender-se, após sair de casa, passa quatro anos em companhia do Pastor-Diabo que o ensina e o testa a fim de iniciá-lo em outra perspectiva que seria a da libertação das exigências tirânicas de Deus. Neste contexto, o Pastor-Diabo incentiva Jesus a escolher uma ovelha de estimação para ver se ele seria capaz de contrariar o ritual sangrento dos sacrifícios oferecidos a Deus. Num primeiro momento, Jesus responde positivamente. Por ocasião da Páscoa, na hora do sacrifício do cordeiro pascal, Jesus preserva o cordeiro: "como se uma luz houvesse nascido dentro dele, decidiu, contra o respeito e a obediência, contra

---

828. SARAMAGO, J., O Evangelho segundo Jesus Cristo, p. 189, 234, 269, 298, 303 e 338.
829. SARAMAGO, J., O Evangelho segundo Jesus Cristo, p. 173; 203.
830. SARAMAGO, J., O Evangelho segundo Jesus Cristo, p. 220.
831. SARAMAGO, J., O Evangelho segundo Jesus Cristo, p. 226.

a lei da sinagoga e a palavra de Deus, que este cordeiro não morrerá, que o que lhe tinha sido dado para morrer continuará vivo (...)".[832]

Posteriormente, o Pastor-Diabo informa a Jesus que o seu cordeiro se extraviou. Cristo sai a sua procura, mas é surpreendido no deserto por Deus que o obriga a fazer um pacto com ele e sequer revela as suas intenções. Simplesmente fala: "não é ainda tempo de o saberes, ainda tens muito que viver (...) sabê-lo-ás quando chegar a hora de te chamar outra vez (...) não me perguntes mais, a hora chegará, nem antes nem depois, e então saberás o que quero de ti".[833] Deus, então, pede que Jesus sacrifique a sua ovelha de estimação como penhor da aliança. Jesus a sacrifica cumprindo a ordem divina e selando com o sangue do animal inocente a aliança com Deus que suspira de satisfação. Após o episódio Jesus encontra com o Pastor-Diabo, que depois de indagá-lo sobre a ovelha e saber do que ele havia feito diz: "Não aprendeste nada, vai".[834]

Toda esta cena funciona como uma espécie de tipologia preparatória para a morte do próprio Jesus, que assim como a sua ovelha de estimação será sacrificado para satisfazer a vontade sanguinária de Deus. O Jesus de Saramago não consegue se libertar da armadilha de Deus. No fundo, o Pastor-Diabo introduz a ovelha na vida de Jesus como elemento pedagógico para que ele, ao recusar derramar o sangue daquele cordeiro, fosse capaz de escapar da lógica determinista e cruel que mais tarde exigiria a sua morte. Contudo, mesmo depois de todo o aprendizado nos quatro anos de convivência com o Pastor-Diabo que, ao contrário de Deus, não se impõe, mas sugere, Cristo cede à vontade sanguinária de seu divino pai, prenunciando aquilo que aconteceria com ele mesmo.

Neste trabalho estamos diante de abordagens diferentes, a literária e a de cunho teológico, que se distanciam em diversos pontos. Afinal, o objetivo de Saramago ao escrever sua obra não é ratificar a confissão de fé das Igrejas cristãs. Contudo, a teologia cristã sem abrir mão da afirmação de que Jesus é o Cristo de Deus, ressuscitado dentre os mortos pelo Pai, pode aprender com o escritor e o olhar que propõe sobre Jesus os conflitos que revelam a imagem de um Deus impositivo. Tal olhar ajuda a valorizar a humanidade de Jesus e fornece subsídios para uma prática libertadora.

O Jesus saramaguiano, que lança luz sobre a vocação humana quando consegue libertar-se do jugo divino, expõe o conflito que, na lógica do escritor, existe entre a liberdade dos seres humanos e a soberania de Deus. O personagem Deus

---

832. SARAMAGO, J., O Evangelho segundo Jesus Cristo, p. 250.
833. SARAMAGO, J., O Evangelho segundo Jesus Cristo, 263.
834. SARAMAGO, J., O Evangelho segundo Jesus Cristo, p. 265.

não é fonte e fundamento da liberdade dos homens e das mulheres, mas é cerceador e segue uma lógica arbitrária levada a cabo por sua onipotência. Neste sentido, Saramago provoca a teologia, para que pense para além de um teísmo que afirma Deus como um ser todo-poderoso, perfeito e infinito, mas à custa do homem. Pensando nesta provocação, a reflexão teológica pode colocar-se a pensar fora da dicotomia entre história divina e humana fornecendo subsídios para que cada ser humano dirija sua vida não apenas para a aceitação, mas para a construção do mundo que não está acabado. A teologia deve pensar outra imagem de Deus que devolva ao homem e à mulher aquilo que lhe é constitutivo como humano, ou seja, a sua liberdade e inventividade.

Na linha da valorização da autonomia das realidades criadas, ressaltamos mais uma vez a imagem da cabala judaica do *Zim-zum*, a contração divina para enfatizar que a criação pode ser entendida também como um ato de recolhimento divino que visa o soerguimento da pessoa humana e do universo.

Assim como a onda que se retrai fazendo aparecer a areia, Deus cria e possibilita um mundo no qual aparecerá um ser livre por meio de uma autocontração que abre espaço para o criado. Contudo, é necessário ir mais longe nessa afirmação. É preciso dizer que a liberdade é dom e tarefa ao mesmo tempo. Uma vez que Deus deu ao humano a capacidade de liberdade, ele só poderá tornar-se livre por seu próprio trabalho sobre si mesmo. Isto quer dizer que o homem é "criado criador", inclusive de sua humanidade.[835]

A teologia ficcional desvelada pela pena de Saramago, levando ao esgarçamento a ideia de um Deus que exerce a sua vontade à custa da liberdade humana, expressa, sobretudo no conflito vivido por Jesus no *ESJC*, as contradições de um teísmo que diminui o humano para elevar Deus. Numa perspectiva dialogal, se a teologia levar a sério esta (des)construção, poderá repensar os fundamentos teológicos da liberdade humana.

Jesus entre um Diabo-Deus e um Deus-Diabo

Depois de um longo percurso sem saber qual é sua missão, Jesus realiza alguns prodígios: acalma uma tempestade, transforma água em vinho, cura a sogra de Simão, dissipa a formação de uma tempestade, expulsa os demônios de um gadareno, multiplica alguns pães e peixes para matar a fome de quinze mil pessoas e faz secar uma figueira, até que numa manhã de denso nevoeiro, Jesus entra numa barca e no meio do mar encontra-se com Deus pela segunda vez e também

---

835. MOLTMANN, J., Trindade e Reino de Deus, p. 119-121. GESCHÉ, A., O Ser Humano, p. 50-53.; MOINGT, J., Deus que vem ao homem, p. 166.

com o Diabo. O encontro dura quarenta dias. Na barca ocorre um intenso e enorme diálogo com interpolações do Diabo, Deus revela a filiação divina de Jesus e aquilo que estava por vir, a sua crucificação como "filho de Deus", para aumentar o domínio de Deus em todo mundo.

Quem primeiro aparece a Jesus é Deus, para finalmente revelar a sua paternidade dupla: "Bem vês, eu tinha misturado a minha semente na semente de teu pai antes de seres concebido, era a maneira mais fácil, a que menos dava nas vistas (...)".[836] Essa filiação divina não é uma divinização, mas uma hibridização que se dá em função da missão que Jesus terá de cumprir. De maneira irônica e na voz de Deus, Saramago compara Jesus com os heróis trágicos. Quando Cristo pergunta por que foi que ele quis ter um filho, Deus responde que, como não tinha nenhum no céu, teve de arranjar na Terra, assim como os deuses de outras religiões que, de passagem pelo mundo, produziram heróis.[837]

Cristo continua perguntando. Agora quer saber por que Deus desejou este filho, ao que Deus responde que necessita dele para alcançar seus planos na Terra. É a esta altura das revelações sobre o destino de Jesus que o Diabo chega à barca:

> As mãos agarraram-se à borda da barca enquanto a cabeça estava ainda mergulhada na água, e eram umas mãos largas e possantes, com unhas fortes, as mãos de um corpo que, como o de Deus, devia ser alto, grande e velho. A barca oscilou com o impulso, a cabeça ascendeu da água, o tronco veio atrás escorrendo qual catarata, as pernas depois, era o leviatã surgindo das últimas profundidades, era, como se viu, passando todos estes anos, o Pastor (...).[838]

Ele é presença constante em toda a história. Antes do nascimento de Jesus, aparece a Maria como um anjo-mendigo que anuncia a sua gravidez e deixa com ela uma tigela com uma terra luminosa;[839] é notado como mendigo por José ao lado de Maria grávida, quando iam para Belém para o recenseamento;[840] como o Pastor visita, com outros dois pastores, a gruta de Belém na qual está o Jesus

---

836. SARAMAGO, J., O Evangelho segundo Jesus Cristo, p. 366.

837. SARAMAGO, J., O Evangelho segundo Jesus Cristo, p. 366.

838. SARAMAGO, J., O Evangelho segundo Jesus Cristo, p, 367.

839. SARAMAGO, J., O Evangelho segundo Jesus Cristo, p, 31-34. Essa tigela que aparecerá várias vezes ao longo da narração simboliza a morte de Jesus. É o lendário Graal, onde se recolherá o sangue derramado de Jesus na cruz. SARAMAGO, J., O Evangelho segundo Jesus Cristo, p. 445. A referência à tigela já antes do nascimento de Jesus revela que ele terá um fim certo, a morte na cruz.

840. SARAMAGO, J., O Evangelho segundo Jesus Cristo, p. 65.

recém-nascido e oferece como presente um pão, o "pão que o Diabo amassou";[841] visita Maria como anjo para falar do destino de Jesus;[842] ensina Jesus no deserto e muito antes dos momentos decisivos que acontecem na barca é exaltado. Contudo, neste momento é comparado a Deus e ocupa uma posição estratégica entre Deus e Jesus. Isto se comprova quando o narrador diz que Jesus olhou para um e para o outro, "e viu que, tirando as barbas de Deus, eram como gêmeos, é certo que o Diabo parecia mais novo, menos enrugado, mas seria uma ilusão dos olhos ou um engano por ele induzido (...)".[843]

Desta forma são evidenciadas as relações íntimas e ambíguas entre Deus e o Diabo. Jesus, ao tomar conhecimento de que Deus sabia que ele havia passado quatro anos em companhia do Diabo no deserto, diz: "Quer dizer, fui enganado por ambos, como sempre sucede aos homens (...)".[844] Deus responde dizendo que todos são enganados pelos dois e que tanto Cristo como os seres humanos não passam de peças no tabuleiro da disputa entre ele e o Diabo: "Meu filho, não esqueças o que vou dizer, tudo quanto interessa a Deus, interessa ao Diabo".[845]

As evidências dessa estreita relação continuam a aparecer. Deus explica a Jesus que uma vez que era Senhor de um povo pequeno e insignificante e queria ampliar seus domínios na terra, precisaria dele para que o número de seguidores aumentasse. Assim Jesus compreende as estreitas relações existentes entre Deus e o Diabo: "Percebo agora por que está aqui o Diabo, se a tua autoridade vier a alargar-se a mais gente e mais países, também o poder dele sobre os homens se alargará, pois os teus limites são os limites dele".[846] Deus e o Diabo são faces de uma mesma moeda.

Ao perceber-se como joguete, Jesus insiste em buscar esclarecimentos sobre o que acontecerá no futuro ao que recebe a resposta de que será um mártir e que sofrerá com uma morte dolorosa na cruz. Desesperado perante seu futuro trágico, suplica: "Rompo o contrato, desligo-me de ti, quero viver como um homem qualquer, Palavras inúteis, meu filho (...) ainda não percebestes que estás em meu poder (...)".[847] Sugere ainda que Deus mesmo conquiste as gentes e os países, mas Deus objeta, ironicamente, que não pode sair pregando em praça pública,

---

841. SARAMAGO, J., O Evangelho segundo Jesus Cristo, p. 84.
842. SARAMAGO, J., O Evangelho segundo Jesus Cristo, p. 114-116.
843. SARAMAGO, J., O Evangelho segundo Jesus Cristo, p. 388.
844. SARAMAGO, J., O Evangelho segundo Jesus Cristo, p. 368.
845. SARAMAGO, J., O Evangelho segundo Jesus Cristo, p. 369.
846. SARAMAGO, J., O Evangelho segundo Jesus Cristo, p. 371.
847. SARAMAGO, J., O Evangelho segundo Jesus Cristo, p. 371.

que ele é o Deus verdadeiro e não os outros deuses pagãos. Para isto usa os seres humanos que são "pau para toda a colher".

Cristo, angustiado, começa a remar e levá-los até a borda para que "todos possam, finalmente, ver Deus e o Diabo em figura própria, o bem que se entendem, o parecidos que são (...)",[848] mas não consegue sair "do brilhante círculo mágico", "da armadilha fulgurante" de que imaginara ter escapado.[849]

O diálogo se intensifica e Jesus tenta, de todas as maneiras, fugir do ardil que está preparado para ele, mas Deus diz que não há como esquivar do que o espera e o exorta: "não faças como o cordeiro irrequieto que não quer ir ao sacrifício, ele agita-se, ele geme que corta o coração, mas o seu destino está escrito, o sacrificador espera-o com o cutelo (...)".[850] Deus continua dizendo que só a visão de um filho de Deus na cruz sensibilizaria as opiniões, e que para levar seu plano até o fim Jesus deveria contar histórias às pessoas, parábolas, nem que precisasse "torcer um bocadinho a lei".[851] Mas Jesus exige saber o que vai acontecer após a sua morte, já que será obrigado a aceitar o seu destino.

Depois de algumas evasivas de seu Pai divino, Jesus se irrita e exige saber quanto de morte e sofrimento vai custar a vitória sobre os outros deuses: "com quanto de sofrimento e de morte se pagarão as lutas que, em teu nome e no meu, os homens que em nós vão crer travarão uns contra os outros"?[852] Antes de responder a Jesus Deus pondera, dizendo que esta seria uma história interminável de sangue e lágrimas. Mesmo assim ele insiste em saber tudo.

A partir daí o que se vê é um parágrafo ininterrupto de cento e quarenta linhas, organizado por ordem alfabética, onde constam diversos tipos de morte de mártires do cristianismo. Esta enorme lista que começa com Adalberto de Praga, morto com um espontão de sete pontas e termina, parcialmente, com Wilgeforte, crucificada. Embora chocante para Jesus, é enfadonha para Deus, que queria ter parado na letra "c", mas não o fez por exigência de Jesus e acrescenta, num tom de indiferença ao final da lista, "outros, outros, outros, idem, idem, idem, chega".[853]

Deus ainda fala com um ar zombeteiro sobre os anacoretas e monges e suas lutas contra os demônios e as tentações, as flagelações, vigílias, orações, chegando às ordens monásticas da Idade Média, até que o Diabo intromete-se na conversa

---

848. SARAMAGO, J., O Evangelho segundo Jesus Cristo, p. 372.
849. SARAMAGO, J., O Evangelho segundo Jesus Cristo, p. 373.
850. SARAMAGO, J., O Evangelho segundo Jesus Cristo, p. 374.
851. SARAMAGO, J., O Evangelho segundo Jesus Cristo, p. 376.
852. SARAMAGO, J., O Evangelho segundo Jesus Cristo, p. 380.
853. SARAMAGO, J., O Evangelho segundo Jesus Cristo, p. 385.

reforçando o caráter sanguinário de Deus com uma espécie de sumário daquilo que havia sido contado. Depois, Deus mesmo acrescenta as cruzadas e reconhece:

> não, não tenho palavras bastantes para contar-te das mortandades, das carnificinas, das chacinas, imagina o meu altar de Jerusalém multiplicado por mil, põe homens no lugar dos animais, e nem mesmo assim chegarás a saber ao certo o que foram as cruzadas (...).[854]

O Deus de Saramago é perverso, possui um desejo implacável pelo poder e realiza a sua vontade, mesmo que custe o sangue de milhares de homens. Ele causa estupefação no Diabo que, perante esse banho de sangue, diz:

> Digo que ninguém que esteja em seu perfeito juízo poderá vir a afirmar que o Diabo foi, é, ou será culpado de tal morticínio e tais cemitérios, salvo se a algum malvado ocorrer a lembrança caluniosa de me atribuir a responsabilidade de fazer nascer o deus que vai ser inimigo deste, Parece-me claro e óbvio que não tens culpa, e, quanto ao temor de que te atirem com as responsabilidades, responderás que o Diabo, sendo mentira, nunca poderia criar a verdade que Deus é, Mas então, perguntou Pastor, quem vai criar o Deus inimigo, Jesus não sabia responder, Deus, se calado estava, calado ficou, porém do nevoeiro desceu uma voz que disse, Talvez este Deus e o que há-de vir não sejam mais do que heterônimos, De quem, de quê, perguntou, curiosa outra voz, De Pessoa, foi o que se percebeu, mas também podia ter sido, Da Pessoa. Jesus, Deus e o Diabo começaram por fazer de conta que não tinham ouvido, mas logo a seguir entreolharam-se com susto, o medo comum é assim, une facilmente as pessoas.[855]

O Diabo, em seu discurso, procura isentar-se da culpa que lhe será atribuída e é absolvido por uma fala que não se sabe bem de quem é. Esta voz não parece ser de Deus, nem do Diabo, nem de Cristo. É possível que seja o narrador, numa posição de onisciência e grandeza, superior a todos os personagens e possuindo informações que estão para além de seus contextos como revelado na brincadeira que faz na alusão aos heterônimos de Pessoa. Aliás, o que o narrador diz é justamente aquilo que Jesus parece descobrir aos poucos: o Diabo é um heterônimo de Deus.

Após o "susto", por conta da voz que surpreende a todos, Deus continua a sua descrição revelando as mortes causadas pela Inquisição e mais uma vez Jesus pede para ser liberto do plano que exige sua crucificação: "Pai, afasta de mim este

---

854. SARAMAGO, J., O Evangelho segundo Jesus Cristo, p. 388.
855. SARAMAGO, J., O Evangelho segundo Jesus Cristo, p. 390.

cálice, Que tu o bebas é a condição do meu poder e da tua glória, Não quero esta glória, Mas eu quero este poder (...)".[856]

A carnificina e o derramamento de sangue são tão grandes que o próprio Diabo diz: "É preciso ser-se Deus para gostar tanto de sangue".[857] E tomado por uma sensibilidade e assombro diante de tanta crueldade faz uma proposta a Deus para que este o perdoe e o receba novamente no céu:

> se usares comigo, agora, daquele mesmo perdão que no futuro prometerás tão facilmente à esquerda e à direita, então acaba-se aqui hoje o Mal, teu filho não precisará morrer, o teu reino será, não apenas esta terra de hebreus mas o mundo inteiro, conhecido e por conhecer, e mais do que o mundo, o universo, por toda a parte o Bem governará, e eu cantarei na última e humilde fila dos anjos que te permaneceram fiéis, mais fiel então do que todos, porque arrependido, eu cantarei os teus louvores tudo terminará como se não tivesse sido, tudo começará a ser como dessa maneira devesse ser sempre (...).[858]

O Diabo se apresenta generoso, arrependido, humilde, bondoso, clamando pela sua redenção, a de Jesus e de toda a humanidade. Entretanto, Deus opõe-se com veemência e afirma que o Mal que é o Diabo, é condição para que Deus seja o Bem.

É curiosa a inversão que Saramago opera aqui. Deus que deveria ser bom se justifica. Mesmo sendo mal pela maldade atribuída ao Diabo, ele se permite que o Diabo se torne bom e não possui mais uma justificativa para as suas ações. De toda forma, a não absolvição do Diabo torna-o mal. Ou seja, Deus, na sua postura impiedosa de não conceder o perdão, e na obstinação em manter o mal, se torna um Diabo, e o Diabo, pela sua proposta misericordiosa, torna-se Deus. Isto é arrematado pela fala do Diabo que, após ver seu plano de salvação frustrado, profere a seguinte sentença: "Que não se diga que o Diabo não tentou um dia a Deus (...).[859] É um tentador às avessas. Tenta um Deus cruel com bondade.

Em todo este diálogo na cena da barca o que vemos é uma teologia às avessas utilizada para denunciar a crença que justifica atrocidades e derramamento de sangue como cumprimento da vontade de Deus. Mas como a reflexão teológica corresponde-se com essa teologia ficcional ateia de Saramago? Como esse evange-

---

856. SARAMAGO, J., O Evangelho segundo Jesus Cristo, p. 391.
857. SARAMAGO, J., O Evangelho segundo Jesus Cristo, p. 391.
858. SARAMAGO, J., O Evangelho segundo Jesus Cristo, p. 392.
859. SARAMAGO, J., O Evangelho segundo Jesus Cristo, p. 393.

lho saramaguiano interpela a teologia? Toda esta inversão pode fazer pensar sobre o papel que a figura do Diabo ocupa na tradição cristã e como ela foi utilizada em diversas ocasiões para amedrontar as pessoas. Esse episódio na trama do *ESJC* remete-nos, sobretudo para a questão de Deus e de como certas imagens foram utilizadas na religião cristã para justificar crueldades. A concepção corrente de um Deus que pode, sem mais nem menos, fazer tudo o que quiser, obscurece a história religiosa da humanidade. O divino como todo-poderoso que corresponde aos estratos mais primitivos dos nossos instintos de poder, dominação e vingança deve ser repensado para que nós mesmos nos repensemos enquanto seres humanos. Neste sentido, não devemos esquecer que a teologia tem uma tarefa critica de rever seus conteúdos. Afinal, num primeiro olhar, nem a própria Bíblia está livre dessas imagens de Deus violento e onipotente, de um Deus capaz de pedir ao próprio filho o sacrifício de seu filho como no caso de Abraão e Isaac, um Deus ciumento que castiga os pecados dos pais nos filhos até a terceira e quarta gerações (Ex 20,5), um Deus do qual se pode dizer que não há mal que não tenha sido causado por ele (Am 3,6), um Deus que faz exclamar: "Quão terrível é cair nas mãos do Deus vivo!" (Hb 10,31). Esse Deus deve ser revisto criticamente à luz de Jesus Cristo. A reflexão teológica deve sempre se perguntar diante da realidade em que vive e do Verbo encarnado sobre o perfil de Deus.

Jesus, vítima de Deus

Após o episódio da barca, a condição de Jesus como fantoche de Deus acentua-se, uma vez que Cristo não tem domínio nem sobre suas próprias palavras, como no episódio do Sermão da Montanha. Ele não quer a missão que lhe foi confiada, deseja apenas que as pessoas vivam essa vida e morram em paz. O Jesus de Saramago não é o Cristo da submissão, mas um Cristo revoltado com os desígnios divinos. Tanto que num ato de desespero reúne seus discípulos e tenta salvar a humanidade de uma maneira diferente:

> O filho de Deus deverá morrer na cruz para que assim se cumpra a vontade do Pai, mas, se no lugar dele puséssemos um simples homem, já não poderia Deus sacrificar o Filho, Queres pôr um homem no teu lugar, um de nós, perguntou Pedro, Não, eu é que irei ocupar o lugar do Filho, em nome de Deus, explica-te, Um simples homem, sim, mas um homem que se tivesse proclamado a si mesmo rei dos Judeus, que andasse a levantar o povo para derrubar Herodes do trono e expulsar da terra os romanos, isto é o que vos peço, que corra um de vós ao Templo a dizer que eu sou esse homem, e talvez que, se a justiça for rápida, não tenha a de Deus tempo

de emendar a dos homens, como não emendou a mão do carrasco que ia degolar João (...).[860]

O seu objetivo agora é morrer como um líder revolucionário, opondo-se a Herodes e a César. Quer ser crucificado como um insurgente e negar sua filiação divina. Ele pensa que se morrer apenas Rei dos Judeus e não como Filho de Deus, a espécie humana estará salva dos planos de Deus. Perante os escribas, ele, então, afirma ser Rei dos Judeus e nega, terminantemente, ser Filho de Deus. Perante Pilatos, afirma que é o Rei dos Judeus e quer governar o povo contra Roma, obrigando-o a condená-lo. O próprio Jesus escolhe a morte na cruz sob as palavras: Jesus de Nazaré, Rei dos Judeus. Entretanto,

> Deus aparece, vestido como estivera na barca, e a sua voz ressoa por toda a terra, Tu és o meu Filho muito amado, em ti pus a minha complacência, Então Jesus compreeendeu que viera trazido ao engano como se leva o cordeiro ao sacrifício, que a sua vida fora traçada para morrer assim desde o princípio dos princípios, e, subindo-lhe à lembrança o rio de sangue e de sofrimento que do seu lado irá nascer e alagar toda a terra, clamou para o céu aberto onde Deus sorria, Homens, perdoai-lhe, porque ele não sabe o que fez.[861]

Consciente do terrível futuro de sangue que iria surgir da sua morte na cruz, Jesus se revolta contra os planos de Deus e faz de tudo para ser condenado à morte, não como "filho de Deus", mas como "rei dos Judeus". Entretanto, fica frustrada a intenção de Jesus, pois Deus aparece sobre a cruz, no último momento, dizendo em alta voz que Jesus é o seu filho amado. Sentindo-se enganado e como cordeiro levado ao matadouro, Jesus brada ao céu para que os homens perdoem esse Senhor sanguinário, que sorri enquanto ele agoniza. A inversão que Saramago faz pedindo para a humanidade perdoar a Deus pelo ato sem sentido de sua morte e pelos sofrimentos e mortes que serão consequência, arremata o perfil divino nesse evangelho nada sagrado. O romance termina com o sangue de Jesus gotejando numa enigmática tigela negra que havia sido deixada na casa do casal José e Maria depois da anunciação do nascimento de Jesus pelo Diabo-Mendigo, indicando que o que havia sido traçado estava consumado.

Nessa representação da morte de Jesus, Saramago aproxima-se em parte da "teoria da satisfação compensatória" para desenvolver a sua estória sobre Jesus. Segundo essa teoria, a morte de Jesus na cruz foi algo necessário para satisfazer a

---

860. SARAMAGO, J., O Evangelho segundo Jesus Cristo, p. 436.
861. SARAMAGO, J., O Evangelho segundo Jesus Cristo, p. 444.

honra de Deus devido ao pecado da humanidade. Uma vez submetido à morte na cruz, pela vontade de Deus, Jesus como homem-Deus expia o pecado do mundo e, ao mesmo tempo, restaura a honra ferida de Deus. Nessa teoria, o Jesus da fé cristã fica reduzido a uma função formal de vítima expiatória e toda sua densidade histórica é desvalorizada. Além disso, tal teoria deforma o rosto do Deus de amor, fazendo dele um deus sanguinário preocupado somente com sua honra. Saramago utiliza a teoria da satisfação compensatória, profundamente presente em muitas reflexões cristológicas atuais, para apresentar a sua visão de um Deus que está em oposição à vida e aos interesses humanos.

Nessa lógica a reparação dos pecados só acontece atrelada ao esquema sacrificial onde há a necessidade do derramamento de sangue. Por isso, a premissa passa a ser a exigência da morte de Jesus. Essa ideia isola a morte de Jesus e a torna apenas um acontecimento dentro de uma estrutura jurídica, a saber: a relação compensatória, exigida por Deus, entre o sofrimento de Jesus e os pecados dos homens. O problema é que esta perspectiva ignora a maior parte do ministério de Jesus ao focar somente a morte como se esta fosse separada do restante da vida.

Os limites desta interpretação encontram-se na imagem que Anselmo tem de Deus, que em nada se parece com o Pai que Jesus anuncia e confia durante toda a sua vida. Este modelo, ligado umbilicalmente à cultura feudal da Idade Média coloca traços cruéis e sanguinários em Deus, como um fiador que resolve cobrar até o último centavo de seu devedor, exigindo sua morte da maneira mais dolorosa.[862] Esse Deus vingativo é exatamente o oposto do Pai da parábola do filho pródigo de Lc 15. A inventividade romanesca saramaguiana, vista como "teologia ficcional", auxilia a envergar as contradições da redução da obra de Jesus à teoria da satisfação e, desta forma, a reflexão teológica pode resgatar, no diálogo, a morte de Jesus em íntima ligação com sua existência histórica e sua ressurreição. Esta crítica saramaguiana provoca-nos para pensar a vida de Jesus numa chave não sacrificialista.

Saramago não acompanha toda a lógica da teoria da satisfação compensatória. Para ele, Deus quis o derramamento de sangue do personagem Jesus não para reparar a sua honra ou para expiar o pecado da humanidade, mas sim para ampliar os domínios divinos sobre o mundo. A morte do personagem Jesus é necessária para o surgimento do cristianismo. A cruz adquire um significado bem diferente e passa a representar a desgraça e a condenação do ser humano, uma vez que, por intermédio dessa mesma cruz, se realiza o projeto egoístico de Deus.

---

862. VARONE, F., Esse Deus que dizem amar o sofrimento, p. 9-26.; BOFF, L. Teologia do Cativeiro e da Libertação, p. 153.

Aqui é possível perceber, com toda a sua contundência, a teologia ficcional ateia de Saramago ao elaborar seu Jesus.

O *ESJC* não tem pretensão alguma de ser um tratado teológico ou um estudo histórico sobre Jesus de Nazaré; é uma obra literária, um romance que apresenta uma visão muito peculiar tanto de Jesus como de Deus. No entanto, provoca a teologia ao perceber a figura de Cristo e a própria imagem de Deus lida numa perspectiva dialogal, como mais do que simples monumentos do passado. Neste sentido, a ficção saramaguiana extrapola os limites impostos pela fé, contudo, pode ser incorporada à reflexão teológica. A teologia ficcional ateia corresponde-se com diversos temas teológicos por meio de sua (des)construção.

Questões teológicas em *Caim*

Depois do *ESJC* Saramago passou a escrever livros que foram denominados de temática universal, com acentos diferentes dos anteriores. Ele mesmo denominou essa mudança da qual o maior símbolo é o *Ensaio sobre a cegueira* como uma passagem da "estátua a pedra". Porém, em 2009, voltou a publicar um livro em que retoma ao que já havia feito no *ESJC*. Quando o romance foi publicado causou uma enxurrada de críticas por parte dos religiosos. Talvez essas reações tenham sido mais por conta do hipertexto – principalmente nas suas entrevistas – do Nobel, que aquela altura já era uma figura importante no cenário literário europeu e mundial, do que pela obra literária.

O romance desenvolve-se a partir da revisitação de diversos episódios bíblicos como a expulsão de Adão e Eva do paraíso, a Torre de Babel, o dilúvio, a destruição de Sodoma e Gomorra, o quase sacrifício de Isaac, o assassinato de Abel por Caim, sendo este último o núcleo de todo o enredo da obra. Por meio da metodologia descrita anteriormente – intertextualidade e carnavalização – o escritor dá outro sentido a esses relatos. Sua problematização em relação ao texto bíblico já pode ser vista na epígrafe. As palavras que estampam a contracapa de *Caim* são de uma citação de Hb 11,4 sobre o porquê de Deus ter preferido o sacrifício de Abel ao de Caim. Saramago atribui essas palavras ao que ele nomeia de Livro dos disparates. Numa conversa com José Tolentino Mendonça, Saramago explica que não chamou a Bíblia ou a carta aos Hebreus de "livro dos disparates", mas, se referindo àquele verso específico, esclarece que "este texto concreto, tal como está redigido, merecia ser incluído num livro dos disparates universais".[863] E, mais a frente complementa:

---

863. SARAMAGO, J., In: Expresso.

Abel e Caim sacrificaram a Deus o que tinham. O pobre Caim, se me permitem que chame pobre a um assassino, ofereceu também o que tinha. Deus desprezou o sacrifício de Caim. Aí, começa tudo: o ciúme nasceu aí, o rancor, a incompreensão, porque Caim não percebe que Deus o rejeite. Isto é um disparate lógico, o que me leva a dizer que este texto faria boa figura num livro de disparates. Mas não chamo à Bíblia um livro de disparates.[864]

Ou seja, já na epígrafe esboça-se a desconstrução que será feita em todo o percurso do livro. Entremos então nas páginas de *Caim*.

Adão e Eva "às voltas" com Deus

A primeira parte da narrativa se dá através da história recontada do protocasal, Adão e Eva. Saramago inicia sua reescritura questionando esse "Deus",[865] que "nunca deve ter tido a menor noção do que possa vir a ser uma justiça humana",[866] ao mostrá-lo irritado por notar que deixou Adão e Eva sem fala, como mostra o primeiro trecho da obra:

> Quando o senhor, também conhecido como deus, se apercebeu de que adão e eva, perfeitos em tudo o que apresentavam à vista, não lhes saía uma palavra da boca nem emitiam ao menos um simples som primário que fosse, teve de ficar irritado consigo mesmo, uma vez que não havia mais ninguém no jardim do éden a quem pudesse responsabilizar pela gravíssima falta, quando os outros animais, produtos, todos eles, tal como os dois humanos, do faça-se divino, uns por meio de rugidos e mugidos, outros por roncos, chilreios, assobios e cacarejos, desfrutavam já de voz própria. Num acesso de ira, surpreendente em que tudo poderia ser solucionado com outro rápido Fiat, correu para o casal e, um após outro, sem contemplações, sem meias medidas, enfiou-lhes a língua pela garganta abaixo.[867]

O autor português é sarcástico em suas colocações acerca do modo como Deus introduziu a fala em seus personagens Adão e Eva. Ironiza a "perfeição" divina que por um descuido deixou o casal sem língua e impossibilitado de falar. O Deus que Saramago pinta desde as primeiras páginas do romance é pou-

---

864. SARAMAGO, J., In: Expresso.

865. Em todo o romance deus e os nomes dos personagens aparecem em letra minúscula. Aqui optamos por manter a forma em minúscula todas vezes que utilizarmos uma citação direta, entretanto no corpo do texto, quando formos nós falando, os nomes aparecerão em maiúscula.

866. SARAMAGO, J., Caim, p. 129.

867. SARAMAGO, J., Caim, p. 9.

co delicado, pois enfia a língua sem "meias medidas" pela "garganta abaixo" dos primeiros seres humanos, mas não só isso, é desleixado, desinteressado, dá pouca importância a sua criação. Ao despedir-se friamente de Adão e Eva diz: "Até logo", e o narrador completa: "e foi à sua vida".[868]

Saramago continua a ironizar o personagem Deus e seus "poderes falíveis" ao contar que Set, terceiro filho de Adão e Eva só viria ao mundo depois de cento e trinta anos, "não porque a gravidez materna precisasse de tanto tempo para rematar a fabricação de um novo descendente, mas porque as gônadas do pai e da mãe, os testículos e o útero, respectivamente, haviam tardado mais de um século a amadurecer e a desenvolver suficiente potência generativa".[869]

Além disso, segundo o narrador, Deus visitava pouco a Adão e Eva, que se sentiam sós. A primeira visita teria ocorrido para saber de suas instalações domésticas; a segunda, para verificar se tinham se beneficiado da vida campestre e a terceira, para avisar que demoraria a voltar porque viajaria por outros paraísos existentes no céu.[870]

A volta de Deus só acontece para expulsar o casal do jardim do Éden "pelo crime nefando de terem comido do fruto da árvore do conhecimento do bem e do mal. Esse episódio que deu origem à primeira definição de um aí ignorado pecado original, nunca ficou bem explicado".[871] Aqui, recordamos que Saramago já havia reescrito o episódio da expulsão de Adão e Eva do paraíso n'*O ano da morte de Ricardo Reis* e no *Memorial do convento*. No primeiro, o escritor oferece outro ponto de vista falando de um Deus que vê. Sem a presença do casal, o paraíso se torna um inferno de solidão. No segundo, expõe uma contradição: se Adão por um só pecado teve o acesso à árvore da vida negado, os seus descendentes continuam a desfrutar dela. Em *Caim* a expulsão também é revisitada. Saramago põe um ponto de interrogação sobre a moral forjada pelo cristianismo e problematiza a questão da liberdade humana *versus* a soberania de Deus. Através da fala do narrador desmistifica o relato do livro de *Gênesis* que dá origem a toda elaboração sobre o que a teologia cristã conhece como "Pecado Original", resumindo três motivos pelos quais o fato de os homens terem herdado o pecado de Adão e Eva, não encontra justificativa razoável:

> Em primeiro lugar, mesmo a inteligência mais rudimentar não teria qualquer dificuldade em compreender que estar informado sempre será prefe-

---

868. SARAMAGO, J., Caim, p. 11.
869. SARAMAGO, J., Caim, p. 11.
870. SARAMAGO, J., Caim, p. 12.
871. SARAMAGO, J., Caim, p. 12.

rível a desconhecer, mormente em matérias tão delicadas como são estas do bem e do mal, nas quais qualquer um se arrisca, sem dar por isso, a uma condenação eterna num inferno que então ainda estava por inventar. Em segundo lugar, brada aos céus a imprevidência do senhor, que se realmente não queria que lhe comessem do tal fruto, remédio fácil teria, bastaria não ter plantado a árvore, ou ir pô-la noutro sítio, ou rodeá-la por uma cerca de arame farpado. E, em terceiro lugar, não foi por terem desobedecido à ordem de deus que adão e eva descobriram que estavam nus. Nuzinhos, em pelota estreme, já andavam quando iam para a cama, e se o senhor nunca havia reparado em tão evidente falta de pudor, a culpa era da sua cegueira de progenitor, a tal, pelos vistos incurável, que nos impede de ver que os nossos filhos, no fim de contas, são tão bons ou tão maus como os demais.[872]

Saramago ironicamente revisita a fala cristã sobre o chamado pecado original. Ou seja, questiona a credibilidade do discurso cristão em relação à culpa da humanidade herdada de Adão e Eva e denuncia o caráter manipulador e tirano da religião que aprisiona o homem dentro de sua própria consciência culpada. Neste sentido, o escritor elabora um Deus que está a serviço de uma espécie de "pastoral do medo".[873] Um Deus que concede a liberdade ao ser humano, mas que vigia e manda, impõe e decreta. É o Deus-normativo que cerceia a liberdade humana.

Esta compreensão de um Deus que nega o conhecimento ao ser humano, que parece estar em contraposição à sua autonomia e realização causa embaraços. A criativa interpretação de Luiz Carlos Susin sobre o texto de Gênesis 3 responde bem à necessidade de repensar esse "Deus-proibição". Problematizando a compreensão mais comum sobre o relato, o teólogo propõe refletir sobre a serpente como a outra "face de Deus". Desta forma, afirma que ao mesmo tempo em que parece haver uma proibição clara, uma ordem sem explicação no capítulo anterior do Gênesis para que o casal não coma do fruto da árvore que daria a eles uma nova consciência, emerge uma espécie de "pedagogia divina" através da serpente astuta que leva o ser humano a sair da inocência rumo ao conhecimento do bem e do mal. No fundo, a serpente auxilia aquele casal, criado "à imagem e semelhança de Deus", a dar cabo da sua própria vocação, "tornar-se como Deus". Nas palavras

---

872. SARAMAGO, J., Caim, p. 13.

873. Destaca-se aqui a ênfase que o pecado e a culpa receberam em todo Ocidente muito mais do que a experiência do perdão. Inclusive, as catástrofes e os males eram atribuídos ao pecado; o que fez a culpabilização crescer sem limites. Como destaca García Rubio, "a pedagogia do medo tinha como objetivo a conversão dos pecadores. "Culpabilizar para salvar". Esta frase resume bem a pastoral do medo". RUBIO, A. G., A caminho da maturidade na experiência de Deus, p. 188. Ver ainda: GESCHÉ, A., O mal, p. 95-104.; DELUMEAU, J., O pecado e o medo: A culpabilização no Ocidente (séculos XIII-XVIII).

desse autor: "Não é um absurdo querer ser como Deus. Ao contrário, é uma vocação".[874] Neste sentido, a serpente seria essa outra "faceta de Deus" que convoca o ser humano a se arriscar e a transcender-se. Mesmo que essa proposta "libertadora" carregue consigo uma carga dolorosa, ela configura a possibilidade de uma transgressão fundamental na concepção bíblica sobre a vida humana.

A humanidade é, a partir dessa escolha, compreendida nos termos de uma dualidade composta pela dinâmica da vida no Éden e do seu exílio, do cultivo criativo e do trabalho pesado, da atração amorosa entre homem e mulher e também da atração fatal que pode envolver ambos. Portanto, num sentido bem distinto ao de uma teologia habitual, Susin fala de um Deus que aparece com uma dupla face, como limitador e sedutor, ao mesmo tempo impulsionando e provocando, mas também lembrando a responsabilidade que o conhecimento ético implica. Mesmo a proibição e o aparente castigo de Deus coloca o ser humano em marcha. Ou, como diz o teólogo, "o conflito e a rebeldia do paraíso são pedagógicos, libertadores, lançam para a aventura humana" e "Deus mesmo andará em êxodo e exílio com as suas criaturas".[875] Nesta perspectiva, contrariamente à intepretação agostiniana, a opção do primeiro casal não configura um pecado, mas a realização da vocação à luz da *imago Dei* da qual são dotados o homem e a mulher.

Na narrativa saramaguiana a crítica contra esse Deus-proibição se torna ainda mais notória quando o personagem Deus aparece para arguir o protocasal sobre o suposto pecado cometido.

> Anunciado por um estrondo de trovão, o senhor fez-se presente. Vinha trajado de maneira diferente da habitual, segundo aquilo que seria, talvez, a nova moda imperial do céu, com uma coroa tripla na cabeça e empunhando o ceptro como um cacete. Eu sou o senhor, gritou, eu sou aquele que é (...) Quem desobedeceu as minhas ordens, quem foi pelo fruto da minha árvore, perguntou deus, dirigindo directamente a adão um olhar coruscante, palavra desusada mas, expressiva como as que mais o forem. Desesperado o pobre homem tentou, sem resultado, tragar a maçã que o delatava, mas a voz não lhe saiu, nem para trás nem para adiante. Responde, tornou a voz colérica o senhor, ao mesmo tempo que brandia ameaçadoramente o ceptro. Fazendo das tripas coração consciente do feio que era por as culpas em outrem, adão disse, A mulher que tu me deste para viver comigo é que me deu o fruto dessa árvore e eu comi. Revolveu-se o senhor contra a mulher e perguntou, Que fizeste tu, desgraçada, e ela respondeu, A serpente enga-

---

874. SUSIN, L. C., A criação de Deus, p. 132.
875. SUSIN, L. C., A criação de Deus, p. 135.

nou-me e eu comi (...) Muito bem, disse o senhor, já que assim o quiseram assim o vão ter, a partir de agora acabou-se-lhes a boa vida, tu eva não só sofrerás todos os incômodos da gravidez, incluindo os enjoos, como parirás com dor, e não obstante, sentirás atracção pelo teu homem e ele mandará em ti, Pobre eva, começas mal, triste destino vai ser o seu, disse eva, Devias tê-lo pensado antes, e quanto à tua pessoa, adão, a terra ficou amaldiçoada por tua causa, e será com grande sacrifício que dela conseguirás tirar alimento durante toda a tua vida, só produzirá espinhos e cardos, e tu terás de comer a erva que cresce no campo, só a custa de muitas bagas de suor conseguirás arranjar o necessário para comer, até que um dia te venhas a transformar de novo em terra, pois dela foste formado, na verdade, mísero adão, tu és pó e ao pó um dia retornará.[876]

Podemos perceber com clareza a crítica do escritor pela maneira como esse Deus se apresenta agora de forma despótica. Como um imperador, esse Deus impõe as sanções decorrentes da falta do primeiro casal. Deus os expulsa do paraíso porque não pode haver ali alguém a disputar com ele o protagonismo. Mais a frente, já fora do Éden, é Eva que, argumentando com Adão, vai pôr o questionamento fundamental: "teremos de o [deus] forçar a explicar-se, e a primeira coisa que deverá dizer-nos é a razão por que nos fez e com que fim (...)"[877] No fundo, o desejo de Eva representado por essa fala é a própria expressão da vocação humana. José Maria Castillo parece ir nesta mesma direção e pergunta: "Como se explica que Deus deteste o que ele mesmo criou e pôs em nós?"[878]

Neste sentido, a elaboração agostiniana que, a partir de uma interpretação literal do relato de Gn 3, concluiu que a humanidade é "massa condenada", trouxe à reboque um enfraquecimento da liberdade.[879] Na literatura saramaguiana esta crítica está em função do ateísmo do autor que, como dissemos, é seu *locus theologicus*, mas podemos tomá-la como provocação necessária na reelaboração de uma teologia que procure contemplar a própria sede humana pela sua liberdade, conhecimento e afirmação, fundamentada na própria vocação outorgada por Deus. Neste sentido, qualquer que seja a crença que empalideça a vontade, a liberdade e a capacidade humana de emitir juízos deve ser repensada. Aqui, mais uma vez, a "teologia ficcional" saramaguiana pode ajudar a desconstruir imagens de Deus que diminuam o ser humano.

---

876. SARAMAGO, J., Caim, p.18.
877. SARAMAGO, J., Caim, p. 22.
878. CASTILLO, J. M., Deus e a nossa felicidade, p. 256.
879. CASTILLO, J. M., Deus e a nossa felicidade, p. 258.

Ainda nesta primeira parte pode-se entrever outra crítica que direciona-se ao suposto elo entre o dito "pecado original" e a sexualidade, afinal, Adão e Eva "desde o primeiro dia souberam que estavam nus e disso bem se haviam aproveitado".[880] Inclusive, a primeira frase a ser dita pelo Adão saramaguiano à sua Eva, tão logo Deus reparou o grave erro que fora o de se ter esquecido de dar a capacidade de fala às suas criaturas humanas, foi: "Vamos para a cama".[881] Assim como em *Terra do pecado*, aqui Saramago volta a problematizar a questão da repressão da sexualidade, e como já dissemos anteriormente, o nó teológico que precisa ser desfeito é a associação do pecado à sexualidade, que ganha cores muito fortes na teologia de Santo Agostinho, e que tem consequências graves na tradição posterior. Isto pode ser visualizado, para citar um exemplo, em um sermão atribuído ao papa Inocêncio III. Entre os séculos XII e XIII este teria dito: "nosso corpo corrupto é concebido por um sêmen igualmente corrupto e manchado, com o qual, finalmente, a alma se mancha e se corrompe".[882]

Ou seja, o discurso aponta para a ideia implícita de que, para aproximarmo-nos de Deus é preciso afastar-nos, de maneira contundente, daquilo que se relaciona com o corpo, mais especificamente com a sexualidade, afinal, segundo tal compreensão, "não pode haver prazer sem pecado".[883] A imagem é de um Deus que repele, condena e castiga o prazer. Mais uma vez a teologia ficcional saramaguiana provoca-nos a uma revisitação dos textos bíblicos para ressignificá-los.

Esse Deus-personagem "estraga-prazer" engendra relações de dependência e servilismo. Pode-se notar que há um peso maior quanto à reprovação de Eva. Vemos aqui algo que ganhará ainda mais força ao longo do romance. A misoginia de Deus dá os seus primeiros sinais. É a Eva que está dirigido o insulto de Deus: "desgraçada!", e mais, recebe do ser divino a condenação de ser dominada pelo homem.

A partir do cenário que Saramago ressalta é possível perceber que a imagem que prevaleceu tanto no judaísmo quanto no cristianismo foi a de um Deus masculino, um modelo que encontra respaldo em interpretações da Bíblia, que inaugurou a "tradição patriarcal" e que foi usado pelos sistemas filosóficos, sociais, e políticos. Isto converge com o que afirma Phyllis Trible, ao sublinhar que certa interpretação de Gênesis em passagens como Gn 2,4b-25, em que temos a

---

880. SARAMAGO, J., Caim, p.18.

881. SARAMAGO, J., Caim, p. 11.

882. INOCÊNCIO III *apud* CASTILLO, J. M., Deus e a nossa felicidade, p. 258.

883. HEINEMAN, U. R., Eunucos pelo Reino de Deus, p. 16. Ressaltamos a vasta coleta de documentação sobre o assunto feita por esta autora.

mulher (Eva) criada da costela do homem (Adão), reforçou a imagem da mulher como menos capaz do que o homem. Essa leitura habitual de Gn 2-3 colocou a mulher como auxiliar do homem, além de reforçar a ideia de que quando ambos "pecam", é ela que, por ser ambiciosa, o instiga a desobedecer a Deus.[884] Neste sentido, Ivone Gebara lembra que a cultura autoritária em relação às mulheres se mantém também por meio da crença numa *ordo naturalis* "eterna" criada por Deus, associada à leitura de Gênesis e que justifica a manutenção dos papéis sociais femininos.[885] Elza Tamez ressalta ainda que o desiquilíbrio das relações já começa na representação de Deus. "Diz-se que todos, homens e mulheres, são criados à imagem de Deus, mas muitas vezes a manifestação divina como masculina cria dogmas que promovem a desigualdade".[886] De todo modo, a "reescritura" ficcional saramaguiana auxilia-nos a perceber como essas imagens preponderantes de Deus, elaboradas ao redor do eixo patriarcal, trazem uma marca cultural que precisa ser superada.

Eva desafia o *status quo*. Depois de serem expulsos do paraíso, peregrinando por uma terra inóspita, ela trava um diálogo com Adão que revela sua insubmissão. Depois de dizer que pediria explicações a Deus, é repreendida por seu par: "Estás louca"! Ao que responde: "Melhor louca que medrosa". E o embate continua:

> Não me faltes ao respeito, gritou adão, enfurecido, eu não tenho medo, não sou medroso, Eu também não, portanto estamos quites, não há mais que discutir, Sim, mas não te esqueças de que quem manda aqui sou eu, Sim, foi o que o senhor disse, concordava eva, e fez cara de quem não havia dito nada.[887]

Eva é a mulher que rompe com a ordem normativa, insurge-se contra o patriarcado e mais, surge como aquela capaz de ultrapassar o controle da sexualidade, vai além dos cinturões de castidade e dos estereótipos de santidade, conforme podemos ver na sequência, no episódio em que ela convence o querubim que guardava a entrada do Éden a ajudá-la a conseguir algumas frutas.

---

884. TRIBLE, P., Eve and Adam: Genesis 2-3 Reread, p. 1. Entretanto, conforme salienta Trible, é possível encontrar outras interpretações diferentes daquelas feitas pelas lentes masculinas já que somente com a criação específica de mulher ('ishshah) ocorre o termo específico para o homem como sexo masculino ('ish). Em outras palavras, a sexualidade é simultaneamente para mulher e homem. O homem como macho não precede a mulher enquanto fêmea, mas acontece com ela". TRIBLE, P., Eve and Adam: Genesis 2-3 Reread, p. 2.

885. GEBARA, I., Sexualidade e ética, p. 24-27.

886. TÁMEZ, E., Religião, gênero e violência, p. 153.

887. SARAMAGO, J., Caim, p. 22.

Eva retirou a pele de cima dos ombros e disse, usa isto para trazeres a fruta. Estava nua da cintura para cima. A espada silvou com mais força como se tivesse recebido um súbito afluxo de energia, a mesma energia que levou o querubim a dar um passo para frente, a mesma que o fez erguer a mão esquerda e tocar no seio da mulher. Nada mais sucedeu, nada podia suceder, os anjos, enquanto o sejam, estão proibidos de qualquer comércio carnal, só os anjos que caíram são livres de ajuntar-se a quem queiram e a quem os queira. Eva sorriu, pôs a mão sobre a mão do querubim e premiu-a suavemente contra o seio. O seu corpo estava coberto de sujidade, as unhas negras como se as tivesse usado para cavar a terra, o cabelo como um ninho de enguias entrelaçadas, mas era mulher, a única. O anjo havia entrado no jardim, demorou-se lá o tempo necessário para escolher os frutos mais nutrientes, outros ricos em água, e voltou ajoujado sob uma boa carga.[888]

De acordo com o narrador, o fato gerará alguns questionamentos: "Quando Abel nascer, todos os vizinhos irão estranhar a rosada brancura com que veio ao mundo, como se fosse filho de anjo, ou de um arcanjo, ou de um querubim, salvo seja".[889] Evidentemente, aqui não se trata de vulgarizar a sexualidade, mas de fazer eco com a fala de Marcella Athaus-Reid, quando perguntava se Deus não teria a liberdade de dar às suas criaturas momentos fora do "controle eclesiástico".[890] Neste sentido, Eva afirma o "direito de não ser direita", para usar uma expressão da mesma teóloga supracitada.[891]

Também é importante destacar que essa elaboração desconstruída que ocorre em *Caim* é conseguida, à medida que o narrador apela para a associação de fatos corriqueiros e banais à pessoa do "senhor", e que normalmente não seriam adequados aos seus atributos, como a relativização da onisciência, e que acabam por torná-lo pequeno ou, melhor, nem tão grandioso. Basta citar o esquecimento por parte de Deus de ter dado a Adão e Eva um detalhe estético como um umbigo que "desfeava seriamente as suas criaturas",[892] ambos rematados posteriormente à criação. Essa ambiguidade da imagem de um Deus onipotente que se impõe, mas que ao mesmo tempo esquece, e que, no fim das contas, não é tão soberano quanto se supunha, é ação contínua ao longo do romance.

---

888. SARAMAGO, J., Caim, p. 25.
889. SARAMAGO, J., Caim, p. 30.
890. ALTHAUS-REID, M., Indecent Theology.
891. ALTHAUS-REID, M., O direito de não ser direita, p. 95-104.
892. SARAMAGO, J., Caim, p. 15.

Mediante entrada dos primeiros personagens e das primeiras assertivas do narrador fica claro o projeto construtor/desconstrutor da "reescritura" saramaguiana onde podemos ver sua "teologia ficcional".

Caim e Deus: da oferta ao confronto

Aqui entra em cena a personagem que dá nome ao romance. Sua história se desenrola a partir da preferência de Deus por seu irmão Abel. Deus aceita o sacrifício de Abel e rejeita o de Caim, assim, que mata seu irmão. Conforme se falou anteriormente, Saramago reconta a história bíblica e confronta a tradição realizando uma releitura do conflito dramático entre os irmãos sob a ótica do fratricida, colocando Deus como autor intelectual do crime. Na perspectiva saramaguina, Deus é tão culpado quanto Caim. No diálogo que travam Caim e Deus, fica clara uma espécie de absolvição do primeiro e a condenação do segundo.

> Que fizeste com o teu irmão perguntou, e caim respondeu com outra pergunta, Era eu o guarda-costas de meu irmão, Mataste-o, Assim é, mas o primeiro culpado és tu, eu daria a vida pela vida dele se tu não tivesses destruído a minha, Quis por-te à prova, E tu quem és para pores à prova o que tu mesmo criaste, Sou o dono soberano de todas as coisas, E de todos os seres, dirás, mas não de mim nem de minha liberdade, Liberdade para matar, Como tu foste livre para deixar que eu matasse a abel quando estava na tua mão evitá-lo, bastaria que por um momento abandonasses a soberba da infalibilidade que partilhas com todos os outros deuses, bastaria que por um momento fosses realmente misericordioso, que aceitasses a minha oferta com humildade, só porque não deverias atrever-te a recusá-la, os deuses, e tu como todos os outros, têm deveres para com aqueles a quem dizem ter criado (...).[893]

Vê-se claramente que Saramago ignora a perspectiva que procura enxergar na narrativa o fato de Deus estar ao lado dos mais frágeis, contrariando todo o direito e a lei que estão do lado do mais velho. Esta ideia de Deus ter escolhido o menor, aquele que não tem voz nem vez, o que não é protagonista da História, não aparece no romance. Na reescritura saramaguiana Abel é uma vítima, entretanto, Caim também. No fundo, todos são vítimas de Deus na ficção de Saramago. E mais do que isso, Caim confessa ter assassinado seu irmão porque, na verdade, não pode matar Deus. O ser divino se torna um obstáculo à realização e felicidade

---

893. SARAMAGO, J., Caim, p. 35.

do personagem que dá nome ao romance. O projeto de Caim é o projeto de emancipação à custa de um deicídio. No entanto, como isto não é possível, usa todos os seus recursos argumentativos para convencer Deus de sua parcela de culpa.

> Tu é que o mataste, sim é verdade eu fui o braço executor, mas a sentença foi dita por ti. O sangue que aí está aí não o fiz verter eu, caim podia ter escolhido entre o bem e o mal, se escolheu o mal pagará por isso, Tão ladrão é o que vai a vinha como aquele que fica a vigiar o guarda, disse caim, E esse sangue reclama vingança , insistiu deus, Se é assim, vingarte-ás ao mesmo tempo de uma morte real e de outra que não chegou a haver, Explica-te, Não gostarás do que vais ouvir, Que isso não te importe, fala, É simples, matei abel porque não podia matar-te a ti, pela intenção estás morto, Compreendo o que queres dizer, mas a morte está vedada aos deuses, Sim embora devessem carregar com todos os nomes cometidos em seu nome e por sua causa, Deus está inocente, tudo seria igual se não existisse, Mas eu porque matei poderei ser morto por qualquer pessoa que me encontre, Não será assim, farei um acordo contigo, Um acordo com o réprobo, perguntou caim, mal acreditando no que acabara de ouvir, Diremos que é um acordo de responsabilidade partilhada pela morte de abel, Reconheces então a tua parte de culpa Reconheço mas não o digas a ninguém, será um acordo entre deus e caim(...).[894]

O Deus saramaguiano reconhece, num acordo de responsabilidade compartilhada, a sua parcela no assassinato de Abel. Assim, Deus marca Caim com uma mancha, sinal de proteção. Contudo, aqui tal sinal não parece ser uma ruptura com o ciclo da violência punitiva,[895] mas uma confissão do "pecado de Deus". Todo o restante do romance se desenrola a partir desse ponto. Na verdade, o sinal de Caim é também uma mancha em Deus. Saramago revela que o Deus de Caim é um ser marcado pela crueldade.

Mais uma vez, reconhecemos a força da crítica saramaguiana como "profecia externa", capaz de nos fazer pensar sobre as imagens de Deus. Não damos razão completa ao escritor, mas assumimos que as imagens de Deus que se impuseram na cultura ocidental realmente sugerem um Deus que não está associado à realização humana. Muitas são as pessoas, crentes e não crentes, que relacionam Deus com um castigador, um juiz implacável, um controlador que impõe a sua vontade, doa a quem doer etc.[896] É até compreensível que um Deus assim se torne

---

894. SARAMAGO, J., Caim, p. 35.
895. DATLER, F., Gênesis, p. 63.
896. CASTILLO, J. M., Deus e a nossa felicidade, p. 11-12.

inaceitável ou até mesmo insuportável. É claro que sabemos que a questão das imagens de Deus é um labirinto nem sempre fácil de compreender,[897] afinal, desde que a humanidade ensaia seus primeiros passos sobre a terra o ser humano busca o rosto de Deus. Entretanto, o mundo contemporâneo não é mais aquele em que viveram as gerações passadas. A afirmação da fé cristã não é tão óbvia quanto antes. Hoje as pessoas interagem de um lado com o ateísmo ou indiferença religiosa e de outro com o universo em expansão das religiões.[898]

O que se está a exigir do cristianismo é uma remodelação dos meios com que este compreende a sua própria experiência. Quando não há essa consciência que, inclusive, permite enxergar a limitação das representações de Deus, assume-se um Deus distorcido. Por isso, com certa razão, nos romances bíblicos saramaguianos, encontra-se uma crítica através do perfil de um Deus distante, controlador, cruel e que prefere uns a outros. Esse Deus, sem dúvida, prejudica a vida.

O Deus desenhado pela pena do escritor lusófono, bem como aquele que habita a cabeça de muitos, não é um elemento relevante, impulsionador e libertador da pessoa humana. Ao contrário, ao redor de sua imagem, se acumulam medos, cargas morais, repressões ou reduções vitais.[899] Por isso, é extremamente importante repensar a imagem de Deus. Pois, são essas representações de Deus que o tornam acessível à experiência humana.

As viagens temporais de Caim: um itinerário teológico

A partir da marca que Caim recebe, no intuito de reinterpretar as narrativas bíblicas, Saramago faz do personagem um viajante. A punição para Caim foi de andar errante pela terra, mas não somente preso ao presente. O seu andar é um andar no tempo e espaço, pois, no romance, Caim percorre diversas narrativas da Bíblia Hebraica. Caim é transformado num errante da fé e das eras: viaja para o futuro, e depois para trás daquele futuro. Sempre montado no jumento, entrando e saindo de uma era para outra. Sai de uma paisagem seca e desértica e chega à outra paragem cheia de frutas, água e nuvens. Ele mesmo supõe que algo está diferente, como se houvesse dois tempos distintos, mas que de algum modo estão interconectados, presentes por vir e presentes passados.[900]

---

897. MARDONES, J. M., Matar nossos deuses, p. 12.
898. BINGEMER, M. C., Um rosto para Deus?, p. 11.
899. MARDONES, J. M., Matar nossos deuses, p. 11.
900. FERRAZ, S., Caim decreta a morte de Deus, p. 119.

Aqui nos concentraremos nas passagens que, no nosso entendimento, mais evidenciam a "teologia ficcional" ateia de Saramago. O primeiro local por onde Caim passa é a terra de Nod. Lá, para preservar a vida, envolve-se com Lilith, embora tivesse sido advertido a não fazê-lo. Caim não se importa, porque sabia que ninguém poderia tirar sua vida, já que carregava o sinal divino, barganhado com Deus. Na cidade se identifica pelo nome do irmão, Abel. Trabalha como pisador de barro e fica sabendo que o senhor daquelas terras é uma senhora: Lilith, mulher de Noah, da qual "diz-se que é bruxa, capaz de endoidecer um homem com seus feitiços".[901]

Lilith, aos olhos de Saramago, é uma mulher devassa. Na Bíblia, Lilith aparece em Is 34,14 como parte da descrição do dia da vingança do Senhor. Sua figura é comumente associada à procriação.

> Lilith figura como um demônio da noite nas escrituras hebraicas (Talmud e Midrash). Lilith é, também, referida na Cabala como a primeira mulher de Adão, sendo que em uma passagem, ela é acusada de ser a serpente que levou Eva a comer do fruto proibido. No folclore popular hebreu medieval, ela é tida como a primeira esposa de Adão, que o abandonou, partido do Jardim do Éden por causa de uma disputa, vindo a tornar-se mãe dos demônios. De acordo com certas interpretações da criação humana em Gênesis, no Velho Testamento, reconhecendo que havia sido criada por Deus com a mesma matéria-prima, Lilith rebelou-se, recusou-se a "ficar sempre em baixo durante as suas relações sexuais". Na modernidade, isso levou a popularização da noção de que Lilith foi a primeira mulher a rebelar-se contra o sistema patriarcal.[902]

É essa a referência que Saramago tem ao dar vida à personagem que na sua narrativa é destacada na qualidade de mulher insaciável, como demonstra o narrador ao contar a primeira noite de sexo entre Caim e a amante: "Lilith era insaciável, as forças de Caim pareciam inesgotáveis".[903]

Lilith se encanta por Caim, a quem conheceu como Abel, um pisador de barro e só depois descobre a farsa, o que não diminui em nada o seu desejo por ele, conforme ela mesma declara: "vejo em ti um homem a quem o Senhor ofendeu, e, agora que já sei como realmente te chamas (...) foste o Abel que conheci

---

901. SARAMAGO, J., Caim, p. 51.
902. FERRAZ, S., Caim decreta a morte de Deus, p. 121.
903. SARAMAGO, J., Caim, p. 60.

entre os meus lençóis, agora és o Caim que me falta conhecer".[904] Isto só ocorre porque Caim é emboscado pelos homens de Noah, que sofre calado de ciúmes dos amantes de Lilith, consentidos por ele mesmo a troco de que lhe dessem um filho, já que era estéril.[905]

Lilith ainda bola um plano para matar seu marido, mas Caim se recusa a participar. Mais tarde, ela anuncia que está grávida. O filho é de Caim, mas efetivamente será filho do Noah. A história dos dois não termina aí. Depois de dez anos Caim retorna de sua viagem no tempo, encontra seu filho Enoch, conta um resumo de suas andanças, mas não fica ali.[906]

Foi justamente nessa personagem mítica, cujo nascimento remonta à anterioridade dos tempos, esta mulher que se apresenta como uma força contrária à masculinidade de Deus, que Saramago foi buscar a mulher de Caim. E é através da fala de Lilith, quando Caim lhe conta sobre o que havia acontecido em Sodoma e Gomorra, que o escritor questiona mais uma vez a visão androcêntrica que fez das mulheres, muitas vezes, vítimas da história:

> Que Sodoma era essa, perguntou Lilith, A cidade onde os homens preferiam os homens às mulheres, E morreu toda gente por causa disso, Toda, não escapou uma alma, Até as mulheres que esses homens desprezavam, tornou a perguntar, Sim, Como sempre, às mulheres, de um lado lhes chove, do outro lhes faz vento.[907]

Aí, novamente a denúncia do caráter misógino desse "Deus", agora feita por Lilith, essa mulher que na tradição judaico-cristã representa a força da transgressão e subversão femininas.

Depois do primeiro encontro com Lilith, Caim viaja no tempo e o episódio visitado por ele é o do sacrifício de Isaac. Nele, ao alterar a dinâmica dos fatos relatados nas escrituras judaico-cristãs, Saramago faz o anjo enviado por Deus chegar tarde por conta de um problema mecânico em uma das asas e Caim lhe fazer às vezes: "Quem é você, Sou caim, sou o anjo que salvou a vida de Isaac".[908] O narrador aproveita para realçar a linha que separa moralmente as esferas do humano e do divino, rebaixando este último ao tornar o anjo alvo do ridículo, que é outro traço da carnavalização.

---

904. SARAMAGO, J., Caim, p. 67.
905. SARAMAGO, J., Caim, p. 64-67.
906. SARAMAGO, J., Caim, p. 123-131.
907. SARAMAGO, J., Caim, p. 129.
908. SARAMAGO, J., Caim, p. 80.

Contudo, importa ressaltar que o narrador também chama a atenção para o caráter igualmente duvidoso de Abraão, ao aceitar sem hesitar as ordens de sacrificar seu filho.

> O leitor leu bem, o senhor ordenou a abraão que lhe sacrificasse o próprio filho, com a maior simplicidade o fez, como quem pede um copo de água quando tem sede, o que significa que era costume seu, e muito arraigado. O lógico, o natural, o simplesmente humano seria que abraão tivesse mandado o senhor à merda, mas não foi assim.[909]

Note-se que o narrador elege a palavra "humano" para expressar a virtude que se esperava, não apenas do personagem Abraão, mas de qualquer pessoa que se visse na mesma situação. Abraão representa a índole insensível do ser humano que se deixa conduzir pela imoralidade de um Deus que exige o sacrifício humano.

De fato, esse episódio bíblico é marcante e à primeira vista parece apontar paradigmaticamente para um Deus que exige sacrifícios. Sua importância pode ser comprovada através do destaque que grandes pensadores como, por exemplo, Kant e Kierkegaard deram a ele.[910] Queiruga, que procura repensar a imagem de Deus a partir de uma leitura não literalista do texto bíblico, afirma que o sacrifício de Isaac constitui um caso modelar por sua própria força e grandiosidade, e que poucos relatos da literatura universal fazem pensar o temor da criatura diante de Deus.[911]

Ainda sobre esse episódio no romance, vale destacar que logo após o filho de Abraão ter sido salvo por Caim, o anjo fracassado anuncia a mensagem enviada pelo Senhor de que, por conta da obediência de Abraão, não somente o próprio seria imensamente abençoado e agraciado, como toda a sua geração seguinte e ainda todos os povos do mundo, ao que Caim comenta: "Estas, para quem não saiba ou finja ignorá-lo, são as contabilidades duplas do senhor, onde uma ganhou, a outra não perdeu, fora isso não compreendo como irão ser abençoados todos os povos do mundo só porque Abraão obedeceu a uma ordem estúpida".[912]

Na trama do escritor português as contabilidades de Deus se estendem sem razão aparente, pois este faz toda uma geração futura receber as consequências de um erro ou acerto por meio de suas vontades e julgamentos incompreensíveis. Por esse ponto de vista, a missão de Jesus Cristo como redentor dos

---

909. SARAMAGO, J., Caim, p. 79.

910. QUEIRUGA, A., Do terror de Isaac ao Abbá de Jesus, p. 76-85.

911. QUEIRUGA, A., Do terror de Isaac ao Abbá de Jesus, p. 73.

912. SARAMAGO, J., Caim, p. 81.

pecados da humanidade teria sido em vão. O sacrifício de Cristo, assim como o de Isaac, teria sido fruto da prepotência divina, e é exatamente nisto que acredita o narrador de *Caim*, que reflete sobre o assunto por meio de um diálogo imaginado entre Abraão e Isaac:

> Imaginemos um diálogo entre o frustrado verdugo e a vítima salva *in extremis*. Perguntou Isaac, Pai, que mal te fiz eu para teres querido matar-me, a mim que sou o teu único filho, Mal não me fizeste, Isaac, Então porque quiseste cortar-me a garganta como se eu fosse um borrego, perguntou o moço, se não tivesse aparecido aquele homem para segurar-te o braço, que o senhor o cubra de bênçãos, estarias agora a levar um cadáver para casa, A ideia foi do senhor, que queria tirar a prova, A prova de quê, Da minha fé, da minha obediência, E que senhor é esse que ordena a um pai que mate o seu próprio filho, É o senhor que temos, o senhor dos nossos antepassados, o senhor que já cá estava quando nascemos, E se esse senhor tivesse um filho, também o mandaria matar, perguntou Isaac, O futuro o dirá.[913]

Mais uma vez o perfil do Deus saramaguiano é exposto. É um Deus que quer sacrifícios. Isaac questiona o pai por seu ato e diz não entender o cristianismo. Na narrativa, fica clara a tentativa de se questionar esse Deus que pede a Abraão que sacrifique seu filho, o que geraria um tormento a qualquer pai, mesmo que depois voltasse atrás.

Este traço se torna ainda mais forte quando o autor sugere que Deus, soberanamente, teria ordenado a morte de seu próprio filho sem aparecer na última hora para salvá-lo, como no caso de Isaac. Ao fazer isso, e como já fizera no *ESJC*, Saramago aponta sua crítica para a teologia da satisfação compensatória. Nesta teologia, a morte de Jesus parece interessar mais a Deus que à humanidade, porque é uma forma de reparar a honra de Deus pelo pecado original cometido pelo ser humano. Partindo desse ponto, o escritor português concebe o Deus cristão como aquele que se preocupa somente consigo mesmo. Pois o que interessou a Deus não foi a vida de Jesus, mas a sua honra reparada. Ou seja, o Deus saramaguiano não é o Deus da vida, mas o Deus dos sacrifícios. É o Deus com sede de sangue que exige um sacrifício para satisfazer sua implacável ira. Não é um Deus que promove e celebra a vida, mas sim o sofrimento.

Logo após interferir no sacrifício de Isaac, Caim é levado para outro tempo, no qual presencia o episódio da Torre de Babel. Segundo a narrativa bíblica do *Gênesis*, a Torre de Babel foi uma construção monumental erigida por um dos

---

913. SARAMAGO, J., Caim, p. 82.

povos primordiais com o objetivo de não ficarem espalhados sobre a Terra, mas abrigados na Torre, cujo cume seria alto o bastante para chegar próximo ao céu. Deus teria interrompido este projeto ao confundir as línguas e espalhar o povo sobre a Terra, com o propósito de que eles a povoassem. Este mito seria a versão bíblica para explicar a existência da diversidade de idiomas e raças.

Em *Caim*, porém, o mito da Torre de Babel vem para corroborar a imagem de um Deus ciumento obcecado pela própria onipotência. Ao destruir a Torre e confundir as línguas, Deus instaura o caos e a revolta. Assim, Caim mais uma vez dá o seu diagnóstico: "O ciúme é o seu grande defeito, em vez de ficar orgulhoso dos filhos que tem, preferiu dar voz à inveja, está claro que o senhor não suporta ver uma pessoa feliz".[914]

O narrador corroborando esta perspectiva ressalta:

> Muitos anos depois se dirá que caiu ali um meteorito, um corpo celeste, dos muitos que vagueiam pelo espaço, mas não é verdade, foi a torre de babel, que o orgulho do senhor não conseguiu que terminássemos. A história dos homens é a história dos seus desentendimentos com deus, nem ele nos entende a nós, nem nós o entendemos a ele.[915]

Aqui, mais uma vez, Saramago afirma o seu projeto de (des)construção. Deus, segundo a sua impressão, é ciumento, vil e sedento de poder, está em constante disputa com os seres humanos. Na verdade, é inimigo de sua felicidade é o algoz de suas realizações.

Posteriormente, Caim viaja para as proximidades de Sodoma e Gomorra. Reencontra Abraão, mas este não o reconhece. Afinal, Isaac ainda não nasceu, Deus ainda não ordenou seu sacrifício e Caim ainda não o salvou. Essa estratégia é utilizada pelo escritor para fazer com que Caim percorra milênios e perpasse os mitos judaico-cristãos. Ou seja, a cronologia pouco importa. Passado, presente e futuro se misturam nas linhas da narrativa.

Sodoma e Gomorra são duas cidades, cuja queda Caim e Abraão assistirão, acompanhados de dois anjos enviados por Deus. Condenando culpados e inocentes, Deus ordena que as cidades sucumbam em chamas. Contudo, Ló e sua família são poupados por terem obedecido ao "senhor" e servido em seu propósito. Os anjos mensageiros alertam Ló para que fuja sem olhar para trás. Neste momento, o narrador se faz presente e comenta assim o famoso episódio da mulher de Ló convertida em estátua de sal:

---

914. SARAMAGO, J., Caim, p. 86.
915. SARAMAGO, J., Caim, p. 88.

> Até hoje ainda ninguém conseguiu compreender por que foi ela castigada desta maneira, quando tão natural é querermos saber o que se passa nas nossas costas. É possível que o senhor tivesse querido punir a curiosidade como se se tratasse de um pecado mortal, mas isso também não abona muito a favor da sua inteligência, veja-se o que sucedeu com a árvore do bem e do mal, se eva não tivesse dado o fruto a comer a adão, se não o tivesse comido ela também, ainda estariam no jardim do éden, com o aborrecimento que aquilo era.[916]

O narrador saramaguiano absolve a mulher de Ló no seu discurso ao contrapor a curiosidade feminina, recriminada nos mitos judaico-cristãos, à salutar vontade, inerentemente humana, de se aventurar no desconhecido. Além disso, a imagem do Jardim do Éden, enquanto paraíso imaculado e espaço de perfeição, é impiedosamente questionada, uma vez que o marasmo e a improdutividade que ali reinavam não pareciam, segundo o narrador de *Caim*, agradar a Adão e Eva.

Em seguida, Caim passa pelo deserto de Sinai e ouve o plano de Aarão, irmão de Moisés, para fazer um bezerro de ouro, à pedido do povo que clamava: "Anda, faz-nos uns deuses que nos guiem, porque não sabemos o que sucedeu a Moisés".[917] Aarão então confecciona o bezerro que recebe a adoração do povo. Quando Moisés regressa, o irmão se justifica, alegando acreditar que ele não retornaria, mas as consequências são funestas:

> Moisés proclamou, Eis o que diz o senhor, deus de Israel, pegue cada um numa espada, regressem ao acampamento e vão de porta em porta, matando cada um de vocês o irmão, o amigo, o vizinho. E foi assim que morreram cerca de três mil homens. O sangue corria entre as tendas como uma inundação que brotasse do interior da própria terra, como se ela própria estivesse a sangrar, os corpos degolados, esventrados, rachados de meio a meio, jaziam por toda a parte, os gritos das mulheres e das crianças eram tais que deviam chegar ao cimo do monte sinai onde o senhor se estaria regozijando com a sua vingança.[918]

O foco narrativo se volta novamente para as percepções de Caim:

> Não bastavam Sodoma e Gomorra arrasadas pelo fogo, aqui, no sopé do monte Sinai, ficara patente a prova irrefutável da profunda maldade do senhor, três mil homens mortos só porque ele tinha ficado irritado com a

---

916. SARAMAGO, J., Caim, p. 97.
917. SARAMAGO, J., Caim, p. 99.
918. SARAMAGO, J., Caim, p. 101.

invenção de um suposto rival em figura de bezerro. Eu não fiz mais que matar um irmão e o senhor castigou-me, quero ver agora quem vai castigar o senhor por estas mortes pensou caim.[919]

No entanto, não para aí, mas complementa sua argumentação contra as atitudes violentas de Deus afirmando que Lúcifer sabia bem o que estava fazendo quando se rebelou contra Deus. De acordo com a personagem, Lúcifer não invejava o "senhor", mas conhecia seu caráter maligno. Saramago através da assertiva contundente de Caim, coloca Lúcifer, sempre com letra maiúscula, superior a Deus.

A moral do "senhor" é ainda ironizada na passagem em que Caim escuta boatos sobre o escandaloso caso de incesto entre Ló e as filhas, e questiona a ira divina que se volta tão facilmente contra inocentes, mas deixa passar impunemente atos como esse. Diante da notícia ele diz que isso não é surpresa alguma "à luz de uma natureza ainda não dotada de códigos morais e em que o importante era a propagação da espécie, quer fosse por imposição do cio, quer fosse por simples apetite".[920]

Posteriormente, Saramago revisa a guerra contra os reis midianitas quando Moisés mandou, por ordem de Deus, que os soldados israelitas matassem todas as mulheres casadas e jovens que guardassem, para seu próprio uso, as solteiras e os despojos de guerra.

Depois disto Caim viaja para o tempo de Josué e a tomada de Jericó, trabalhando no serviço de apoio do exército. Na conquista de Jericó, nada é poupado, tudo é destruindo: homens, mulheres, crianças e animais. Mas sua saga não para por aí. Ele visita outro episódio do Livro de Josué, em que supostamente o sol havia parado. Ao reescrever o texto, Saramago destaca através do narrador: "Tirando os inevitáveis e já monótonos mortos e feridos, tirando as costumadas destruições e os costumadíssimos incêndios, a história é bonita, demonstrativa do poder de um deus ao qual, pelos vistos, nada seria impossível. Mentira tudo".[921]

À ideia de parar o sol, o senhor responde:

> Não posso fazer parar o sol porque parado já ele está, sempre o esteve desde que o deixei naquele sítio, Tu és o senhor, tu não podes equivocar-te, mas não é isso o que os meus olhos veem, o sol nasce naquele lado, viaja todo o dia pelo céu e desaparece no lado oposto até regressar na manhã seguinte,

---

919. SARAMAGO, J., Caim, p. 101.
920. SARAMAGO, J., Caim, p. 103.
921. SARAMAGO, J., Caim, p. 117.

Algo se move realmente, mas não é o sol, é a terra, A terra está parada, senhor, disse josué em voz tensa, desesperada, Não, homens, os teus olhos iludem-te, a terra move-se, dá voltas sobre si mesma e vai rodopiando pelo espaço ao redor do sol.[922]

Nessa conversa, insere-se no discurso bíblico o discurso científico. E toda a utilização desse discurso vem para criar um conflito entre a fé na história bíblica e o conhecimento científico. Para este último, conhecedor dos movimentos de rotação e translação planetária, o diálogo adquire um caráter caricato, pois é o próprio Deus quem admite que a terra gira ao redor do sol. Soma-se a isso o desespero de Josué, ao ter suas convicções abaladas, sabendo que aquilo que seus olhos viam era o avesso da realidade. Então, retomando o tom beligerante de líder do exército, Josué pede o inverso:

> Então se assim é, manda parar a terra, que seja o sol a parar ou que pare a terra, a mim é-me indiferente desde que possa acabar com os amorreus, Se eu fizesse parar a terra, não se acabariam só os amorreus, acabava-se o mundo, acabava-se a humanidade, acabava-se tudo, (...) tudo seria lançado para fora como uma pedra quando a soltas da funda.[923]

Ao final da história assiste-se ao seguinte diálogo entre Deus e Josué: "Não falarás a ninguém sobre o que foi tratado aqui entre nós, a história que virá a ser contada no futuro terá de ser a nossa e não outra (...) A minha boca não se abrirá salvo seja para confirmá-la, senhor, Vai e acaba-me com esses amorreus".[924]

Aqui Saramago deixa clara a oposição, segundo a concepção por ele herdada, entre fé e ciência. Nesse sentido, confirma-se que o choque entre o paradigma cristão fincado na Antiguidade e o paradigma do ateísmo moderno teve como uma de suas frentes a luta entre fé e a ciência. O Deus saramaguiano é contrário ao progresso humano.

Seguindo o seu itinerário, Caim visita o justo sofredor Jó e logo que toma conhecimento das desgraças que acometeram ao justo homem faz questão de afirmar seu veredito contrário à aparente absurda justiça divina: "A mim não me parece muito limpo da parte do senhor, disse caim, se o que ouvi é verdade, talvez, como tantos dizem, o senhor seja justo, mas a mim não me parece".[925]

---

922. SARAMAGO, J., Caim, p. 118.
923. SARAMAGO, J., Caim, p. 118-119.
924. SARAMAGO, J., Caim, p. 119-120.
925. SARAMAGO, J., Caim, p. 135.

A mulher de Jó conhecida no relato bíblico por se rebelar contra Deus, na narrativa saramaguiana mais uma vez serve de elemento desestabilizador ao duvidar "que as manhas do diabo não prevalecem contra a vontade de deus".[926] Agora, diante da perda de tudo que mais amava, chega à conclusão de que "o mais certo é que satã não seja mais que um instrumento do senhor, o encarregado de levar a cabo os trabalhos sujos que deus não pode assinar com seu nome".[927]

A partir daí, o foco narrativo se distancia das falas dos personagens do livro e volta-se para o protagonista e os dois anjos:

> Suponho que o Senhor estará feliz, disse aos anjos, ganhou a aposta contra satã e, apesar de tudo quanto está a sofrer, Job não o renegou, todos sabíamos que não o faria, também o senhor, imagino, o Senhor primeiro de todos, isso quer dizer que ele apostou porque tinha a certeza de que ia ganhar, de certo modo, sim, portanto, tudo ficou como estava, neste momento o senhor não sabe mais de Job do que aquilo que sabia antes, assim é.[928]

O pensamento a que Caim chega é tecido como uma verdade extraída não dele somente, mas uma conclusão alicerçada no que os anjos falaram. Com isso, para além da nulidade aparente de toda a aposta, uma vez que o senhor já sabia o resultado, Caim chama a atenção para todas as perdas, todas as mortes, todo o sofrimento pelo qual Deus fez Jó passar, e os demais habitantes da terra de Us, simples e absurdamente para satisfazer a um capricho de vitória. O que se vê é um embate. De um lado Jó, homem íntegro, reto e temente a Deus, sua família e suas riquezas. Do outro, a reunião da corte celestial em que Deus e Satanás debatem. A partir deste ponto tem início as aflições de Jó, que perde seus bens, família e saúde.

Toma forma um personagem que, sabendo-se inocente, procura encontrar uma justificativa para os castigos de Deus, mas não consegue. Enquanto os companheiros vão desfiando a doutrina, "fazendo discursos sobre a resignação em geral e o dever, para todo o crente, de acatar de cabeça baixa a vontade do senhor, fosse ela qual fosse".[929] Caim, já seguro que não se pode justificar um Deus que faz sofrer a outrem com requintes de crueldade por uma aposta, resolve seguir viagem.

Desembarca então em sua aventura final. Participa do episódio da construção da arca de Noé e depois o reencontra-se com Deus. A história bíblica se

---

926. SARAMAGO, J., Caim, p. 139.
927. SARAMAGO, J., Caim, p. 140.
928. SARAMAGO, J., Caim, p. 141.
929. SARAMAGO, J., Caim, p. 141.

dá pelo do prisma da punição de Deus contra uma humanidade pervertida. Deus vendo que era grande a malícia dos homens sobre a terra, e que todos os pensamentos do seu coração estavam continuamente aplicados ao mal, arrependeu-se de ter feito o homem sobre a terra. Noé, de acordo com a narrativa bíblica, fora um homem justo e por esta razão, foi escolhido como representante humano, juntamente com seus filhos, a saber, Sem, Cam e Jafé, e suas respectivas esposas, para sobreviver ao dilúvio causado por Deus e formar uma nova humanidade. Para isso, Deus ordena a Noé que construa uma arca, que deveria ser ocupada por um casal de animais de cada espécie presente na terra. O criador dá um prazo de sete dias para a construção da arca, e faz chover por quarenta dias e quarenta noites, exterminando todos os seres que fizera.

Saramago mais uma vez ironiza esse Deus dizendo que ele não compareceu "ao bota-fora. Estava ocupado com a revisão do sistema hidráulico do planeta, verificando o estado das válvulas, apertando alguma porca mal ajustada que gotejava onde não devia".[930] Na arca, imprevistos acontecem, como, por exemplo, o sumiço de um unicórnio.[931] Caim passa a controlar a embarcação e a se envolver com as noras e a esposa de Noé. Parece que o autor acentua de propósito a comicidade no romance. Ações descontroladas começam a acontecer e são contadas de modo sarcástico pelo narrador. Sugere-se a possível gravidez de uma filha de Noé. Uma de suas noras morre embaixo da pata de um elefante e é jogada ao mar, Cam morre consertando uma tábua da arca. Só sobrevivem Noé e Caim, que ironicamente nunca poderiam dar continuidade a uma nova geração.

Enquanto Noé se preocupa com a punição divina para os que descumprem seus desígnios, Caim se diverte, dizendo que ele se haverá com Deus. Noé, no entanto, atira-se da janela pouco antes da abertura da arca, talvez por saber que seria castigado por Deus. Quando Deus chega, saem da arca apenas os animais e o protagonista. A arca é aberta e Deus questiona sobre Noé e os seus, ao que Caim responde que estavam mortos. Então os dois passam a discutir:

> Mortos, como, mortos, porquê, Menos noé, que se afogou por sua livre vontade, aos outros matei-os eu, Como te atreveste, assassino, a contrariar o meu projecto, é assim que me agradeces ter-te poupado a vida quando mataste abel (...) caim és, e malvado, infame matador de teu próprio irmão, Não tão malvado como tu, lembra-te das crianças de sodoma. Houve um

---

930. SARAMAGO, J., Caim, p. 161.

931. A referência a esse animal mitológico, que não deveria estar na arca, marca mais uma vez a desconstrução do sagrado na obra em questão como já foi apontado anteriormente.

grande silêncio. Depois caim disse, Agora já pode matar-me, Não posso, palavra de deus não volta atrás.[932]

Na narrativa saramaguiana não há arco-íris, não há pacto de reconciliação entre a humanidade e Deus. E mais: no fundo, Caim assume a imagem e semelhança de um Deus cruel e sádico e cumpre assim a sua vocação de vingador de todos os homens e mulheres.

Se no *ESJC* Jesus não pode frustrar os planos de Deus, em *Caim* Saramago vira o jogo. Ao matar todos os outros humanos o escritor português acaba com a possibilidade de futuramente existir um Jesus que será usado por Deus para realizar seus objetivos. No entanto, outra questão importante pode ser vista. Na narrativa sarmaguiana Caim continua a matar os humanos porque não pode matar a Deus. Ou mata porque sem a humanidade Deus estaria num beco sem saída. Caim, na verdade, é o verificador da tese de Saramago de que sem os homens e as mulheres não há Deus.

Salma Ferraz descreve Caim como o assassino do "Senhor", como o personagem que escreve o capítulo final de Deus, já que sem a possibilidade de a humanidade seguir seu rumo Deus desapareceria.[933] No entanto, a história entre Deus e a humanidade parece ter um epílogo. Depois de longa discussão, entre Caim e Deus, Saramago finaliza o romance, dizendo que "a única coisa que se sabe de ciência certa é que continuaram a discutir e que a discutir estão ainda. A história acabou, não haverá nada mais que contar".[934] Esta fala que encerra o romance pode até ser tomada para ratificar esta lógica e dizer que a história de Deus se resume, no fim das contas, ao último homem. Mas, parece haver algo mais.

Esta fala que fecha o romance saramaguiano pode ser pensada, não como a confissão de uma nostalgia, como diria Waldecy Tenório, mas como a constatação de uma identidade que se constrói na luta titânica contra Deus ou contra o "fator Deus". Neste sentido, será que não somos todos Caim? Não estamos todos em luta contra aquele Deus que nos impede de viver a nossa humanidade plenamente? Quis a história que esse fosse o último romance de José Saramago, pelo menos o último terminado completamente e publicado. Talvez a criatura seja metáfora do criador que ficou a lutar com Deus até o dia da sua morte.

Ao percorrer o itinerário proposto por Saramago chega-se à conclusão que o escritor lusófono assume um discurso de construção/desconstrução, a partir de uma abordagem fictícia da relação entre Deus e o personagem que dá nome

---

932. SARAMAGO, J., Caim, p. 172.

933. FERRAZ, S., Caim decreta a morte de Deus, p.127-130.

934. FERRAZ, S., Caim decreta a morte de Deus, p. 172.

ao romance. Ele realiza, retomando muitas ideias teológicas, uma (des)construção teológica. Por isso, pode-se afirmar, portanto, que em *Caim*, Saramago realiza uma "teologia ficcional", mesmo que às avessas, construindo para desconstruir.

*****

Neste capítulo procuramos mostrar como os romances bíblicos contêm o núcleo da teologia ficcional de Saramago. Buscamos evidenciar como ocorre a (des)construção das questões teológicas em cada obra e como elas podem ser associadas a partir de uma clave de diálogo com a reflexão de teólogos e teólogas. Entendemos que as provocações do escritor português nesses romances podem ser acolhidas como uma "profecia de fora" que auxilia a repensar a fé.

Nosso esforço foi, sobretudo, para dar evidência essa teologia ficcional em sua relação com a reflexão teológica. Acreditamos que outro passo interessante seria aprofundar-nos teologicamente nas respostas e tematizações do que foi levantado por Saramago, procurando oferecer outras perspectivas. Contudo, nos limitamos a lançar luz na literatura saramaguiana por meio de uma metodologia que nos permitisse enxergar como ela está repleta de (des)construções que tocam em assuntos importantes para a reflexão teológica.

Por intermédio de seus personagens e da voz do narrador com uma capacidade extraordinária de criação e inventividade linguística o escritor, tendo o ateísmo como seu *locus theologicus*, expõe questões que estão, de certa forma, relacionadas ao pensamento teológico contemporâneo.

Conclusão

Todo o percurso de nossa investigação procurou traduzir a postura teológica de Saramago, demonstrando como sua obra instaura uma forma de pensamento teológico (des)construtivo que, tendo como plataforma o seu ateísmo, possuiu na relação com o cristianismo o seu núcleo estruturante e fundamental. Sua literatura caracteriza-se como uma "teologia ficcional", e, por isso mesmo, transpõe aquilo que Kuschel chamou de "doença teológica do conteudismo",[935] que marcou e marca parte da elaboração das antigas e novas reflexões teológicas. Como procuramos deixar claro, a teologia que se inscreve na literatura de Saramago distanciou-se dos conteúdos que marcaram as seguranças das ortodoxias, e estruturaram as narrativas teológicas que se firmam na inflexibilidade do dogma. Neste sentido, o ateísmo saramaguiano une-se a toda teologia madura, que não exclui a dúvida, a crítica e a imaginação do cotidiano da consciência religiosa.

No entanto, esta proposta só se tornou possível a partir da explicitação de uma metodologia que permitiu apontar afinidades constitutivas entre a teologia e a literatura. A força inspirativa que motivou os profetas e os hagiógrafos é semelhante àquela que impele o poeta a passear pelas vias da beleza dizendo o que vê e o que sente em palavras e versos. O próprio exemplo de Jesus como teopoeta que nas ficções parabólicas encontrou o meio para experimentar Deus e iniciar outros nesta experiência e não só isso, toda a Bíblia como expressão literária e a teoliteratura da Patrística fornecem elementos para percebermos uma irmandade ancestral entre os dois saberes. Por mais que esta relação tenha sofrido um desgaste, tanto do ponto de vista da linguagem teológica embebida das pretensões conceitualistas escolásticas quanto tenha sido problematizada, e em alguns casos até negada pelos processos de autonomização engendrados na modernidade, ela permaneceu e tem sido recuperada pela reflexão teológica. Esta recuperação, em perspectivas diversas, possibilitou-nos dizer que certas

---

935. KUSCHEL, K.-J., Im spiegel der dichter, p. 16.

literaturas, mesmo aquelas de autores ateus, constituem teologia autêntica em forma literária.

Todavia, estávamos diante de um gênero específico, o romance, que por meio de suas origens e características, revelou uma forma artística poderosa de interpretação-reimaginativa do mundo. Capaz de recolher as diversas vozes que compõem o tecido social e de projetar imaginativa e utopicamente a realidade para além de si mesma, o romance desvelou-se como possível portador de uma teologia ficcional. Mas, esta conclusão não seria possível sem os aportes teológicos necessários que buscamos na valorização da narração presente na teologia narrativa e na reflexão que sublinha o saber teológico como intrinsecamente hermenêutico. O romance, com toda a sua complexidade e inventividade, pode ser visto como expressão teológica plural e antidogmática. Diante das pretensões do humano que se arroga compreender e dominar a realidade com seus conceitos, a ficção romanesca instaura-se como forma teológica que, de maneira irônica e sem uma preocupação sistematizadora, sugere direções outras que se distanciam das tradicionalmente aceitas.

Preparamos as bases para adentrar o universo saramaguiano verificando os aspectos que particularmente marcam sua literatura. O ateísmo mostrou-se como fator importante na construção de sua obra e especialmente no caso dos romances *ESJC* e *Caim* tornou-se o *locus theologicus* que interfere na maneira como utiliza os textos bíblicos, carnavalizando-os, deslocando as histórias e afirmações dos seus contextos para dar-lhes um sentido novo, geralmente problematizando aspectos da crença tradicional.

Embora o Ser-Deus não seja uma questão para Saramago, não nega que a religião cristã, e o "fator Deus" lhe sirva de pano de fundo. Mesmo se dizendo ateu afirmava que o "ateu autêntico seria alguém que viveria numa sociedade onde nunca teria existido uma ideia de Deus".[936] Seu ateísmo foi inseparável de seu engajamento teológico e não se traduziu numa banalidade racionalista cientificista, como vemos no chamado neoateísmo, mas reinstaurou questões teológicas que, ou foram relegadas aos espaços eclesiásticos, ou estiveram absolutamente deslocadas das questões modernas.

Neste sentido, nossa abordagem procurou ser um esforço para reinserir o discurso teológico dentro dos quadros epistemológicos do pensamento contemporâneo, expondo os seus problemas e questionando, a partir dos mecanismos que deram forma à crítica saramaguiana, a trivialidade apaziguadora com que se tratou a "questão Deus". Mesmo do alto do seu ateísmo Saramago não baniu

---

936. SARAMAGO, J., In: AGUILERA, F. (Org.), As palavras de Saramago, p. 125.

as questões teológicas que ele sabia, ainda dirigem os corpos e as mentes. Soube transcrever, como poucos, e de maneira crítica, a urgência e a radicalidade do problema teológico.

Inserindo-se nas pluridimensionais camadas dos textos bíblicos, foi hábil em apropriar-se da linguagem cristã para denunciar a indiferença dos homens e mulheres imersos em suas liturgias alienantes, que procuram camuflar com justificativas teológicas os intestinos de um mundo que sofre com as dores de uma realidade irreconciliada. Sua paródia do texto bíblico, onde se inscreve a teologia ficcional como construção desconstrutiva é uma remodelação dos meios com que o cristianismo compreende a sua própria experiência. É um remédio contra o estado sonambúlico com o qual certas ortodoxias fazem imergir os sujeitos. É um rascante antídoto para o estado de homens e mulheres que cantam e oram olhando para o céu, como que embriagados pela saliva e pelo sangue dos suplicantes deste mundo.

As questões teológicas desenhadas pela pena do escritor lusófono relacionam-se com o segundo momento, na experiência de Deus que Leonardo Boff chama de "não-saber-transcendência-desidentificação", que é a tomada de consciência na experiência de Deus de que todas as imagens são insuficientes. Segundo Boff, "o ateísmo negador das representações de Deus oferece, portanto, a chance de uma verdadeira experiência de Deus"[937] já que ajuda-nos a rever as imagens que se cristalizaram nas retinas religiosas. Neste sentido, ao acolher a (des)construção da teologia ficcional saramaguiana, é possível fazê-la convergir com a teologia não ficcional, à medida que esta procura revisar as imagens de Deus diante dos desafios contemporâneos. Mesmo que a teologia ficcional de José Saramago não possa responder às expectativas apologéticas, ela pode contribuir para o interminável trabalho de depuração da linguagem religiosa.

A teologia ficcional de José Saramago abre, através do demasiado humano Jesus do *ESJC*, a reflexão teológica para se pensar como a religião cristã tem feito, de algumas de suas compreensões irrefletidas, fontes de inviabilização da conexão do ser humano com a própria existência. Esse ser humano alienado de si mesmo é o ser que se rebela em *Caim* depois de ser vítima de Deus. Ele só vê uma saída para a sua própria redenção que é tentar frustrar os planos do "Senhor" e afirmar-se autonomamente. Não aceita pacificamente o destino que lhe é imposto pelo Deus-déspota. Luta com Deus. A última expressão literária acabada de Saramago foi *Caim*. O canto do cisne do escritor foi um grito contra as representações de Deus que diminuem a condição humana e impedem a sua realização.

---

937. BOFF, L., Experimentar Deus, p. 21.

Ao fim da vida o escritor, como Quixote, com a imaginação cheia por sua biblioteca (Bíblia), utilizando-a do início ao fim do romance, como que num esforço para terminar aquilo que havia realizado dezoito anos antes no *ESJC*, constrói a etapa final de sua teologia ficcional. Não sabemos por inteiro quais personagens poderiam ter feito surgir desde sua pena se estivesse vivo, mas curiosamente, quis o misterioso fio do tempo que a cena que encerra a carreira literária desse incansável protestador, irremediavelmente proclamador de sua fé humanista, fosse a discussão de um homem com Deus.

Encarnando Caim, respirando as angústias desse mundo pouco compreensível, terminou sua história lutando com Deus. Sem ceder um milímetro, como um grande artista da palavra, acenou pistas de como enfrentar sacroesteticamente o que nos impede de nos encontrarmos com aquilo que há dentro de nós e que não tem nome, aquilo que somos.[938]

Ao terminar esta pesquisa, percebemos a fertilidade do pensamento de José Saramago, a ponto de ainda vislumbrarmos a possibilidade de expandir o diálogo com sua teologia ficcional. Mas como lembra o ditado: "O homem pensa, Deus ri". Por isso, a esta altura, já sob a ameaça da gargalhada divina, apenas sublinhamos que, do ponto de vista teológico, esperamos que este estudo seja, além de um passo na direção do caminho da profícua relação com os textos sarmaguianos, um convite, traduzido na beleza das palavras de David Turoldo: "Irmão ateu, (...) atravessemos juntos o deserto! De deserto em deserto, andemos para além das florestas das diferentes fés, livres e nus rumo ao Ser nu. Ali onde a palavra morre, encontrará nosso caminho seu fim".[939] E se não era possível para Saramago a hipótese de Deus, para nós, por mais que sua voz no mundo não seja tão clara como querem certas ortodoxias, as próprias palavras do escritor soam como o eco do riso criador.

---

938. Saramago escreveu no Ensaio sobre a cegueira: "dentro de nós há uma coisa que não tem nome, e essa coisa é o que somos". SARAMAGO, J., Ensaio sobre a cegueira, p. 262.

939. TUROLDO, D., Canti ultimi. *Apud* BOFF, L. Experimentar Deus. A transparência de todas as coisas, p. 16.

Pósfácio

Refletir sobre as origens fundacionais da civilização nas quais viveu foi para Saramago condição de humanidade. Abordou os mitos religiosos a partir de uma lógica literária que lhe permitiu distinguir vozes de ruídos, construir e desconstruir, fragmentar o tempo e redimensionar o absoluto.

A mesma atitude de procura em liberdade pode ser observada na obra de Marcio Cappelli. Partindo do rigor científico e do conhecimento da Bíblia, entra na escrita de José Saramago e chega a conclusões até agora nunca descritas: pode-se identificar uma certa teologia na obra saramaguiana porque o mistério vai além dos códigos e a honestidade apresenta facetas diversas.

O pulso narrativo de Marcio Cappelli aproxima o universo teológico do leitor de romances, trata-se de uma tese que se lê com facilidade e prazer, com a sensação de chegar a casa e encontrá-la mais bem iluminada.

O título não deve assustar, esta "teologia ficcional" fala de seres humanos para quem o absoluto é parte da vida, tal como a ruptura, a curiosidade e o amor. Este livro também foi escrito para os leitores que se interessam por literatura. É uma obra literária.

Pilar del Río
Presidenta da Fundação José Saramago

Entrevista: Pilar del Río

Esta entrevista inédita foi concedida por Pilar del Río, companheira do escritor desde 1988 até a sua morte, e aconteceu na sede portuguesa da Fundação José Saramago, na casa dos Bicos, Lisboa, em 14 de fevereiro de 2017.

Márcio Cappeli: Nas últimas décadas parte da reflexão teológica tem voltado sua atenção para a literatura. Deus é, de fato, um grande tema que perpassa toda a obra de José Saramago. Por que pensa que isto se deu?

Pilar del Río: Porque Dios forma parte de nuestras culturas. Independientemente de que se tenga fe o no, de que se respete el poder religioso o se le critique argumentadamente, los seres humanos, que nacemos con todos los miedos, recibimos el factor Dios como antídoto para nuestras inseguridades, como última esperanza, como agarradera en malos momentos, como soporte para mantenernos en pie, también como adormidera. Pudieron habernos inoculado otra idea a la que acogernos, tal vez la fraternidad, pero optaron por la figura del juez-padre. Distintas culturas, a lo largo de milenios, han sido inteligentes controlando los comportamientos de los seres humanos con códigos y prometiendo un más allá libre de miedos. En fin, este panorama, que presento de forma simplificada, no podría estar al margen de la reflexión y del trabajo de un intelectual humanista como José Saramago. Que no era creyente, pero sabía analizar comportamientos y, si me lo permite, ver también los sentimientos que anidan en las almas. La mirada del intelectual llega más lejos que la de otros contemporáneos que no tienen el hábito de pensar.

MC: O teólogo K. Rahner afirmava que alguns cristãos não possuíam o ferramental necessário para ler obras que problematizavam a fé cristã, que se estas fossem lidas a partir da chave adequada poderiam ajudar numa espécie de reavaliação crítica da fé e da vida. Acha que isto aconteceu com a obra de Saramago? De alguma maneira, vê a possibilidade de um diálogo entre a teologia e os textos de Saramago? Sob que condições?

PR: La teología tiene un cometido, José Saramago no era un teólogo, no estudiaba a Dios, al hablar de religiones se refería sobre todo a los seres humanos que hacen de Dios el instrumento que necesitan para consolidar su poder, ya sea en oriente como en occidente, ahora o en el pasado. José Saramago decía que Dios es un invento humano que acabará el día que muera la última persona. También decía que no le interesaban los problemas de Dios, sino los que genera el factor Dios en los seres humanos o en culturas, por ejemplo, el sentido de culpa, la aceptación resignada de normas o la expiación de pecados que son invenciones administrativas. José Saramago no aceptaría nunca una lectura canónica, dogmática o revelada de textos llamados sagrados, podría leerlos, y los leía mucho, como textos históricos, literarios, algunos muy bellos, otros agotadores, o terribles, pero nunca como fundamentación teocrática o como legitimación de teocracias. Insisto: a José Saramago no le interesaba Dios, no discute su esencia, se centra en el el papel, tantas veces aniquilador, que los grupos que usan el nombre de Dios ejercen en las culturas y en las personas. Incluso cuando, en el final de *O Evangelho* dice "Hombres perdonadle, él no sabe lo que ha hecho" no se refiere al concepto Dios, sino al torrente de sufrimiento que la creación de una nueva religión, ampliación o universalización del judaísmo, va a traer al mundo. Los mártires, las persecuciones, las guerras de religión, los católicos contra protestantes, las mil sectas, las ordenes que niegan la humanidad, las castidades perversas, las obediencias inhumanas... En fin, lo que sabemos que de malo aportaron al mundo instituciones – el factor Dios – supuestamente concebidas para el bien, la armonía, el entendimiento, la alegría, la paz y que, tantas veces, solo azuzaron los más bajos instintos. O sea, dicho esto, no veo posibilidad de un entendimiento, son textos con voluntades distintas.

MC: Saramago sempre falava das temporadas junto aos seus avós em Azinhaga como fundamentais para ter se tornado o que foi. Numa entrevista concedida a Juan Arias chega a falar que estas temporadas fizeram parte de sua "formação espiritual". Em que sentido podemos interpretar tal afirmação? O que pensa que ele quis dizer com a expressão "formação espiritual"?

PR: Contacto con la naturaleza, descubrimiento de estrellas, nombres de plantas y a animales, usos y costumbres que le marcaron para siempre. Por ejemplo, que los abuelos se llevaran a la cama, para protegerlos del frío, a animales recién nacidos que serían más tarde el sustento de sus días. Es la vida continuándose, sin poesía, sin maldad, con una naturalidad que no necesita preceptos. El contacto con gente buena, honesta, limpia, que no necesitaba lavarse en agua bendita: ese fue el origen de su formación espiritual.

MC: O que pensa ter sido determinante para a formação da posição ateísta de Saramago?

PR: Haber mirado el mundo y no haber encontrado a Dios. Haber leído la Biblia y encontrar tanto crimen y tanto castigo. Simpatizar con Jesucristo pero no con el proyecto fundacional de confesiones religiosas que no han sido máquinas de piedad sino de imposición, castigo, penitencia y mortificación. Esas iglesias presidiendo todas las ciudades, recordando que tienen poder en la tierra y en el cielo, tan altas, tan pertrechadas de campanas, inciensos y arte, a veces truculento, con licencia para aterrorizar a fieles y extraños. Claro que todas las religiones, por extremistas y fundamentalistas que sean, tienen personas excelentes en su seno, claro que entre los creyentes hay santos, por supuesto, como los hay entre las personas sin religión, Los seres humanos no necesitan a Dios para ser buenos, Dios sí necesita a los seres humanos para ser Dios.

MC: O teólogo brasileiro Leonardo Boff, num texto em homenagem a Saramago, após a sua morte, disse que seu ateísmo era ético, que ele era contra o Deus que não produzia vida. J.J. Tamayo afirmou que os textos de Saramago ajudavam na luta contra o fundamentalismo. Como interpreta estas afirmações?

PR: Estoy de acuerdo. José Saramago no estaría en contra de un Dios amor, poético, vigorizante, está sí contra la idea de un Dios castrador en lo personal y que en lo político y social se presenta como violentamente intransigente. José Saramago se entendía con personas que teniendo fe no pretendían imponerla, ni descalificaban a los ateos, o se manifestaban indulgentemente superiores ante los no creyentes. José Saramago reflexionó sobre la responsabilidad y el error, toda su obra gira sobre esos dos postulados. Por supuesto, también *El evangelio según Jesucristo* y *Caín*.

MC: "Deus é o silêncio do universo e o homem é o grito que dá sentido a esse silêncio". Esta frase muito dita por Saramago fez com que J.J. Tamayo o aproximasse dos místicos. José Tolentino Mendonça diz que "aquela pergunta exacerbada, aquela insatisfação em relação a qualquer resposta que Saramago tinha é a mesma que os místicos têm". Acredita que é justo dizer que, neste sentido, Saramago não andava longe dos místicos?

PR: Creo que los místicos son seres capaces de pensar sintiendo. Son poetas que expresan los desgarros humanos en relación al misterio, sea Dios o el amor. Pienso que José Saramago no cultivaba tanto la idea del misterio como la del conocimiento, pero era poeta y creador, podía expresar cierto arrobamiento amoroso, cierto temblor ante lo infinito, o inquietud ante la noche oscura, sea del alma o física, pero no sé si eso le acerca al espacio de los místicos... A los que por cierto, leía con placer, eso sí.

MC: Sem dúvida, os textos bíblicos são importantes no processo de escrita de Saramago. Que relação ele mantinha com a Bíblia e como ela o influenciou?

PR: Era un gran lector de la Biblia, de páginas bellas y de otras terribles. Podía decir que era un manual de malas costumbres y también que estamos hechos, los cristianos culturales, de esas palabras. Lo que nunca podría aceptar es que la interpretación del mundo y la propia existencia esté condicionada por lecturas de la Biblia, como hace el creacionismo, y han hecho otras interpretaciones santeras, infantilizadas, patriarcales, usadas contra el pensamiento libre, es decir, contra el uso hegemónico de la razón y de la conciencia.

MC: Ele foi criticado por parecer fazer uma leitura redutora e literalista da Bíblia. Como responderia a isto?

PR: Quienes le criticaron así llevan siglos y siglos haciendo lecturas reductoras de la Biblia. Canónicamente reductoras.

MC: Em duas ocasiões nos seus diários, ele refere-se a si mesmo como teólogo. Acha que, a partir da sua preocupação, não com o "Ser-Deus", mas com o "fator Deus" é possível falarmos de uma teologia ficcional em romances como O *Evangelho* e *Caim*, mesmo que seja uma teologia ateia? Que valor pensa que um trabalho que vai nesta direção pode ter no sentido de complexificar o universo dos estudos sobre a obra saramaguiana?

PR: Teología ficcional en romances, qué buena idea. Sigo insistiendo que el poder del factor Dios es fundamental en la obra de José Saramago, no el posible Dios esencia, pero si hubiera lugar para una teología ficcional del factor Dios sería algo realmente milagroso...

Referências bibliográficas

Livros, artigos e entrevistas de José Saramago

SARAMAGO, J. *A bagagem do viajante*. Lisboa: Futura, 1973.

SARAMAGO, J. *A caverna*. São Paulo: Companhia das Letras, 2000.

SARAMAGO, J. *A estátua e a pedra*. Lisboa: Fundação José Saramago, 2013.

SARAMAGO, J. *A jangada de pedra*. São Paulo: Companhia das Letras, 1992.

SARAMAGO, J. *A noite*. Lisboa: Editorial Caminho, 1979.

SARAMAGO, J. A terceira palavra. In: *Bravo*. Entrevista concedida a Jefferson Del Rios, Beatriz Albuquerque e Michael Laub. São Paulo, Ano 2, n. 21, 1999, p. 60-69.

SARAMAGO, J. *A viagem do elefante*. São Paulo: Companhia das Letras, 2008.

SARAMAGO, J. *As intermitências da morte*. São Paulo: Companhia das Letras, 2005.

SARAMAGO, J. *As opiniões que o DL teve*. Lisboa: Seara Nova/Futura, 1974.

SARAMAGO, J. *As pequenas memórias*. São Paulo: Companhia das Letras, 2006.

SARAMAGO, J. *Cadernos de Lanzarote*. Diários I e II. Lisboa: Círculo de leitores, 1998.

SARAMAGO, J. *Cadernos de Lanzarote*. Diários III. Lisboa: Círculo de leitores, 1998.

SARAMAGO, J. *Cadernos de Lanzarote*. Diários IV. Lisboa: Círculo de leitores, 1998.

SARAMAGO, J. *Cadernos de Lanzarote V*. Lisboa: Editorial Caminho, 1998.

SARAMAGO, J. *Caim*. São Paulo: Companhia das Letras, 2009.

SARAMAGO, J. *Claraboia*. São Paulo: Companhia das Letras, 2011.

SARAMAGO, J. *De como a personagem foi mestre e o autor seu aprendiz*. Disponível em <http://nobelprize.org/nobel_prizes/literature/laureates/1998/lecture-p.htm> Acesso em: 15.09.2014.

SARAMAGO, J. *Deste mundo e do outro*. Lisboa: Arcádia, 1971.

SARAMAGO, J. *Ensaio sobre a cegueira*. São Paulo: Companhia das Letras, 2010.

SARAMAGO, J. *Ensaio sobre a lucidez*. São Paulo: Companhia das Letras, 2004.

SARAMAGO, J. *História do cerco de Lisboa*. São Paulo: Companhia das Letras, 1996.

SARAMAGO, J. *In nomine Dei*. São Paulo: Companhia das Letras, 2001.

SARAMAGO, J. In: COELHO, J. M. *Um ateu diante das palavras de Cristo*. Disponível em <http://www.estadao.com.br/noticias/impressoum-ateu-diante-de-palavras-decristo,569004,0.htm> Acesso em: 05.08.2012.

SARAMAGO, J. *Expresso*. Disponível em <http://expresso.pt/actualidade/jose-saramago-o-que-me-vale-caro-tolentino-e-que-ja-nao-ha-fogueiras-em-sao-domingos=f543404> Acesso em: 15.09.2016.

SARAMAGO, J. *Levantado do chão*. Lisboa: Caminho editorial, 1980.

SARAMAGO, J. *Manual de pintura e caligrafia*. Lisboa: Caminho, 2006.

SARAMAGO, J. *Memorial do convento*. Rio de Janeiro: Bertrand Brasil, 1994.

SARAMAGO, J. *O ano da morte de Ricardo Reis*. São Paulo: Companhia das Letras, 1989.

SARAMAGO, J. O autor e o narrador. *Revista CULT*. São Paulo: Lemos Editorial, n. 18. Dez., 1998.

SARAMAGO, J. *O caderno 2*. Lisboa: Editorial Caminho, 2009.

SARAMAGO, J. *O caderno*. Lisboa: Editorial Caminho, 2009.

SARAMAGO, J. *O conto da ilha desconhecida*. Lisboa: Assírio & Alvim, 1998.

SARAMAGO, J. O despertar da palavra. *Revista CULT*. São Paulo: Lemos Editorial, n. 17. Dez., 1998.

SARAMAGO, J. *O Evangelho segundo Jesus Cristo*. São Paulo: Companhia das Letras, 2005.

SARAMAGO, J. *O fator Deus*. Disponível em <http://www1.folha.uol.com.br/folha/mundo/ult94u29519.shtml> Acesso em: 10.07.2016.

SARAMAGO, J. *O homem duplicado*. São Paulo: Companhia das Letras, 2009.

SARAMAGO, J. *Objeto Quase*. Lisboa: Moraes Editores, 1978.

SARAMAGO, J. *Os apontamentos*. Lisboa: Seara Nova, 1976.

SARAMAGO, J. *Os poemas possíveis*. Lisboa: Caminho, 2011.

SARAMAGO, J. *Poética dos cinco sentidos*. Lisboa: Livraria Bertrand, 1979.

SARAMAGO, J. *Que farei com este livro?* Lisboa: Editorial Caminho, 1979.

SARAMAGO, J. *Saramago anuncia a cegueira da razão*. Entrevista. *Folha de S. Paulo*, 1995. Disponível em <http://www1.folha.uol.com.br/fsp/1995/10/18/ilustrada/1.html> Acesso em: 09.10.2016.

SARAMAGO, J. *Segunda vida de São Francisco de Assis*. Lisboa: Editorial Caminho, 1987.

SARAMAGO, J. *Terra do pecado*. Lisboa: Editorial Minerva, 1947.

SARAMAGO, J. *Todos os nomes*. São Paulo: Companhia das Letras, 1997.

SARAMAGO, J. *Viagem a Portugal*. São Paulo: Companhia das Letras, 1997.

Bibliografia geral

ABADÍA, J. P. T. *A Bíblia como literatura*. Petrópolis: Vozes, 2000.

ADORNO, T. W. A posição do narrador no romance contemporâneo. In: ADORNO, T. W. *Notas de literatura I*. São Paulo: Duas Cidades/Ed. 34, 2003.

AGOSTINHO. *Confissões*. São Paulo: Paulus, 1984.

AGUIAR E SILVA, V. M. O formalismo russo. In. *Teoria da Literatura*. Coimbra: Livraria Almedina, 1979.

AGUILERA, F. (Org). *As palavras de Saramago: catálogo de reflexões pessoais, literárias e políticas*. São Paulo: Companhia das Letras, 2010.

AIME, O. *Il curato di Don Chisciotte*. Teologia e romanzo. Assis: Cittadella, 2012.

ALETTI, J.-N. Le Christ raconté. Les Évangiles comme littérature? In: MIES, F. (Ed.). *Bible et littérature: l'homme et Dieu mis en intrigue*. Bruxelles: Lessius, 1999, p. 29-53.

ALTER, R. *A arte da narrativa bíblica*. São Paulo: Companhia das Letras, 2007.

ALTER, R.; KERMODE, F. (Orgs.). *Guia literário da Bíblia*. São Paulo: Unesp, 1997.

ALTHAUS-REID, M. *Indecent Theology – Theological Perversions in Sex, Gender and Politics*. Londres/Nova York: Routledge, 2000.

ALTHAUS-REID, M. O direito de não ser direita: sobre teologia, Igreja e pornografia. *Concilium*, n. 298, 2002, p. 95-104.

ALTIZER, T. *The gospel of christian atheism*. Filadélfia: Westminster Press, 1966.

ALVES, R. *O enigma da religião*. Campinas: Papirus, 1988.

ALVES, R. *O poeta, o guerreiro, o profeta*. Petrópolis: Vozes, 1992.

ALVES, R. *O que é religião?* São Paulo: Abril Cultural/Brasiliense, 1984.

ANJOS, M. F. (Org.). *Teologia e novos paradigmas*. São Paulo: Loyola/Soter, 1996.

ANTOÑANZAS, F. T. *Dom Quixote y el absoluto: algunos aspectos teológicos de la obra de Cervantes*. Salamanca: Publicaciones Universidad Pontificia de Salamanca/Caja Duero, 1998.

AQUINO, J. A. Leibiniz a teodiceia: o problema do mal e a liberdade humana. *Philosophica*, n. 28. Lisboa, 2006, p. 49-66.

ARIAS, J. José Saramago: *El amor posible*. Barcelona: Planeta, 1998.

ARISTÓTELES. *De anima*. São Paulo: Ed. 34, 2006.

ARNAUT, A. *O homem e sua ilha*. São Paulo: Duetto, 2005.

ASSMAN, H. *Teologia desde la práxis de la liberación: ensayo teológico desde la America dependiente*. Salamanca: Sígueme, 1976.

AUERBACH, E. *Mimesis: a representação da realidade na literatura ocidental*. São Paulo: Perspectiva, 1971.

BACHMANN, I. *Letteratura come utopia*. Lezioni di Francoforte. Milão: Adelphi, 1993.

BAKHTIN, M. *A cultura popular na Idade Média e no Renascimento: o contexto de François Rabelais*. São Paulo: Hucitec/Annablume, 2002.

BAKHTIN, M. *Estética da criação verbal*. São Paulo: Martins Fontes, 1997, p. 32.

BAKHTIN, M. *O problema da poética de Dostoiévski*. Rio de Janeiro: Forense Universitária, 2002.

BAKHTIN, M. *The dialogic imagination – four essays by M. M. Bakhtin*. Austin: University of Texas Press, 2000.

BALTHASAR, H. U. V. *Glória: uma estética teológica, 1*. Milão: Jaca Book, 1975.

BALTHASAR, H. U. V. *Il padre Henri de Lubac. La tradizione fonte di rinnovamento*. Jaca Book: Milano, 1986.

BALTHASAR, H. U. V. *Le Chrétien Bernanos*. Paris: Éditions du Seuil, 1956.

BARCELLOS, J. C. Literatura e teologia: Perspectivas teórico-metodológicas no pensamento católico contemporâneo. *NUMEN – revista de estudos e pesquisa da religião*, v. 3, n. 2. Juiz de Fora: NEPREL/UFJF, 2000.

BARCELLOS, J. C. *O drama da salvação: espaço autobiográfico e experiência cristã em Julien Green*. Juiz de Fora: Subiaco, 2008.

BARCELLOS, J. C. Teologia e literatura: Uma definição. *IHU-Online*. 17. mar. 2008. Disponível em <http://www.unisinos.br/ihuonline/uploads/edicoes/1205796599.74pdf.pdf> Acesso em: 07.04. 2014.

BAR-EFRAT, S. *Narrative art in the Bible*. Sheffield: Almond Press, 1989.

BARROS, D.; FIORIN, J.L. (Orgs.). *Dialogismo, polifonia, intertextualidade: em torno de Bakhtin*. São Paulo: Edusp, 2003.

BARTHES, R. *Aula*. São Paulo: Cultrix, 1978.

BARTHES, R. *Introdução à análise estrutural da narrativa*. Petrópolis: Vozes, 1971.

BARZÁN, B. Les questions disputées, principalement dans les facultes de théologie. In: BAZÁN, B.; FRANSEN, G.; WIPPEL, J. F.; JACQUART, D. *Les questions disputées et les questions quodlibétiques dans les facultes de théologie, de droit et de médecine*. Turnhouts: Brepols, 1985.

BASTAIRE, J.; LUBAC, H. *Claudel e Péguy*. Venezia: Marcianum Press, 2013.

BASTOS, B. *José Saramago – aproximação a um retrato*. Lisboa: Dom Quixote, 1996.

BEAUCHAMP, P. *L'un et l'autre Testament, II*. Accomplir les Écritures. Paris: Seuil, 1990.

BEAUDE, P.-M. (Ed.). *La Bible en littérature*. Paris: Cerf, 1997.

BELLET, M. *Ceux qui perdent de la foi*. Paris: DDB, 1965.

BENJAMIN, W. *Obras escolhidas I: magia, técnica, arte e política*. São Paulo: Brasiliense, 1994.

BERGER, P. *O dossel sagrado. Elementos para uma teoria sociológica da religião*. São Paulo: Paulinas, 1985.

BERRINI, B. *Ler Saramago: O romance*. Lisboa: Caminho, 1998.

BÍBLIA. Português. *Bíblia sagrada*. Versão de João ferreira de Almeida revisada. Barueri: Sociedade Bíblica do Brasil, 1999.

BINGEMER, M. C. L. La mujer: protagonista de la evangelización. *Revista Diakonia*. El Salvador. n. 125, março de 2008. Disponível em < www.uca.edu.ni/diakonia> Acesso em: 20.12.2016.

BINGEMER, M. C. L. O Deus cristão: mistério compaixão e relação. In: DE MORI, G. OLIVEIRA, P. R. O. (Orgs.). *Deus na sociedade plural: fé, símbolos, narrativas*. São Paulo: Paulinas, 2013, p. 195-217.

BINGEMER, M. C. L. *O mistério e o mundo: paixão por Deus em tempo de descrença*. Rio de Janeiro: Rocco, 2013.

BINGEMER, M. C. L. *Teologia e literatura: afinidades e segredos compartilhados*. Rio de Janeiro/Petrópolis: Puc-Rio/Vozes, 2015.

BINGEMER, M. C. L. Secularização e experiência de Deus. In: BINGEMER, M. C.; ANDRADE, P. F. C. *Secularização: novos desafios*. Rio de Janeiro: PUC-Rio, 2012.

BINGEMER, M. C. L. *Um rosto para Deus?* São Paulo: Paulus, 2005, p. 20.

BINGEMER, M. C.; YUNES, E. (Orgs.). *Murilo, Cecília e Drummond*: 100 anos com Deus na poesia brasileira. São Paulo: Loyola, 2004.

BIRD, O. *Como ler um artigo da Suma*. Coleção "Textos Didáticos". Campinas: IFCH/UNICAMP, n. 53, julho, 2005, p. 13-19.

BLANCH, A. *El hombre imaginário: una antropología literaria*. Madri: Universidad Pontificia de Comillas, 1995.

BLOOM, H. *O cânone ocidental: os livros e as escolas do tempo*. Rio de Janeiro: Objetiva, 1995.

BLOOM, H. *Abaixo as verdades sagradas*. Poesia e crença desde a Bíblia até os nossos dias. São Paulo: Companhia das Letras, 1993.

BLOOM, H. *Angústia da influência*: uma teoria da poesia. Rio de Janeiro: Imago, 2002.

BLOOM, H. *O livro de J*. Rio de Janeiro: Imago, 1992.

BO, C. *Qu'est-ce que littérature?* Paris: Présences, 1945.

BOFF, C. *Teoria do método teológico*. Petrópolis: Vozes, 1998.

BOFF, L. *Espiritualidade à mesa*. < http://cultura.estadao.com.br/noticias/geral,espiritualidade-a-mesa-em-estocolmo-imp,569005> Acesso em: 09.02.2015.

BOFF, L. *Experimentar Deus. A transparência de todas as coisas*. Petrópolis: Vozes, 2012.

BOFF, L. *Igreja: carisma e poder*. Petrópolis: Vozes, 1981.

BOFF, L. *Teologia do Cativeiro e da Libertação*. Petrópolis: Vozes, 1980.

BONHOEFFER, D. *Resistência e submissão*. Cartas e anotações escritas na prisão. São Leopoldo: Sinodal, 2003.

BOOTH, W. C. *A retórica da ficção*. Lisboa-Portugal: Arcádia, 1980.

BOSCH, D. J. *Missão transformadora – mudanças de paradigma na Teologia da missão*. São Leopoldo: Sinodal/EST, 2002.

BOURDIEU, P. *O poder simbólico*. Rio de Janeiro: Bertrand Brasil, 1989.

BRAIT, B. (Org.). *Bakhtin: conceitos-chave*. São Paulo: Contexto, 2008.

BRANDÃO, E. *O nascimento de Jesus-Severino no auto de natal pernambucano como revelação poético-teológica da esperança: Hermenêutica transtexto-discursiva na ponte entre teologia e literatura*. Tese de doutorado defendida na Universidade Metodista de São Paulo, 2001.

BUREN, P. *The secular meaning of the Gospel*. Londres: SCM Press, 1963.

BURKITT, F. C. *Evangelion da-Mepharreshe*. The Curetonian Version of the Four Gospels. With the readings of the Sinai Palimpsest and the early Syriac Patristic evidence. Volume II – Introduction and Notes. Cambridge: University Press, 1904.

BUTOR, M. *Repertório*. São Paulo: Perspectiva, 1974.

CALBUCCI, E. *Saramago: Um roteiro para os romances*. Cotia: Atelie, 1999.

CALEIDA. *Site oficial de José Saramago.* Disponível em <http://www.caleida.pt/saramago/biografia.html> Acesso em: 03.08.2011.

CALVANI, C. *Teologia e MPB.* São Paulo: Edições Loyola/Editora Metodista, 1998.

CALVINO, I. *Perché leggere i classici.* Milão: Mondadori, 2000.

CAMÕES, L. *Obras completas.* Os Lusíadas I. Vol. IV. Lisboa: Sá da Costa, 1947.

CAMPOS, H. *Bere'shit: a cena de origem.* São Paulo: Perspectiva, 2000.

CAMPOS, H. *Éden: um tríptico bíblico.* São Paulo: Perspectiva, 2004.

CAMPOS, H. *Qohelet: O que sabe – Eclesiastes.* São Paulo Perspectiva, 1991.

CAMUS, A. *A peste.* São Paulo: Record, 1997.

CAMUS, A. *Carnets I.* 1935-1942. Paris: Gallimard, 1962.

CANTARELA, A. G. A Pesquisa em Teopoética no Brasil: Pesquisadores e Produção Bibliográfica. *Revista Horizonte*, v. 12, n. 36, 2014, p. 1.228-1.251.

CAPOTE, T. *A sangue frio: A história dos quatro membros da família Clutter, brutalmente assassinados, e dos dois Criminosos, executados cinco anos depois.* São Paulo: Companhia das Letras, 2003.

CASSIRER, E. *Antropología filosófica. Introducción a una filosofía de la cultura.* México: CFE, 2004.

CASSIRER, E. *La philosophie des formes symboliques.* II: *La penseé mythique.* Paris: Minuit, 1972.

CASSIRER, E. *La philosophie des formes symboliques.* III: *La phénoménologie de la connaissance.* Paris: Minuit, 1972.

CASTELLI, F. *I volti di Gesù nella letteratura moderna.* 3 vol. Cinisello Balsamo: San Paolo, 1987-1995.

CASTELLI, F. *Meditarei il Natale. Letteratura e spiritualità.* Cidade do Vaticano: Libreria Editrici Italiana, 2013.

CASTILLO, J. M. *Deus e a nossa felicidade.* São Paulo: Loyola, 2006.

CAVALCANTI, G. *O cântico dos cânticos: um ensaio de interpretação através de duas traduções.* São Paulo: Edusp, 2005.

CERDEIRA, T. *José Saramago – entre a história e a ficção: Uma saga de portugueses.* Lisboa: Dom Quixote, 1989.

CERDEIRA, T. O Evangelho segundo Jesus Cristo ou a consagração do sacrilégio. *Cadernos CESPUC – José Saramago: Um nobel para as literaturas de língua portuguesa.* Belo Horizonte: PUC. Série Ensaios, n. 4, jan., 1999, p. 50-52.

CERDEIRA, T. O Evangelho segundo Jesus Cristo: ou a consagração do sacrilégio. In: *José Saramago.* Roma: Bulzoni, 1996.

CERVANTEZ-ORTIZ, L. *A teologia de Rubem Alves: poesia, brincadeira e erotismo.* Campinas, SP: Papirus, 2005.

CHENU, M.-D. La littérature comme "lieu" de la théologie. *Revue des Sciences Philosophiques et Théologiques*, n. 53, 1969, p. 70-80.

CHENU, M.-D. *La théologie comme science au XIIIe siécle.* Paris: Vrin, 1957.

CHENU, M.-D. Scholastique. In: *Enciclopédie de la foi*. Vol. IV. Paris: H. Fries, 1967, p. 205-218.

CÍA LAMANA, D. *El poder narrativo de la religión*. Madri: PPC, 2011.

COELHO, R. S. *A religião de Goethe*. Dissertação de mestrado. Juiz de Fora: Instituto de Ciências Humanas da Universidade Federal de Juiz de Fora, 2007.

COLERIDGE, S. T. *Biographia literária ovvero schizzi biograficci della mia vita e opinioni ltterarie*. Roma: Editori Reuniti, 1991.

COLOMBO, G. *Letteratura e cristianesimo nel primo novecento*. Milão: Jaca Book, 2009.

COMBLIN, J. A teologia das religiões a partir da América Latina. In: TOMITA, L.; BARROS, M.; VIGIL, J. M. (Orgs.). *Pluralismo e libertação: por uma teologia latino-americana pluralista a partir da fé cristã*. São Paulo: Loyola, 2005, p. 47-70.

COMPAGNON, A. *Literatura para quê?* Belo Horizonte: UFMG, 2009.

COMTE-SPONVILLE, A. *O espírito do ateísmo*. São Paulo: Martins Fontes, 2007.

CONCEIÇÃO, D. *Para uma poética da vitalidade: religião e antropologia na escritura machadiana* (uma leitura de Memórias Póstumas de Brás Cubas de Machado de Assis). Tese de doutorado defendida na Universidade Metodista de São Paulo, 2007.

COPAN, P. *O Deus da Bíblia é cruel? Uma resposta a Dawkins, Hitchens e Saramago*. Lisboa: Aletheia, 2011.

COSTA, C. Oráculos de um coração disparado. *Poesia Sempre, Biblioteca Nacional*. Ano 13. n. 20, março, 2005, p. 11-19.

COSTA, H. *O período formativo*. Lisboa: Caminho, 1997.

COSTA, M. R. *Literatura, religião: diálogo presente em Saramago*. Disponível em <http://www.ufjf.br/sacrilegens/files/2009/08/1-4.pdf> Acesso em: 02.10.2016.

COX, H. *The future of faith*. Nova York: Harper One, 2009.

CULLER, J. *Teoria literária: uma introdução*. São Paulo: Beca, 1999.

DATLER, F. *Gênesis: Texto e comentário*. São Paulo: Paulinas, 1984.

DAWKINS, R. *Deus, um delírio*. Companhia das Letras, 2007.

DAWSON, C. *A formação da cristandade. Das origens na tradição judaico-cristã à ascensão e queda da unidade medieval*. São Paulo: É Realizações, 2014.

DE BONI, L. A. A entrada de Aristóteles no ocidente medieval. *Dissertatio*, n. 19-20. Pelotas: ICH-UFPel, 2004, p. 131-148.

DEL NOCE, A. *Il problema dell'ateismo, il concetto dell'ateismo e la storia della filosofia come problema*. Bolonha: Il Mulino, 1964.

DELL'OSSO, C. Poesia e teologia nei Padri. In: CATANEO, E.; DE SIMONE, G.; DELL'OSSO, C.; LONGOBARDO, L. *Patres ecclesiae – Una introduzione alla Teologia dei Padri della Chiesa*. Trapani: Il pozzo di Giacobbe, 2008, p. 267-278.

DELUMEAU, J. *O pecado e o medo. A culpabilização no Ocidente (séculos XIII-XVIII)*. 2 vols. Bauru: EDUSC, 2003.

DENNETT, D. *Quebrando o encanto: a religião como fenômeno natural*. Rio de Janeiro: Globo, 2011.

DERRIDA, J. (Org.). *A religião: O Seminário de Capri*. São Paulo: Estação Liberdade, 2004.

Documentos do Concílio Ecumênico Vaticano II. São Paulo: Paulus, 1997.

DOSTOIÉVSKI, F. *Notas de inverno sobre impressões de verão*. São Paulo: Ed. 34, 2000.

DREHER, M. *Para entender o fundamentalismo*. São Leopoldo: Sinodal, 2006.

DREHER, M. Palavra e imagem: a reforma religiosa do século XVI e a arte. *Revista de ciências humanas*, n. 30. Florianópolis: EDUFSC, outubro de 2001, p. 27-41.

DUPLOYÉ, P. *La religion de Péguy*. Genebra: Slaktine Reprints, 1978.

DUPLOYÉ, P. *Réthorique et Parole de Dieu*. Paris: Cerf, 1955.

DUPUIS, J. *O cristianismo e as religiões: do desencontro ao encontro*. São Paulo: Loyola, 2004.

EAGLETON, T. *O debate sobre Deus: razão, fé e revolução*. Rio de Janeiro: Nova fronteira, 2011.

EAGLETON, T. *Teoria da literatura: uma introdução*. São Paulo: Martins Fontes, 2006.

ECO, U. *O nome da rosa*. São Paulo: Círculo do Livro, 1989.

ECO, U. *Seis passeios pelos bosques da ficção*. São Paulo: Companhia das Letras, 2001.

ECO, U. *Sulla Letteratura*. Milão: Bompiani, 2003.

ESPINEL, J. L. *La poesía de Jesús*. Salamanca: San Esteban, 1986.

FABRO, C. *Introduzione all'ateismo moderno*. Roma: Studium, 1969.

FARACO, C. *Linguagem & diálogo, as ideias linguísticas do círculo de Bakhtin*. São Paulo: Parábola Editorial, 2009.

FEBVRE, L. *O problema da incredulidade no século XVI: a religião de Rabelais*. São Paulo: Companhia das Letras, 2009.

FEHÉR, F. *O romance está morrendo?* Rio de Janeiro: Paz e Terra, 1972.

FERRAZ, S. *As faces de Deus na obra de um ateu – José Saramago*. Juiz de Fora/Blumenau: UFJF/Edifurb, 2003.

FERRAZ, S. Caim decreta a morte de Deus. In: FEREIRA, A. M. (Org.). *Teografias*. Aveiro: Universidade de Aveiro, 2012, v. 1, p. 111-130.

FERRAZ, S. *O quinto evangelista: o (des)evangelho segundo José Saramago*. Brasília: UnB, 1998.

FERRAZ, S. Quais são as faces de Deus? *IHU-Online*. 06. julho. 2009. Disponível em <http://www.ihuonline.unisinos.br/uploads/edicoes/1246967292.6778pdf.pdf> Acesso em: 08.08.2011.

FERREIRA ALVES, C. No meu caso, o alvo é Deus. *Revista Expresso*. Lisboa, 02 nov. 1991.

FERREIRA, J. C. L. A Bíblia como literatura: lendo as narrativas bíblicas. *Correlatio*, n. 13, 2008, p. 4-22.

FERRY, L. *A revolução do amor: por uma espiritualidade laica*. Rio de Janeiro: Objetiva, 2012.

FILIPPI, N. *Le voci del popolo di Dio tra teologia e letteratura*. Roma: Accadeiae Alphonsianae, 2004.

FIORENZA, E. S. *As origens cristãs a partir da mulher: uma nova hermenêutica*. São Paulo: Paulinas, 1992.

FLAUBERT, G. *Dicionário das ideias feitas*. São Paulo: Nova Alexandria, 1995.

FONTE, F. *Per una teologia della letteratura: Thomas Mann ed il paradigma biblico dell'elezione*. Assisi: Citadela, 2016.

FORTE, B. *Jesus de Nazaré: história de Deus, Deus da história: ensaio de uma cristologia como história*. São Paulo: Paulinas, 1985.

FORTE, B. *Teologia em diálogo. Para quem quer e para quem não quer saber nada disso*. São Paulo: Loyola, 2001.

FOUCAULT, M. *De lenguaje y literatura*. Barcelona: Paidós, 1966.

FRAILE, G. *Historia de la filosofía*. vV II. Madri: BAC, 1960.

FREI, H. *The eclipse of biblical narrative*. A study in eighteenth and nineteenth century hermeneutics. New Haven: Yale University Press, 1974.

FRYE, N. *O código dos códigos. A Bíblia e a literatura*. São Paulo: Boitempo, 2004.

G. RAVASI, Ciò che abbiamo udito... lo narreremo (Sal 78,3-4). Narrazione ed esegesi. *Rivista Biblica Italiana*, n. 37, 1989, p. 344-350.

GABEL, J. B.; WHEELER, C. B. *A Bíblia como literatura*. São Paulo: Loyola, 2003.

GALLAGHER, M. P. Ricupero dell'immaginazione e guarigione delle ferite culturali. *Studia Patavina: rivista di scienze religiose* LI, 2004, p. 613-630.

GARIBAY, J. Narrar: uma manera de hacer teologia. *Christus*, 51, n. 591-592, 1985/1986, p. 84-88.

GEBARA, I. Cristologias plurais. In: VIGIL, J. M. *Descer da cruz os pobres: cristologia da libertação*. São Paulo: Paulinas, 2007, p. 165-171.

GEBARA, I. Sexualidade e ética: algumas intuições filosóficas feministas. In: ALMEIDA, E. F.; ARROCHELAS, M. H.; RIBEIRO, L. *Desejo e mistério. Olhares diversos sobre a sexualidade*. São Paulo: Editora Reflexão, 2013, p. 24-27.

GEFFRÉ, C. *Como fazer teologia hoje. Hermenêutica teológica*. São Paulo: Paulinas, 1989.

GEFFRÉ, C. *Crer e interpretar: a virada hermenêutica da teologia*. Petrópolis: Vozes, 2004.

GENTIL, H. S. *Para uma poética da modernidade*. São Paulo: Edições Loyola, 2004.

GESCHÉ, A. La théologie dans le temps de l'homme. Littérature et Révélation. In: VERMEYLEN, J. *Cultures et théologies en Europe. Jalons pour un dialogue*. Paris: Cerf, 1995.

GESCHÉ, A. L'invention chrétienne du corps. In: GESCHÉ, A.; SCOLAS, P. *Le corps chemin de Dieu*. Paris: Cerf, 2005, p. 33-75.

GESCHÉ, A. *O mal*. São Paulo: Paulinas, 2003.

GESCHÉ, A. *O sentido*. São Paulo: Paulinas, 2003.

GESCHÉ, A. *O ser humano*. Paulinas: São Paulo, 2003.

GESCHÉ, A. Pour une identité narrative de Jésus. *Revue Théologique de Louvain*, n. 30, 1999, p. 153-179

GIBELINNI, R. *A teologia do século XX*. São Paulo: Loyola, 1998.

GIBELINNI, R. *Breve história da teologia do século XX*. Aparecida: Santuário, 2010.

GIBELLINI, R.; PENZO, G. *Deus na filosofia do século XX*. São Paulo: Loyola, 1997.

GILBY, T. *Poetic experience: an introction to thomist aesthetic. Essays in Order*, n. 13. Nova York: Shed & Ward, 1934.

GILSON, E. *A filosofia na Idade Média*. São Paulo: Martins Fontes, 2001.

GIRARDI, G. *El ateísmo contemporáneo*. 4 vols. Madri: Cristandad, 1971/1973.

GOLDMAN, L. *A sociologia do romance*. Rio de Janeiro: Paz e Terra, 1990.

GONÇALVES, M.; BELLODI, Z. *Teoria da Literatura "revisitada"*. Petrópolis: Vozes, 2005.

GONZÁLEZ CABALLERO, A. Influencia de la Biblia en el Quijote. *Cultura Bíblica*, 39, n. 283, 1984-1986, p. 21-67.

GONZÁLEZ FAUSS, J. Des-helenizar el Cristianismo. *Revista Latinoamericana de Teologia*, n. 17, 2000, p. 233-251.

GRENIER, A. *La vie et les poésies de Saint Grégoire de Nazianze*. Clermont-Ferrand: Typographie de Paul Huber, 1858, p. 236-243.

GROSS, E. (Org.). *Manifestações literárias do sagrado*. Juiz de Fora: UFJF, 2002.

GUARDINI, R. *Dante*. Brescia: Morcelliana, 1999.

GUARDINI, R. *El Universo religioso de Dostoyevski*. Buenos Aires: EMECE, 1954.

GUARDINI, R. *Gesù Cristo. La sua figura negli scritti de Paolo e di giovanni*. Milão: Vita e Pensiero, 1999.

GUARDINI, R. *Hölderlin e il paesaggio. Com uma scelta di poesie di Friedrich Hölderlin*. Bréscia: Morcelliana, 2006.

GUARDINI, R. *Hölderlin. Immagine del mondo e religiosità*. Bréscia: Morcelliana, 1995.

GUARDINI, R. *La divina commedia di Dante. I principal concetti filosofici e religiosi (Lezioni)*. Bréscia: Morcelliana, 2012.

GUARDINI, R. *La visione cattolica del mondo*. Bréscia: Morcelliana, 2005.

GUARDINI, R. *O fim dos tempos modernos*. Lisboa: Livraria Morais, 1964.

GUARDINI, R. *Rainer Maria Rilke: le elegie duinesi come interpretazione dell'esistenza*. Bréscia: Morcelliana, 2003.

GUITTON, J. *Actualité de Saint Agustin*. Paris: Grasset, 1955.

GUSMÃO, M. Linguagem e história segundo José Saramago. In: *Vida Mundial*, novembro, 1998.

GUTIERREZ, G. Entre as calandras: algumas reflexões sobre a obra de J. M. Arguedas. In: RICHARD, P. (Org.). *Raízes da teologia latino-americana*. São Paulo: Paulinas, 1987.

HABERMACHER, J.-F. Promesses et limites d'une théologie narrative. In: BÜHLER, P.; HABERMACHER, J.-F. (Eds.). *La narration. Quand le récit devient communication*. Genève: Labor et Fides, 1988, p. 57-72.

HADOT, P. Patristique. In: *Encyclopaedia Universalis*. Disponível em <http://www.universalis.fr/encyclopedie/patristique/> Acesso em: 13.02.2017.

HAMILTON, W. *The new essence of christianity*. Nova York: Association Press, 1966.

HARRIS, S. *A morte da fé: religião, terror e o futuro da razão*. São Paulo: Companhia das Letras, 2009.

HARRIS, S. *Despertar: um guia para espiritualidade sem religião*. São Paulo: Companhia das Letras, 2015.

HEDRICKS, C. *Parable as poetic fictions. The criative voice of Jesus*. Massachusetts: Hendrickson, 1994.

HEIDEGGER, M. A Constituição Onto-Teo-Lógica da Metafísica. In: *Que é Isto – a Filosofia?/ Identidade e Diferença*. São Paulo: Duas Cidades, 1971.

HEIDEGGER, M. *Nietzsche*. V. II. Rio de Janeiro: Forense Universitária, 2007.

HEIDEGGER, M. *Ser e tempo*. Petrópolis: Editora Vozes, 2009.

HEINEMAN, U. R. *Eunucos pelo Reino de Deus – mulheres, sexualidade e a Igreja Católica*. Rio de Janeiro: Rosa dos Tempos, 1999.

HERVIEU-LÉGER, D. *O peregrino e o convertido: a religião em movimento*. Petrópolis: Vozes, 2008.

HESCHEL, A. J. *The prophets II*. Peabody: Hendrickson Publishers, 2007.

HIGUET, E. A. A desconstrução da fé cristã. A respeito de um livro de Jean-Luc Nancy. *Estudos de Religião*, Ano XXII, n. 35, jul.-dez., 2008, p. 195-205.

HILLESUM, E. *Une vie bouleversée, suivi de Lettres de Westerbork*. Paris: Seuil, 1995.

HITCHENS, C. *Deus não é grande: como a religião envenena tudo*. Rio de Janeiro: Globo, 2016.

HOPPER, S. R. The Literary Imagination and the Doing of Theology. In: HOPPER, S. R. *The Way of Transfiguration: Religious Imagination as Theopoiesis*. Louisville: Westminster/ John Knox, 1992.

HOUAISS, A. *Dicionário Houaiss da Língua Portuguesa*. Rio de Janeiro: Instituto Houaiss de lexicografia, 2001.

ISER, W. *L'atto della lettura. Una teoria della risposta estetica*. Bologna: Il Mulino, 1987.

JACOBELLI, M. C. *Il risus paschalis e il fondamento teologico del piacere sessuale*. Bréscia: Queriniana, 1991.

JEREMIAS, J. *As parábolas de Jesus*. São Paulo: Paulus, 2004.

JOSSUA, J.-P. *La littérature et l'inquiétude de l'absolu*. Paris: Beauchense, 2000.

JOSSUA, J.-P. Note sur l'expérience chrétienne. In: LAURET, B.; REFOULÉ, F. *Sur l'identité chétienne*. Paris: Cerf, 1983, p. 41-46.

JOSSUA, J.-P. *Pour une histoire religieuse de l'expérience littéraire*. 4 vol. Paris: Beauchesne, 1985-1998.

JOSSUA, J.-P.; METZ, J.-B. Teologia e Literatura (editorial). *Concilium*. Rio de Janeiro. V. 5, n. 115, 1976, p. 3-6.

JÜNGEL, E. *Dios como misterio del mundo*. Salamanca: Sígueme, 1984.

KASPER, W. *El Dios de Jesucristo*. (Obra completa de Walter Kasper). V. 4. Santander: Sal Terrae, 2013, p. 109-134.

KECK, L. *A future for a historical Jesus. The place of Jesus in preaching and theology*. Philadelphia: Fortress Press, 1981.

KEEFE-PERRY L. B. C. Theopoetics: Process and Perspective. *Christianity and Literature*, v. 58, n. 4, 2009, p. 579-583.

KIERKEGAARD, S. *Estética y ética en la formación de la personalidad*. Buenos Aires: Editorial Nova, 1959.

KRISTEVA, J. *Introdução à semanálise*. São Paulo: Perspectiva, 2005.

KUNDERA, M. *A arte do romance*. São Paulo: Companhia das Letras, 2009.

KÜNG, H. *A Igreja tem salvação?* São Paulo: Paulus, 2012.

KÜNG, H. *Dio existe? Risposta ai problemi di Dio nell'età moderna*. Milão: Mondadori, 1979.

KÜNG, H.; JENS, W. *Poesia e religione*. Gênova: Marietti, 1989.

KURIAN, G. T.; SMITH, J. D. *The eciclopedia of christian literature*, vol 1: genres and types/biographies A-G. Plymouth: Scarecrow Press, 2010.

KUSCHEL, K.-J. *Im Spiegel der Dichter. Mensch, Gott und Jesus in der Literatur des 20*. Düsseldorf: Patmus Verlag, 1997.

KUSCHEL, K.-J. *Jesus in der deutschsprachigen Gegenwartsliteratur*. Tübingen: Benziger Verlag, 1978.

KUSCHEL, K.-J. *Os escritores e as escrituras*. São Paulo: Loyola, 1999.

KUSCHEL, K.-J. Sentir Deus a partir de Mohammed: a experiência islâmica de Rilke e seu significado para o discurso da teologia das religiões do futuro. *Religião e Cultura*, São Paulo, v. 3, n. 6, jul./dez., 2004. p. 17-29.

KUYPER, A. *Lectures on calvinism*. Grand Rapids: Eerdmans, (1931) 1999.

LANGENHORST, G. Teología y Literatura: História, hermenéutica y programa desde una perspectiva europea. *Teoliterária*. v. 1, n. 1, 2011, p. 169-185. Disponível em : <https://revistas.pucsp.br/index.php/teoliteraria/article/view/22943> Acesso em: 02.11.2016.

LANGENHORST, G. *Theologie und Literatur. Ein Handbuch*. Darmstadt: WBG, 2004.

LATOURELLE, R. Literatura. In: FISICHELLA, R.; LATOURELLE, R. *Diccionário de Teologia Fundamental*. Madri: Paulinas, 1992.

LATOURELLE, R. Nueva imagen de la teologia fundamental. In: LATOURELLE, R.; O'COLLINS, G. *Problemas y perspectivas de teologia fundamental*. Salamanca: Sígueme, 1982, p. 65.

LEFRANC, A. *Rabelais: études sur Gargantua, Pantagruel, Le tiers livre*. Paris: Albin Michel, 1953.

LELOIR, L. *L'évangile d'Éphrem d'après les œuvres éditées*. Recueil des textes. Corpus Scriptorum Christianorum Orientalium 180, subsidia 12. Louvain: Secrétariat du CorpusSCO, 1958.

LIBÂNIO, J. B. Diferentes paradigmas da história da teologia. In: ANJOS, M. F. (Org.). *Teologia e novos paradigmas*. São Paulo: Loyola/Soter, 1996.

LIBÂNIO, J. B. *Linguagens sobre Jesus (2): Linguagens narrativa e exegética moderna*. São Paulo: Paulus, 2014.

LICHT, J. *Storytelling in the Bible*. Jerusalem: The Magnes Press/The Hebrew University, 1978.

LIMA VAZ, H. C. Religião e modernidade filosófica. In. BINGEMER, M.C.L. *O impacto da modernidade sobre a religião*. São Paulo: Loyola, 1990.

LINDBERG, C. *As reformas na Europa*. São Leopoldo: Sinodal, 2001.

LOHFINK, G. Erzählung als Theologie. Zur sprachlichen Grundstruktur der Evangelien. *Stimmen der Zeit*, n. 8, 1974, p. 521-532.

LOPES, E. *Discurso literário e dialogismo em Bakhtin. Dialogismo, polifonia, intertextualidade*. São Paulo: Edusp, 2003.

LOPES, M. A. *Rosário profano: hermenêutica e dialética em José Saramago*. Tese de doutorado. Unicamp, 2005.

LOPES, J. *Saramago – Biografia*. São Paulo: Leya, 2010.

LOURENÇO, E. *O canto do signo. Existência e literatura*. Lisboa: Editorial Presença, 1994.

LÖWY, M. *A guerra dos deuses: religião e política na América Latina*. Petrópolis: Vozes, 2000.

LUBAC, H. *Exégèse Médievale: les quatre sens de l'écriture*. Vol 1. Paris: Aubier-Montaigne, 1959.

LUBAC, H. *O drama do humanismo ateu*. Porto: Porto Editora, 1962.

LUKÁCS, G. *Ensaios sobre literatura*. Rio de Janeiro: Civilização Brasileira, 1968.

LUKÁCS, G. *Teoria do romance: um ensaio histórico-filosófico sobre as formas da grande épica*. São Paulo: Editora 34, 2000.

MADRUGA, C. *A paixão segundo José Saramago*. Porto: Campo das Letras, 1998.

MADRUGA, C. Blimunda e os olhares excessivos. *Letras e Letras*, n. 8. Porto, 19 jun. 1991.

MAFFESOLI, M. *Elogio da razão sensível*. Petrópolis: Vozes, 2008, p. 23.

MAGALHÃES, A. *Deus no espelho das palavras: teologia e literatura em diálogo*. São Paulo: Paulinas, 2000.

MAGALHÃES, A. Notas introdutórias sobre teologia e literatura. In: MAGALHÃES, A. et al. *Teologia e Literatura (Cadernos de Pós-graduação/Ciências da Religião)*. São Bernardo do Campo: Umesp, 1997, p. 7-40.

MALANGA, E. B. *A Bíblia Hebraica como obra aberta: uma proposta interdisciplinar para uma semiologia bíblica*. São Paulo: Humanitas/Fapesp, 2005.

MANCUSO, V. *Eu e Deus: um guia para os perplexos*. São Paulo: Paulinas, 2014.

MANZATTO, A. *Teologia e Literatura: Reflexão teológica a partir da antropologia contida nos romances de Jorge Amado*. São Paulo: Loyola, 1995.

MANZATTO, A. Pequeno panorama da teologia e literatura. In: MARIANI, C; VILHENA, M. (Orgs.). *Teologia e arte: expressões de transcendência, caminhos de renovação*. São Paulo: Paulinas, 2011, p. 87-98.

MARDONES, J. *El Dios ausente. Reacciones religiosa, atea y creyente*. Santander: Sal Terrae, 1986.

MARDONES, J. *Matar nossos deuses: em que Deus acreditar?* São Paulo: Ave-Maria, 2009.

MARDONES, J. *Raíces sociales del ateísmo moderno*. Madri: FSM, 1985.

MARIANO, A. V. B. *O sentido da vida na trajetória poética de Carlos Drumond de Andrade: Reflexão teológica a partir da antropologia contida na obra drumondiana*. Dissertação de mestrado defendida na Pontifícia Faculdade de Teologia Nossa Senhora da Assunção, 2008.

MARIANO, A. *Teologia e literatura como Teopatodiceia: em busca de um pensamento poético teológico*. Tese de doutorado defendida no Departamento de Teologia da PUC-Rio, 2013.

MARIANO, A. *Teologia em diálogo com a literatura: origem e tarefa poética da teologia*. São Paulo: Paulus, 2016.

MARIANO, A. Teologia e literatura entre Karl Rahner e Hans Urs von Balthasar. *Congreso Internacional de Literatura, Estética y Teología "El amado en el amante: figuras, textos y estilos del amor hecho historia"*, VI, 17-19 mayo 2016. Universidad Católica Argentina. Facultad de Filosofía y Letras. Facultad de Teología; Asociación Latinoamericana de Literatura y Teología, Buenos Aires, p. 5. Disponível em < http://bibliotecadigital.uca.edu.ar/repositorio/ponencias/teologia-literatura-rahner-balthasar.pdf> Acesso em: 22.10.2016.

MARITAIN, J. *A intuição criadora: a poesia, o homem e as coisas*. Belo Horizonte: PUC-Minas/Instituto Jacques Maritain, 1999.

MARITAIN, J. *Il significato dell'ateismo contemporaneo*. Bréscia: Morcelliana, 1973.

MARTELLI, S. *A religião na sociedade pós-moderna*. São Paulo: Paulinas, 1995.

MARTINS, M. F. *A espiritualidade clandestina de José Saramago*. Lisboa: Fundação José Saramago, 2014.

MATTEUCCI, B. *Per uma teologia dele lettere*. Pisa: Pacini Editore, 1980.

MAY, M. A. *A Body Knows: A Theopoetics of Death and Resurrection*. Nova York: Continuum, 1995.

MAZZARIOL, F. *I capelli di Sansone. Narrativa della grazia e dell'esilio*. Treviso: Santi Quaranta, 1989.

MCFAGUE, S. *Metaphorical Theology. Models of God in Religious Language*. Filadélfia: Fortress Press, 1982.

MCFAGUE, S. *Modelos de Dios. Teologia para una era ecológica y nuclear*. Santander: Sal Terrae, 1994.

MENDITTI, C. H. *Deus e o ser humano: rivalidade ou companheirismo? Um estudo teológico-crítico sobre a relação entre Deus e o ser humano subjacente no romance de José Saramago, "O Evangelho segundo Jesus Cristo", à luz da teologia de Andrés Torres Queiruga*. Dissertação de mestrado defendida na Puc-Rio, 2003.

MENDONÇA, J. T. *A construção de Jesus. Uma leitura narrativa de Lc 7,36-50*. Lisboa: Assírio & Alvim, 2004.

MENDONÇA, J. T. A sexualidade na Bíblia: morfologia e trajectórias. *Theologica*, n. 42, 2, 2007, p. 238-248.

MENDONÇA, J. T. *José Saramago: da redução da Bíblia até a última fronteira*. <http://www.snpcultura.org/vol_jose_saramago_reducao_biblia_ampliacao_condicao_humana.html> Acesso em: 05.02.2015.

MENDONÇA, J. T. Poética da Escrit(ur)a. *Theologica*, 2.ª Série, n. 44, 2, 2009, p. 295-303.

MENDONÇA, J. T. Um poema de Natal. *Agencia ecclesia*. 2012. Disponível em: <www.agencia.ecclesia.pt/cgi-bin/noticia.pl?id=88750> Acesso em: 10.09.2016.

MENDONZA-ÁLVAREZ, C. *O Deus escondido da pós-modernidade*. São Paulo: É realizações, 2011.

METZ, J.-B. El problema teologico de la incredulidad. Premissas para un dialogo con el ateismo. In: *El ateismo contemporaneo IV: el cristianismo frente al ateismo*. Madri: Ediciones Cristandad. 1973, p. 83-102.

METZ, J.-B. Pequena apologia da narração. *Concilium*, n. 85, 1973, p. 580-592.

MIGUEL DE CERVANTES. *El ingenioso hidalgo Don Quijote de la Mancha*. Tomo I. Madri: Cátedra, 1990.

MILES, J. *Deus: Uma biografia*. São Paulo: Companhia das Letras, 1997.

MINOIS, G. *História do ateísmo*. São Paulo: Unesp, 2014.

MIRANDA, M. *Inculturação da fé. Uma abordagem teológica*. São Paulo: Loyola, 2001. p. 122.

MOELLER, C. *Literatura del siglo XX y cristianismo*. 6 vols. Madri: Gredos, 1981.

MOELLER, C. *Mansions of the Spirit. Essays in literature and religion*. Nova York: Hawthorn Books, 1967.

MOINGT, J. *Deus que vem ao homem. Da aparição ao nascimento de Deus*, V. II. São Paulo: Loyola, 2010.

MOISÉS, M. *A análise literária*. São Paulo: Cultrix, 2003.

MOISÉS, M. *A criação literária: a prosa*, I. São Paulo: Cultrix, 2006.

MOLTMANN, J. *A fonte da vida: O Espírito Santo e a teologia da vida*. São Paulo: Loyola, 2002.

MOLTMANN, J. *A vinda de Deus. Escatologia Cristã*. São Leopoldo: Editora Unisinos, 2003.

MOLTMANN, J. *Experiências de reflexão teológica: caminhos e formas da teologia cristã*. São Leopoldo: Unisinos, 2004.

MOLTMANN, J. *O Deus crucificado – A cruz de Cristo como base crítica da teologia cristã*. Santo André: Academia Cristã, 2011.

MOLTMANN, J. *Trindade e Reino de Deus. Uma contribuição para a teologia*. Petrópolis: Vozes, 2011.

MONDIN, B. *Quem é Deus?: elementos de teologia filosófica*. São Paulo: Paulus, 1997.

MORAES JUNIOR, M. Deus e o problema da existência na modernidade tardia. Reflexões sobre o diálogo teologia e literatura na obra "O Ano da Morte de Ricardo Reis". In: COSTA JÚNIOR, J.; MORAES JUNIOR, M. (Orgs.). *Religião em diálogo: considerações interdisciplinares sobre religião, cultura e sociedade*. Rio de Janeiro: Horizonal, 2008.

MORESCHINI, C.; NORELLI, E. *História da literatura antiga grega e latina, II: do Concílio de Niceia ao início da Idade Média*. Tomo 1. São Paulo: Loyola, 2000.

MÜLLER, E. R. "Princípio protestante e substância católica": subsídios para a compreensão de uma importante fórmula de Paul Tillich. *Revista Eletrônica Correlatio* n. 10 –

novembro de 2006. Disponível em https://www.metodista.br/revistas/revistas-ims/index.php/COR/article/view> Acesso em: 10.12.2016.

NANCY, J.-L. *L'adoration Déconstruction du christianisme II*. Paris: Galilée, 2010.

NANCY, J.-L. *La declosión: deconstrucción del cristianismo*, 1. Buenos Aires: La cebra, 2008.

NASCIMENTO, C. A. *Um mestre no ofício: Tomás de Aquino*. São Paulo: Paulus, 2011.

NICOLAS, M.-J. *Vocabulário da Suma Teológica*. São Paulo: Loyola, 2001.

NIEBUHR. R. *Cristo e cultura*. Rio de Janeiro: Paz e Terra, 1967.

NIETZSCHE, F. *A gaia ciência*. São Paulo: Companhia das letras, 2001.

Novel. In: *Enciclopedia Britannica*. Disponível em: <www.britannica.com/art/novel> Acesso em: 10.01.2017.

O' CONNOR, M. J. *Paulo, biografia crítica*. São Paulo: Loyola, 1996.

O'CONNOR, F. *Nel territorio del diavolo. Sul mestiere di screvere*. Roma: Theoria, 1993.

OLIVEIRA FILHO, O. *Carnaval no convento. Intertextualidade e paródia em José Saramago*. São Paulo: Unesp, 1993.

ONFRAY, M. *Tratado de ateologia*. São Paulo: Martins Fontes, 2007.

PADOVANI, H.; CASTAGNOLA, L. *História da Filosofia*. São Paulo: Melhoramentos, 1990.

PAGOLA, J. A. *Jesus: Aproximação histórica*. Petrópolis: Vozes, 2012.

PALUMBO, C. I. A. *La literatura en la estética de Hans Urs von Balthasar. Figura, drama y verdade*. Salamanca: Secretariado Trinitario, 2002.

PALUMBO, C. I. A. *Lenguajes de Dios para el siglo XXI – Estética, teatro y literatura como imaginarios teológicos*. Juiz de Fora: edições Subiaco/Buenos Aires: Publicaciones de la Facultad de Teología de la Universidad Catolica Argentina, 2007.

PANASIEWCZ, R. Fundamentalismo religioso: história e presença no cristianismo. *X Simpósio da Associação Brasileira da História das Religiões: Migrações e Imigrações das Religiões*, 2008.

PANASIEWCZ, R. Secularização: o fim da religião? In: BINGEMER, M. C.; ANDRADE, P. F. C. *Secularização: novos desafios*. Rio de Janeiro: PUC-Rio, 2012.

PASSOS, J. *Como a religião se organiza: tipos e processos*. São Paulo: Paulinas, 2006.

PASTOR, F. *A lógica do inefável*. São Paulo: Loyola, 1989.

PONTIFÍCIA COMISSÃO BÍBLICA. *A interpretação da Bíblia na Igreja*. São Paulo: Paulinas, 1994.

PORCIANI, E. Letteratura. In: CESERANI, R.; DOMENICHELLI, M.; FASANO, P. (Eds.). *Dizionario dei temi letterari, II*. Turim: Utet, 2007, p. 1.273-1.276.

POZZOLI, L. *Vincerà la parola? Tra scritti e profeti*. Bolonha: Centro Editoriale Dehoniano, 1990.

PROUST, M. *Alla ricerca del tempo perduto, IV: Il tempo ritrovato*. Milão: Mondadori, 1993.

QUASTEN, J. *Patrologia, I*. Madri: BAC, 1962.

QUEIRUGA, A. *Creio em Deus Pai: O Deus de Jesus como afirmação plena do humano.* São Paulo: Paulus, 1993.

QUEIRUGA, A. T. *Do terror de Isaac ao Abbá de Jesus: por uma nova imagem de Deus.* São Paulo: Paulinas, 2001.

QUEIRUGA, A. T. *Recuperar a criação: por uma religião humanizadora.* São Paulo: Paulinas, 1999.

RABELAIS, F. *Gargantua.* São Paulo: Hucitec, 1986.

RABELAIS, F. *The Complete Works of François Rabelais.* Berkeley/Los Angeles: University of California Press, 1991.

RAHNER, K. Il futuro del libro religioso. In: RAHNER, K. *Nouvo saggio, II.* Roma, Paoline, 1968, p. 645-651.

RAHNER, K. La missione del letterato e l'esistenza cristiana. In: RAHNER, K. *Nuovi Saggi II.* Roma: Paoline, 1968, p. 489-507.

RAHNER, K. La palabra poética y el Cristiano. *Escritos de teología.* V. IV. Madri: Taurus, 1962.

RAHNER, K. La palabra poética y el Cristiano. *Escritos de teología.* V. IV. Madri: Taurus, 1962.

RAHNER, K. Sacerdote e poeta. In: RAHNER, K. *La fede in mezzo al mondo.* Roma: Paoline, 1963, p. 131-173.

RAHNER, K. Ateismo y "cristianismo implicito". In: *El ateismo contemporaneo IV: el cristianismo frente al ateismo.* Madri: Ediciones Cristandad, 1973, p. 103-118.

RATZINGER, J. *Introdução ao cristianismo.* Preleções sobre o Símbolo Apostólico. São Paulo: Herder, 1970.

RAVASI, G. *Il linguaggio dell'amore.* Bose: Qiqajon, 2005.

RECHDAN, M. Dialogismo ou polifonia? *Revista Ciências Humanas.* Departamento de Ciências Sociais e Letras da Universidade de Taubaté. Taubaté, v. 09, n. 01, 2003.

REIMER, H. Monoteísmo e identidade. *Protestantismo em Revista.* Revista Eletrônica do Núcleo de Estudos e Pesquisa do Protestantismo (NEPP) da Escola Superior de Teologia. v. 16. mai.-ago./2008, p. 72. Disponível em < http://periodicos.est.edu.br/index.php/nepp/article/viewFile/2054/1966> Acesso em: 10.2016.

REIS, C. *O conhecimento da literatura. Introdução aos estudos literários.* Porto Alegre: EDIPUCRS, 2003.

REIS, C.; LOPES, A. *Dicionário de teoria da narrativa.* São Paulo: Ática, 1998.

REUTER, Y. *Introdução à análise do romance.* São Paulo: Martins Fontes, 2004.

RIBEIRO, O. L. "Morte de Deus" e(m) literatura – esboço angular de síntese entre literatura, teologia e política. In: BINGEMER, M. C.; CABRAL, J. S. *Finitude e mistério: mística e literatura moderna.* Rio de Janeiro: PUC-Rio/Mauad, 2014.

RICOEUR, P. *A hermenêutica bíblica.* São Paulo: Loyola, 2006.

RICOEUR, P. *A metáfora viva.* São Paulo: Loyola, 2000.

RICOEUR, P. *Histoire et vérité.* Paris: Seuil, 1960.

RICOEUR, P. *Interpretação e ideologias.* Rio de Janeiro: Francisco Alves, 1988.

RICOEUR, P. *Leituras III: Nas fronteiras da filosofia*. São Paulo: Loyola, 1996.

RICOEUR, P. *Tempo e narrativa I*. Campinas: Papirus, 1994.

RICOEUR, P. *Tempo e narrativa II*. Campinas: Papirus, 1995.

RICOEUR, P. *Tempo e narrativa III*. Campinas: Papirus, 1997.

ROBBE-GRILLET, A. *Por um novo romance*. São Paulo: Documentos, 1969.

ROBINSON, J. The gospels as narrative. In: MCCONNELL, F. *The Bible and the narative tradition*. Nova York: Oxford University Press, 1986.

ROCHA, A. *Teologia sistemática no horizonte pós-moderno: Um novo lugar para a linguagem teológica*. São Paulo: Vida, 2007.

ROOKMAAKER, H. R. *Art and the death of a culture*. Londres: InterVarsity Press, 1970.

ROSA, J. M. S. As Confissões de S. Agostinho – retóricas da fé. *Didaskalia*. n. 37, Lisboa, 2007/2. p. 97-119.

ROSENFELD, A. *Texto/Contexto I*. São Paulo: Perspectiva, 1969.

ROUSSEAU, H. A Literatura: Qual é o seu poder teológico? *Concilium*. Rio de Janeiro. V. 5, n. 115, 1976.

RUBIO, A. G. *A caminho da maturidade na experiência de Deus*. São Paulo: Paulinas, 2008.

RUBIO, A. G. Novos rumos da antropologia teológica. In: AMADO J. P.; RUBIO, A. G. (Orgs.). *O humano integrado. Abordagens de antropologia teológica*. Petrópolis: Vozes, 2007.

SALMANN, E. *La teologia è un romanzo. Um approccio dialettico a questioni cruciale*. Milano: Paoline, 2000.

SALMANN, E. Letteratura e teologia. Incroce fra vita, poesia e fede. *CredereOggi*, n. 83, 1994, p. 5-15.

SALVESEN, A. The Exodus Commentary of St. Ephrem. *Studia Patristica XXV* (Papers presented at the Eleventh International Conference on Patristic Studies held in Oxford 1991, ed. by E. A. Livingstone). Leuven, 1993, p. 332-338.

SANT'ANNA, J. *Em que creem os que não creem: o sagrado em José Saramago*. São Paulo: Fonte editorial, 2009.

SANTOS JUNIOR, R. *A plausibilidade da interpretação da religião pela literatura: Uma proposta fundamentada em Paul Ricoeur e Mikhail Bakhtin exemplificada com José Saramago*. Tese de doutorado, Universidade Metodista de São Paulo, 2008.

SARRAZAC, J.-P. Écritures contemporaines dramatiques: le jeu des possibles. In: FLORENCE, J.; RENARD, M.-F. (dir.). *La littérature: réserve du sens, ouverture de possibles*. Bruxelles: Publications des Facultés Universitaires Saint-Louis, 2000, p. 79-91.

SCHILLEBEECKX, E. *En torno al problema de Jesús. Claves de una cristología*. Madri: Cristandad, 1983.

SCHILLEBEECKX, E. *Interpretación de la fé: aportaciones a uma teologia hermenéutica y crítica*. Salamanca: Sígueme, 1973.

SCHILLEBEECKX, E. *L'intelligenza della fede: interpretazione e critica*. Roma: Paoline, 1975.

SCHNEIDER, M. *Teologia como biografia*. Bilbao: DDB, 2000.

SCHÖKEL, A. *A palavra inspirada: a Bíblia à luz da ciência da linguagem.* São Paulo: Loyola, 1992.

SCHÖKEL, A. El estudio literario de la Biblia. *Razon y Fe*, n. 157, 1958, p. 465-476.

SCHÖKEL, A. *Estudios de poética hebrea.* Barcelona: Juan Flores, 1963.

SCHÖKEL, A. *Hermeneutica de la palavra II. Interpretacion literaria de textos biblicos.* Madri: Ediciones Cristiandad, 1987.

SCHWARTZ, A. *O narrador se agiganta e engole a ficção.* Revista Entre Livros. São Paulo, n. 08, 2005.

SEGUNDO, J. L. *O inferno como absoluto menos: um diálogo com Karl Rahner.* São Paulo: Paulinas, 1998.

SICHÈRE, B. *Seul Un Dieu Peut Encore Nous Sauver.* Paris: Desclée de Brouwer, 2002.

SILVA, V. M. A. *Teoria da literatura.* Coimbra: Almedina, 1992.

SIMÕES FEREIRA, M. Rabelais e "A Abadia de Thélème", génese da antiutopia na Idade Moderna. *Cultura*. v. 22, 2006. Disponível em < http://cultura.revues.org/2288> Acesso em: 14.02.2017.

SIMON, P. H. *La letteratura del peccato e della grazia.* Catania: Paoline, 1959.

SKA, J. L. *Introdução à leitura do pentateuco: chaves para a interpretação dos primeiros cinco livros da Bíblia.* São Paulo: Loyola, 2003.

SLOTERDIJK, P. *Palácio de Cristal: para uma teoria filosófica da Globalização.* Lisboa: Relógio D'Água, 2005.

SOARES, A. A crítica. In: SAMUEL, R. (Org.). *Manual de teoria literária.* Petrópolis: Vozes, 1985.

SOARES, M. *Saramago: leitor de Pessoa, autor de Ricardo Reis.* Assis: Tese de doutorado defendida na Universidade Estadual Paulista, 2004, p. 11.

SOETHE, P. *Teologia e literatura: a cena alemã.* IHU-Online. 17. mar. 2008. Disponível em <http://www.unisinos.br/ihuonline/uploads/edicoes/1205796599.74pdf.pdf> Acesso em: 01.04.2012.

SÖLLE, D. Tesi sui critério dell'interesse teologico verso la letteratura. *Rivista Internazionale di dialogo*, n. 2, 1969, p. 81-82.

SOLOMON, R. *Espiritualidade para céticos.* Rio de Janeiro: Civilização Brasileira, 2003.

SOMMAVILLA, G. *Icognite religiose della letteratura contemporanea.* Milão: Vita e pensiero, 1963.

SOMMAVILLA, G. *Il belo e il vero. Scandagli tra poesia, filosofia e teologia.* Milão: Jaca Book, 1980.

SPADARO, A. *A che cosa "serve" la letteratura?* Roma: La Civiltà Cattolica, 2002.

SPADARO, A. *La grazia della parola. Karl Rahner e la poesia.* Milão: Jaca Book, 2006.

SPADARO, A. *O batismo da imaginação: a experiência da palavra criativa.* Lisboa: Paulinas, 2016.

STEINER, G. *A Bíblia Hebraica e a divisão entre judeus e cristãos.* Lisboa: Relógio d'Água, 2006.

STEINER, G. *Errata*. Récite d'une pensée. Paris: Gallimard, 1998.

STEINER, G. *Linguagem e silêncio: ensaios sobre a crise da palavra*. São Paulo: Companhia das Letras, 1988.

STOCK, B. *Ethics through Literature: Ascetic and Aesthetic Reading in Western Culture*. London: University Press of New England, 2007.

SUSIN, L. C. *A criação de Deus*. São Paulo: Paulinas, 2003.

SUSIN, L. C. É narrando que se diz o mistério. *IHU-Online*, 308, 14.09.2009. Disponível em <.http://www.ihuonline.unisinos.br/index.php?option=com_content&view=article&id=2820&secao=308> Acesso em: 10.06.2016.

TAMAYO, J. J. In: *Entrevista com J. J. Tamayo de Carlos Javier González Serrano* <http://www.apuntesdelechuza.wordpress.com/2014/04/17/juan-jose-tamayo-el-vaticano-es-el-gran-escandalo-del-cristianismo-y-la-gran-herejia-contraria-a-la-idea-fundacional-de-jesus-de-nazaret/> Acesso em: 04. 03. 2015.

TAMAYO, J. J. Saramago: em lucha titánica contra Dios. *Religion Digital*. Disponível em <www.periodistadigital.com/religion/opinion/2010/06/19/saramago-lucha titanica-dios-iglesia-religion-novelista-tamayo-teologo-shtml> Acesso em: 21.09.2016.

TÁMEZ, E. *As mulheres no movimento de Jesus, o Cristo*. S. Leopoldo: Sinodal, 2004.

TÁMEZ, E. *Religião, gênero e violência*. Koinonia: Agenda Latina Americana, 2011. Disponível em: http://www.servicioskoinonia.org/agenda/archivo/portugues/obra.php?ncodigo=353> Acesso em: 06.05.2017.

TAYLOR, C. *Uma era secular*. São Leopoldo: UNISINOS, 2010.

TAYLOR, M. C. *Erring. A postmodern A/theology*. Chicago: University of Chicago Press, 1984.

TEIXEIRA, F. O diálogo em tempos de fundamentalismo religioso. *Revista Convergência*, v. 37, n. 356, outubro 2002.

TEIXEIRA, F. O pluralismo inclusivo de Jacques Dupuis. In: SOARES, A. M. L. (Org.). *Dialogando com Jacques Dupuis*. São Paulo: Paulinas, 2008, p. 153-177.

TENÓRIO, W. "Meu Deus e meu conflito": Teologia e Literatura. *IHU-Online*. 17. mar. 2008. Disponível em <http://www.unisinos.br/ihuonline/uploads/edicoes/1205796599.74pdf.pdf> Acesso em: 12.03.2016.

TENÓRIO, W. *A bailadora andaluza. A explosão do sagrado na poesia de João Cabral de Melo Neto*. São Caetano do Sul: Atelie, 1996.

TENÓRIO, W. A confissão da nostalgia. In: LOPONDO, L. (Org.). *Saramago segundo terceiros*. São Paulo: FFLCH\USP, 1998.

TEPEDINO, A. M. *Jesus e seu movimento inclusivo (Gl 3,28)*, p. 2. Disponível em: <http://anamariatepedino.teo.br/wp-content/uploads/2011/03/jesus_movimento_inclusivo.pdf> Acesso em: 10.12.2016.

TEZZA, C. *Entre prosa e poesia: Bakhtin e o formalismo russo*. Rio de Janeiro: Rocco, 2003.

TILLICH, P. *A era protestante*. São Paulo/São Bernardo do Campo: UMESP, 1992.

TILLICH, P. Aspectos existencialistas da Arte Moderna. In: TILLICH, P. *Textos Selecionados*. São Paulo: Fonte editorial, 2006, p. 31-46.

TILLICH, P. *História do pensamento cristão*. São Paulo: ASTE, 1988.

TILLICH, P. *Systematic Theology*. V. 1. Chicago: University of Chicago Press, 1951.

TILLICH, P. *Teologia da cultura*. São Paulo: Fonte Editorial, 2009.

TILLICH, P. *La notion de littérature et autres essais*. Paris: Seuil, 1987.

TILLICH, P. *Les genres du dicours*. Paris: Seuil, 1978.

TOLEDO, R. P. Cristo e o Deus cruel. *Veja*, São Paulo, ed. 1207, nov. 1991, p. 90-96.

TOUTIN, A. La realidad crucial de los pobres da que pensar a la teología latinoamericana. Teología y literatura desde esta ladera del mundo. *Teología y Vida*, vol. L, 2009, p. 117-129.

TOUTIN, A. *Teologia y literatura: Hitos para um diálogo. Anales de la Facultad de Teologia 3. Suplementos a Teologia y Vida*. Santiago: Pontifícia Universidad Católica de Chile, 2011.

TRIBLE, P. *Eve and Adam: Genesis 2-3 Reread*. Andover Newton Theological School, 1973.

TRIGO, P. Teologia narrativa no romance latino-americano. In: RICHARD, P. (Org.). *Raízes da teologia latino-americana*. São Paulo: Paulinas, 1987.

UNAMUNO, M. *Vida de Don Quijote y Sancho*. Madri: Espasa-Calpe, 1987.

VARGAS LLOSA, M. *Cartas a un joven novelista*. Barcelona: Ariel/Planeta, 1997.

VARONE, F. *Esse Deus que dizem amar o sofrimento*. Aparecida: Santuário, 2001.

VATTIMO, G. A idade da interpretação. In: ZABALA, S. (Org.). *O futuro da religião. Solidariedade, caridade e ironia*. Rio de Janeiro: Relume Dumará, 2006.

VATTIMO, G. *Acreditar em acreditar*. Lisboa: Relógio d'Água, 1998.

VATTIMO, G. *Depois da cristandade: por um cristianismo não religioso*. Rio de Janeiro: Record, 2004.

VENARD, O.-T. *Littérature et Théologie – une saison em enfer – Thomas d'Aquin Poète Théologien*. v. I. Genève: Ad solem, 2002.

VENTURA, S. A intertextualidade como elemento de base construtiva em O ano da morte de Ricardo Reis, de José Saramago. In: *Dossiê: Saramago*. Nau Literária. V. 02, n. 02. Porto Alegre: UFRGS, jul.-dez. 2006. Disponível em < http://seer.ufrgs.br/NauLiteraria/article/viewFile/4877/2792> Acesso em: 28.10.2012.

VIDAL NUNES, A. *Corpo, linguagem e educação dos sentidos no pensamento de Rubem Alves*. São Paulo: Paulus, 2008.

VOLTAIRE. Cândido ou o otimismo. In: *Contos*. São Paulo: Nova Cultural, 2002.

WALDENFELS, H. *Teologia fundamental contextual*. Salamanca: Sígueme, 1994.

WATT, I. A ascensão do romance. São Paulo: Companhia das Letras, 1990.

WEHR, C. Imaginación–Identificación–Imitación. *Don Quijote, Ignacio de Loyola y la espiritualidad jesuítica*, p. 160. Disponível em< http://cvc.cervantes.es/literatura/cervantistas/congresos/o_h_2009/o_h_2009_16.pdf> Acesso em: 25.02.2017.

WEINRICH, H. Teologia narrativa. *Concilium*, n. 85, 1973, p. 210-221.

WERNER, G. J. *L'ermeneutica teológica: sviluppo e significato*. Bréscia: Queriniana, 1994.

WILDER, A. N. *Theopoetic: Theology and the Religious Imagination*. Filadélfia: Fortress, 1976.

WOLFE, T. *Radical Chique e o Novo Jornalismo: o espírito de uma época em que tudo se transformou radicalmente, inclusive o jeito de fazer reportagem*. São Paulo: Companhia das Letras, 2005.

WOOD, J. *A herança perdida: ensaios sobre literatura e crença*. Lisboa: Quetzal, 2012.

YAGUELLO, M. Introdução. In: BAKHTIN, M.; VOLOCHINOV, V. *Marxismo e filosofia da linguagem*. São Paulo: Hucitec, 2010.

ZABATIERO, J.; LEONEL, J. *Bíblia, literatura e linguagem*. São Paulo: Paulus, 2011.

ZILLES, U. Teologia no Renascimento e na Reforma. *Teocomunicação*. V. 43, n. 2. Porto Alegre, jul.-dez. 2013, p. 325-355.

ZIZEK, S. *O absoluto frágil, ou Por que vale a pena lutar pelo legado cristão?* São Paulo: Boitempo, 2015.

Série Teologia PUC-Rio

- *Rute: uma heroína e mulher forte*
Alessandra Serra Viegas

- *Por uma teologia ficcional: a reescrita bíblica de José Saramago*
Marcio Cappelli Aló Lopes

- *O Novo Êxodo de Isaías em Romanos: estudo exegético e teológico*
Samuel Brandão de Oliveira

CULTURAL

Administração
Antropologia
Biografias
Comunicação
Dinâmicas e Jogos
Ecologia e Meio Ambiente
Educação e Pedagogia
Filosofia
História
Letras e Literatura
Obras de referência
Política
Psicologia
Saúde e Nutrição
Serviço Social e Trabalho
Sociologia

CATEQUÉTICO PASTORAL

Catequese
Geral
Crisma
Primeira Eucaristia

Pastoral
Geral
Sacramental
Familiar
Social
Ensino Religioso Escolar

TEOLÓGICO ESPIRITUAL

Biografias
Devocionários
Espiritualidade e Mística
Espiritualidade Mariana
Franciscanismo
Autoconhecimento
Liturgia
Obras de referência
Sagrada Escritura e Livros Apócrifos

Teologia
Bíblica
Histórica
Prática
Sistemática

REVISTAS

Concilium
Estudos Bíblicos
Grande Sinal
REB (Revista Eclesiástica Brasileira)

VOZES NOBILIS

Uma linha editorial especial, com importantes autores, alto valor agregado e qualidade superior.

PRODUTOS SAZONAIS

Folhinha do Sagrado Coração de Jesus
Calendário de mesa do Sagrado Coração de Jesus
Agenda do Sagrado Coração de Jesus
Almanaque Santo Antônio
Agendinha
Diário Vozes
Meditações para o dia a dia
Encontro diário com Deus
Guia Litúrgico

VOZES DE BOLSO

Obras clássicas de Ciências Humanas em formato de bolso.

CADASTRE-SE
www.vozes.com.br

EDITORA VOZES LTDA.
Rua Frei Luís, 100 – Centro – Cep 25689-900 – Petrópolis, RJ
Tel.: (24) 2233-9000 – Fax: (24) 2231-4676 – E-mail: vendas@vozes.com.br

UNIDADES NO BRASIL: Belo Horizonte, MG – Brasília, DF – Campinas, SP – Cuiabá, MT
Curitiba, PR – Fortaleza, CE – Goiânia, GO – Juiz de Fora, MG
Manaus, AM – Petrópolis, RJ – Porto Alegre, RS – Recife, PE – Rio de Janeiro, RJ
Salvador, BA – São Paulo, SP